Thomas Scheffer

Asylgewährung

Qualitative Soziologie · Band 1

Herausgegeben von
  Klaus Amann
  Jörg R. Bergmann
  Stefan Hirschauer

Asylgewährung

Eine ethnographische Analyse des
deutschen Asylverfahrens

von Thomas Scheffer

Lucius & Lucius · Stuttgart · 2001

Meiner Mutter

Anschrift des Autors:

Dr. Thomas Scheffer
Eichendorffweg 9
32120 Hiddenhausen

Die Deutsche Bibliothek - CIP-Einheitsaufnahme

Scheffer, Thomas:
Asylgewährung : eine ethnographische Verfahrensanalyse / Thomas Scheffer. - Stuttgart : Lucius und Lucius, 2001
    (Qualitative Soziologie ; Bd. 1)
    Zugl.: Bielefeld, Univ., Diss., 1999
    ISBN 3-8282-0165-2

©   Lucius & Lucius Verlagsgesellschaft mbH, Stuttgart 2001
    Gerokstr. 51, D-70184 Stuttgart

Druck und Einband: Franz Spiegel Buch GmbH, Ulm

Printed in Germany

INHALTSVERZEICHNIS

Einleitung

„Wie die Bewerber hierher kommen? Nun, die schlagen hier so auf. Das heißt: ohne Papiere, Flugticket, Geld. Du weißt ja im Grunde gar nicht, mit wem du es zu tun hast. Und dann erzählen die, was sie alles durchgemacht haben und wie schlimm es dort war. Sicher, ihre Gründe werden sie haben. Die sind schon arm dran. Aber Asyl? Ich meine, da zu entscheiden, das ist unheimlich schwer."

Ungefähr so stellt sich die Ausgangslage des Asylverfahrens aus der Sicht eines zuständigen Beamten vor Ort dar. Sein Szenario impliziert - einmal abgesehen vom normativen Grundsatz, daß nicht ´alle *hier* bleiben können!´ - eine ganze Reihe von praktischen Problemen, die im folgenden Verfahren abzuarbeiten sind: es kommen, trotz aller Grenzsicherung, unkontrollierbar Viele; es handelt sich zumeist um ´Un-Beschriebene´, Nicht-Dokumentierte; sie alle behaupten, verfolgt zu sein - also asylberechtigt.

Wie aber läßt sich bei dieser Ausgangslage begründet unterscheiden, wer berechtigt ist und wer nicht? Wem kann getraut werden, wo das persönliche ´Wohl und Wehe´ auf dem Spiel steht? Ja, wie läßt sich hier überhaupt eine verläßliche Entscheidungsgrundlage schaffen? Die Fragen zielen auf die Verfahrenspraxis, genauer: auf den Prozeß der Fallherstellung.

Wie werden, so läßt sich fragen, Individuen dem Recht zugeführt? Antwort: als Fälle. Untersucht wird, wie im Verfahren aus den ankommenden Existenzen Fälle werden: mit einer festgeschriebenen Identität, einer unumstößlichen Biographie, einer eigenen Fallgeschichte und schließlich mit guten oder schlechten Gründen, eine Anerkennung zu erwirken. Weil der ganze Fall erst im Verfahren fabriziert wird, lassen sich am Asylverfahren die praktischen Voraussetzungen der Rechtsanwendung studieren.

Mit dem Prozeß der Fallherstellung richten wir den Blick auf die eigenwillige tagtägliche Mikrosteuerung des Asylzugangs; die sich im Schatten der politisch- technokratischen, nach moralischen *und* strategischen Gesichtspunkten entworfenen Makrosteuerung der ´Migrationsströme´ vollzieht. Auch die Mikrosteuerung ist vermachtet, in dem Sinne, daß die Chance zur erfolgversprechenden Darstellung (die Darstellungsmacht) systematisch - zwischen den Extremen Kontrollverlust und Ausdruckskontrolle - variiert. Diese Perspektive läßt sich durch die gesamte Arbeit hindurch verfolgen, obgleich das Konzept der Darstellungsmacht erst wieder in der Schlußbetrachtung ´als Konzept´ behandelt wird.

Die folgende Einleitung dient dazu, die Besonderheiten unseres Gegenstands-
bereichs zu betonen. Es ist wichtig, bei aller Feinanalyse, die gesellschaftliche
Relevanz im Auge zu behalten. Ich skizziere dazu im ersten Teil der Einleitung die Besonderheit moderner Migration (über Grenzen). Im zweiten Ein-
leitungsteil zeige ich, inwiefern dem Asylzugang eine Sonderstellung in der
Zuwanderungspolitik zukommt. Vor diesem Hintergrund lassen sich Bezugs-
probleme ausmachen, die im Verfahrensbetrieb bearbeitet werden (müssen).
Abschließend gebe ich Einblicke in die hier gewählte Form der Praxisuntersu-
chung: die analytische Ethnographie.

Migration als Ausdruck der gesellschaftlichen Ordnung

Die multidisziplinäre Migrationsforschung fängt erst an, die soziale Konstruktion von Migration konsequent zu denken. Vielfach begreift sie Migration im
Stile einer Bindestrichsoziologie sozialer Probleme als ein an sich erklärungs-
bedürftiges, abweichendes Verhalten[1]. Derlei Studien übernehmen die offiziellen Kategorien und suchen Lösungen für bereits politisch definierte Problemlagen. Geteilt wird die unter modernen Verhältnissen verbreitete Bewertung von Migrationen:

> „That norm is reflected not only in the popular conception of a world consisting of
> reified countries considered as nearly natural entities, but also in the conceptual
> apparatus common to all the social sciences, predicated on a model of society as a
> territorially-based, self-reproducing cultural and social system, whose human
> population is assumed, tacitly or explicitly, to renew itself endogenously over an
> indefinite period." (Zolberg 1981: 6)

Damit ruft Zolberg einen historisch unwahrscheinlichen gesellschaftlichen
Rahmen in Erinnerung, der Wanderungsbewegungen entscheidend prägt: das
globale System von Nationalstaaten. In diesem System besorgt der einzelne
Nationalstaat die Ein- und Ausschließung für sein Territorium und damit die
Zuteilung von „Lebenschancen" (Weber 1972) am *Einzelfall*. Zum anderen
reguliert er Migrationen als *Bevölkerungsbewegungen* im „öffentlichen Interesse" (Ausländergesetz).

Die Migration in die ´westliche Welt´ ist deutlich unterschieden von Migrationen in traditionale gesellschaftliche Ordnungen. Die Besonderheit liegt dabei
weder - auch wenn dies die Asyldebatten in den verschiedenen EU-

---

[1] Hierzu werden verschiedenste Erklärungsmodelle verwandt. Entscheidend ist mal die Einstellung
der wandernden Person (vgl. Frijda 1969), das Verhältnis des Migranten zum Herkunftskontext
(vgl. Thomas/Znaniecki 1918-20; Eisenstadt 1955), die rationale Wahl der Akteure (vgl. Esser
1985) oder die herrschenden ökonomischen Strukturen im Weltsystem (vgl. Potts 1988; Bali-
bar/Wallerstein 1991). Es variieren je nach Modell und Typus der Freiheitsgrad bzw. der Zwang-
scharakter der individuellen Migrationsentscheidung.

Mitgliedsstaaten glauben machen - im Ausmaß, in den zurückgelegten Distanzen, noch in den Migrationsursachen. Sie liegen in einer intensiven und umfassenden Verwaltetheit (vgl. Hoffmann-Nowottny 1988). Die moderne Gesellschaftsordnung begründet eine besondere Art, Migrationen zu beobachten, sie zu thematisieren und mit ihnen zu verfahren.

Für die Migrationsforschung läßt sich diese Studie als ein Versuch lesen, ein ´going native´ zu vermeiden und die gesellschaftliche Konstruktion ihres Phänomenbereichs empirisch aufzuarbeiten. Sie erfaßt die Konstruktivität ´von unten´, anhand eines spezifischen Fabrikationszusammenhangs. Die Auseinandersetzung findet dabei an forschungsstrategisch zentraler Stelle statt: anhand der Praxis staatlicher Ausländerverwaltung und Migrationssteuerung. Weil diese im Bereich des Asylzugangs als besonders prekär gilt, ist das Asylverfahren als (translokales) Feld für eine Ethnographie mit analytischem Anspruch prädestiniert.

Die empirische Auseinandersetzung ist nur eine Form, sich von den Vor-Urteilen der Migrationsforschung zu distanzieren. Eine andere Strategie besteht im radikalen Theoretisieren des Phänomenbereichs. Eine stringent theoriegeleitete Auseinandersetzung mit Migration als Konstrukt einer gesellschaftlichen Ordnung bieten neuere systemtheoretische Arbeiten (vgl. Bommes 1994; Bommes/Halfmann 1994; Bommes 1998; Stichweh 1998). Moderne Migrationen werden als Ausdruck der verschiedenen „Inklusionsverhältnisse" der funktional-differenzierten, polyzentrischen, territorial untergliederten Gesellschaft beschrieben. Migration ist demnach (jenseits einer Problemperspektive) definiert als die Wahrnehmung von Inklusionschancen mittels räumlicher Mobilität.

Die Aufenthaltsgenehmigung als systemunspezifischer Masterstatus

In der systemtheoretischen Betrachtung wird das Individuum jeweils unter speziellen Hinsichten der funktional-differenzierten Teilsysteme - dem Arbeitsmarkt, dem System sozialer Sicherung, dem Gesundheitssystem, dem Sportsystem oder dem Rechtssystem - berücksichtigt. Jede spezifizierende Inklusion beruht auf der Exklusion des Individuums als Ganzes (vgl. Luhmann

---

[2] Zu diesem Themenspektrum liegen im deutschen Sprachraum eine Reihe von Arbeiten vor, die jeweils Spezialprobleme behandeln: die Kriminalisierung von Ausländern und die ´willkürliche´ Ermessensanwendung von Ausländerbehörden (vgl. Albrecht 1972); die Disziplinierung von Ausländern durch die staatlichen Polizei- und Ordnungsbehörden (vgl. Mansel 1988); die Ausbildungsdefizite des Behördenpersonals bezogen auf den Umgang mit nicht-deutschen Klienten (vgl. Schuleri-Hartje 1985), die Verständigungsprobleme von Gastarbeitern im Behördenkontakt (vgl. Grunow 1976) oder das Aussageverhalten von Ausländerjugendlichen in Polizeivernehmungen (vgl. Schröer 1996).

1989b). Das Individuum wird zur Umwelt der sozialen Systeme. Erst so lassen sich die systemrelevanten Teilaspekte einbeziehen und vom irrelevanten Rest absehen.

Die differenztheoretische Reformulierung des Migrationsprozesses wird der universalistischen Integrationsorientierung einer „engagierten Ausländerforschung" (Treibel 1988) entgegengesetzt. Der Inklusionsbegriff relativiert die Rolle des Staates im Migrationsprozeß zugunsten der anderen, eigensinnigen und nicht-territorial verfaßten Ein- und Ausschlüsse.

> „In den Funktionssystemen moderner Gesellschaft haben sich inzwischen universelle Kriterien des Einbezugs von Individuen herausgebildet, auf die nationalstaatliche Inklusionsprinzipien wie Unterbrecher und Filter wirken. Staatsangehörigkeits- und Aufenthaltsregelungen überformen die Inklusionsmechanismen von Funktionssystemen und erzeugen dadurch erst das politische Problem Migration." (Bommes 1996: 217)

Was bedeutet diese Überformung? Die staatliche Aufenthaltsgenehmigungspflicht wirkt - trotz aller Universalität und Globalität auf der diskursiven und semantischen Ebene (vgl. Soysal 1994) - grundlegend für den Einbezug in die modernen Kommunikations- bzw. Austauschbeziehungen. Alle Nichtdeutschen unterliegen demnach der Pflicht, ihren Aufenthalt im Staatsgebiet genehmigen zu lassen. Ausländer ohne eine Genehmigung, verstoßen gegen strafrechtliche Bestimmungen (unerlaubte Einreise, unerlaubter Aufenthalt). „Illegale" müssen, so das Fehlen des Aufenthaltsrechts entdeckt wird, mit der Ausweisung und einem Wiedereinreiseverbot rechnen.

Das behördlich-verliehene Aufenthaltsrecht wirkt im Verhältnis zu subsystemischen Einbezügen umfassend. Es wird in den weiteren Einbezügen des Migranten unmittelbar oder mittelbar vorausgesetzt: beim Recht auf Schulbesuch, bei der Eheschließung, zur Arbeitsaufnahme, für ein Studium, zur Wohnungsnahme oder für den Bezug von Sozialleistungen.

Für die Ausstrahlung der staatlichen Schließung auf die Wahrnehmung von „Lebenschancen" (Weber) spricht nicht nur die systematische Verknüpfung der unterschiedlichen Lebensbereiche, sondern auch ein alltäglich virulentes Kontrollnetz. Der Aufenthaltstitel ist keine abstrakte Größe, sondern ein lebenspraktisches Muß. Dies läßt sich anhand des Wirtschaftssystems verdeutlichen, das zwar einerseits selbst nicht primär territorial strukturiert ist, das aber andererseits (auch) auf der Ebene der Interaktionssysteme unter Bedingungen der Kopräsenz funktioniert. Allein schon mit der Notwendigkeit der körperlichen Präsenz im öffentlichen Raum - als Käufer oder Kunde - besteht für ´Illegale´ die Gefahr des Entdecktwerdens. Diese Drohung verhindert eine ordentliche, auf Dauer angelegte Teilhabe.

Die Stabilitätsorientierung des modernen Staates

Die staatliche Regulation bewegt sich auf einer individuellen und einer kollektiven Ebene: sie interessiert sich für den Einzelnen, seine Würdigkeit, Brauchbarkeit, Sozialverträglichkeit und für die Bevölkerung, ihre Altersstruktur, soziale Schichtung oder kulturelle Homogenität (vgl. Foucault 1983: 165ff.). Der Staatsapparat registriert Individuen als Fälle in Akten und verleiht ihnen amtliche Biographien. Im Gegenzug erwerben die Individuen in wohlfahrtsstaatlichen Leistungs- und Beitragssystemen Rechtsansprüche, die sie mittels Selbst-Verwaltung und nach Aktenlage belegen. Der Wohlfahrtsstaat bindet als „closed system" (Freeman 1986: 51) die Wohlfahrtsleistungen, Verteilungen und sozialen Ansprüche an Mitgliedschaft und Zugehörigkeit. Er ist nach Außen begrenzt, weil und soweit er nach innen Ansprüche garantiert[3].

Der Wohlfahrtsstaat macht sich ein Bild von Umfang, Zusammensetzung und Vermögen seiner Bevölkerung. Die Bevölkerung wird in Statistiken geführt. Es werden Querschnitte aus Melderegistern genommen, Stichproben erhoben und Volkszählungen abgehalten. Demographen zeichnen Trends und Prognosen, errechnen Lücken und Überhänge und lichten so Zukünftiges. Die Schätzungen fundieren die staatliche Wohlfahrt[4], legen makroökonomische Eingriffe nahe und orientieren die Infrastruktur- oder Wehrplanung (vgl. Virilio 1980).

Der moderne Staat sollte gleichwohl nicht als der umfassende Gestalter und Planer überschätzt werden (vgl. Luhmann 1981; Willke 1992). Dazu fehlen ihm das große Projekt und die Eingriffsmittel, die Langsicht und der Überblick über die eigensinnigen und wechselwirkenden Entwicklungen. Der Staat gibt sich dagegen als Stabilitätsgarant. Er versichert allgemein - über die Pazifizierungs- und Wohlfahrtsleistungen hinaus - ein Maß an Kalkulierbarkeit und Übersichtlichkeit im Innern. Er verspricht einen sicheren Rahmen (z.B. Geldwertstabilität, Rechtssicherheit oder öffentliche Ordnung), in dem sich Personen wie Organisationen im Vertrauen und auf längere Sicht engagieren und entfalten können. In derlei Versprechen findet sich eine Art „Selbst-

---

[3] Walzer begründet das wohlfahrtsstaatliche Gerechtigkeitskonzept wie folgt: „The idea of distributive justice presupposes a bounded world within which distributions take place: a group of people committed to dividing, exchanging, and sharing social goods, first of all among themselves." (1983: 31)

[4] „The provision of welfare cannot be organized or funded unless there is a close and detailed monitoring of many characteristics of the lives of the population, regardless of whether they are actually welfare recipients or not." (Giddens 1985: 309)

Mystifikation" (Luhmann) des Staates - abgehoben von der tagtäglichen, vielgestaltigen und beschränkten Machtentfaltung in den Amtsbetrieben.[5]

Der Staat offeriert nicht nur Stabilität, er ist auch *der* Adressat für als legitim etablierte Erwartungen in der politischen Öffentlichkeit: er *soll* Stabilität garantieren. Er ist überall dort ´gefordert´, wo die (fiktiven) Gleichgewichte gestört, die (hoffnungsvollen) Prognosen unerfüllt und die (trügerischen) Gewißheiten verloren scheinen. Zur politischen und staatlichen Hauptaufgabe wird ein „Risikomanagement und die laufende Erneuerung von Sicherheits- und Kontrollillusionen" (Luhmann 1995: 117). Mit jedem Zukunftsversprechen, mit jeder einkalkulierten Fortschreibung und Prognose geraten neue Risiken, Unwägbarkeiten und Bedrohungen in den Blick (vgl. Beck 1986; Baumann 1992). Gerade im Bereich der Zuwanderung läßt sich eine Entwicklung zur Sensibilisierung und fortwährende Anstrengungen zur Stabilisierung beobachten. Der staatliche Steuerungsanspruch ist hier ausgeprägt (vgl. Fitzgerald 1996).

Zum Verhältnis von Zuwanderungsregulation und Asylgrundrecht

Der Grundsatz „*Politisch Verfolgte genießen Asylrecht*" (GG 16a) widersetzt sich „naturgemäß" (Hailbronner 1997) der modernen Stabilitäts- und Steuerungsorientierung. Es handelt sich um einen individuellen Anspruch gegen den Staat und um eine Beschränkung seiner Souveränität. Der Anspruch auf „Schutz vor politischer Verfolgung" sieht ab vom staatlichen Streben nach Stabilität, Planbarkeit und Verläßlichkeit. Einher mit dem Asylgrundrecht geht der Anspruch auf ein Verfahren und ein vorläufiges Aufenthaltsrecht sowie auf die Rechtsweggarantie zur gerichtlichen Überprüfung der Verwaltungsentscheidung.

Außerdem gilt ein völkerrechtlich verankertes Abschiebeverbot auch für abgelehnte Asylbewerber, soweit mit der Rückführung Gefahren für „Leib und

---

[5] Weber (vgl. 1972a) hat die Verrechtlichung, Formalisierung und Bürokratisierung als Modernisierungsmotoren hervorgehoben. Sie beschreiben zugleich die Wirkungen und Charakteristika des modernen Staatsapparates als Instrument rationaler Herrschaft. Der Apparat stellt die materielle Grundlage des Stabilitätsversprechens. In diesem Sinne erachte ich Selbstmystifizierung und Selbstaktualisierung nicht als sich ausschließende Betrachtungsweisen, wie dies Luhmann anbietet: „Aber vielleicht ist der Staat kein Resultat der Selbstaktualisierung einer bereits bestehenden Einheit, sondern ein Resultat einer Selbstmystifikation, die notwendig ist, damit man von Kommunikation zu Kommunikation [...] Kontinuität herstellen kann." (Luhmann 1995: 107) Der „politische Text" (ebd.), den Luhmann daraufhin dekonstruiert, ist die eine Seite. Das Publikum erfährt sehr wohl die Ausübung und Durchsetzung von Staatsgewalt (vgl. Knöbl 1993).

Leben" verbunden sind (vgl. Frowein u.a. 1993)[6] Der Generalvorbehalt der „nationalen oder öffentlichen Interessen", mit denen im Ausländergesetz (AuslG) Ausländer-Aufenthalte belegt sind, ist hier ausgesetzt. Asylbewerber dürfen nicht deshalb abgelehnt und abgeschoben werden, weil diplomatische Komplikationen befürchtet werden oder keine Arbeitsplätze oder Unterbringungsmöglichkeiten zur Verfügung stehen.

Die Asylrechtsreform

Der Souveränitätsanspruch des Staates wird nicht einfach dem universellen Grundrecht „Politisch Verfolgte genießen Asylrecht" (Art. 16 a (1) GG) geopfert. Angesichts unerwartet hoher Zuwanderungssalden[7] nach der Hebung des „Eisernen Vorhangs" und mit Blick auf ausufernde Gewaltakte und Massenproteste gegen phänotypische, stigmatisierte Fremde (vgl. Ohlemacher 1994) hatte 1992 eine große Parteienkoalition das symbolträchtige Asylrecht zur Disposition gestellt. Eine Reihe von Maßnahmen zur „Eindämmung"[8] wurden in der Form der Ergänzung des Asylgrundrechts und der Änderung des Asylverfahrensgesetzes installiert. Inhaltlich handelt es sich um Maßnahmen zur Verfahrensbeschleunigung und zur Zugangsbeschränkung. Nach der Reform konnten die Antragszahlen schrittweise reduziert werden. Die Leitung des Bundesamts für die Anerkennung ausländischer Flüchtlinge (BAFl) lobt die neue Rechtsgrundlage für die Verfahrenspraxis (vgl. auch Schelter/Maaßen 1996: 408 ff.):

---

[6] Die Genfer Konvention formuliert grundsätzlich nur Rechte für bereits *anerkannte* Flüchtlinge. Die Konventionsrechte sind von der Anerkennungspraxis des aufnehmenden Staates abhängig. Die Ausnahme stellt das „non-refoulement" bzw. das Abschiebeverbot dar. Es ist einem Konventionsstaat untersagt, Menschen dorthin abzuschieben, wo ihnen Gefahr an Leib und Leben droht. Entsprechend heißt es im §51 Ausländergesetz: „Ein Ausländer darf nicht in einen Staat abgeschoben werden, in dem sein Leben oder seine Freiheit wegen seiner Rasse, Religion, Staatsangehörigkeit, seiner Zugehörigkeit zu einer bestimmten sozialen Gruppe oder wegen seiner politischen Überzeugung bedroht ist." Weitere Abschiebungshindernisse werden in Artikel 3 der Europäischen Menschenrechtskonvention formuliert, wonach die Abschiebung bei „unmenschlicher Behandlung" untersagt ist. Hailbronner sieht insgesamt „eine deutliche Tendenz zur Verlagerung des Asylrechts zu den Abschiebungshindernissen" (1997: 42).

[7] Das Ausmaß führt Hailbronner mit einem Vergleich vor: „Mit einem Zuwanderungssaldo von 2,3 Mio. Ausländern und 1,4 Mio. Aussiedlern zwischen 1988 und 1993 sind nach Deutschland annähernd ebenso viele Personen eingewandert wie in das klassische Einwanderungsland USA mit seiner dreimal größeren Bevölkerung und einem mehr als zehnmal größeren Territorium." (Hailbronner 1997: 40)

[8] Die politische Sprache zur Beschreibung der ansteigenden Asylzuwanderung bediente sich einer Naturkatastrophen-Metaphorik: die unübersichtliche Masse setzte sich aus „Strömen" zusammen, gegen die „Dämme" zu errichten sind. Auf der individuellen Ebene wurde eine Delegitimierung der Antragstellung betrieben: Antragsteller begingen „Asylmißbrauch" und hießen „Asylanten" (vgl. Diskurswerkstatt 1994).

Das Recht „erwies seine Wirksamkeit. Es ist geeignet, den Mißbrauch des Asylrechts zu verhindern und wirklich Verfolgten Asyl zu gewähren. Die Zahl der
Asylbewerber, die 1992 mit 438.000 einen Höchststand erreicht hatte, sank auf je
ca. 127.000 in den Jahren 1994 und 1995 und auf 116.000 Erstantragsteller 1996.
Im ersten Halbjahr 1997 waren ca. 53.000 Erstantragsteller zu verzeichnen - eine
im europäischen Vergleich allerdings noch immer außerordentlich hohe Zahl"
(Griesbeck 1997: 3).

Die folgenden Erläuterungen zu den Einzelaspekten der Asylrechtsreform
entstammen einer Broschüre des BAFl. Das BAFl ist per Asylverfahrensgesetz (AsylVerfG) mit der Durchführung der Verwaltungsverfahren betraut.
Zunächst die Beschleunigungsmaßnahmen:

Schnellverfahren bei „offensichtlicher Unbegründetheit" (vgl. §30 AsylVerfG):
Nachdem „die organisatorischen Voraussetzungen für eine wesentliche Beschleunigung des Asylverfahrens geschaffen waren - insbesondere die Verteilung der
Asylsuchenden vor der Antragstellung, die Einrichtung von
´Aufnahmeeinrichtungen für Asylbewerber´ in unmittelbarer Nähe der Außenstellen des Bundesamtes und die erkennungsdienstliche Behandlung - wurde im Bundesamt u.a. die beschleunigte Verbescheidung (innerhalb einer Zwei-Wochen-
Frist) insbesondere der als offensichtlich unbegründet (o.u.) prognostizierten Asy-
lanträge eingeführt. Ein Asylbegehren ist o.u., wenn es sich von vornherein als
eindeutig aussichtslos darstellt. Konsequenz einer Ablehnung als o.u. ist insbesondere die Verkürzung der Klagefrist von zwei Wochen auf eine Woche sowie die
der Ausreisefrist von einem Monat auf ebenfalls eine Woche. Die Regelung dient
der Bekämpfung von Asylmißbrauch." (BAFl 1997: 11)

Schnellverfahren bei „sicheren Herkunftsstaaten" (vgl. Art.16a(3) GG; §26 Asyl-
VerfG): „Darüber hinaus gibt es Neuregelungen im Asylverfahren für Asylbewerber, die aus sicheren Herkunftsstaaten einreisen. Dies sind Staaten, bei denen aufgrund der allgemeinen politischen Verhältnisse gewährleistet ist, daß dort weder
politische Verfolgung noch unmenschliche oder erniedrigende Bestrafung oder
Behandlung stattfindet. Diese Vermutung besteht, solange ein Ausländer aus einem solchen Staat nicht glaubhaft Tatsachen vorträgt, die die Annahme begründen,
daß er entgegen dieser Vermutung doch politisch verfolgt wird." (ebd.: 12)

Schnellverfahren durch die „Flughafenregelung" (vgl. §18a AsylVerfG): „Die so-
genannte Flughafenregelung gilt für Asylbewerber aus sicheren Herkunftsstaaten
sowie für ausweislose Asylbewerber, die über einen Flughafen einreisen wollen
und bei der Grenzbehörde um Asyl nachsuchen. Hier wird das Asylverfahren vor
der Einreise im Transitbereich des Flughafens durchgeführt, soweit der Ausländer
dort untergebracht werden kann. Damit wird gewährleistet, daß - im Falle der Ablehnung des Asylantrages als offensichtlich unbegründet - die Rückführung in den
Staat des Abflughafens problemlos erfolgen kann. Das Asylverfahren einschließlich des gerichtlichen Eilverfahrens muß allerdings binnen einer Frist von 19 Ta-
gen abgeschlossen sein." (ebd.: 13)

Von diesen Instrumenten zur Beschleunigung der Asylverfahren - also zur
schnellen Anhörung und „Verbescheidung" sowie zum verkürzten Rechtsweg
vor den Verwaltungsgerichten - läßt sich ein Instrument zur Verhinderung von
Verfahren unterscheiden. Es geht auf die Zuständigkeitsordnung der Schen-

gen´ Vertragsstaaten zurück (vgl. Scheffer 1995b; Lambert 1995), wonach*der* Staat für die Durchführung eines Asylverfahrens zuständig ist, der die Einreise des Nicht-EU-Bürgers (sog. „Drittausländer") erlaubt (per Visaerteilung) oder zuläßt (bei illegaler Einreise).

Verfahrensverhinderung durch „sichere Drittstaaten" (vgl. Art.16a(2) GG; §26a AsylVerfG) „Seit dem 1.7.1993 kann sich ein Ausländer, der aus einem soge-nannten ´**sicheren Drittstaat**´ einreist, nicht mehr auf das Grundrecht auf Asyl berufen. In diesem Fall ist ihm bereits an der Grenze durch die Grenzbehörden die Einreise zu verweigern, ohne daß er ins Asylverfahren aufgenommen wird. ´Sichere Drittstaaten´ sind nach den verfassungsrechtlichen Vorgaben die Mit-gliedsstaaten der Europäischen Gemeinschaften sowie weitere europäische Staa-ten, in denen die Einhaltung der Genfer Flüchtlingskonvention und der Menschen-rechtskonvention sichergestellt ist. [...] Der Hintergrund dieser Regelung besteht darin, daß eine aktuelle Verfolgung nicht mehr besteht, wenn der Ausländer bereits einen anderen Staat erreicht hat, in dem er gleichfalls Schutz nach der Genfer Flüchtlingskonvention erhalten kann." (BAFl 1997: 13)

Die rechtlichen Einschränkungen, die zudem als exemplarisch für die Mit-gliedsstaaten der Europäischen Union gelten können, lassen den Steuerungs-willen des Nationalstaats angesichts ´unkontrollierter Zuwanderungen´ erken-nen. Die Grundrechts- wie Verfahrensänderungen sollen offenbar eine einge-schränkte Souveränität wiederherstellen.[9]

Eine Bewegung hin zur Abkopplung der Aufnahmepflicht von äußeren Tur-bulenzen läßt sich auch anhand juristischer Definitionen der „politischen Ver-folgung"[10] beobachten. Die Tendenz, in der obere Gerichte Interpretationen vorgeben, läßt den Willen erkennen, einen möglichen Ansturm so oder so auf eine ´überschaubare Zahl´ zu reduzieren:

So stellen allgemeine Katastrophen, Hungersnöte oder Bürgerkriege, also solche Fluchtgründe, die ganze Bevölkerungen betreffen keine Asylgründe dar. Verfol-gungsmaßnahmen werden außerdem als nicht asylrelevant eingestuft, soweit sie nicht „über das hinausgehen, was die Bewohner des Heimatstaates aufgrund des dort herrschenden Systems allgemein hinzunehmen haben" (Bundesverfassungs-gerichtsbeschluß vom 2.7.1980).

In einem anderen Richterspruch heißt es, das Grundrecht schütze nicht „vor staat-lichen Exzessen jeder Art" (Bundesverwaltungsgerichtsurteil vom 17.5.1984). Bei diesen könne es sich auch um Akte der Kriminalitätsbekämpfung handeln oder um

---

[9] Diese Einschätzung vertritt Bosswick: „The main impetus to change the Basic Law, however, resulted not so much from the problems caused by mass migration, but from the formulation of asylum as an individual right that implied a de facto limitation of the state´s sovereignty."(1997: 74; ebenso Renner 1994)

[10] Grundsätzlich sind solche Begriffsklärungen stets unumgänglich und unzureichend zugleich, weil Gesetze - wie Normen und Regeln insgesamt - bloß Umschreibungen darstellen, die zur Anwen-dung einem *passenden* Ereignis anzupassen sind. Nur aufgrund ihrer Unbestimmtheit sind sie als Entscheidungsprämissen überhaupt auf eine Unzahl von Situationen anwendbar.

Versuche, die staatliche Einheit gegen Sezessionsversuche zur verteidigen: „Hinsichtlich der Frage nach der Behandlung von Minderheiten ist zu berücksichtigen, daß ein Mehrvölkerstaat in besonderem Maße auf die Sicherung seiner staatlichen Einheit und seines Gebietsbestandes bedacht sein wird und dieses Ziel auch durchsetzen darf, ohne die hiervon Betroffenen notwendigerweise im asylrechtlichen Sinne politisch zu verfolgen." (ebd.)

Wir finden auf der Ebene der Gesetzgebung und der Rechtsprechung Beschränkungen des universellen Schutzversprechens. Es soll, statt für notleidende Massen, offenbar nur für eine kleine Zahl Ausgezeichneter gelten.[11]

Die Eigenart der Fallherstellung im Asylverfahren

Die Verfahrenspraxis läßt sich nicht aus Gesetzestexten ableiten. Sie weist eine Eigenlogik auf. Folgen wir Luhmanns Verfahrenstheorie (1989a), so besteht die zentrale Leistung des Verfahrens - neben der Herstellung einer Eigenmächtigkeit gegenüber Politik oder Öffentlichkeit - in der Einbindung der Verfahrensgänger. Per Vertröstung und Beteiligung kann Widerstand zumindest für die Verfahrensdauer gebrochen und Konflikte erträglich gestaltet werden. Legitimation bedeutet für Luhmann, daß sich die Aufmerksamkeit des Verfahrensgängers auf die Verfahrensteilnahme und die Nutzung - also Befolgung - der ´Spielregeln´ richtet. Wie der Verfahrensgänger ins Verfahren verwickelt wird, erklärt Luhmann anschaulich:

„Als Zukunftsplan absorbiert das Verfahren Ungewißheit, als Geschichte wird es Bindung. In beiden Aspekten, und durch ihr Zusammenwirken gewinnt das Verfahren eine beträchtliche Eigengesetzlichkeit, die das Verhalten zwar nicht determiniert, ihm aber doch erhebliche Schranken zieht. Dieser Bindungseffekt [...] kann mithin nicht aus dem Gesetz abgeleitet werden, sondern entsteht erst im Verfahren und durch das Verfahren." (1989a: 95)

Die Luhmannsche Verfahrenstheorie hat sich im Zuge dieser Arbeit als hilfreich erwiesen, weil die Frage der Einbindung des Verfahrensgängers tatsächlich von zentraler Bedeutung ist. Diese Einbindung vollzieht sich im Asylverfahren radikal: bis hin zur praktischen Konstituierung einer verfahrenstauglichen Rechtspersönlichkeit. Für ein Asyl bewerben sich Individuen ohne Papiere und Dokumente, anderen Ämtern unbekannt, der Landes- und Amtssprache nicht mächtig und unvertraut mit den hiesigen rechtsstaatlichen und bürokratischen Gepflogenheiten (vgl. Katz/Eisenstadt 1960: 77f.).

---

[11] Davy (1996) sieht eine „notwendige Empörung" als Wertgrundlage für die Anerkennung der Verfolgung im Aufnahmekontext an. Der aufnehmende Staat hat sich vom Verfolgerstaat zu distanzieren, was durch eine kulturelle Differenz und öffentliche Verurteilung erleichtert wird. Für dieses Argument spricht die entgegenkommende Anerkennungspraxis gegenüber Ostblock-Angehörigen im ´Kalten Krieg´ sowie heute gegenüber Antragstellern aus sog. islamisch-fundamentalistischen Staaten.

Im Vergleich dazu lassen sich gängige Aufenthaltsgenehmigungen von *hier* bereits Integrierten ´schlanker´ bearbeiten. Die Klienten bringen Vieles mit, was ihre Verwaltung als Fall erleichtert. So können die Sachbearbeiter einer Ausländerbehörde an bereits eröffnete, aktenkundige Fälle anschließen und diese fortschreiben. Sie können für die Antragstellung standardisierte Formulare verwenden und das Ausfüllen und die Nachweiserbringung an die Fall-Personen delegieren (vgl. Scheffer 1995a). Das Asylverfahren läßt sich weder entlang von Konditionalprogrammen organisieren, noch erlaubt es eine derartige Delegation und Selbst-Verwaltung der Antragsteller.

Dem potentiellen Flüchtling wird zugestanden, daß er weder Nachweise noch Belege, weder Zeugen noch anderweitige Beweise für eine Antragsbegründung beibringen kann. Die höhere Rechtsprechung erklärt im Falle von Asylanträgen den „sachtypischen Beweisnotstand". Gleichwohl bedarf es in jedem Fall einer begründeten Entscheidung. Als Grundlage hierfür verbleiben einzig die Aussagen des Bewerbers als ´Zeuge in eigener Sache´. Diese Abhängigkeit vom Antragsteller ist es, die die eigentümliche „Tatsachenfeststellung" im Asylverfahren erklärt.

Im Asylverfahren besteht eine überwältigende Abhängigkeit von den Angaben des Antragstellers. Seine Aussagen liefern das Material für die Fallherstellung. Diese Ausgangsbasis gilt als prekär, weil Bewerber so ihre Aussagen je nach Anforderung zurechtlegen könnten. Die Bewerber verfügen in diesem Szenario - zumindest potentiell - über eine große Darstellungsmacht, im Sinne der Chance, gegenüber relevanten Dritten eine Anerkennung (hier: als asylberechtigt[12]) zu erwirken. Jeder Bewerber könne seinen Fall demnach - soweit er um die Entscheidungskriterien weiß (vgl. Barnes 1978) - qua Selbstdarstellung in ein günstiges Licht rücken.

Wo aber jeder seinen Fall passend zur Sprache bringt, verkommen rechtliche Selektionskriterien zu bloßen Darstellungsvorlagen. Auf die Problematik der Rechtsanwendung unter „Beweisnotstand" und angesichts einer ´windigen´ Tatsachenfeststellung verweist der stellvertretende Präsident des Asylbundesamtes:

> „Hauptbestandteil des Asylverfahrens ist die Anhörung, in der Asylbewerber die Gründe für ihren Asylantrag darlegen und sie von einem der ca. 450 weisungsunabhängigen Einzelentscheider des Bundesamtes - in der Regel berufserfahrene Beamte oder Angestellte - zum vorgetragenen Verfolgungsschicksal befragt werden. [...] Die Angaben zum behaupteten Verfolgungsschicksal sind oft ungenau und pauschal, so daß sich erst auf Nachfragen ein überprüfbares Schicksal er-

---

[12] In anderen Zusammenhängen oder auf anderen Positionen kann sich die Darstellungsmacht auf die Würdigkeit, Kompetenz, Zugehörigkeit, Herkunft etc. beziehen. Anerkennungsprüfungen finden sich in alltäglichen Kontexten: wenn es um Einlaß in eine Disco geht, um die Teilhabe an einem Gespräch oder um das Weitersagen von Interna.

schließt. Teilweise werden widersprüchliche Angaben gemacht. Bei einer behaupteten Einreise per Flugzeug werden oft Unterlagen wie Ticket oder Bordkarte nicht vorgelegt, und es wird vorgetragen, der Schlepper habe die Unterlagen zurückgefordert. Immer häufiger kommt es vor, daß Antragsteller - um eine Rückführung zu vereiteln - angeben, daß sie keine Papiere besitzen. Als Herkunftsland geben sie oft einen Staat an, bei dem sie bessere Chancen auf Asyl erwarten." (Griesbeck 1997: 4)

Die genannten Umstände der Fallherstellung sprechen dagegen, die Steuerungsprobleme und ihre Bearbeitung allein als juristische Fragestellungen abzuhandeln. Gleichwohl strukturiert die Entscheidungs- und Verfahrensregelung das Praxisfeld. So verändern die jüngsten Gesetzesänderungen die Einstiegsvoraussetzungen auf Seiten der Bewerber. Antragsteller sind gezwungen, Gesetze zu verletzen - bzw. ihren Reiseweg zu verschleiern -, um überhaupt ein aussichtsreiches Verfahren betreiben zu können[13]

Die Illegalisierung qua Asylrechtsreform schlägt allerdings erst dann auf die Antrags- und Anerkennungszahlen durch, wenn die potentielle Darstellungsmacht der Bewerber im Verfahren gebändigt wird. Hierzu ein eher spieltheoretisches Gedankenspiel:

> Würde die Asylrechtsreform greifen, wäre die „noch immer außerordentlich hohe Zahl" (Griesbeck 1997: 3) von Asylanträgen gar nicht möglich, denn Deutschland ist von „sicheren Drittstaaten" umgeben. Die über den Landweg Eingereisten müßten demnach an die Grenzbehörden der zuständigen Transit- bzw. Nachbarstaaten zurückgegeben werden. Wie kommen die Antragszahlen dann zustande? Der Verfahrensgänger könnte entweder über ein deutsches Einreisevisum verfügen oder unerkannt das deutsche Territorium erreicht haben. Sollte ihm letzteres gelungen sein, müßte er nicht nur den Reiseweg in der Asylanhörung verschweigen, sondern auch eine Alternativversion glaubhaft machen. Nur so kann er der Ablehnung seines Antrages als „offensichtlich unbegründet" entgehen.

Eine realistische Rechtsfolgenabschätzung muß sich auf die Wirren der Verfahrenspraxis einlassen. Auch bei der Asylgrundrechtsreform steckt der Teufel im Detail der Rechtsanwendung und -durchsetzung. Der Gesetzgeber muß derlei Anwendungsfragen ´hoffnungsvoll´ an die Verfahrensebene und die

---

[13] „It is a new situation in Germany that one can enjoy a constitutional right only by violating laws." (Vogel u.a. 1993: 106) Zu einem identischen Schluß kommt Barsky für Asylverfahren in Kanada: „[...] in order to have arrived in Canada in the first place, most claimants have to lie at some point in their trajectory - whether it be to save their own (or somebody else´s) life in the country of origin, to flee the country, or in order to ensure safe passage to Canada. But lying is the criterion for rejecting a claimant; indeed, this whole process is set up in order to establish whether or not the claimant has lied." (1994: 297) Koser erläutert für Westeuropa, daß „asylum seekers are increasingly being obliged to turn to migration strategies that are labelled ´illegal´, including entering without passports; entering and remaining clandestinely, and travelling between and entering countries with the assistance of smugglers" (1997: 157).

dort tätigen Verfahrenswalter[14] weitergegeben. Denn nur hier, im Rahmen der Fallherstellung, kann verhindert werden, daß Anträge von den Bewerbern ablehnungsresistent gestaltet und von den Entscheidungsträgern nur noch ´durchgewunken´ werden können. Die auf der Programmebene nicht auszuräumende Darstellungsmacht der Antragsteller ´muß´ zur Erlangung staatlicher Souveränität *im* Verfahren gebrochen werden. Diese Studie konzentriert sich deshalb auf die praktische Fundierung der Rechtsanwendung[15] - auf die Spannung zwischen der schrittweisen Fallherstellung und der dabei vermittelten Darstellungsmacht.

Einige Anmerkungen zur ethnographischen Herangehensweise

Doch wie läßt sich eine solche praxeologische Mikroskopie methodisch umsetzen? Um die zugrundeliegende Herangehensweise nachvollziehen zu können, bedarf es einiger Ausführungen zur ethnographischen Forschungshaltung, die sich nicht auf einzelne Methoden - etwa der teilnehmenden Beobachtung - reduziert. Die Qualifizierung als „ethnographisch" bezieht sich auf eine besondere Beziehung(sgeschichte) von Forscher und Forschungsgegenstand (vgl. Amann/Hirschauer 1997).

Mit der ethnographischen Herangehensweise sind eine Reihe von Grundsatzentscheidungen verbunden: präferiert wird die dauerhafte Teilnahme gegenüber dem distanzierten und punktuellen Zugriff, die Nutzung von Fremdheit und Verfremdung gegenüber einem aufgeräumten Vorverständnis, die Offenheit für Überraschungen gegenüber einem aufgeräumten Forscherblick, die Anpassung von Methoden ans Feld gegenüber der Passung des Feldes an *eine* Methode, das Theoretisieren vermittels von Empirie gegenüber der methodischen Prüfung etablierter und naheliegender Hypothesen.

Die Studie ist der qualitativen Methodologie verpflichtet und hier insbesondere der durch Goffman und der Ethnomethodologie geprägten Mikrosoziologie sowie der durch die Analyse von Disziplinen geprägten Praxeologie

---

[14] In der BAFl-Broschüre „Eine Behörde stellt sich vor!" wird hervorgehoben: „Eine Besonderheit des Asylverfahrens besteht darin, daß der **Einzelentscheider**, bei dem es sich in der Regel um einen Beamten des gehobenen Dienstes oder vergleichbaren Angestellten handelt, bei seiner Entscheidung über die Asylgewährung nach Artikel 16a GG und das Vorliegen von Abschiebungshindernissen im Sinne des §51 Abs.1 AuslG keinen inhaltlichen Weisungen von Vorgesetzten unterliegt. Der EE entscheidet somit im Rahmen der gesetzlichen Regelungen über die Anerkennung oder Ablehnung eines Asylantrags unabhängig wie ein Richter." (1995: 11) In der Frage der Duldung wegen humanitärer Gründe müssen die Entscheider dagegen der Erlaßlage Folge leisten.

[15] Ich verzichte auf die schon vielfach geleistete Rekonstruktion der Gesetzgebung und des im Asylbereich qua Rechtsprechung ausgeprägten „Richterrechts" (vgl. Frowein/Zimmermann 1993; Jülke 1994; ai 1995; Maaßen u.a. 1996 u. 1997).

bei Foucault. Im Mittelpunkt des Forschungsinteresses stehen nicht Meinungen, Motive oder Haltungen von Akteuren. Das Interesse ist soziologischer. Es geht um das Funktionieren einer sozialen Praxis, in das die Teilnehmer eingespannt sind. Analysiert wird die relative Eigenmächtigkeit des Geschehens, das die Akteure - in unterschiedlicher Weise - in den Bann zieht. Mit Goffmans´ Worten: „Not rather men and their moments. Rather moments and their men." (1964: 135)

Den Ausgangspunkt liefern jeweils soziale Situationen, an denen der Forscher selbst partizipiert. Dabei gilt es, eine Situation sowohl in ihrem konkreten Ablauf als auch in ihrer Wirkungsweise nachzuvollziehen. Die analysierten Ereignisse bleiben in der Folge nicht isoliert voneinander, sondern werden als Aspekte einer sozialen Praxis bzw. eines Verweisungszusammenhangs integriert. Beantwortet werden sollen die Fragen, ´was hier vor sich geht´ (Goffman) und was dies „Tun tut" (Foucault 1987). Clifford beschreibt dies Vorgehen anschaulich als beständigen Wechsel von Perspektiven:

> „´Teilnehmende Beobachtung´ dient als Kürzel für ein ständiges Hin- und Herlavieren zwischen dem ´Inneren´ und dem ´Äußeren´ von Ereignissen. Einerseits greift sie mit Entschiedenheit nach dem Sinn spezifischer Vorkommnisse und Gesten, andererseits tut sie einen Schritt zurück, um diese Beobachtungen zu situieren. Besondere Ereignisse erwerben damit tiefere oder allgemeinere Bedeutung, Strukturregeln und so fort." (1993: 127)

Im folgenden konzentriere ich mich auf Spezifika der hier vorgelegten Ethnographie.

Feldaufenthalte

Die Arbeit war zunächst thematisch breit angelegt. Sie beanspruchte, einen Gesamtüberblick über das deutsche Asylverfahren mit seinen wesentlichen Stationen zu gewinnen. Die „grand tour" (Spradley 1980) des Asylverfahrens wurde zum Gang durch die Instanzen, bei der der Ethnograph gleich mehrere Rollen annehmen, mit verschiedenen Partnern kooperieren sowie unterschiedliche Annäherungsweisen und Erhebungsmethoden praktizieren mußte. Es folgten Forschungsreisen zu verschiedenen Orten an den inneren und äußeren Grenzen des Staatsgefüges:

• Als *Sozialwissenschaftler* habe ich vier Wochen eine Grenzpolizeistelle besucht. Drei Wochen begleitete ich eine Streife an der „grünen Grenze" bei ihrer Früh-, Tag- und Nachtschicht. Die fünfzehnköpfige Gruppe teilt sich auf in stationäres Personal zur Einsatzkoordination und in mobiles, ausschwärmendes Personal (den Hundeführer, zwei Einsatzgruppen und die Besatzung des Wärmebildwagens[16]). Sie hatte einen Grenzabschnitt von 20 km zu sichern. Anschließend habe ich eine Woche die Arbeit der nachgeordneten Ermittlungsgruppe begleitet, die die Anzeigen wegen unerlaubtem Grenzübertritt und unerlaubtem Aufenthalt aufnimmt und Verhöre durchführt, um die ´Hintermänner´, die „Schlepper und Menschenhändler" ausfindig zu machen.

• Als *Anzulernender* konnte ich zwei Wochen die Arbeitsschritte zur Aufnahme der Ankömmlinge in der *Erstaufnahmeeinrichtung* für Asylsuchende mitverfolgen. Es handelte sich um verschiedene routinemäßige Erfassungen: im Verteilungscomputer (nach Belegungsquoten und Auslastungen), in der Einwohnermeldedatei, in der Hausbelegung, für den Heimausweis, bei der Sozialhilfe bis hin zur Umverteilung auf die Kommunen (nach spätestens 6 Wochen).

• Als eine Art *Praktikant* habe ich sechs Wochen eine *Außenstelle des Bundesamtes* für die Anerkennung ausländischer Flüchtlinge besucht. Eine Woche habe ich dem „kleinen Interview" samt „fingerprinting" und Computereingabe (wie -abfrage) beigewohnt. Hier wurden die zumeist schon tags darauf stattfindenden Anhörungen vorbereitet. In der Folge wurde ich von einem Einzelentscheider betreut. Ich durfte bei ihm und auf Vermittlung bei Kollegen an Asylanhörungen teilnehmen, Mitschriften erstellen, Protokolle und Bescheide nutzen sowie einzelne Tonbandmitschnitte fertigen. Mein Platz war, aufgrund der Sprachverwandtschaft und aufgrund der Abhängigkeit vom gate-keeper, auf der Entscheiderseite.

• Als eine Art *Referendar* habe ich fünf Wochen die Arbeit einer Kammer beim *Verwaltungsgericht* begleitet. Die Kammer besteht aus einem Vorsitzenden und zwei Richtern. Neben Schulfragen wurden hier auch die Klagen von abgelehnten Asylbewerbern behandelt. Zum Studium des Klageverfahrens habe ich einer Vielzahl von Verhandlungen (bei anderen Kammern) beigewohnt, die mir durch meine Kammer vermittelt wurden. In der Regel konnte ich vorher die Akten und später die Niederschriften und Urteile einsehen. Innerhalb der Kammer konnte ich an den z.T. ausgiebigen Falldiskussionen teilnehmen.[17] Das Arsenal an juristischen Entscheidungsmitteln (die Glaub-

---

[16] Bei der Nachtwache im Wärmebildwagen bin ich das erste und letzte Mal bei der teilnehmenden Beobachtung eingenickt - und zwar zusammen mit dem Grenzpolizisten. Die zehnstündige Schicht besteht darin, eine selbst programmierte Videofahrt (hier: über Wiesen und Äcker) auf dem Bildschirm zu verfolgen. Dies ist tatsächlich ermüdend und verfehlt die Wirkung auch dort nicht, wo beide Zuschauer bemüht sind, als Gast und Grenzer auf dem Posten zu bleiben. Erst der morgendliche Funkspruch schreckte uns auf. Der Wachhabende versicherte später, daß er stets mit einem Auge den Bildschirm im Blick behielt.

[17] Eine hitzige Debatte lehrte mich früh, die Eigenlogik des Asylverfahrens - wider alle Verschwörungstheorie - ernst zu nehmen. Die Debatte entzündete sich an einer Klage gegen einen ablehnen-

würdigkeitsprüfung, das Gutachten, die Zeugenaussagen, die Dokumente) habe ich hier anhand der Verhandlungsführung, im Aktenstudium sowie durch Auskünfte der Richter studiert.

• Als eine Art *Sozialarbeiter-Praktikant* habe ich mich drei Wochen in einer *Abschiebehaftanstalt* aufgehalten. Hier habe ich das Gefängnisleben auf einem „Flur" miterlebt, den „grünen Dienst" bei der Wacharbeit begleitet und die ´gescheiterten´ Antragsteller interviewt. Lohnend war insbesondere der Kontakt zum Sozialarbeiter, der zu beiden Seiten (den Insassen wie den Aufpassern) gute Beziehungen unterhielt. Vorgefunden habe ich einen beschaulichen, von den Gefängnisbewohnern gepflegten, allerdings quälend eintönigen Alltag. Es herrschte Ruhe und Ordnung - und Tristesse. Die Tagesroutine wurde nur ab und zu von den gefürchteten Abschiebefahrten des Bundesgrenzschutzes, von den herbeigesehnten Beratungsstunden der amnesty international-Aktivisten, den Arzt- und Friseurterminen oder einem provisorischen Gottesdienst unterbrochen.

• Abschließend weilte ich als eine Art *Verwaltungsauszubildender* drei Wochen bei einer *Zentralen Ausländerbehörde*. Auf der Sachbearbeiterebene konnte ich den Vollzug aufenthaltsbeendender Maßnahmen mitverfolgen: das Gespräch zum Test der ´freiwilligen Ausreise´[18], die Beschaffung der Ausreisepapiere mit oder ohne Hilfe des Ausreisepflichtigen, die Festnahme zur Sicherung der Ausreisepflicht bei kundgetaner Verweigerung, den Transport zum Abschiebeflughafen, die Suche von ausreisepflichtigen Ausländern in der Flüchtlingsunterkunft. Aufgrund erworbener Kenntnisse und weil ich mich für die Einblicke erkenntlich zeigen wollte, war ich verschiedentlich beim Verfassen von Amtsbriefen behilflich.

Feldzugänge

Die Rolle des Forschers variiert von Feld zu Feld: mal galt ich als Praktikant, mal als Soziologe und mal als Kollege. Diese Rollenkonzepte besorgten nicht

---

den Bescheid des Asylbundesamtes. Diese begründete der Kläger damit, daß er in Deutschland an regimefeindlichen Demonstrationen der separatistischen kurdischen Befreiungsarmee (PKK) teilgenommen hat; und zwar so, daß seine zentrale Rolle dem türkischen Geheimdienst wohl nicht verborgen geblieben sei. In der Tat war er gut auf einem Pressefoto zu erkennen, wie er mit einer Gasflasche hantiert und auf diese Weise Polizisten auf Distanz hält. Der Kammervorsitzende hielt schließlich seine jungen Richter davon ab, die Ausreiseaufforderung des Bundesamtes zu bestätigen, weil die Gefahr nicht von der Hand zu weisen sei, daß der Kurde in der Türkei vom Geheimdienst festgesetzt wird. Dem Geheimdienst sei nicht ersichtlich, daß die Aktion - statt dem türkischen Staat - dem deutschen Asylverfahren gelte.

[18] Solche Termine hatten oft nur den Zweck, nicht ausreisewilligen Ausländern habhaft zu werden. Der fehlende Wille zur Ausreise wurde dabei im Gespräch - durch eine allzu ehrliche Antwort des Ausländers - selbst belegt.

den ersten[19], wohl aber den weiteren Feldzugang. Unter diesen ´Titeln´ konnte ich an Anhörungen, Verhandlungen oder Kaffeerunden teilnehmen und Zellentrakte, Archive oder Sitzungen aufsuchen. Ähnlich einem Ausländer benötigt auch der Ethnograph Aufenthaltstitel und -genehmigungen.

Eine Schwierigkeit der Forschung lag in den häufigen Ortswechseln. Anders als in meiner früheren Untersuchung einer vierköpfigen ostdeutschen Ausländerbehörde (Scheffer 1995) mußte ich eine Vielzahl von Abteilungen und Organisationen durchwandern. Die Titel konnten in diesem Durcheinander helfen, eine persönliche Vorstellung zu managen und Erwartungen zu steuern. Mitarbeiter konnten meine Anwesenheit erklären und mich Kollegen präsentieren.

Mit längeren Kontakten wird der Zutrittstitel von persönlichen Ansprachen überlagert: für den Einen wurde ich zum Vertrauten, für den Anderen zum Berater und für einen Dritten zum ´roten Tuch´. Über den bloßen Zugang hinaus beruht die zudringliche Ethnographie auf Vertrauensbeziehungen. Diese Arbeit wäre ohne die Bereitschaft der Verfahrensteilnehmer, die *eigene* Schrift, Stimme oder Meinung einem ´Außenstehenden´ für ´unbestimmte Zwecke´ zu hinterlassen, nicht zustande gekommen. Die im folgenden aufgeführten Personalien der Teilnehmer sind durchweg - aus Gründen des Vertrauens- und Datenschutzes - frei erfunden.[20]

Die Aufnahme persönlicher Beziehungen beschreibt einen Aspekt des Eintauchens ins Feld. Der Forscher lernt im Zuge der Teilnahmen aber nicht nur Menschen kennen, sondern auch kulturelle Gepflogenheiten, Verhaltensformen, Benimmregeln. Er lernt vor Ort, sich unauffällig zu bewegen, Erwartungen zu erfüllen und an passender Stelle sinnvolle Beiträge zu liefern. Er erwirbt auf diese Art eine Quasi-Mitgliedschaft, die ihn als ´einen von uns´ *und* ´verschieden´ zuordnet.

---

[19] Hierzu bedurfte es zunächst der Erlaubnis ´von oben´. Forschungsaufenthalte wurden mir genehmigt von der Bundesamtszentrale in Nürnberg, von verschiedenen Landesjustizministerien, von einem Landesinnenministerium sowie von der Bundesgrenzschutzzentrale in Berlin. Mit diesen Generalvollmachten suchte ich die entsprechenden lokalen Leitungen auf, um Einzelheiten meines Projekts abzusprechen. Die wiederkehrende Begründung meiner Forschung in den Kontaktgesprächen lautete in etwa so: „Vor Ort haben Ihre Beschäftigten mit Problemen zu tun, die ihnen kein Gesetz und keine Konzeption abnimmt. Ich will wissen, wie sie diese Probleme in den Griff bekommen!"

[20] Dies ist auch aus spezifisch asylverfahrensrechtlichen Gründen notwendig, denn schon das Bekanntwerden einer Antragstellung kann für den Betroffenen und seine Angehörigen eine Verfolgung im Herkunftsland nach sich ziehen. Entsprechend kann das Bekanntwerden näherer personenbezogener Einzelheiten einen Asylfolgeantrag rechtfertigen, weil es eine neue Verfolgungsgefahr begründet.

Eindrücklich sind solche Szenen, in denen Mitarbeiter anderer Ämter nachfragen, ob man ´vor dem´ frei sprechen könne und daraufhin ´für mich´ gebürgt wird. Die Teilnahme an Diskussionen oder auch an privaten Treffs nach Feierabend vermitteln ebenso eine Zugehörigkeit zur Arbeitsgemeinschaft. In einer Szene nahm mich ein Mitarbeiter der Abschiebegruppe einer Zentralen Ausländerbehörde vor dem drohenden Zugriff des BGS in Schutz. Zwei Beamten wollten mich zusammen mit den anderen „Abschüblingen" aus Mazedonien, denen ich beim Koffertragen behilflich war, in der „stand-by-Zelle" unterbringen. „Laß den mal hier, der ist von uns", stellte der Kollege richtig und amüsierte sich über meine ´Fast-Abschiebung´.

Vom Rundblick zur analytischen Selektivität

Was an der bloßen Auflistung der Feldaufenthalte auffällt, ist der große Zeit- und Materialverschleiß im Zuge der ethnographischen Forschung. In der fertigen Studie treten der Grenzübergang, das Gericht, die Haftanstalt oder die Erstaufnahmeeinrichtung in den Hintergrund der fokussierten Themenstellung. All diese - für sich genommen untersuchenswerten - Felder dienen nur noch als Kontrastfolien oder Kontextinformationen. Die Konzentration auf *eine* zentrale Veranstaltung und *ein* Schlüsselthema ist ein entscheidendes (Vorab-)Ergebnis ethnographischer Forschung.

Daß ich hier die Asylanhörung als Kristallisationspunkt gewählt habe, ist nicht zwingend, aber begründet. Sie beruht auf der Einsicht, daß die ´Vorläufe´ auf dieses Ereignis gerichtet sind und hier der Grundstein für das Weitere gelegt wird. Die Erstmeldung und Unterbringung wird so gestaffelt, daß die schnelle Anhörung für den Bewerber unausweichlich wird. In der Anhörung entsteht der Fall, der vor dem Verwaltungsgericht oder in der Ausländerbehörde vorausgesetzt wird. Die Umstände seiner Herstellung werden von den Amtsschriften geschluckt und idealisiert.

Der tatsächliche Erkenntnisprozeß wird in der wissenschaftlichen Ergebnispräsentation auf den Kopf gestellt; so als habe der Forscher bereits vorher sowohl das Thema als auch seine Herangehensweise gewußt. Geschluckt wird die im Forschungsprozeß erst erarbeitete Fokussierung auf ein Thema (Fallherstellung), auf eine Instanz (das BAFl), auf eine Veranstaltung (die Anhörung) und eine Reihe wesentlicher Arbeitsschritte (Dolmetschen, Protokollieren, Prüfen). Voraussetzung der Fokussierung ist die Orientierung mittels einer überblickhaften Bereichsanalyse. Die Beobachtungs- und Feldprotokolle sind von vornherein so zu formulieren, daß sie auch nach einer Weile und über die Wechsel des Forschungsinteresses hinweg, ergiebig bleiben. Eine Ordnung und Relevanzsetzung im Datenwust ergibt sich durch eine Mischung aus Archivarbeit, Begriffsschöpfung und Relationierung: der Ethnograph sortiert, schreibt Listen und untergliedert, er zieht Vergleiche und systematisiert, er entdeckt Materiallücken und sucht sie aufzufüllen, er verknüpft die Einzelaspekte und wagt eine Zusammenschau (vgl. Spradley 1980). Diese vielmalige Durchsicht der ´Rohdaten´ (der Beobachtungsprotokolle, Transkripte, amtlichen Protokolle und Bescheide etc.) setzt ihre Handhabbarmachung (z.b. auf Karteikarten) voraus. Sie werden vielfach nach wechselnden Relevanzen durchstöbert. Am Ende der Konzeptualisierungen stehen Auseinandersetzungen mit bestehenden, für die Zwecke der Explikation als brauchbar erscheinenden Theorieangebote. Idealerweise dient die Datenpräsentation dem Theoretisieren und das Theoretisieren der Aufwertung vermeintlich nebensächlicher Empirie.

Die vorliegende Studie ist geprägt von einer soziologischen Mikroskopie, wie sie aus der Ethnomethodologie bekannt ist. Es erfolgen ´nervtötende´ Zerlegungen einzelner Fabrikationsschritte, von Übersetzungsvorgängen, Verständigungsversuchen, Formgebungen, Darstellungsweisen etc.. Der Auflösungsgrad wird reguliert anhand der Frage nach dem praktischen Gewicht*und* der soziologischen Relevanz: was treibt die Geschehnisse an; was übersehen gängige Theorieangebote? Das ´Klein-Klein´ ist also kein Selbstzweck, sondern bleibt eingebunden in ein ethnographisches Projekt. Dies ist der Grund, warum die Arbeit nicht den Auflösungsgrad einer stärker belegenden Konversationsanalyse erreicht. Sie überbietet andererseits den Auflösungsgrad einer bloßen Beispielethnographie. Auf das Mittel der Episode wird gleichwohl nicht verzichtet, um schnelle, eingängige Ansichten einer Szenerie zu bieten.

Die akribische Auflösung der Praxis entlang von Wie-Fragen verschafft Distanz zu den Versionen der Teilnehmer. Es rückt statt der Darstellungen ihre Herstellung in den Mittelpunkt - und das, was in der Weiterverwendung von Darstellungen vorausgesetzt wird. Die Feinauflösung leistet neben den Blick hinter die Kulissen die Verfremdung von ´allzu Vertrautem´. Durch die Detaillierung gewinnt die empirische Analyse eine Eigendynamik und damit eine Distanz zum eigenen Vorwissen, zu Alltagskonzepten und zu verbreiteten Vorurteilen. Die Distanzierung wird um so relevanter, je mehr der Forscher schon ein Verhältnis zum Themenspektrum (aufgebaut) hat.

Zum politischen Charakter der Untersuchung

Vor dem Forschungsprojekt engagierte ich mich viele Jahre als Aktivist in der Asylberatung und in der politischen Bewegung für Flüchtlinge. Die vorliegende Studie steht im Kontrast zu diesem Engagement. Sie entwirft kein ´besseres´ Asylverfahren. Sie schreibt nicht für die eine oder andere Seite - auch wenn persönliche Sympathien wohl hier und dort hervorlugen. Die Arbeit nimmt nicht in Schutz oder klagt an. Ziel ist es nicht, das Verfahren zu skandalisieren oder in Verruf zu bringen. Die Studie greift nicht in die polarisierten Debatten um Asylmißbrauch und Inhumanität, um Betrug und Schikane ein; was nicht heißt, daß sie diese nicht fundieren könnte.

Der Ethnograph tritt nicht als Gutachter auf, der Fehler und Mängel auflistet. Ich lege keinen externen Maßstab an die Verfahrenspraxis an, wie dies z.B. Anwälte oder Menschenrechtler zu tun haben. Im Vordergrund stehen dagegen immanente Erklärungen und Funktionsbestimmungen, die auch noch das Überlisten oder Täuschen als naheliegende Antworten auf praktische Konstellationen würdigen. Auch die gängige Opfer-Täter-Konstellation zeigt sich nur auf den ersten Blick: weil die soziale Praxis auf einer Reihe unwahrscheinlicher Voraussetzungen beruht, erscheint der ganze Betrieb als fragil und dynamisch. Die heutigen Verlierer sind morgen womöglich schon im Vorteil.

Eine politische Grundsatzentscheidung hat der Ethnograph allerdings in einem Punkt zu treffen: Wen beforsche ich und wen nicht? Diese Entscheidung ist deutlich ausgefallen. Ich habe allein Behörden und Beamten besucht, die sich sofort mit einer Begleitung einverstanden erklärt haben und grundsätzlich die Untersuchung nicht auf die „Hinterbühnen" (Goffman) der Asylbewerber ausgedehnt (vgl. aus historischer Perspektive, Howells 1998). Dies ist mit Blick auf die Themenstellung nicht zwingend, denn schließlich wird die Fallherstellung nicht nur in den Behörden betrieben, sondern - zumindest vorbereitend - auch in den Flüchtlingsunterkünften, in den Heimatländern oder in Beratungsstellen. Ich hätte, um den hier schwierigeren Feldzugang zu meistern, einige mir gut bekannte, ehemalige Bewerber „biographisch" interviewen oder die Konversationen einer Flüchtlingsberatung analysieren können. Die ´Beforschung´ der Antragsteller habe ich aber ganz den Behörden überlassen - und die amtlichen Forschungsmethoden ins Zentrum der Untersuchung gestellt.

Die Gliederung der Studie

Insgesamt steht die Asylanhörung im Mittelpunkt der Analyse. Erst das letzte Kapitel löst sich aus dieser Konzentration: hier geht es um die Arbeit eines Ausländeramtes, als eine nachgeordnete Vollzugsbehörde. Bei aller Fokussierung leisten allerdings alle Kapitel einen Rundblick auf weitere Praktiken im Verfahrensverlauf, um Zusammenhänge und Besonderheiten der Vorgänge herauszuarbeiten.

Im Einzelnen werde ich wie folgt durch den Prozeß der Fallherstellung führen[21]:

1. In den Asylanhörungen spielen Dolmetscher eine Schlüsselrolle. Als Doppelsprachler verleihen sie den sonst durch eine Sprachbarriere getrennten Verfahrenswalter und -gänger Gehör wie Stimme. In der Anhörung bleiben mal der Bewerber und mal der Entscheider (und Ethnograph) vom ´Palaver´ der jeweils Fremdsprechenden ausgeschlossen. Das bedeutet aber nicht, daß dem Dolmetscher blind vertraut würde und er frei wäre, zu fabulieren. Vielmehr ist er aufgrund von Kontrollen mit Darstellungserfordernissen konfrontiert, die weder anhand der alltagsweltlichen Unterstellung lexikalischer Identität, noch anhand der linguistischen Modelle der Translations- und Dolmetscherwissenschaft zu erbringen sind. Es soll gezeigt werden, wie die Beiträge der Dolmetscher in der Situation als ´korrekte Übersetzungen´ Anerkennung finden

2. Anschließend wird die Möglichkeit einer Verfahrensanalyse in der Auseinandersetzung mit dem Situationskonzept der Konversationsanalyse diskutiert. Im Mittelpunkt steht das komplexe Eröffnungsgeschehen der Asylanhörung. Die Konversationsanalyse klammert grundsätzlich solche Bedeutungen aus, über die sich Teilnehmer nicht aktuell verständigen. Die immanente Analyse von sozialen Situationen als Konversationen führt für Durchgangsstationen (wie Gerichtsverhandlungen oder Anhörungen) zur Marginalisierung von wesentlichen Praktiken (z.B. der Protokollführung) und zu praxisfernen Interpretationen (z.B. der Belehrung). Ausgehend von dieser empirisch-begründeten Kritik an der Konversationsanalyse wird für die Asylanhörung ein dezentriertes Situationskonzept entwickelt. Die Konversation fungiert hier nicht per se, wie im zentrierten Situationskonzept, als Bezugsrahmen der Äußerungen. Die ethnographische Analyse der Anhörungseröffnung und hier insbesondere die Rolle der Dokumente zeigt: Beiträge werden nicht erst in der Situation hergestellt, sondern als Halbprodukte *importiert*; Äußerungen werden nicht bloß für Anwesende getätigt, sondern für Abwesende und erwartbare Verwertungen *exportiert*. In der Asylanhörung werden Verfahrensinstanzen durch rück- und vorgreifende Praktiken einbezogen, wobei nicht alle Teilnehmer gleichermaßen partizipieren.

3. Im Asylverfahren werden anhand der Anhörungsprotokolle Mündlichkeit und Schriftlichkeit als zwei getrennte Formen behandelt, die zudem in einem direkten Ableitungsverhältnis stehen. Das Dokument bildet, so die praktische Unterstellung, das gesprochene Original ab. Diese praktische Trennung von

---

[21] Vier der fünf Einzelkapitel beruhen auf bereits veröffentlichten Aufsätzen (vgl. Scheffer 1997a; 1997b; 1998a; 1998b).

Wort und Schrift wird in der Bürokratieforschung überall dort aufrechterhalten, wo die starke Unterstellung der Abbildung geteilt oder eine Untersuchung entweder auf das Mündliche oder das Schriftliche beschränkt bleibt. Die hier entwickelte Schreibprozeßanalyse zeigt dagegen, wie das Protokollieren - im Vergleich zu anderen bürokratischen Schreibprozeduren - vom (Vor-)Gesprochenen Gebrauch macht und wie das (Vor-) Gesprochene auf eben diese Verwertung eingestellt wird. Es zeigen sich auf diese Art Übergänge von Wort und Schrift, die die Teilnehmer der Asylanhörung unterschiedlich fordern und teilhaben lassen. In einer Art Endredaktion stellt der Entscheider das Protokoll mittels systematischer Modifikationen auf das Verfahren ein. Das gelungene, aussagekräftige Protokoll schreibt dem Bewerber ´als Autor´ die volle Verantwortung für die Prüfungsleistung zu.

4. Zentral für den Ablauf der Anhörung ist die Glaubwürdigkeitsprüfung. Die Prüfung vollzieht sich methodisch in angebbaren Schritten. Zunächst werden interaktiv ´angemessene´ Anforderungen etabliert. Im Rahmen der Anforderungsprofile werden Prüffragen formuliert, und zwar solche, die eine Kontrastierung der Bewerberangaben erlauben. Kontrastiert werden Aussagen einer Anhörung, Aussagen von ´verwandten Fällen´, Aussagen und ein ´Bereich des Möglichen´ sowie Aussagen und eine allgemeine Länderkunde. Die Anhörung erinnert über weite Strecken an eine Schulprüfung, in der Sachwissen abgefragt wird. Für Prüfer wie Prüfling besteht die Notwendigkeit, sich ein Prüfwissen anzueignen, um in der Anhörung bestehen zu können.

5. Mit Blick auf das Verfahren lassen sich Identifizierungstechniken unterscheiden: der Abgleich von Fingerabdrücken und die Paßvorlage. Sie basieren auf unterschiedlichen sozialen Voraussetzungen. Mithilfe des Abgleichs von Fingerabdrücken soll eine von den Angaben des Antragstellers unabhängige ´objektive´ Prüfung vollzogen werden, um so Betrügereien zu entlarven. Die Paßkontrolle ist verglichen damit vertrauensvoll: sie überträgt die Identifizierung dem Paßträger, der diesen Nachweis per verbrieften Ähnlichkeiten führt. Die im Dokument begründete Unterstellung einer Passung von Fall und Person macht es möglich, eine Identifizierung auf Anhieb vorzunehmen - und im Zuge der Ausweisvorlage eine Reihe anderer Bearbeitungen zu erledigen. Erst anhand von Verdachtsmomenten (z.B. an der Echtheit des Dokuments oder an der Übereinstimmung von Identitätsmerkmalen) wird die Verbindung von Fall und Person hinterfragt. In der Ausweisvorlage erweist sich der administrative Blick als kulturell geschult und getrübt.

6. Am Schluß werden die Einzelkapitel anhand des Konzepts der Darstellungsmacht resümiert. Die Darstellungsmacht wird zunächst in Abgrenzung zu strukturellen Machtkonzepten (hier: der symbolischen Macht bei Bourdieu) als ´unwahrscheinliche´, situative Leistung veranschaulicht. Die Studie zeigt,

daß eine kontrollierte Asylgewährung nicht schon mit rechtlichen Ausschluß-
kriterien durchgesetzt ist. Als notwendige Mikrosteuerung erweist sich die
Verteilung von Ausdruckskontrolle und Kontrollverlust im Zuge der Fallherstellung: während der Entscheider in der Anhörung (von den Anhörungsteil-
nehmern, wie von der Organisation) zum Verfahrensmanagement *ermächtigt*
wird, wird der Bewerber als Selbst-Darsteller *entmachtet*. Er wird über weite
Strecken von den Wirkungen seiner Präsentation abgeschnitten. Die Ermächtigung des Entscheiders und die Entmachtung des Bewerbers eröffnen die
Möglichkeit zur begründeten Ablehnung in jedem Einzelfall.

Transkriptsymbole

>	direkter Anschluß am vorherigen turn
#	direkter Anschluß am vorletzten turn
~~	fremdsprachiges Palaver (für Entscheider und Ethnograph)
=	Nachfolgendes wird vom nächsten Beitrag übersprochen
Kursiv	die Teile, die den vorherigen Beitrag übersprechen
fett	nachträglich ins Deutsche übersetzte Beiträge
( )	Pause
D	Dolmetscher
E	Entscheider
B	Bewerber
S	teilnehmender Beobachter
(B/D~)	Anzeige eines fremdsprachigen Beitrages (ohne Längenangabe)
___ tiert	Unterstrichene Passagen werden vom Entscheider auf Band dik- tiert
___	Doppelt unterstrichene Passagen kommen vom Diktaphon des E
[...]	Erläuterungen des Autors
Textformate:	
-	Einrückungen zeigen längere Zitate oder Episoden an

1. Dolmetschen als Darstellungsproblem

Das Asylverfahren läßt sich als natürliches Krisenexperiment bürokratischer Individualisierung betrachten, denn gemessen an Verfahren mit Ansässigen wird es ohne schon taugliche Verfahrensgänger betrieben. Die Antragsteller sind nur in Ausnahmefällen bereits aktenkundig, verfügen generell über keinen festen Wohnsitz, sprechen fremde Sprachen und wissen zudem aus eigener Erfahrung nur wenig über die Gepflogenheiten hiesiger Verwaltung (vgl. Katz/Eisenstadt 1960, Danet 1971, Scheffer 1995a). Die anschlußfähige Erstausstattung, die jeder ordentliche, selbst-verwaltete Behördengänger schon ´mitbringt´, muß hier zunächst verliehen werden: per Registrierung, per Paßersatzpapier, per Einweisung und Versorgung in einem Sammellager. Erst in den obligatorischen Anhörungen vor dem Asylbundesamt (BAFl) werden die individuellen Lebens- und Fluchtgeschichten erhoben.

Der Fall wird in deutscher Sprache verfaßt. Sie allein gilt als anschlußfähige Amtssprache. Asylbewerber verfügen generell über keinerlei Deutschkenntnisse. Um den Prüfling zum Sprechen zu bringen, bedarf es deshalb nicht nur guter Fragen, sondern zunächst geeigneter Methoden zur Verständigung. Einzig das Dolmetschen - und nicht etwa das Radebrechen oder Verständigen ´mit Händen und Füßen´ - gilt als adäquate Methode, rechtswirksame Aussagen zu erheben. Offenbar gelingt die Übertragung problemlos. Die (deutschen) Anhörungsprotokolle und ihre Verwertung in den Bescheiden jedenfalls bezeugen die zweifelsfreie Überführung aller möglichen Fremdsprachen in die eine Amtssprache. Von einzelnen Verfahrensbeteiligten wird dagegen im persönlichen Gespräch das falsche, ungenaue und v.a. nachteilige Übersetzen der Anhörungen vage vermutet bis konkret beklagt. Die Vorwürfe lassen sich etwa so bündeln:

- *Abgelehnte Asylbewerber* beklagen, daß einzelne Dolmetscher sie um die Anerkennung gebracht hätten. Die Ablehnung wird offiziell mit (inhaltlichen) Widersprüchen begründet, die aber eigentlich auf sprachlichen Mißverständnissen beruhten. Der betreffende Dolmetscher hätte nicht den gleichen Dialekt gesprochen, einer feindlichen Ethnie angehört oder sich einfach keine Mühe gegeben.

- *Asylinitiativen* sehen in den Dolmetschern bloße Helfershelfer des Bundesamtes, willfährige Instrumente der Administration. Nach dem Motto ´Wessen Geld ich nehm, dessen Lied ich sing!´ würden die Angaben der Asylbewerber zugunsten des Auftraggebers verfälscht. Übersetzungen seien bloßer Ausdruck der Interessenlage.

- *Einzelentscheider* des Asylbundesamtes (BAFl) wie Verwaltungsrichter sorgen sich um die Loyalität der Dolmetscher, auch wenn diese vereidigt und staatlich anerkannt seien. Die Loyalität der Dolmetscher - und hier stellen Deutsch-Muttersprachler die Ausnahme - wird mit Verweis auf einen aktuellen oder früheren Ausländerstatus angezweifelt. Je nach nationaler Zugehörigkeit wird die Abhängigkeit von exilpolitischen oder ethnischen Seilschaften befürchtet. Einzelne haben tatsächlich selbst ein Asylverfahren durchlaufen und leben nun als Asylberechtigte in Deutschland.

- *Verwaltungsrichter* bescheinigen den Anhörungen des BAFl einen schlechteren Übersetzungsstandard als den Gerichtsverhandlungen, weil das BAFl minder qualifizierte und abhängige Dolmetscher einsetze. Offensichtliche Übersetzungsmängel und schlechte Protokolle entwerteten die Vorarbeit des dem Innenministerium unterstellten und vor Gericht beklagten BAFl.

Die genannten Parteien nehmen eine instrumentelle Haltung zur Dolmetscherarbeit ein. Diese wird jeweils als defizitär - oberflächlich, verfälschend, einseitig - angemahnt, wofür verschiedene Motive der dolmetschenden Person angeführt werden. Die Übersetzung wird über fragwürdige Interessenlagen infrage gestellt; ähnlich wie eine Zeugenaussage aufgrund der (intimen) Beziehung zum Angeklagten. Korrektes Übersetzen gilt als unproblematische Leistung, die selbstverständlich erwartet werden darf. Das professionelle Übersetzen wird, gleich bürokratischer Apparate, nach Bedarf als objektiv/neutral oder als schlampig/korrupt bewertet. Mystifizierung und Dämonisierung sind dabei aber keine unvermittelten Gegensätze. Sie fungieren als zwei Seiten der gleichen Medaille: die eine Seite befördert wohl oder übel immer die jeweils andere.

Das Dolmetschen von Asylanhörungen wird im folgenden nicht normativ, sondern methodisch analysiert. Gefragt sind nicht externe Gütekriterien, sondern die Methoden der Ausübung: Wie kann der Dolmetscher beobachtbar machen, daß er (richtig) dolmetscht? Wie kann sich das Gesagte gegenüber den Teilnehmern der Anhörung bewähren? Die eingenommene Perspektive gleicht der eines angehenden Dolmetschers, der sich belehren läßt, wie die Aufgabe zu schaffen ist - und bald erkennen muß, daß es mit fundierten Sprachkenntnissen allein nicht getan ist.

In der Soziologie ist es üblich, statt das Dolmetschen selbst zu thematisieren (vgl. Donk 1994 u. 1996), die verschiedensten Interpretations- und Machtvermittlungsprozesse metaphorisch als Übersetzung zu bezeichnen (vgl. Callon 1986). Eine ausgiebige Auseinandersetzung mit Problemen der „Translation" findet sich dagegen in der Linguistik. Hier werden deskriptive Ablaufschemata, normative Gütekriterien und allgemeine Handlungsanweisungen erarbeitet (vgl. Koller 1992, Stolze 1994). Grundlegend ist die Unterscheidung zwischen dem Übersetzen (von Texten), dem Dolmetschen (von offiziellen Redebeiträgen) und dem Sprachmitteln (von Alltagskonversationen). Die ethnographische Gesprächsanalyse kann zeigen, daß die linguistischen Theorieangebote das Dolmetschen nicht adäquat beschreiben. Instruktiv erscheint es dagegen, Dolmetschen als ein situiertes Darstellungsproblem aufzufassen. Das Gedolmetschte muß sich für die Nutzer als ´korrekt´ erweisen, um Verständigungen zu stiften.

Dieses Kapitel ist wie folgt untergliedert: Zunächst zeige ich, auf wann und wie beim Erstkontakt der Behörden mit den Neuankömmlingen (1.1.) überhaupt Dolmetscher eingeschaltet werden. Für deren Arbeit ist die Normalitätsunterstellung der Anhörungsteilnehmer grundlegend (1.2.). Dem Dolmetscher wird aber nicht blind vertraut. Seine Beiträge haben sich anhand einer Reihe von Kontrollen als korrekte Übersetzung zu erweisen (1.3.). Wie der Dolmetscher den Darstellungserfordernissen praktisch zu genügen sucht, zeigt sich in der dialogischen Produktion von Frage- und Antwortvorlagen (1.4.). Im Resümee rekapituliere ich die Analyse bezogen auf das Asylverfahren und bezogen auf linguistische Theorien zur Translation.

1.1. Der Erstkontakt mit den Fremdsprachlern

Bevor ein Dolmetscher zum Einsatz kommt, ist eine provisorische Verständigung unumgänglich. Von dieser behaupten Grenzpolizisten, das Pforten- oder Aufnahmepersonal, Mitarbeiter der Ausländerbehörde und Flüchtlingssozialarbeiter regelmäßig - gleich euphorischen Touristen -, man würde ´mit Händen und Füßen schon irgendwie klarkommen´. Daß der richtige Dolmetscher zur rechten Zeit am rechten Ort ist, ist einer Reihe von vagen Vorentscheidungen geschuldet. Es muß improvisiert, gestammelt und (trotz allem) etwas aufgefaßt werden. Im folgenden sollen Anbahnungspraktiken auf dem Weg ins gedolmetschte Verfahren skizziert werden.

1.1.1. Die Sprachsuche

In welcher Weise kann ein Grenzgänger, aufgegriffen beim Übertritt der grünen Grenze, zum Sprechen gebracht werden? Diese Aufgabe übernimmt nicht die zugreifende Patrouille, sondern ein spezieller Ermittlungsdienst der Grenzschutzstelle. Die Kriminalbeamten versuchen zunächst herauszufinden, welche Sprache der „Einschleicher" spricht:

Ein Grenzer (G) erklärt mir (S) den Formularapparat seiner Dienststelle. Darunter befindet sich eine Sammlung unverständlicher Formulare, die offenbar den gleichen Inhalt („den Tatvorwurf") in vielen Sprachen wiederholen.

G: Also für die, die hier aufschlagen, haben wir diese Übersetzungshilfen. Da stehen die wesentlichen Sachen schon in der Landessprache. Da können die ihre Personalien und so eintragen. Also so in rumänisch, türkisch, russisch, was so anfällt. Das gibt es hier auch für die Belehrung und den Tatvorwurf, das haben die dann gleich passend.

S: Aber wie wißt ihr, welches Formular, also in welcher Sprache es gezogen werden muß?

G: Meistens ist das klar. Wir fragen die, „Bulgaria?", „Russia?". Oder wir geben denen eine Landkarte. Da zeigen sie dann, wo sie herkommen. Aber (er winkt ab) das geht nicht bei allen. Bei den Indern ist das ein richtiger Tanz. In Indien sprechen die 400 Sprachen oder so, auf jeden Fall sehr viele - und so ein Dolmetscher kann höchstens 5. Wir versuchen das dann übers Telefon, holen einen Dolmetscher an den Apparat, daß der mit dem redet und so den Dialekt rausfindet. (Gesprächsnotizen; Gedächtnisprotokoll)

Um die Sprache eines ohne Papiere aufgegriffenen Grenzgängers zu erfahren, werden Ländernamen in ´ausländisch´ gestammelt (Bulgaria, Polska, Russia etc.). Bleibt die Herkunft unklar, werden Landkarten bemüht, auf denen die Herkunft gezeigt werden soll. Mit der Herkunftsfrage wird versucht, die Sprache des Aufgegriffenen zu bestimmen. Dies erklärt, warum gerade ein sog. Vielvölkerstaat wie Indien Probleme bereitet. Er ist als Herkunftsstaat zwar leicht herauszubekommen, offeriert aber zugleich eine Unmenge an Landessprachen, die ´radebrechend´ nicht weiter präzisiert werden können. Schon zur Sprachfindung wird dann die Hilfe von Dolmetschern in Anspruch genommen.

1.1.2. „ASYL" als Zauberwort

„Die brauchen nur ASYL schreien und schon sind sie drin", lautet eine verbreitete Klage über angeblich zu lasche Vorselektionen. Wer das Zauberwort spricht, kann, soweit dies auch ´gehört´ wird, zumindest damit rechnen, seinen Fall mithilfe eines Dolmetschers vortragen zu dürfen.

Die durch das Zauberwort erwirkte Befragung des Bewerbers fällt verschieden aus, je nach Ort und Zeit der „ASYL"-Anmeldung. Wird der ´Illegale´ schon an der Grenze aufgegriffen, beschränkt sie sich auf das Abarbeiten von Formularfragen durch den Grenzbeamten. Läßt der Grenzgänger das 30 km tiefe Grenzgebiet hinter sich und erreicht unerkannt eine Erstaufnahmeeinrichtung, erwartet ihn die Anhörung beim BAFl. Wer erfolgreich ASYL anmeldet, erwirbt als Rechtssubjekt den universellen Anspruch, das eigene Anliegen im Verfahren bzw. den Verfahrenswaltern ´zu Gehör´ zu bringen. Das rechtliche Gehör kann, so die Rechtsprechung, nur per Dolmetscher verliehen werden.

1.1.3. Was die Anwesenheit 'sagt'

Schon die Anwesenheit an der Pforte oder auf dem Amtsflur kann dem betrauten Personal zu verstehen geben, was ein Ankömmling 'sagen möchte'. Die Bedeutung der Anwesenheit variiert mit der Einrichtung: Gelangt ein Sprachunkundiger bis an die Pforte einer Erstaufnahmeeinrichtung, wird angenommen, daß er hier wie all die anderen aufgereihten 'Sprachlosen' einen Asylantrag stellt. Kommen oder Bleiben wird zum kommunikativen Akt, weil die Sprache als Mittel zur Verständigung ausfällt bzw. abgeschrieben wird. Es wird unterstellt, daß dieses entlegene „Sammellager" (Personaljargon) nicht grundlos aufgesucht wird.

Die Anwesenheit und Einordnung der 'Sprachlosen' mag erklären, warum die Frage nach der Asylantragstellung nicht als systematische Einstiegsfrage auftaucht: sie wird als geklärt vorausgesetzt. So wie der Verkäufer allein vom Eintritt in den Verkaufsraum und dem Vortritt an die Theke auf einen Kaufwunsch schließt („Sie wünschen?"), so ersetzt auch hier der vorselektierende Aufwand überhaupt anzukommen aufwendige Klärungen. Die Ankunft der Bewerber ist allerdings, anders als die einer Kundschaft, geheimnisvoll und sagenumwoben. Es bleibt im Dunkeln, auf welche Weise die Ankömmlinge - trotz Grenzsicherungen und -kontrollen - Einlaß und Orientierung in fremden Gefilden erlangen.[22]

1.1.4. Verständigungskrücken der Bewerber

Nicht jeder Erstkontakt erfolgt in dieser Weise sprachlos. Gelangt ein 'Bewerber' zu einer Aufnahmeeinrichtung, so ist es ihre räumliche Organisation (die Teilung in Warte- und Flußzonen, vgl. Wolff 1983), die die Ankömmlinge ordnet und labelt. Diese Komm-Struktur ist in einer weiteren Hinsicht grundverschieden von der Hol-Struktur (z.B. beim Aufgriff an der Grenze). Zur Behörde kommen die Bewerber in der Regel vorbereitet. Sie haben einen Helfer dabei, verlesen etwas Vorgeschriebenes, zeigen einen Gesetzesauszug oder tragen auswendig gelernte Sätze vor.[23] Sie versuchen so, den Anforderungen gerecht zu werden - ähnlich dem französischen Referenten, der

---

[22] Schuld daran, daß das Gros überhaupt bis an die Pforte einer Erstaufnahmeeinrichtung kommen kann, so mutmaßen Grenzpolizei und Innenministerium in offiziellen Verlautbarungen, sind v.a. Menschenhändler und Schlepperbanden.

[23] Es ist wahrscheinlich, daß die so ausgestatteten Behördengänger im weiteren Verlauf auf ihre spärlichen Kenntnisse zurückgreifen müssen. Nach Rehbein kommen multiple Formeln zum Einsatz: „Bei geringen Sprachkenntnissen bilden Migranten oft ein Grundrepertoire sprachlicher Formeln für verschiedene kommunikative Zwecke aus." (1985b: 11) Diese Formeln sind besonders anfällig für allerlei Mißverständnisse.

sich frühzeitig auf die Forderungen des (englischen) Auditoriums einstellen kann: „Wenn ich überhaupt Gehör finden und verstanden werden will, muß ich Ihre Sprache sprechen, ich muß es und ich soll es tun, ich bin es schuldig." (Derrida 1991:10) Der Referent, der vorzitierte Klient einer Ausländerbehörde oder der Angeklagte vor Gericht haben den gemeinsamen Vorteil, sich mehr oder weniger auf die Zumutung einstellen zu können. Sie wissen, bei welcher Gelegenheit sie ansteht. Anders ergeht es Grenzgängern, denen eine Grenzpolizeistreife auflauert. Sie sind tatsächlich ´sprachlos´: zunächst aus Verzweiflung und Überforderung; außerdem, weil sie wohl realisieren, daß der Einreiseversuch gescheitert ist, und statt der geforderten Auskünfte (über Schlepper und Routen) nur ein erneuter Versuch Erfolg verspricht.

1.1.5. Verständigungshilfen der Behörden

Die Behörden sind mit mehr oder weniger strukturierten Arbeitsanlässen konfrontiert. Entsprechend unterscheiden sich die bereitgehaltenen Verständigungshilfen. Das Bundesamt, das von jedem Bewerber aussagekräftiges Material zu erheben hat, muß in jedem Fall einen Dolmetscher stellen. Der Grenzschutz, der zunächst zu klären hat, um was für eine Fallkategorie (Aussageverweigerer oder Aussagewilliger, evtl. auch Asylbewerber) es sich handelt, ordert Dolmetscher dagegen erst nach vorheriger Feststellung der Notwendigkeit. Hierfür hat der BGS spezielle „Übersetzungshilfen für die Befragung von Ausländern" entwickelt: die Kategorien sind in der Amts- und Fremdsprache aufgeführt. Vor einer Vernehmung wird dem Beschuldigten außerdem ein sog. Tatvorwurf vorgelegt, der die zu Last gelegten Straftaten („unerlaubte Einreise, unerlaubter Aufenthalt, unbefugtes Überschreiten der Grenze außerhalb der Grenzübergänge") in dessen Landessprache auflistet. Angefügt ist eine Belehrung zum Recht auf Aussageverweigerung. Der Beschuldigte hat die Wahl:

    O - Ich möchte mich nicht äußern.

    O - Ich möchte mich äußern.

Erst wenn das obere Feld gewählt ist, ordert die Grenzschutzstelle einen Dolmetscher. Offenbar wird aber nicht immer das landessprachliche Formular ausgehändigt. Ein Ermittlungsbeamter kritisiert die seine Arbeit behindernde Handhabung „an der Basis":

„Ich kenne da so Kollegen, die ihre Kreuze immer unten machen. Einer hat mir mal gesagt, das wäre so intern abgesprochen, um Dolmetscherkosten zu sparen. Stellen Sie sich vor, kurz vor Schichtwechsel, ein Dutzend Inder oder so, ein ordentliches Durcheinander. Da ist der einfache Beamte doch nicht brennend interessiert, kriminalistische Ermittlungsarbeit zu leisten. Der will erst mal Ordnung in seinen Laden kriegen. Die Jungs vor Ort wollen ihre Kunden in den 24 Stunden loswerden und fertig. Und so gehen uns dann wichtige Zeugen durch die Lappen." (Interview-Mitschrift)

Beweggründe zum Vorenthalten eines Dolmetschers liefert der Amtsbetrieb zu Genüge: die eingesparten Kosten, das Ausschalten ´ungerechtfertigter´ Anträge und die beschleunigte Erledigung. „Zur Klärung unterschiedlicher Auffassungen und als Richtlinie für alle" wurde folgende interne Vorschrift erlassen: „Den Schuldvorwurf in jedem Fall durch **den Beschuldigten** ankreuzen lassen, ob er sich zur Sache äußern will und Unterschrift auf allen Exemplaren anbringen lassen."

Von den Verständigungshilfen intervenierender Stellen (Hol-Struktur) lassen sich also solche von Publikumsbehörden (Komm-Struktur) unterscheiden. Letztere (die Erstaufnahmeeinrichtungen, Ausländerbehörden, Meldeämter etc.) suchen noch vor der Kontaktaufnahme die Behördengänger zu kanalisieren und so den passenden standardisierten und routinemäßigen Abläufen zuzuführen. Das Gros der Übersetzungsarbeit wird hier an die Kundschaft delegiert. Die Behördengänger müssen sich verständlich machen („Amtssprache ist Deutsch!") und entsprechend vorbereiten. Die Behörde beschränkt sich auf entgegenkommende Hinweise bzw. Hinführungen (vgl. Wolff 1983). Die beobachtete Erstaufnahmestelle präsentiert hierfür eine eigene Bildersprache: Strichmännchen zu insgesamt 12 verschiedenen Begegnungskontexten angeordnet. Die Anordnungen deuten - für den, der solche Kontexte abstrakt vorstellen kann - mal eine Untersuchung, mal ein Gespräch, mal einen Unterricht an.

Die ´unmißverständlichen´ Piktogramme sollen die Ankömmlinge und Insassen zu den Versorgungs- und Verfahrensstellen (Anmeldung, Amtsärztin, finger-printing, BAFl-Interviews, Küche, Sozialamt, Ambulanz, Sozialarbeiter, Asylberatung, Hausmeister, Kindergarten) auf dem Gelände führen. Die Piktogramme finden sich auf den ausgehändigten Terminzetteln und müssen vom Bewerber auf Häuserwänden und neben Bürotüren wiedergefunden werden.

Ist die Zusammenführung mit dem Dolmetscher über Piktogramme, Landkarten, Spickzettel, Zauberworte, Schlüsselsätze etc. gelungen, bedarf es noch der amtlichen Feststellung, daß einer Verständigung nichts mehr im Wege steht. Der Entscheider vergewissert sich in einer Generalprobe, daß Dolmetscher und Bewerber sich verstehen. (Daß seine Verständigung mit dem Dolmetscher ´wie immer´ funktioniert, unterstellt der Entscheider.) Als Sprechübung genügt schon der small talk zwischen Dolmetscher und Bewerber beim Gang vom Wartesaal ins Büro oder das gemeinsame Durchgehen der Personalien im Anhörungsbogen. „Ich sehe, daß Sie sich verstehen!", stellt der Entscheider fest. Beflissene Entscheider fordern Dolmetscher und Bewerber auf, die - im vollen Gang befindliche - Verständigung gesondert „für das Protokoll" als problemlos zu markieren:

E (zum D) Können Sie den Bewerber gut verstehen? (zum B) Verstehen Sie den
Dolmetscher? Oder wollen Sie doch lieber auf kurdisch angehört werden. (und
wieder zum D) Er kann es sich aussuchen, sagen Sie ihm das, bitte!

Zuweilen werden daraufhin Dialekte, Sprachen oder gar Dolmetscher gewech-
selt: ein Kurde wählt statt des Kurdischen lieber die türkische Sprache (und
handelt sich damit bohrende Fragen zur ethnischen Zugehörigkeit ein), ein
Algerier bevorzugt das Französische (und weckt Zweifel, wie lange er sich
wohl schon in Frankreich aufhielt), ein Dolmetscher wird ausgetauscht, weil
die Verwaltung aufgrund einer unspezifizierten Erstregistrierung einen fal-
schen kurdischen Dialekt orderte.

1.2. Eine praktische Fiktion: Der Dolmetscher als Postbote

Im Büro des Einzelentscheiders kommen die Beteiligten zusammen: der Bewerber, als ´Zeuge in eigener Sache´; der Entscheider, als Länderspezialist
und Verfahrenswalter; der Dolmetscher, als vom BAFl georderter Experte der
Bewerber-Sprache. Der Ethnograph ist ein vom Entscheider und Bewerber
geduldeter ´seltener´ Gast:

> Eingangs der Anhörung stellten mich die Entscheider als Praktikanten vor. Sie ver-
> sicherten dem Bewerber, daß ich nicht ´am Fall konkret´ interessiert sei: „Der
> guckt sich hier alle Anhörungen an!" Auch sei gewiß, daß nichts von dem Gesag-
> ten ´nach außen´ dringt. Nur einmal hat eine Kurdin dieses Ansinnen ´mißtrauisch´
> abgelehnt. Sie könne nicht ausschließen, daß ich ein Spitzel sei. Anders verlief der
> Zugang bei den Gerichtsverhandlungen. Hier wurden die Prozeßparteien lediglich
> über den Zweck meiner Teilnahme unterrichtet. Nicht einmal dies wäre formal nö-
> tig, denn die Verhandlungen sind - anders als die Anhörungen - grundsätzlich öf-
> fentlich. Bei den Vernehmungen des BGS verhielt es sich wiederum anders: Die
> der illegalen Einreise Beschuldigten wurden nicht einmal in Kenntnis gesetzt. Ich
> saß dabei, wie der Kollege des Ermittlungsbeamten.

Der Entscheider sitzt an seinem Schreibtisch und hält seine Hilfsmittel bereit:
u.a. die Asylakte, Länderinformationen, Fragekataloge, das Diktiergerät. Dolmetscher und Bewerber sitzen sich an einem davorgestellten Tisch gegenüber.
Der Beobachter wird vom Entscheider im Hintergrund plaziert.

Das Nebeneinander der Figuren entspricht keiner Gesprächsrunde. Die Begegnung ist, das erfährt der Ethnograph sobald der Bewerber losredet, in zwei
separate Sprachräume (Amtssprache/Fremdsprache) gegliedert. Wesentliche
Voraussetzungen und Merkmale alltäglicher Konversation, wie sie z.B. in der
Konversationsanalyse (vgl. Sacks/Schegloff/Jefferson 1978)[24] generell unter-

---

[24] Die Autoren konstatieren auf der Grundlage der untersuchten „kontextfreien" turn-taking-
Organisation in Konversationen „an intrinsic motivation for listening to all utterances in a conver-
sation, independent of other possible motivation, such as interest and politeness"
(Sacks/Schegloff/Jefferson 1978: 43). Dieses Zuhören ist generell notwendig, um ´zum Zuge zu

stellt werden, fehlen hier: nicht alle Teilnehmer verfügen über ein geteiltes
sprachliches Wissen; das aktuell Gesprochene ist nicht für alle Teilnehmer
öffentlich und verständlich; nicht alle Teilnehmer können direkt aufeinander
Bezug nehmen. Die Eigenschaften sozialer Situationen (Zugang, Öffentlichkeit, Austausch), die sonst zur gemeinsamen Herstellung von Sinn genutzt
werden, stehen hier nicht ohne Weiteres zur Verfügung. Allein der Dolmetscher verbürgt die Verständigung und damit das Funktionieren der Interaktion.
Er stellt per definitionem eine Schnittmenge der vertretenen Sprachräume.
Diese Eigenschaft setzen beide Seiten voraus:

$$//// \text{ B } //// \text{ (XXXX D XXXX) } \backslash\backslash\backslash\backslash \text{ E/F } \backslash\backslash\backslash\backslash$$

Zwischen Bewerber und Entscheider/Forscher steht eine Sprachbarriere, eine
Art sinnabsorbierender Raumteiler: die Parteien sehen sich zwar, sie nehmen
auch akustisch wahr, *wann* und *wie* sie sprechen, aber was sie jeweils sprechen, vernehmen sie nicht. Für die folgende Analyse ist die Einsprachigkeit
des Ethnographen nun keine Beschränktheit, sondern eine Voraussetzung,
genau die Methoden nachzuvollziehen, die auch ein normaler Teilnehmer zur
Verständigung (vermittels Dolmetscher) zur Anwendung bringt.

Welche Bedeutung hat die Sprachbarriere für den Anhörungsverlauf und wie
wird sie Mal für Mal überwunden? Weder mit offiziellen Protokollen, noch
allein mit den ethnographischen Mitschriften läßt sich diese Frage beantworten. Letztere registrieren, aufgrund der beschränkten sprachlichen
Kompetenz des Autors, notgedrungen nur auf deutsch Gesprochenes. Zur
Analyse der Anhörungssituation wird deshalb eine besondere Transformation
der Anhörungen zugrunde gelegt. Einige durften - unter der Maßgabe gründli-
cher Anonymisierung - auf Tonband festgehalten werden. Diese Aufnahmen
wurden transkribiert und ins Deutsche übersetzt. Der speziell für diese Arbeit
Beauftragte wird im folgenden als Nachübersetzer bezeichnet, weil er - erst
Monate später - eine Repräsentation der Anhörung (und nicht die Anhörung)
bearbeitet. Um zu erfahren, was jenseits der Sprachbarriere geäußert wurde,
hat sich der Ethnograph - genau wie der Entscheider - also einem Experten
anzuvertrauen.

Aus den so entstandenen Transkripten werden Sequenzen aus drei verschiedenen Anhörungen vorgestellt. Die in der Anhörung jeweils deutsch gesprochenen Beiträge sind bei den folgenden Transkripten normal gedruckt; die

---

kommen´: A participant „willing to speak next, if selected to do so, will need to listen each utterance and analyse it at least to find whether or not he is selected as next speaker with it" (ebd.).
Dagegen ist es in der Anhörung üblich, dem unverständlichen Palaver der Anderen phasenweise
keinerlei Gehör zu schenken. Das Zuhören ist hier eher ein Aufhorchen anhand weniger Marker.

nachträglich ins Deutsche übersetzten, in der Anhörung ´fremd´ gesprochenen Beiträge sind **fett** markiert. Die Diktatpassagen sind <u>unterstrichen</u>:

E (fragt und erteilt den Übersetzungsauftrag) Welche Fluggesellschaft war das?

D (übersetzt ins Türkische, wobei er den Bewerber anspricht) Welche Fluggesellschaft?

B (antwortet auf türkisch, wobei er mal den D und mal den E anschaut) Ich weiß es nicht, es war fremd für mich.

D (übersetzt ins Deutsche, wobei er den E anspricht) Ich weiß es nicht, es war fremd für mich.

E (diktiert für das Protokoll) <u>Frage Doppelpunkt Welche Fluggesellschaft war das Fragezeichen neue Zeile Antwort Doppelpunkt Ich weiß es nicht, es war fremd für mich Punkt</u>

Es ergibt sich ein - gegenüber dem offiziellen, ergebnisfixierten Protokoll - ausladendes Transkript. Im Protokoll erscheint dagegen lediglich ein Frage-Antwort-Paar, so als hätte es gar keine Sprachbarriere gegeben, als hätte der Dolmetscher gar nicht am Gespräch teilgenommen, als sei die Dolmetscherarbeit unerheblich für den Gesprächsverlauf:

F: Welche Fluggesellschaft war das?

A: Ich weiß es nicht, es war fremd für mich.

Die gesprochenen Beiträge sind demgegenüber vielschichtig. Sie sind jeweils, je nach ihrem Rang in der Sequenz, mit einem Querverweis belegt:

• die (deutsche) Frage des Entscheiders, die der Dolmetscher in die Fremdsprache übersetzen und der Bewerber beantworten soll;

• die (türkische) Frage des Dolmetschers, die der Bewerber beantworten soll, als hätte sie der Entscheider an ihn gerichtet;

• die (türkische) Antwort des Bewerbers, die der Dolmetscher in die Amtssprache übersetzen soll, um sie dem Entscheider zur Kenntnis zu bringen;

• die mittelbare (deutsche) Antwort des Dolmetschers, die der Entscheider auffassen soll, als hätte sie der Bewerber an ihn gerichtet;

• das die Sequenz beschließende (deutsche) Diktat durch den Entscheider, daß die eigene Frage und die Übersetzung des Dolmetschers als Antwort des Bewerbers zusammenführt, so als seien sie unmittelbar aufeinandergetroffen.

Die Beiträge bilden einen geregelten Zyklus der Übersetzung, der die Antworten des Bewerbers einklammert: E-D-B-D-E. Alle Worte müssen, um Bedeutung zu erlangen, erst vom Dolmetscher für den jeweiligen Adressaten gesprochen werden. Sie müssen schließlich, um Aussagekraft zu erlangen, Eingang ins Protokoll finden. Das Protokoll ist das ausschließliche Dokument der Anhörung. Es stellt Unmittelbarkeit her und überwindet zugleich jegliche Originalität. Das Gesprochene ist auf immer verloren.[25]

Der Dolmetscher stellt eine Verbindung zwischen dem getrennten Absender und den Adressaten her. Der Glaube, daß diese Verbindung trotz der Sprachbarriere funktioniert, beruht auf einer Reihe von praktischen Unterstellungen, die im folgenden - in Anlehnung an briefliche Kommunikationen - als Postbotenfiktion umschrieben wird. Die Parteien kommunizieren, als sei der Dolmetscher eine Art Postbote, der ihre Nachrichten wie Briefe unversehrt vom Absender zum Adressaten trägt. Die Postsendung des Absenders erreicht den Adressaten und befähigt ihn beim nächsten Zug zum Absender einer Reaktion zu werden:

Absender ---Bote---} Adressat=Absender ---Bote---}Adressat

Diese Kette funktioniert nur, so die kritische Kehrseite der Fiktion, wenn die ´Post´ nicht widerrechtlich geöffnet, einbehalten oder vergessen wird - also weder Korruption noch Schlamperei anheimfällt.

Wie läßt sich die Bedeutung der Postbotenfiktion analytisch erfassen? „Translationsprozeßmodelle, die den Translator einfach durch Zwischenschaltung in einen Kommunikationsprozeß integrieren", so schreibt Holz-Mänttäri, „erfassen u.E. die Realität nicht" (1985: 472). Solche linearen Modelle seien unterkomplex und deshalb ungeeignet, „translatorisches Handeln" (ebd.) nachzuvollziehen. Die Postbotenfiktion ist ein genauso gestricktes, allerdings „ethnomethodisches" Modell, das den Teilnehmern gerade wegen seiner Ausklammerungen ein Reihe von Nutzungsweisen erlaubt:

•   Mittels der Postbotenfiktion können Zweifel zurückgestellt werden, um die gebotene Aufnahme- und Handlungsfähigkeit zu wahren. Wie hätte der Ethnograph einer Anhörung folgen können, ohne zunächst der Dolmetschung Vertrauen und Glauben zu schenken? Ähnlich ergeht es dem Asylbewerber: er muß annehmen, daß die Fragen des Dolmetschers auf den Entscheider zurückgehen und daß seine Antworten den Entscheider erreichen. Wie sollte er sonst antworten?

•   Sie verleiht dem Dolmetscher ein „Image" (Goffman 1971) gegenüber dem Publikum, das es zu wahren gilt. Das Image bezeichnet die Leistung, die

---

[25] Damit verschwindet für alle Beteiligten die Möglichkeit, lexikalische Übereinstimmungen oder Differenzen zwischen Original und Übersetzung aufzuzeigen. Diese Kontroll-Konstellation ändert sich radikal, wenn das Gesprochene mitgeschnitten wird. Von Originalaufnahmen wird im Verfahren generell abgesehen - zugunsten des im Hinblick auf das Entscheiden prägnanteren und aussagekräftigeren Diktats. Das Protokoll macht, im Unterschied zum Mitschnitt, die Anhörung gerade durch die Mißachtung der Originalität irreversibel.

vom Experten erwartet und gegen Bezahlung erbracht wird. Dolmetscher betonen auf Nachfrage, daß es das ist, was sie tun: „Natürlich wortwörtlich übersetzen!" Gleichzeitig betonen sie verschiedentlich das Geschick, etwas ´nur´ sinngemäß wiederzugeben, wo sich aufgrund von Sprachstrukturen einfache Wort-für-Wort-Entsprechungen nicht finden lassen.

•   Die Postbotenfiktion prägt das Beobachtungsmaterial bzw. die Weise seiner Produktion. Wo sonst das Mitschreiben dem (einsprachigen) Sprechen nicht mehr zu folgen vermag und den Ereignissen hinterherhinkt, bietet der ´fiktive´ Übersetzungszyklus komfortable Schreibpausen. Der Schreiber wartet nur auf die deutschen Wortbeiträge und nutzt das Unverständliche als Schreibgelegenheit. Auch der Entscheider nimmt Auszeiten, in denen er Büroarbeiten erledigt, kurze Telefonate führt oder die nächste Frage vorbereitet. Nur bestimmte Abnormitäten im ´langatmigen´ Palaver jenseits der Sprachbarriere lassen aufhorchen - und versprechen Einblicke in den fremdsprachigen Dialog.

Grundlegend ist die Postbotenfiktion auch für die Arbeit des vom Ethnographen beauftragten Nachübersetzers. Er übersetzt die türkischen, auf dem Tonband gespeicherten Beiträge ex post und verschriftlicht die gefundene Fassung. Er setzt voraus, daß die wortwörtliche Übereinstimmung eine ´korrekte Übersetzung´ ausmacht und von ´falschen´ unterschieden ist. Konkret fertigt er die Nachübersetzung so: An Stellen, wo er eine Übereinstimmung feststellt, begnügt er sich mit einem Auslassungszeichen („); an Stellen, wo er eine Nichtübereinstimmung konstatiert, unterstreicht er diese rot, wie ein Lehrer einen Rechtschreibfehler. Dazu ein Beispiel:

D Wie waren die Stewardessen bekleidet?
B Weißes Hemd, *grüner* Rock und Weste drüber.
D Weißes Hemd, *blauer* Rock und Weste drüber.
E Ja, Ja. Sicherlich, die tragen meistens aber auch Tücher, welche Fluggesellschaft das ist.
D Ja, das stimmt.

Für den Nachübersetzer liegt hier ein Fehler vor, weil das originale „grün" durch das Wort „blau" ersetzt wurde. Der Nachübersetzer kontrastiert, um die Abweichung zu skandalisieren, das übersetzte und das zu übersetzende Wort auf türkisch: „Mavi (=blau, T.S.) und jesil (=grün, T.S.) hören sich doch ganz anders an!" Seine Korrektur berücksichtigt allein Ausdrücke.[26] Als Referenz

---

[26] In der linguistischen Übersetzungswissenschaft wird dieser Anspruch infragegestellt und modifiziert: an die Stelle der bloßen Ausdrücke treten Sätze, Passagen und Texte, deren Sinn, Funktion oder Stil nun unbeschädigt transferiert werden soll. So oder so bleibt eine wesentliche Differenz der Textübersetzung zum Dolmetschen: dem Publikum des Dolmetschers stehen in der Anhörung -

dienen Vokabeln, so wie sie Lexika versichern. Diese werden vom Kontext befreit und können, egal welche Rolle sie in der Sequenz spielen, als fehlerhaft gelten. Nur anhand der sachfremden, lexikalischen Referenz der Nachübersetzung ist zu erklären, warum ex post ein ´Fehler´ festgestellt wird, der in der Anhörungssituation von den Teilnehmern als ´korrekte Übersetzung´ zur Kenntnis genommen wird.

1.3. Wie wird der Dolmetscher kontrolliert?

Besagt die Postbotenfiktion nun, daß sich die gutgläubigen Teilnehmer dem Dolmetscher ganz und gar anvertrauen (müssen)? Sind die Beteiligten also der Willkür des Dolmetschers ausgeliefert, weil sie ihn nicht kontrollieren können? Dies legen zum Beispiel hermeneutisch-rekonstruktive Untersuchungen von gedolmetschten Zwangskommunikationen (Verhören, Gerichtsverhandlungen) nahe.

Bezogen auf Polizeiverhöre konstatiert Donk: „Dem Vernehmungsbeamten ist von vornherein jede Chance verwehrt, das kommunikative Geschehen zwischen dem Beschuldigten und dem Dolmetscher nachzuvollziehen und damit zu kontrollieren." (1996: 167) Sie seien deshalb „darauf angewiesen, sich voll und ganz auf den Dolmetscher zu verlassen" (ebd.).

Demnach müßte und könnte ein Dolmetscher garnicht zeigen, daß er ordentlich übersetzt? Über Möglichkeiten, Übersetzungen als korrekt, abweichend, adäquat etc. zu beurteilen, verfügten demnach allein die Sozialforscher mit ihren Tonbändern, Nachübersetzern und Auswertungsverfahren. Der ´außer Kontrolle geratende´ Dolmetscher ließe sich allein auf seine Vertragsverpflichtungen oder auf eine Berufsethik verpflichten: und dies nur vorab und ohne aktuellen Bezug.

Dem ist nicht so. Der Dolmetscher kann und muß anhand einer vielschichtigen Übersetzungskontrolle beobachtbar machen, daß er ordentlich übersetzt. Die Kontrollen sind bezogen auf den Anhörungsverlauf zeitlich gestaffelt. Sie treten in Kraft, wenn eine undurchlässige Sprachbarriere vorliegt und der Dialog der jeweils Gleichsprachigen dem Fremdsprachler entsprechend als ein unverständliches, mysteriöses Palaver (im Transkript als ~ angezeigt) erscheint. Ich unterscheide die augenblickliche Ablaufkontrolle des Palavers, die sequentielle Verständigungskontrolle der Entgegnung und die rückblickende Verwertungskontrolle der Überlieferung.

---

aufgrund der Sprachbarriere - solche Wort-für-Wort-, Satz-für-Satz- oder Text-für-Text-Kontraste garnicht zur Verfügung, wie sie der Übersetzer mittels Quellenstudium vorführen kann.

1.3.1. Die augenblickliche Ablaufkontrolle

Was nötig ist, um ´richtiges Übersetzen´ darzustellen, läßt sich anhand von Markern skizzieren, die dem Entscheider die Unfähigkeit und Überforderung des Dolmetschers anzeigen: z.B. wenn der Dolmetscher ein ratloses oder dummes Gesicht macht, wenn er nicht mehr verständlich in deutscher Sprache zu formulieren weiß, wenn er auf der Suche nach Vokabeln die Anhörung ins Stocken bringt oder wenn er gar, was unter ´richtigen´ Dolmetschern verpönt ist, im Wörterbuch nachschlagen muß. In keiner der beiden Sprachen darf der Dolmetscher fundamentale Verständigungsprobleme offenbaren; wobei sich diese dem Entscheider augenblicklich in deutscher Sprache zeigen. Einen ersten Anhaltspunkt, daß der Dolmetscher die Situation meistert, bietet dagegen sein konzentriertes, ruhiges und gelassenes Auftreten (vgl. Goffman 1971: 21ff.).

Detailliertere Daumenregeln zur Kontrolle der Übersetzungstätigkeit schöpft der Entscheider aus einer Reihe von Eigentümlichkeiten an der Konversationsoberfläche. Sie sind mit denen identisch, die der Beobachter nutzt, um abzuschätzen, was dort gerade vor sich geht. Aus der Sicht des Entscheiders normieren folgende Marker das Dolmetschen augenblicklich:

• *Längenmaße*: Die Postbotenfiktion legt nahe, nicht nur Wortwörtlichkeit, sondern auch identische Quantitäten als Maßstab korrekter Übersetzung anzunehmen - so als ließen sich Wort-für-Wort-Übereinstimmungen auf Redelängen hochrechnen. Original und Wiedergabe werden, so die Normalitätserwartung, in etwa gleiche Längen aufweisen. Wenn der Dolmetscher viel kürzer oder weitaus länger spricht als der Absender, weckt dies Zweifel, ob er wirklich noch dem Original folgt - oder sich bereits verselbständigt. Das richtige Längenmaß betrifft auch das Original selbst: nur ein bestimmter Umfang gilt überhaupt noch als ´aus dem Kopf´ übersetzbar, ohne daß etwas ´unter den Tisch fällt´. Spricht der Bewerber lange am Stück, drängt der Entscheider den Dolmetscher mit der ´überfälligen´ Übersetzung zu beginnen. Es wird eine handhabbare Länge der Antworten (ca. 2-3 Sätze) durchgesetzt, indem der Dolmetscher den Bewerber stoppt und so dessen Rede rhythmisiert.

• *turn-taking*: Der Entscheider kann einen Normalverlauf erwarten, der sich am o.g. Übersetzungszyklus orientiert: auf eine Frage soll die Weitergabe des Dolmetschers folgen, darauf die Antwort des Bewerbers und wiederum die Kundgabe für den Entscheider. Wird der Dolmetscher nun in eine Unterhaltung mit dem Bewerber verwickelt bzw. wechseln Beiträge jenseits der Sprachbarriere mehrfach hin und her, ohne dem Entscheider eröffnet oder ausdrücklich gestattet zu werden, weckt dies Neugier und Zweifel an der Ordentlichkeit der Übersetzung. Hält der Dolmetscher sich noch an die Frage?

Warum gibt er die Antwort nicht preis? Worüber mögen sie jetzt sprechen? Oft reagiert der Dolmetscher vorgreifend auf solche Zweifel, indem er gegenüber dem - zeitweise ausgeschlossenen - Entscheider das ´nötige´ Zwiegespräch rechtfertigt: „Er hat das noch nicht verstanden. Ich frag ihn noch mal anders!"

• *Verkörperungen*: Zweifel an der Übersetzung können ebenso geweckt werden, wenn der Dolmetscher eine Version abliefert, die so garnicht zur Mimik und Gestik des Absenders passen will. Bewerber unterstützen ihre Rede mit einer Reihe von zum Teil drastischen Zeigetechniken: z.B. indem sie mit dem gestreckten Finger über die Kehle fahren, den Fluchtweg auf der Tischplatte nachzeichnen, Folterszenen auf dem Fußboden nachstellen, die Tränen des Schmerzes und des Elends weinen oder das Erzählte mit Heimatphotos illustrieren. Solche Darstellungen lüften den Vorhang der ´für uns´ verhüllten Rede. Sie zielen, weil vermeintlich universeller als die Sprache, über die Sprachbarriere hinaus. Die Tränen einer ´womöglich Verfolgten´ können beeindrucken und die folgende Übersetzung in einem anderen Licht erscheinen lassen.[27] Oft läßt sich aber auch erst nach der Übersetzung sagen, was eine Geste eigentlich ausdrücken sollte. Die Verkörperung des Gesprochenen stellt der folgenden Übersetzung gleichwohl einen Anspruch beiseite, dem es zu entsprechen gilt. Als müsse die Übersetzung die Darstellung plausibilisieren: Tränen, Wehklagen, Fingertrommeln etc. sollen in Kenntnis des Gesprochenen Sinn machen. Mangelt es an solcher Sinnfälligkeit, sucht der Entscheider diese durch Nachfragen herzustellen: „Und warum hat sie gerade geweint?" Eine Darstellung stellt nicht gleich die Übersetzung infrage, doch läßt sie zuweilen erahnen, daß die Rede des Bewerbers wohl ´prächtiger´ war, als die monotone Übersetzung des Dolmetschers.

Um sich jenseits der Sprachbarriere zu orientieren, wird das vermeintlich Normale zur Normierung mobilisiert: was abweicht, weckt Verdacht. Die Abweichung von der Normalität gibt Anlässe zur Intervention, zu Ordnungsrufen und Ermahnungen von Seiten des Entscheiders. Die Gesprächsmitschriften zeugen des öfteren von mißtrauischen Aufforderungen: Dolmetscher werden zur Eile gerufen und zur Disziplin, den Rhythmus einzuhalten. Ihnen wird aufgegeben, den ´Wortschwall´ des Bewerbers zu stoppen, damit nichts dem Verfahren verloren geht. Die Dolmetscher registrieren selbst Abweichun-

---

[27] Entscheider wie Kriminalisten warnen - gerade bei Frauen - vor „Krokodilstränen" (vgl. Geerds 1976:150f.). Die kühle Analytik könnte so der gelungenen Aufführung zum Opfer fallen. Priorität gegenüber solcher Emotionalität genießt das Wort, weil sich nur an ihm die strengen Prüfmethoden anwenden lassen. Eine Entscheiderin weihte mich ein, daß ´arabische Tränen´ (von Frauen) nicht das gleiche bedeuten, wie ´Tränen hier´. Die Araberinnen seien gezwungen, das Weinen als Waffe gegen die Männer einzusetzen, als Unterwerfungspose, die Schlimmeres verhindern soll.

gen von der Norm und schieben Erklärungen ein, um der Nachfrage des Entscheiders vorzugreifen. Offensichtlich sehen sie sich beständig der Kontrolle ausgesetzt, - nicht obwohl, sondern gerade weil die Qualität ihrer Arbeit nicht unmittelbar erfahrbar ist.

Den Bewerbern stehen die genannten Kriterien nicht in gleicher Weise zur Verfügung. An den Verkörperungen von Aussagen orientiert sich gewiß auch der Bewerber. Er wird registrieren, daß der Entscheider nach der Übersetzung ratlos den Kopf schüttelt, ärgerlich reagiert, sich belustigt oder enttäuscht zeigt. Diese unmittelbaren Ausdrücke lassen auf das schließen, was dem Entscheider zu Ohren gekommen ist. Es kommt vor, daß sich Bewerber anläßlich dieser Körpersprache des Entscheiders korrigieren oder einhaken (und dolmetschen lassen): „Warum glauben Sie mir nicht?" oder „Das stimmt aber!" Der Entscheider kann wiederum mit einem ´poker-face´ vermeiden, daß der Bewerber ´in seine Karten schaut´ oder aber Verkörperungen nutzen, um seinen Worten Ausdruck zu verleihen: er kann schimpfen, drohend gestikulieren, harmlos dreinschauen etc., um ´drüben´ Effekte zu erzielen. (Es wird im übrigen nicht von den Dolmetschern verlangt, solche Ausdrucksformen zu kopieren. Dolmetscher werden allein als Sprecher benutzt.)

Die Nutzbarkeit von Längenmaß und turn-taking für den Bewerber hängt von der gepflegten Normalität bzw. durchgesetzten Normierung der Konversation ab. Das Zwiegespräch von Dolmetscher und Entscheider weist eine andere „Gangart" (Goffman 1981a) auf: Beiträge können zigfach hin- und herwandern, mal der eine und mal der andere ein längeres Stück sprechen. Ihr Dialog funktioniert als unstete Begleitmusik zum straffen Frage-Antwort-Schema. So haben sie Gelegenheit, im Angesicht des Bewerbers allerlei Kommentare, Erörterungen, Strategievorschläge, Witze etc. auszutauschen. Es gilt nur ein Mindestmaß an zur Schau gestelltem Takt, d.h. Ernsthaftigkeit und Konzentration angesichts der besonderen Thematik und der gebotenen Unvoreingenommenheit zu wahren. Im Rahmen dieser „Ausdruckskontrolle" (Goffman 1969: 48ff.) kann praktisch alles unverhohlen geäußert werden. Dazu ein Ausschnitt aus einer Mitschrift (der deutschen Beiträge):

> (Der Bewerber erzählt seine Asylgeschichte, die schon nach wenigen Sätzen vom Entscheider kommentiert wird: „Oh Nein, nicht schon wieder diese Geschichte!", „Da ist doch nichts dran, oder?". Die Anhörung nimmt ihren Fortgang und der Respekt vor der Asylgeschichte schwindet. Die Kommentare gewinnen an Schärfe. Auch der Dolmetscher legt nun seine anfängliche Zurückhaltung ab.)
> D (D/B ~~) 18 Tage war ich im Revier. Es gab nichts, was er nicht gemacht hätte. (kommentiert) Es hört sich gut an.
> E Ach, der redet sich um Kopf und Kragen. (schaut erwartungsvoll zum B)

D (B ~~) Er hat mich an eine Kette gefesselt. An einen Baum. Ich mußte Teller waschen und putzen. (kommentiert/verschmitzt) Das kann man doch nicht machen als Mann!

D (B ~~) Ein qm Zelle habe ich mich 18 Tage aufhalten müssen. (belustigt, klopft sich auf seinen vorgestreckten Bauch) 1qm, da find ich keinen Platz mehr. (E und D lachen)

E (wieder ernst zum Bewerber gewandt/winkt ab) Wir haben nicht über Sie gelacht. Entschuldigung. Fahren Sie fort.

Die Fassade des Anhörungsteams ist aufgeflogen. Nicht die Kommentare selbst und die Form des Austausches können die ´Spaßvögel´ verraten, sondern das ausgelassene Amüsement - das Grinsen und Lachen -, das die Sprüche begleitet. Erst als sie derart Taktgefühl vermissen und sich gehen lassen, öffnet sich der Vorhang der Sprachbarriere. Jetzt sehen sie sich durch den gegenüber-sitzenden Bewerber ertappt und peinlich berührt. Der Reparaturversuch folgt sogleich: eine unbeholfene Richtigstellung, die die beiden wieder in die alte ´neutrale´ Haltung zurückversetzt. Diese Haltung sollte die prinzipielle Offenheit der Entscheidung zum Ausdruck bringen, welche es bis zum Ausgang des Verfahrens zu wahren gilt, sowie einen pietätvollen Respekt, der allgemein Zuhörern von Leidensgeschichten abverlangt wird.

1.3.2. Die sequentielle Verständigungskontrolle

Die Anhörung produziert eine eigentümliche Reihung von Frage-Antwort-Einheiten, wie sie auch standardisierte Interviews anstreben: 1.Frage-Antwort/2.Frage-Antwort/3.Frage-Antwort... In der Phase der Materialsammlung werden Fragen ohne Bezugnahme aufeinander abgearbeitet. Hierzu ein nachübersetzter Transkript-ausschnitt:

E Wissen Sie was das Newrozfest ist?
D Was ist das Newrozfest?
B 21.März
D „
E Und was ist das?
D Und was ist das?
B Es wird Feuer gemacht und gefeiert, aber ich weiß nicht was das ist.
D Ein Fest mit Feuer, aber ich weiß nicht, was das ist.
E (diktiert) Ein Fest komma aber ich weiß nicht was das ist Punkt ( ) Kennen Sie die kurdische Fahne?

In dieser Form ergibt sich eine Reihe für sich stehender Angaben des Bewerbers: 1. zum Newrozfest, 2. zur kurdischen Fahne. Die Antworten des Bewerbers bleiben zunächst ´im Raum stehen´. Selten kommt es im Zuge der Materialsammlung dazu, daß der Entscheider direkt eine erhaltene Antwort retourniert bzw. offen kommentiert. Seine Kommentare äußert er intern, d.h. für den

Dolmetscher (und den Ethnographen). Dem Bewerber bieten sich selten Anhaltspunkte, anhand einer anschlußfähigen Entgegnung auf ein Mißverständnis oder auf eine Falschübersetzung zu schließen.

Dies hängt allerdings vom Anhörungsstil des jeweiligen Entscheiders ab: Einige Entscheider (wie Richter) können keinen Zweifel für sich behalten und geben diesem unmittelbar Ausdruck. Sie versetzen so, obwohl ihr Vorgehen härter wirkt, den Bewerber in die Lage, eine Aussage richtigzustellen. Angesichts gescheiterter Vorhalte vermeiden es andere Entscheider, ´entdeckte´ Widersprüche offenzulegen und dem Bewerber die Chance einzuräumen, diese mit ´Ausflüchten´ zu entkräften. Bei solchen Anhörungen bleiben die Bewerber (zumeist selbst der Ethnograph) im Unklaren darüber, wie der Entscheider das Gehörte beurteilt - bis er hernach eine eindeutige und begründete Position präsentiert. Indem die Entscheider (Minus-)Punkte horten, schwächen sie allerdings ihre Begründung von Unglaubwürdigkeit. Solche gehorteten Widersprüche - zumal solche zwischen numerischen Daten (z.B. „10.11." statt „12.11.") - lassen sich nicht scharf von Übersetzungs-, Hör- oder Verständigungsfehlern abgrenzen.

Das Problem der im-Raum-stehenden Antworten läßt sich auch anhand einsprachiger Kommunikationen aufzeigen. Das Problem der Verständigung wird in jeder alltäglichen Gesprächssituation bearbeitet. Wie vergewissern sich ´normalerweise´ Gesprächsteilnehmer darüber, daß das ´was gesagt werden sollte´ korrekt verstanden wurde? Die Bedeutung einer Äußerung ist allein durch ihren Wortlaut nicht unmißverständlich definiert. Sie ist mehrdeutig. Die intersubjektiv geteilten Bedeutungen sind, das lehrt die Ethnomethodologie, nichts den Worten Innewohnendes, sondern werden in der Kommunikation festgestellt. Die Sinnproduktion vollzieht sich im Austausch aufeinander bezogener Beiträge:

> „Der Autor der ersten Äußerung kann [...] an der Reaktion seines Gegenübers ablesen, ob das darin erreichte Verstehen seiner Mitteilungsabsicht entspricht. In seiner Anschlußäußerung, an dritter Position einer Kommunikationssequenz kann er dann versuchen, ein eventuelles Mißverständnis aufzuklären. Enthält sein Anschlußverhalten an dieser Stelle keinen Hinweis darauf, daß ein Mißverständnis vorliegt, dann kann sein Gegenüber davon ausgehen, daß er richtig verstanden hat. An jeder dritten Stelle einer kommunikativen Sequenz, so die daraus abzuleitende Generalisierung, fungiert Verstehen als Unterscheidung von richtig Verstehen und falsch Verstehen (von ´Gelingen´ und ´Mißlingen´ eines intendierten Sprechaktes)." (Schneider 1996: 273)

Genau diese, durch das Wechselspiel der Konversation ermöglichte Verständigung über die Bedeutung von Äußerungen kommt auch zur Kontrolle und Korrektur von Übersetzungen zum Zuge.

Aufgrund seiner Position im Übersetzungszyklus verfügt der Bewerber nicht über derartige Gelegenheiten der sequentiellen Kontrolle. Dieses Kontrolldefizit folgt aus der Reihung der Sequenzen: Setzen wir die Äußerung des Bewerbers an erste Position, so folgt an zweiter Position in der Regel nur noch die bloße Paraphrasierung bzw. Modifikation zum Diktat, womöglich verbunden mit einer rein internen Kommentierung auf deutsch. Die *dritte* (Kontroll-)Position wäre nur dann verfügbar, wenn der Entscheider die empfangene Antwort (über den Dolmetscher) ´öffentlich´ kommentiert oder bewertet. Erst mit einer solchen Rückmeldung könnte der Bewerber die Feststellung seiner Äußerung durch den Entscheider zur wechselseitigen Verständigung korrigieren oder konfirmieren. Die Anhörung muß aufgrund dieser Einbahnstraßen-Kommunikation als verzerrte Kommunikation gelten, wie sie Schneider (anhand von Schulunterricht, Pressekonferenz oder Vortrag) beschreibt:

> Es entfällt „die Möglichkeit der Bezeichnung falschen Verstehens [...], weil der Autor einer Äußerung keine Möglichkeit zu einem ´dritten Zug´ bzw. nicht einmal Kenntnis von den Reaktionen der Rezipienten hat. Dies ist bereits in der face-to-face Interaktion der Fall, wenn durch eine Mehrzahl von Teilnehmern die Chancen dafür, daß der Autor einer Äußerung unmittelbar nach der Reaktion einer Hörers erneut zu Wort kommt, eingeschränkt sind." (1996: 274)

Für den Entscheider stellt sich dies anders da: Setzen wir ihn als Autor der ersten Äußerung ein, so würde der gedolmetschte Bewerberbeitrag an zweiter Stelle beschreiben, wie diese verstanden wird. An dritter Position kann der Entscheider nun die Aufnahme seiner ersten Äußerung konfirmieren oder korrigieren:

- Der Entscheider bestätigt, daß er seine Frage so, wie es die Antwort des Bewerbers zum Ausdruck bringt, verstanden wissen will, indem er diese Antwort zu Protokoll gibt. Mit dem Diktat wird dem Bewerber wie Dolmetscher angezeigt, daß die Frage als richtig verstanden (und damit auch als korrekt übersetzt) gilt - und eine neue Sequenz folgt. Damit ist nicht gesagt, daß der Entscheider von vornherein seine Frage so verstanden wissen wollte. Die Antwort kann die Ausgangsfrage für den Entscheider in einem neuen Licht erscheinen lassen. Indem der Entscheider aber die Antwort diktiert, stellt er zugleich fest, daß *seine* Frage so aufzufassen war.

- Der Entscheider korrigiert die Aufnahme seiner Frage, indem er sie wiederholt oder paraphrasiert. Dies kommt der Aufforderung an den Dolmetscher gleich, im nächsten Zug eine andere, (diesmal) passende Antwort abzuliefern. Mit der Korrektur läßt der Entscheider zunächst noch offen, wem er das Mißverständnis anlastet: dem Dolmetscher oder dem Bewerber. Beide sind aufgerufen, sich der Ausgangsfrage zu widmen.

1.3.3. Die rückblickende Verwertungskontrolle

Der Bewerber verfügt über eine sequentielle Verständigungskontrolle nicht in der Sequenz, sondern erst in zeitlicher Verzögerung. Erst in einer späteren Phase der Anhörung kann eine „dritte Stelle" eingenommen werden und das Fremdverstehen konfirmiert oder korrigiert werden. Nur wenn sich diese Möglichkeit eröffnet, kann der Bewerber versuchen, eine Übersetzung ´in seinem Sinne´ richtigzustellen. Es bieten sich hierzu zwei Gelegenheiten:

• *der Vorhalt*: Wie der Entscheider eine Antwort aufgenommen hat, erfährt der Bewerber womöglich im Rahmen der eigentlichen Glaubwürdigkeitsprüfung. Hier sichtet der Entscheider nicht miteinander zu vereinbarende Angaben und provoziert den Bewerber, sich zum Widerspruch zu verhalten. Ein Vorhalt wird z.B. wie folgt vorgetragen: „Sie haben vorhin gesagt, Sie hatten keinen Paß. Jetzt sagen Sie, Ihr Freund hat einen Paß mitgebracht?" Solche Vorhalte sollen den Bewerber auf die Probe stellen: kann er den Widerspruch glaubhaft aufklären, wird er nervös und verrät sich, sucht er nach Ausflüchten oder fällt gar das ganze ´Lügen-Gebäude´. Ein Vorhalt muß so vorgebracht werden, daß er nicht schon eine Lösung offeriert - und so dem Bewerber Gelegenheit gibt, den Widerspruch zu entkräften.

• *die Rückübersetzung*: Wie der Entscheider anhand der Übersetzungen die Frage-Antwort-Komplexe protokolliert hat, erfährt der Bewerber im Lichte der obligatorischen Rückübersetzung des Protokolls. Hier sollen Verständigungsfehler angemeldet und die Richtigkeit von Übersetzung und Dokumentation bestätigt werden. Die Rückübersetzung kann als Ersatzmaßnahme für die fehlende „dritte Stelle" gelten; als verfahrenstechnisches Zugeständnis einer durch die turn-taking-Organisation ausgedünnten Verständigungskontrolle. Als Vorlage zur Rückübersetzung dient dem Dolmetscher mal das Tonband, das nun abgespielt und simultan rückübersetzt wird oder der Protokolltext, wenn der Schreibdienst das Tonband rechtzeitig tippt. Hier folgt der Dolmetscher mit einem Stift der Schrift, so als könne der Bewerber mitlesen. Gelegentlich meldet er dem Entscheider einen Fehler, den der Entscheider am Blattrand aufführt. Das Tonband läuft während der Rückübersetzung durch oder im ´stop-and-go´-Rhythmus. Beim Durchlauf begnügt sich der Dolmetscher wohl - so zumindest die Annahme des Ethnographen aufgrund der Längenmaße - mit bloßen Zusammenfassungen. Das Protokoll erlangt Rechtsverbindlichkeit, wenn Bewerber und Dolmetscher per Unterschrift folgende Klausel absegnen:

Ich bin heute vor dem Bundesamt für die Anerkennung ausländischer Flüchtlinge angehört worden und hatte Gelegenheit, meine Asylgründe vorzutragen. Die Anhörung wurde auf Tonband aufgezeichnet und mir rückübersetzt. Die rückübersetzte Aufzeichnung entspricht meinen heute gemachten Angaben. Meine Angaben sind vollständig und entsprechen der Wahrheit. Die Anhörung ist in ... durchgeführt worden. Es gab keine Verständigungsschwierigkeiten.

Antragsteller _____ Dolmetscher _____

Anhand der Protokollübersetzung erschließt sich dem Bewerber noch nicht, wie der Entscheider die Antworten verstanden bzw. aufgefaßt hat. Welche Schlüsse dieser aus den Aussagen zieht, wird erst im Bescheid veröffentlicht. So erklärt sich, warum Protokolle ein Risiko für Zeugen, Angeklagte oder auch Asylbewerber darstellen und hier die Hinzuziehung eines kundigen Rechtsbeistandes empfohlen wird (vgl. Mees 1995). Weil die Befragten die dauerhaften Konsequenzen von situativen Äußerungen nicht überschauen, sehen sie sich später mit Protokollaussagen konfrontiert, die sie in Absehung der (juristischen) Konsequenzen nie getätigt, geschweige denn unterschrieben hätten.

Welche Möglichkeiten zur Übersetzungskorrektur bieten Rückübersetzung und Vorhalt? Diese verspätet vorgebrachten Korrekturversuche bringen eigene Schwierigkeiten mit sich, die sowohl der Glaubwürdigkeitsprüfung des Entscheiders als auch die Imagepflege des Dolmetschers betreffen. Hierzu eine Mitschrift:

E Wann sind sie in Mailand gelandet?
D (D/B~) Am 4.2.
E (diktiert) <u>Auf Nachfrage Doppelpunkt Ich bin am 4.2. in Mailand gelandet. Warum haben sie vorhin 3.2. gesagt Fragezeichen</u>
D (D/B~) Das habe ich nicht gesagt. Da sind wir abgeflogen.
E Man kann aber nur einmal landen. Man startet und landet. (sich dem D zuwendend) Hast du völlig zweifelsfrei übersetzt?
D Ja, ganz genau. Das war alles gut zu verstehen.
E (diktiert) <u>Vorhalt Doppelpunkt Vorhin haben Sie mir noch erzählt, es sei der 3.2. gewesen Ausrufungszeichen Antwort Doppelpunkt Nein Komma ich bin am 4.2. gelandet Punkt Am 3.2. war der Abflug Punkt</u>

Gerade weil in dieser Phase der Anhörung so viel auf dem Spiel steht, kann der Korrekturversuch leicht als Ausflucht oder Verlegenheitslösung gedeutet werden. So klagt ein Entscheider: „Wenn die nicht mehr weiter wissen, ziehen sie sich auf die Übersetzung zurück." Tatsächlich eröffnet das Übersetzungsprozedere jedem Bewerber die Gelegenheit, praktisch alle Angaben mit Verweis auf einen Übersetzungsfehler nachträglich infragezustellen: „Das hab ich so nicht gesagt!" Solche nachträgliche Korrektur steht im Ruch, rein strategisch begründet zu sein.

Bei der Diagnose hat der Entscheider keine Möglichkeit, das Vorliegen eines Übersetzungsfehlers direkt zu prüfen. Er kann lediglich die Interessen und Strategien abschätzen, die ins Spiel gebracht werden. Generell spricht eine solche Kalkulation für die Dolmetscher-Version: Wo der Dolmetscher mit einer Übersetzung ´nur´ seine professionelle Ehre an Ort und Stelle verteidigt, verficht der Bewerber sein ganzes Wohl und Wehe. Die hartnäckige Verteidigung einer Übersetzung kann deshalb den Entscheider beeindrucken, während die Anfechtung bzw. eine Ausflucht durch den Bewerber schon erwartet wird.[28] Der nachträgliche Korrekturversuch ist darstellerisch problematisch, weil er nur schwer sachlich begründet und vom kalkulierten Prüfungsverhalten geschieden werden kann.

Korrekturen sind für den Bewerber nachträglich auch deshalb schwer durchzusetzen, weil sie besondere Darstellungsprobleme für den Dolmetscher aufwerfen - denn: Wie kann der Dolmetscher Fehler eingestehen, ohne das Gesicht zu verlieren? Während eine situationsnahe Korrektur es dem Dolmetscher erlaubt, den ´Irrtum´ mit der Angabe präziser Gründe einzugestehen („Ach so war ihre Frage gemeint!" oder „Er nuschelt so, ich frag ihn noch mal!"), wirkt die nachträgliche Korrektur bezogen auf die Fachkompetenz des Dolmetschers rigoros. Nicht-rekonstruierbare Fehler lassen sich weder eingrenzen noch entschuldigen.

Im obigen Protokolldiktat erscheint der Korrekturversuch („Das habe ich nicht gesagt!") als Entgegnung des Bewerbers angesichts eines Vorhalts. Der Korrekturversuch führt nicht etwa dazu, daß die frühere Stelle korrigiert oder an dieser Stelle überhaupt auf einen möglichen Übersetzungsfehler verwiesen würde. Mit dem Korrekturversuch bleibt der Bewerber im Prüfungsprozedere verstrickt, denn er verteidigt sich gegen eine vom Entscheider herausgearbeitete Ungereimtheit. Besonders deutlich wird diese Verstrickung in einer Protokollwendung, die einen nachträglichen Korrekturversuch kommentiert:

Auf Vorhalt:
Das was Sie mir gerade erzählen, kann ja nicht stimmen. Sie haben gerade gesagt, daß ca. 15 Tage nach der Freilassung Ihres Mannes das Haus in Mersin von der Polizei durchsucht worden ist und Sie zu diesem Zeitpunkt dort waren. Jetzt sagen Sie plötzlich, daß Sie 1 Woche nach der Freilassung Ihres Mannes in Ihr Heimatdorf gefahren sind und sich dort 1 Monat aufgehalten haben. Wie verhält sich das!
A:
Vermerk:

---

[28] Diese Deutung ist angelehnt an eine wissenschaftshistorische Arbeit von Shapin (1994), der die traditionale Begründung von Wahrheit aus der sozialen Stellung ihrer Verfechter der modernen, verfahrens- und systemvertrauenden Methodologie gegenüberstellt. Im Asylverfahren findet sich dagegen noch die alte Kluft zwischen den Honoratioren bzw. Gentleman, die - weil sie in sicheren Verhältnissen leben - ´es sich erlauben können´ die Wahrheit zu sprechen und solchen vakanten Existenzen (Tagelöhnern, Nichtseßhaften), denen die Not auferlegt, zu betrügen und zu lügen. „Ich würde es wohl ebenso machen", vergewissern sich Entscheider wie Richter der Stimmigkeit dieser Daumenregel.

Jedesmal wenn die Antragstellerin auf einen Widerspruch in ihrer Aussage hingewiesen wird versucht sie abzulenken und erklärt wortreich, daß sie falsch verstanden worden ist bzw. daß sie sich sprachlich nicht verständigen kann. Es wird
aber festgestellt, daß sie den Dolmetscher sehr gut versteht und ebenso versteht der
Dolmetscher sie sehr gut.

Die Diagnose des Korrekturversuchs trifft in erster Linie Aussagen über die
Bewerberin und nicht über die angezweifelten Übersetzungspassagen: wie
sich der Prüfling, konfrontiert mit einer bestimmten Teststrategie („auf Vorhalt"), in der Prüfungssituation verhält („wortreiche Ausflucht"). Diese Feststellung wird getragen durch eine Bekräftigung der Dolmetscherrolle (beider-
seitiges „sehr gutes Verstehen"), so wie sie im Sinne der Postbotenfiktion für
die Anhörung und Erstellung des Protokolls konstitutiv ist. Die Reparatur
erhält eine Mindestbedingung für die Gültigkeit und Wirksamkeit von (justi-
ziablen) Protokollaussagen:

„Protokollierte Aussagen dokumentieren gelungene Verständigungen - wenn nicht
über den Inhalt, so doch über die Tatsache einer bestimmten Aussage - und werden
dadurch zur Norm, gegen die man sich nur noch mit besonderen Gründen zur
Wehr setzen kann - etwa dann, wenn im Verfahren auch an anderen Stellen Un-
stimmigkeiten auftreten, die eine Umnuancierung der Aussage nahelegen." (Luhmann 1969: 93)

1.4. Die dialogische Produktion von Übersetzungsvorlagen

Die Postbotenfiktion besagt, daß mit jedem Beitrag ein unmißverständlicher
Auftrag zur Übermittlung einhergeht. Sie setzt Beiträge (das Gesprochene)
und Lieferungen (das zu Übersetzende) gleich: Der Dolmetscher wird beauf-
tragt, indem er die Äußerung erhält. Ihm müßte ohne Weiteres klar sein, wie
ein Beitrag zu gebrauchen ist: ´Teile genau dies dem Adressaten mit!´ Im
Rahmen der Fiktion wird unterstellt, daß gedolmetschte Beiträge genauso in
einer einsprachigen Konversation geäußert würden. Dieser Objektivismus
kalkuliert lediglich die Reibungsverluste, die eine Lieferung benötigt, um den
Adressaten zu erreichen.[29]

Die behandelten Kontrollnormen wirken als Bindung und Befähigung. Sie
sind *repressiv*, weil sie den Dolmetscher an Ansprüche binden und*produktiv*,

---

[29] Die verschiedenen Diktiermethoden sind Reaktionen auf dieses Verzögerungsproblem: mit dem
Simultan-Diktat soll Tempo in die Anhörung gebracht werden, indem die Antwortübersetzung mit
dem Diktat übersprochen wird; mit dem (bei Gericht gängigen) Diktieren ´en block´ wird das Da-
zwischensprechen bis zur Erledigung ganzer Fragenkomplexe zurückgestellt. Beide Beschleuni-
gungsmanöver bringen neue Schwierigkeiten mit sich: mal handelt sich der Entscheider ein verwir-
rendes Sprachengewirr ein, weil er gezwungen ist, dem Dolmetscher dauernd ins Wort zu fallen;
mal handelt er sich Rekonstruktionsschwierigkeiten beim Nacherzählen anhand seiner bloß stich-
wortartigen Notizen ein.

weil sie dem Dolmetscher bestimmte Gelegenheiten einräumen, seine Arbeit als korrekt darzustellen.[30] Anhand von Mitschriften der Entscheider-Dolmetscher-Dialoge und der nachübersetzten Transkripte der Bewerber-Dolmetscher-Dialoge zeigt sich, wie der Dolmetscher anerkannte Beiträge herstellt. Die beiden inneren Runden nutzt der Dolmetscher, um Übersetzungsvorlagen herzustellen, die sich wie in einer sinnvollen Konversations Frage-Antwort-Paare zusammenführen lassen.

Die Argumentation unterscheidet sich von solchen linguistischen Translationstheorien[31], die zwar ebenso die Vorstellung gegebener (lokutionärer) Originale verwerfen, diese aber lediglich durch die illokutionären und perlokutionären Gehalte ersetzen. Statt des Originaltextes wird die Zwecksetzung in den Mittelpunkt gerückt: „Die Dominante aller Translation ist deren Zweck." (Reiss/Vermeer 1984: 96). Um diesen zu ermitteln, soll der „translatorische Handlungsrahmen" (Holz-Mänttäri 1985) für einen Ausgangstext bestimmt werden: das Bedürfnis des Handlungsinitiators, die angepeilte Textfunktion und die Zielgruppe.[32] Wie nun die allgemeine Funktion und Zwecksetzung auch gefaßt wird; es scheint, daß mit ihrer generellen Bestimmung nicht zu klären ist, wie der Dolmetscher in der Anhörung ihre praktische Erfüllung leisten kann.[33] Hierüber kann die dialogische Herstellung von Übersetzungsvorlagen im Zwiegespräch mit dem Entscheider, in der Sub-Anhörung mit dem Bewerber sowie die Verteidigung einer angezweifelten Übersetzung Aufschluß geben.

---

[30] Dieses soziale Phänomen der Dualität von Macht und Kontrolle wird bei Foucault (1987) oder auch bei Giddens (1986) beschrieben. Bei Gouldner (1954) findet sich der Gedanke, daß Leistungsanforderungen (z.B. Stückzahlen oder Arbeitsstunden) zugleich den Verpflichteten vor diffusen Erwartungen schützen. Der Arbeiter kann als Organisationsmitglied seine Leistung als der Norm entsprechend darstellen und Mehrforderungen zurückweisen.

[31] So resümiert Holz-Mänttäri: „Eine solche Theorie über den Produktionsprozeß von Botschaften und Botschaftsträgern läßt für Translationen keinen Beginn beim ´autonomen´ Ausgangstext zu." (1986: 362) Die Bedeutung des Originals hänge allein davon ab, „wie weit die durch die Ausgangstextanalyse gewonnenen Daten für die Zieltextproduktion relevant sind" bzw. „vom Zweck der neuen Kooperationssituation" (ebd.).

[32] Der translatorische Handlungsrahmen wird hier am Beispiel von Plakattexten zu Werbezwecken entwickelt und läuft auf eine simple Marketingstrategie hinaus: die möglichen Zielgruppen in der jeweiligen Sprache möglichst wirkungsvoll ´anzusprechen´. Die gelungene Übersetzung zeigt sich im veränderten Kaufverhalten.

[33] Für Pöchhacker ist die allgemeine Funktionsbestimmung aus dem translatorischen Handlungsrahmen für seine empirische Analyse des Simultandolmetschens „als Quelle für Entscheidungskriterien und Begründungsmöglichkeiten im konkreten Translationsfall [...] allzu dehnbar" (1994: 241). Er schlägt stattdessen vor, sich auf das „Auftragsbewußtsein des Translators" (ebd.) zu beziehen, was allerdings jeglichen empirischen wie praktischen Bezug verwischt.

1.4.1. Das Zwiegespräch mit dem Entscheider

Die folgende Mitschrift der deutschen Beiträge (ohne die Palaver und Diktatpassagen) zeigt, wie Fragevorlagen dialogisch zwischen Dolmetscher und
Entscheider hergestellt werden. Der Bewerber ist von dieser Herstellung ausgeschlossen bzw. auszuschließen.

E (voller Tatendrang) Wir sind vor 12 fertig. Das sag ich dir jetzt schon.

D (D/B~) Wir reden türkisch! Er hat keinen Anwalt. Gesundheit o.K..

E Na gut. Fangen wir an. Frag ihn erstmal nach dem Reiseweg, wie er gekommen
und so?

D (D/B~) Er fängt schon mit Asylgründe an.

E Nein, nein.

D (D/B~) Mit dem Reisebus, dann Flughafen Istanbul. (B~) Am 9.1.96 eingereist.
8.1. ausgereist.

E Gab es von Ankara keine Flüge?

D (D/B~) Weil mein Schlepper in Istanbul war.

E Wie lange hat der Flug gedauert?

D (D/B~) Ca. drei Stunden

E Wo haben Sie gesessen?

D (D/B~) Ja

E Wo?

D (D/B~) Nr. 140. Sagt dir das was?

E Kommt drauf an, welches Flugzeug.

D (B~) Hinten, sagt er.

E Was ist auf dem Flug passiert?

D In dem Flugzeug? (D/B~) Alles o.K..

E Na gab es da ne Rettungsübung, Gurte anlegen oder sowas, das will ich wissen.

D (D/B~) Das Anlegen der Gurte auf englisch. Darum hat mein Freund geholfen.

E Mit welcher Fluglinie?

D (D/B~) Es war nachts, irgendwas Ausländisches. Soll ich nach der Uhrzeit fragen, ja?

E (auffordernde Handbewegung)

D (D/B~) 21.00 gelandet.

E Wie waren die Leute gekleidet?

D Die Stewardessen?

E Ja!

D (D/B~) Weiße Hemden, blaues ((sic)) Rock und eine Weste rüber.

E Na ja, so ist das meistens. ( ) Die haben doch Tücher mit der Gesellschaft drauf,
dem Emblem.

D Ja das stimmt.

E Ja, Ja.

D Das steht auch manchmal drauf, ne?

E Ja eben, da steht es meistens drauf, welche Fluggesellschaft das ist.

D Aber ein anständiger Türke guckt auf sowas nicht. (grinst)

E Da brauchen wir noch mehr. ( ) Wer hat ihm beim check-in geholfen?

D (D/B~) Keiner hat geholfen. Paß und Ticket habe ich selbst vorgelegt. ~ Habe den Paß vorgelegt, der wurde dann abgestempelt. ~ Dann haben wir im Warteraum auf den Abflug gewartet.

E Warum sprechen Sie türkisch?

D (grinst) Weil er kein Kurde ist.

E (Zeigt den Anhörungsbogen) Hier steht, daß er Kurde ist.

D (D/B~) Mutter ist Türkin und Vater Kurde. Haben aber, weil wir in Ankara lebten nur Türkisch gesprochen. ( ) In Ankara leben die Hälfte Kurden und reden alle türkisch.

Zunächst fällt auf, daß nicht alle Äußerungen als Lieferungen fungieren. Der Entscheider unterhält unterschiedliche, verbale und nonverbal vermittelte Anreden. Er entfaltet zwei geschiedene Gesprächsbezüge zwischen denen er ´switcht´[34]:

• Einmal reserviert er Äußerungen für eine interne, dem Bewerber unzugängliche Runde (z.B. „Das sag ich dir jetzt schon!"). Der Dolmetscher ist gehalten, die ´Geheimnisse´ für sich zu behalten und nicht an die andere Partei weiterzugeben. Ein Dolmetscher, der hier wortwörtlich übersetzt, wird für diesen ´Verrat´ - sollte er sich in der Entgegnung des Bewerbers zeigen - Unverständnis und Verärgerung provozieren. Diese Redeweise arbeitet mit der für den Dolmetscher reservierten, vertraulichen Anrede („DU"), mit Vereinnahmungen („WIR"), mit ´lautem Denken´ („ICH glaube, der ...!") sowie mit der Aufnahme von Blickkontakt.

• Zum anderen reserviert er Äußerungen für die externe Runde bzw. für die Anhörung des Bewerbers (z.B. „Wo haben Sie gesessen?"). Der Dolmetscher ist gehalten, diese an den Bewerber weiterzureichen. Ein Dolmetscher, der (wiederholt) solche Fragen für sich behält und selbst beantwortet, provoziert Unverständnis und Verärgerung, weil er die Anhörung boykottiert. Diese Redeweise arbeitet vor allem mit der für den Bewerber reservierten, distanzierten Anrede („SIE"), mit der Frageform, der Aufnahme von Blickkontakt und auch mit dem Einsatz des Diktaphons, mit dem eine Frage schon

---

[34] In Anlehnung an Gumpertz „Discourse strategies" (1982) - und dessen Modell des Code-Switching - hat Auer (1983) die Sprachwahl der Teilnehmer bilingualer Konversationen konversationsanalytisch untersucht. Das Code-Switching erfolgt, so das Resultat, nicht willkürlich, sondern gemäß unterscheidbarer Kontextierungsstrategien. Nun haben wir es hier nicht unmittelbar mit bilingualen Codes - eher mit ihrer Anbahnung - zu tun. Gleichwohl lassen sich die bei Auer erarbeiteten typischen Diskursfunktionen des Code-Switching übertragen: die Ein- und Ausgrenzung von Beteiligten, die Hierarchisierung von Sequenzen, die Kontrastierung von Redeweisen, die Absetzung verschiedener Themen, den Wechsel der ´Tonart´, den Wechsel des Interaktionsmodus.

festgehalten wird, wenn der Entscheider sie stellt. Der Entscheider redet ´natürlich´, so als ob er direkt zum Bewerber spricht.

Der Entscheider kann etwas sagen, ohne übersetzt zu werden. Er kann zum Bewerber sprechen und erwarten, daß dies dem Bewerber übermittelt wird. Diese Differenzierung der Adressierungen ermöglicht verschiedene kommunikative Manöver, die zur gegenseitigen Verständigung genutzt werden:

- Der Entscheider kann die Abhandlung ganzer Sequenzen an den Dolmetscher delegieren. Es genügen bloße Andeutungen („Fragen Sie Ihn nach dem Reiseweg"/"Haben Sie schon belehrt?") um wortreiche Beiträge auszulösen, die er nicht selbst ausformulieren muß. Delegationen werden als simple Formeln dargestellt, die kundige Dolmetscher ´im Schlaf´ sprechen. Dagegen gelten solche Dolmetscher als inkompetent, denen man extra die ganzen Sprüche vorsagen muß.

- Der Entscheider kann das gemeinsame Vorgehen mit dem Dolmetscher koordinieren. Er kann Herangehensweisen und Verhörstrategien vorschlagen oder auftragen. Er kann seine Beiträge mit Ratschlägen versehen, WIE sie dem Bewerber ´am besten´ beizubringen sind.

- Das Vorgehen wird implizit abgestimmt, indem der Entscheider dem Dolmetscher in kleinen Einweisungen Hintergrundwissen zum Fall gibt. Er kann den Fall gewichten („Wir sind vor 12 fertig."). Üblich ist es, den Dolmetscher eingangs für bestimmte Probleme (z.B. die ungeklärte Herkunft des Bewerbers) zu sensibilisieren, ihn einzuweihen, mit WEM man es zu tun hat.

- Der Entscheider kann seine Fragen mit Erklärungen versehen: z.B. was er sich von der Frage erhofft, auf was die Frage abzielt, welches Ziel er mit der Frage verfolgt („Na gab es da ne Rettungsübung, Gurte anlegen oder sowas, das will ich wissen!"). Er weist den Dolmetscher in die Bewertung ein und zeigt an, welche Antworten aussagekräftig bzw. nichtssagend sind. So eröffnet er dem Dolmetscher die Chance, für diesen Zweck bessere Formulierungen zu finden.

- Der Entscheider kann Antworten kommentieren bzw. sich über ihren Gehalt auslassen („Na ja, so ist das meistens!"). Er läßt sich aus über die Erfolge oder Mißerfolge und kann so die Anforderungen für einen neuen Anlauf klarstellen („Die haben doch Tücher mit der Gesellschaft drauf, dem Emblem!") oder aber den Punkt auf sich beruhen lassen.

- Der Entscheider kann sich in dieser Runde der Loyalität des Dolmetschers versichern, indem er dessen Positionen erfragt oder über ´Sticheleien´ provoziert. Dem Dolmetscher bieten sich hier Gelegenheiten, den Schulter-schluß mittels ´Vor-Urteil´ zu demonstrieren. Er beantwortet („Weil er kein Kurde ist!") oder kommentiert („Ein anständiger Türke guckt da nicht drauf!") Rätsel, ohne sie als Fragen zu dolmetschen.

• Der Entscheider kann allerlei Privates mit dem Dolmetscher bereden: her-umfrotzeln, über Kollegen oder Bewerber lästern, über den Arbeitsanfall oder die Langeweile klagen, die nächste Pause anpeilen oder über das an-stehende Mittagessen sinnieren. Gerade diese Redensarten vollziehen und verraten Vertrautheit.

Das Zwiegespräch zeigt, daß sich die Fragen des Entscheiders ´nicht von selbst verstehen´, sondern zunächst der Vermittlung und Klärung bedürfen. Zwei Beispiele:

E Was ist auf dem Flug passiert?
D In dem Flugzeug? (D/B~) Alles o.k..

E Wie waren die Leute gekleidet?
D Die Stewardessen?
E Ja!

Dem Dolmetscher ist unklar, welchen Ort oder welche Personen er genau in der Frage anführen soll. Diese Unklarheiten können als Verständigungspro-bleme oder als Hör- und Konzentrationsprobleme interpretiert werden. Auch kommt es vor, daß unverständliche Ausdrücke nachgefragt werden: ein Dol-metscher weiß nicht, was ´eine Biege machen´ oder ´angeschmiert werden´ bedeutet. Um Fragestellungen zu unmißverständlichen Fragevorlagen zu ma-chen, werden gegenüber dem Zweitsprachler kurze, einfache Sätze formuliert, frei von deutschen Slangausdrücken, von Fachtermini oder Fremdworten (vgl. Hinnenkamp 1982). Der Dolmetscher zeigt an, daß er eine Frage problemlos verstanden hat, indem er einen Beitrag an den Bewerber folgen läßt.[35]

Die beiden Nachfragen sind nicht einfach Klarstellungen von bereits ausfor-mulierten Fragen. Vor allem das zweite Beispiel führt vor, daßdie Nachfragen die Ausgangsfrage selbst präzisieren bzw. modifizieren (können). Es wird ge-meinsam eine neue, ´bessere´ Frage erarbeitet - und gemeinsam in den Stand der Übersetzungsvorlage erhoben. Fragen müssen demnach zunächst die in-terne Runde passieren, um als Übersetzungsvorlagen zu gelten. Doch es geht

---

[35] Für die Nachfragen trifft zu, was Rehbein für den Fall des Sprachmittelns in medizinischen Beratungsgesprächen konstatiert: Die Nachfragen machen „verschiedene Strategien des Umschrei-bens, Modifizierens erforderlich. Der Start der Übersetzung zeigt dem Arzt das Ende eines Nach-frage-Diskurses an" (1985a: 432).

bei den Unterredungen nicht nur um die Feststellung von Frageformulierungen:

> D In dem Flugzeug? Alles o.K..
> E Na gab es da ne Rettungsübung, Gurte anlegen oder sowas, das will ich wissen.
> D (D/B~) Das Anlegen der Gurte auf englisch. Darum hat mein Freund geholfen.
> ---
> E Na ja, so ist das meistens. ( ) Die haben doch Tücher mit der Gesellschaft drauf, dem Emblem.
> D Ja, das stimmt.
> E Ja, ja.
> D Da steht auch manchmal drauf ne?
> E Ja eben ...

Der Entscheider erläutert dem Dolmetscher, was er über den Bewerber erfahren will. Er gibt Erläuterungen ´WAS gefragt ist´, bzw. welchem Erkenntnisinteresse eine Frage dient. An diesen Erläuterungen soll sich der Dolmetscher orientieren, um eine treffende Formulierung zu finden. Um die Erläuterung des Entscheiders zu einer Frage umzuarbeiten, darf der Dolmetscher die Äußerung des Entscheiders („Na gab es da ne Rettungsübung, Gurte anlegen oder sowas, das will ich wissen.") auf keinen Fall als Original benutzen. Der Bewerber könnte sonst aus der Frage die Antwort schließen.

Im zweiten Fall äußert der Entscheider seine Enttäuschung über eine sinnvoll auswertbare Antwort des Bewerbers („Weiße Hemden, blaues ((sic)) Rock und eine Weste drüber!"). Der Dolmetscher bestätigt die Erläuterung des Entscheiders, welche Antwort allein aussagekräftig wäre (=die Beschreibung des Emblems der Fluggesellschaft). Der Dolmetscher unterläßt es aber, die Erläuterung zu einer neuen Anhörungsfrage zu machen. Die methodischen Erläuterungen bleiben so für die Prüfung wirkungslos. Die zaghaften Anläufe des Entscheiders („Ja eben!") beschließt der Dolmetscher, indem er selbst eine ironische Antwort („Da guckt ein Türke nicht drauf!") gibt - statt sie als Fragevorlage zu benutzen.

1.4.2. Die Sub-Anhörung mit dem Bewerber

Verständigungsarbeit leistet der Dolmetscher nicht nur im Zwiegespräch mit dem Entscheider. Eine interne Runde findet sich auch auf Seiten der Fremdsprachler. Der Dolmetscher führt eine separate Sub-Anhörung, um hier gute Antwortvorlagen herzustellen. Hier ist er bemüht, für eine angenehme Gesprächsatmosphäre zu sorgen:

> Der Bewerber wird vom Dolmetscher höflich begrüßt, es wird ihm ein Platz angeboten. Der Dolmetscher beruhigt den Prüfling, klopft ihn ermunternd auf die Schulter. Ein kurzes Schwätzchen läßt vergessen, daß eine wichtige Prüfung be-

vorsteht. Auch während der Anhörung gibt sich der Dolmetscher solidarisch: es werden Zigaretten gereicht oder bei Tränen ein Taschentuch.

Der Dolmetscher bleibt auch da noch sichtlich höflich, wo sich die Entscheider-Dolmetscher-Runde schon längst über die ´Verschlagenheit´ oder ´Dreistigkeit´ des Bewerbers verständigt haben. Dem Entscheider obliegt es - je nach Temperament und Anhörungsstil -, aus der Haut zu fahren, sich zu ärgern, böse zu werden, Drohgebärden einzunehmen. Der Dolmetscher bleibt ganz Gesprächsarbeiter, konzentrierter Zuhörer und bedachter Redner. So werden z.B. strenge Ansprachen des Entscheiders für den Bewerber geschönt:

> „Manche Fragen sind mir wirklich peinlich, die stelle ich dann nicht so. Zum Beispiel das mit der Tasche ausleeren, das kommt oft wie ein Befehl und das sage ich dann freundlicher. Das läuft dann besser." (Gesprächsprotokoll/Dolmetscher)

Nicht nur, daß die Dolmetscher sich nicht unbedingt mit der Gesprächsführung (des Entscheiders) identifizieren; sie sind es, die jedes Wort ´verkaufen´ müssen:

> „Da versuche ich denen dann schon klarzumachen, daß das nicht von mir kommt, aber das ist schwer, gerade bei den einfachen Leuten, den Kurden oder Rumänen. Ich bin es ja, die es ihnen sagt und so verstehen die das auch." (Gesprächsprotokoll/Dolmetscherin)

Solche Höflichkeit erklärt sich vor allem durch die o.g. Darstellungserfordernisse. Denn nur der Dolmetscher steht im direkten Kontakt mit dem Bewerber. Nur er kann ihm ´gute Antworten´ entlocken, wie dem Entscheider ´gute Fragen´. Wie sieht nun aber die Produktion brauchbarer Antwortvorlagen im Einzelnen aus. Hierzu eine rückübersetztes Transkript:

> E (diktiert und fragt) Wie haben Sie Ihre Heimat verlassen und womit sind sie gekommen Fragezeichen
> **D „**
> **B (Schweigt, zuckt die Achseln)**
> **D Fangen wir erstmal mit Ihrer Heimat an.**
> **B Ich bin 1992 in ein=er**
> **D (unterbricht den B)** *Pardon, das ist keine Antwort auf die Frage!*
> **B Ja?**
> **D Wie sind Sie hierhin gekommen?** (zum E) Ich frag ihn anders. **Also, wie sind sie hierhin gekommen?**
> **B Mit dem Flugzeug**
> **D Und von wo?**
> **B Von Istanbul**
> **D Womit sind sie gekommen von Ankara nach Istanbul?**
> **B Meine Regierung war in Ankara und ich bin mit dem Bus gekommen.**
> **D Wann und wo ist das Flugzeug angekommen?**
> **B Ich bin von Istanbul nach Düsseldorf ausgereist, das war am 9.1.1996**
> D Ich bin am 9.1.1996 von Istanbul nach Düsseldorf ausgereist.
> E Ich bin am 9.1.1996 von Istanbul nach Düsseldorf einge Quatsch (spult zurück) ausgereist Punkt neue Zeile Frage Doppelpunkt Warum sind Sie von Istanbul

geflogen und nicht von Ankara Fragezeichen Gab es denn von dort kein Flugzeug Fragezeichen neuer Absatz

D „

B Weil mein Schlepper in Istanbul war.

D Mein Schlepper hielt sich in Istanbul auf.

Der Bewerber weiß anfangs offenbar nicht, was gefragt ist. Der Dolmetscher
versucht das Gefragte ´besser´ darzustellen. Er expliziert, wie man die Frage
benutzen kann: „Fangen wir bei der Heimat an!" Er zerlegt die Frage in chro-
nologische Einzelteile entsprechend sonst gängiger Antworten. Auch dieser
Verständigungsversuch schlägt fehl: Der Bewerber holt für eine brauchbare
Antwortvorlage zu weit aus. So zumindest entscheidet der Dolmetscher. Im
freundlichen Ton belehrt er den Bewerber und erklärt die Relevanzen. Er vergißt nicht, beim Entscheider das abnorme turn-taking im Palaver anzumelden
und sich so ´freie Hand´ geben zu lassen.

Nun geht der Dolmetscher daran, die Antwort Stück für Stück zusammenzu-
setzen, um die Reisegeschichte zu komplettieren: Transportmittel, Ort der
Abreise, Weg vom Heimatort zum Abflugort, Ankunftsort und -zeit. Alles
muß er dem Bewerber aus ´der Nase ziehen´. Mit jeder Anschlußfrage erläutert er die Fragevorlage; aber nicht wie der Entscheider noch im Zuge ihrer
dialogischen Herstellung als Absicht und Wirkung. Er vermittelt sie so, daß
der Bewerber sie angemessen beantwortet, ohne gleich ihre ganze Tragweite
zu ermessen.[36]

Erst die so zusammengesetzte Antwort stellt er dem Entscheider zur Verfügung. Er signalisiert so zugleich dem Bewerber, ´daß es reicht´, mehr jetzt
nicht gefordert ist. Der Entscheider nimmt die Lieferung des Dolmetschers an,
indem er sie diktiert. In diesem Fall muß der Entscheider die Übersetzung nur
noch nachsprechen, was als besonderer Übersetzungsstandard gewürdigt (aber
nicht gefordert) wird. Im Regelfall sind die Übersetzungen lediglich Formulie-
rungshilfen und -vorlagen für den Entscheider, die dieser dann in der Protokollsprache (mit „Punkt" und „Komma") ins Mikrophon spricht.

Die Dolmetscherarbeit konstituiert eine dem Entscheider verborgene Sub-
Anhörung. Hier werden Fragestellungen vermittelt und Beiträge in den Stand
von Antworten erhoben. Die separaten Dialoge bewirken verschiedene Wis-
sensstände von Dolmetscher und Entscheider. Dem Dolmetscher hatte der

---

[36] Vergleichbare Verfahren beobachtet Rehbein: „Beim Umwandeln in die Sprache der Ratsuchen-
den, also in die eigene Muttersprache, schlägt die Sprachmittlerin folgende Verfahren ein: Redukti-
on und Hinzufügung (Veränderungen im propositionalen Gehalt); Überführung von Erklären in
Begründen/Anweisen (Veränderungen der Illokution); Verallgemeinern (Strategie im Umgang mit
fachsprachlichem Wissen); Fokusverschiebung (Strategie der Fokussierung von Aspekten des
Alltagswissens am Fachwissen)." (1985a: 431)

Bewerber in der Sub-Anhörung erklärt, die Präsenz „seiner Regierung in Ankara" habe ihn nach Istanbul ausweichen lassen. Weil diese Erklärung unüber-
setzt bleibt, stellt der Entscheider die Frage nach dem Grund für den anderen,
entfernteren Abflugort - was zeigt, wie wenig der Entscheider zuzeiten auf
dem Laufenden ist. Er erhält, wie der Bewerber, nur ausgesuchte Einblicke in
den ´anderen Dialog´. Erst wenn der Dolmetscher eine fertige Antwortvorlage
erarbeitet sieht, weiht er den Entscheider ein. Andere mögliche Antworten des
Bewerbers verschwinden im Dialog jenseits der Sprachbarriere.

1.4.3. Wenn Fragen und Antworten nicht zusammenfinden

Das Dolmetschen von Asylanhörungen ist, das zeigt die Analyse seiner Be-
werkstelligung, vordringlich an der sequentiellen Verständigungskontrolle
orientiert. Sie erweist sich mit ihrer Bewährung der Sinngehalte von Aussagen
als zentral - vielleicht, weil diese für die Erstellung aussagekräftiger Protokolle maßgeblich sind. Die augenblicklichen und nachträglichen Kontrollen
wirken demgegenüber als abgeleitete Dimensionen, deren Berücksichtigung
für den Dolmetscher zwar notwendig aber nicht hinreichend ist. Mit der dialogischen Produktion von Übersetzungsvorlagen vermag er gewöhnlich, sinnvolle Redepaare zu fabrizieren.

Liefert der Dolmetscher keine passende Antwort, wird eine neue Fragevorlage
erstellt bzw. ein neuer Anlauf genommen. Das dabei übliche Offenhalten der
Schuldfrage von Seiten des Entscheiders kann beim Dolmetscher zu Irritatio-
nen führen: Zielt die Fragewiederholung des Entscheiders auf einen Übersetzungsfehler, ein Mißverständnis oder eine Aussageverweigerung? Diese Kon-
fusion thematisiert ein besorgter Dolmetscher beispielhaft gegenüber einem
BGS-Ermittler:

D (B~) In Warschau ist alles teuer. Er war 1 Woche dort und hat alles ausgegeben.
E Das ist schlecht. ( ) Wer hat ihm geholfen?
D (D/B~) Bis zur Grenzstadt hatte er 100 Dollar.
E Das ist nicht die Frage.
D Er hat aber so geantwortet. Ich habe so gefragt.
E Er hat da in der Sonne gelegen und gedacht, gehst du mal nach Deutschland. Das
    können Sie sagen: Ich glaub ihm nicht.
D (D/B~) Er war dort von der Polizei verfolgt.
E Schön. Wer hat ihm geholfen? Wer hat den Tip gegeben?
D (D/B~) Er ist im Iran verfolgt. Von beauftragten Killern.
E Hat er meine Frage nicht verstanden?
D Entschuldigen Sie.
E Sie müssen sich nicht entschuldigen. Fragen Sie, wie ich es sage. Wie im Dialog.

D Ich muß einmal sagen, das wird mir immer vorgeworfen. Daß ich das nicht so
übersetze. Dabei sage ich nur das, was ER sagt und was SIE sagen.
E Mehr sollen Sie ja nicht. Wenn ich NEIN sage, sagen sie NEIN. Wenn ich ab-
breche, brechen sie ab. Ich höre ja, was er am Anfang sagt. Aber sagen Sie´s.
D Aber wenn er Sie nicht richtig verstanden hat?
E Sagen Sie mir das!
(Mitschrift)

Anhörungen oder Verhöre, die nicht ´in die Gänge kommen´ und keine Ergebnisse zeitigen, verunsichern den Dolmetscher, weil seine Übersetzung
nicht mehr einfach per (passender) Erwiderung Bestätigung findet. Mißlingt
die Paarung von Frage und Antwort, bedarf es ersatzweiser, vertrauensbilden-
der Maßnahmen, um das Gedolmetschte noch als korrekt darstellen zu können. Die Redeweisen sind mit denen vergleichbar, die Erzähler auf Zweifel er-
widern: „Das stimmt aber!" oder „Du kennst mich doch!". Auch innere Eigenschaften werden beschworen: die Erfahrung, der gute Ruf, die Ehrlichkeit
und Kompetenz. Die Appelle sind vom Wohlwollen des Gegenübers abhängig
- Gründe zu Zweifeln hätte er genug. Die wortreiche Beschwörung des Dolmetschers zeigt den Rechtfertigungsdruck, dem Dolmetscher unterliegen,
wenn sich ihre Beiträge nicht anhand der Kontrollnormen bewähren.

Im Beispiel wird der Dolmetscher beruhigt: Der Ermittler gibt vor, daß er auch
trotz ´sinnloser Antworten´ nicht an der Übersetzung zweifelt. Solcher Kredit
speist sich entweder aus festgefügten Erwartungen, wie Bewerber auf Vorhalte reagieren, oder aus dem Vertrauen, das ein Dolmetscher durch frühere
`gute Zusammenarbeit` erworben hat.[37] Der Vertrauenskredit kann zur Hin-
nahme aktueller Normverletzungen oder zur wohlwollenden Diagnose unpas-
sender Antworten oder nachträglicher Korrekturversuche durch den Entscheider beitragen. In diesem Sinne macht es einen Unterschied, ob Dolmetscher
schon bekannt sind, oder aber einmalig auftreten. Der Kredit bei dem Entscheider befreit den Dolmetscher allerdings nicht von den Darstellungserfordernissen, die seine Beiträge als Übersetzungen kenntlich machen. Auch das
Image eines verläßlichen Dolmetschers muß beständig gepflegt werden. Auch
Bekannte werden zur Konzentration oder Sorgfalt angehalten oder gar ausge-
wechselt, wenn die Anhörung partout nicht funktionieren will.

---

[37] Hierunter ist nicht nur das reibungslose Dolmetschen zu verstehen, sondern auch die Kooperation
am Rande der Anhörung: die Übernahme von Entscheider-Aufgaben (z.B. die Belehrung); die
Begutachtung von Dialekten bezogen auf die geographische Herkunft des Sprechers; die Übersetzung von mitgeführten Schriftstücken des Bewerbers. Vertrauen stiftet auch die Zustimmung zu
´vernichtenden´ Kommentaren des Entscheiders oder das Einbringen eigener Detailkenntnisse zum
Herkunftskontext des Bewerbers.

1.5. Resümee

Der Einsatz des Dolmetschers ist ein doppelbödiges Unternehmen: Offiziell ist der Dolmetscher nicht Teilnehmer des Gesprächs und hält doch die meisten Beiträge; er übersetzt nichts Eigenes und spricht doch mit eigenen Worten; er produziert im Dialog brauchbare Übersetzungsvorlagen und vermittelt sie dann als die des Anderen. Bei alledem ist der Dolmetscher gehalten, einen guten Eindruck ´als Dolmetscher´ zu hinterlassen, um für seine Beiträge soziale Anerkennung zu erlangen.

Und hier gilt: Nur öffentlich kann er Rechenschaft ablegen und die Nutzer bzw. das Publikum von der Qualität seiner Arbeit überzeugen. Der Dolmetscher orientiert sich zur Bewährung seiner Beiträge an einer Reihe von Normen, die in situativen Kontrollen gefordert und durchgesetzt werden. Diese sind kontextgebunden, über die Sprachbarriere hinweg beobachtbar und darstellbar. Für das Publikum sind sie Versicherungen oder Anhaltspunkte für begründeten Zweifel, für den Dolmetscher Darstellungserfordernisse und -mittel.

Wenn eine Übersetzung von den Normen abweicht - und das kann sie gerade auch bei lexikalischer Exaktheit, wenn die Antwort keinen Sinn ergibt -, kann sie begründeten Zweifel auf sich lenken. Bei solchen Zwischenfällen gerät der Dolmetscher unter besonderen Legitimationsdruck. Aufgrund der relativen Intransparenz seiner Gesprächsarbeit kann er diesem nur mit einer Parteinahme gegen den Bewerber begegnen: mit der Behauptung von Professionalität und der Werbung um persönliches Vertrauen. Nur in eingrenzbaren Ausnahmefällen wird der Dolmetscher einen Irrtum zugunsten des Bewerbers eingestehen. Solange der Ausdruck dagegen mit den Kontrollnormen übereinstimmen, bleibt das Gedolmetschte über alle Zweifel erhaben: der Dolmetscher kann - soll sein Engagement überhaupt Sinn machen - für seine Beiträge soziale Anerkennung erwarten.

Im Sinne dieser nötigen Bewährung der Dolmetscherbeiträge werden richtige Übersetzungen von allen Veranstaltungsteilnehmern gemeinsam hergestellt. Die Ungleichverteilung ihrer Positionen im praktischen Gesprächsablauf verlangt jedoch nach weiterer Differenziertheit. Das Publikum des Dolmetschers ist mit dem eines Theaters vergleichbar: wenige sitzen ganz vorne, einige ganz hinten, wieder andere hinter einem störenden Pfeiler oder Vordermann. Eine Aufführung ist auf alle (erwartbaren) Positionen, jedoch nicht auf alle in gleicher Weise abzustellen: bestimmte Details lohnen nur für die vorderen Reihen, große Gesten nur für Hinterbänkler.

Entsprechend verschieden gestalten sich die Einblicke für die Teilnehmer der Anhörung. Während der Entscheider im Falle strikter Gesprächsführung über einige formale Standards zur augenblicklichen Kontrolle und als Fragesteller und Protokollant über Möglichkeiten der sequentiellen Verständigungskontrolle verfügt, ist der Bewerber im wesentlichen auf rückblickende Kontrastfolien verwiesen. An den Stellen, wo der Bewerber Zweifel hegt, kann er sich mit dem - notwendig verspäteten - Korrekturversuch leicht in einen neuen Test des Entscheiders verstricken. Aus dem Korrekturversuch wird so eine weitere Beschreibung über das (fragwürdige) Prüfverhalten des Bewerbers.

Die ungleich verteilten Kontrollpotentiale geben Auskunft über die verschiedenen Möglichkeiten der Teilnehmer auf den Dolmetscher einzuwirken, ihn zur Korrektur zu bewegen, ihn zu disziplinieren, für sich zu gewinnen und zu instrumentalisieren. In dieser Weise hängen die Kontrollpotentiale auch mit der Darstellungsmacht der weiteren Fallhersteller zusammen. Mit dem Kontrollpotential wächst die Möglichkeit, sich des Dolmetschers zu bedienen, um den Fall zu gestalten. Aus der schlechteren Kontrollposition des Bewerbers folgt aber nicht, daß der Dolmetscher diesen einfach mißachten könnte.

Dies liegt an der relativen Abhängigkeit des Dolmetschers von *beiden* Seiten. Anders als in einer Theateraufführung werden die Übersetzungsbeiträge nicht nach vorgefertigten Skripten, sondern im aktuellen Dialog mit den Gesprächsparteien erarbeitet. Ohne eine gelungene Verständigung mit Entscheider wie Bewerber verfügte ein Dolmetscher garnicht über brauchbare Übersetzungsvorlagen als Material für seine Darstellungen. In diesem Sinne sind Dolmetscher gut beraten, als Moderatoren ´zwischen den Stühlen´ zu wirken und das Dolmetschen als eine Art diplomatischer Gesprächsarbeit zu betreiben.

Um die nötige Anerkennung für seine Beiträge zu erlangen, muß sich der Dolmetscher „darüber klar werden, wie andere seine Handlung interpretieren, und wie er vielleicht die ihren interpretieren sollte. In anderen Worten, er muß seine Wahrnehmungsfähigkeit üben" (Goffman 1971: 19). Die linguistischen Theorien leisten diese Übung der Wahrnehmungsfähigkeit nicht, weil sie ihre Geltungskonzepte generell formulieren, statt sie auf konkrete Situationen zu beziehen.

So wird z.B. das Übersetzen von Texten je nach theoretischer Orientierung als lexikalisches Übertragen, als hermeneutisches Einfühlen oder als Funktionserfüllung bzw. Zieltextorientierung gefaßt. Der Originaltext spielt in der Tat dort eine gewichtige Rolle, wo der Übersetzer damit rechnen kann, daß er zur Kontrolle herangezogen wird. Hier macht es für den Übersetzer Sinn, je nach den gängigen Konventionen lexikalische, grammatikalische und stilistische Maßstäbe zu berücksichtigen, um seine Übersetzung zu qualifizieren. Ist eine solche Kontrolle im Kontext aufgrund fehlender Kontrollgelegenheiten und -normen ausgeschlossen, richten sich die „Techniken der Imagepflege" (Goffman 1971) dagegen allein auf die funktionale Adäquatheit des Zieltextes.

Der Fall liegt wieder anders bei der Translation von Konversationen. Hier besteht das Publikum aus Anwesenden und nicht aus einer abstrakten Leserschaft. Die Linguistik unterscheidet hier das (semi-professionelle) Sprachmitteln vom (professionellen) Dolmetschen - allerdings nicht als Ausdruck praktischer, der Situation geschuldeter Anforderungen, sondern als typische Leistungsprofile von Berufsgruppen (vgl. Knapp/Knapp-Potthoff 1985: 451ff.). Analytisch aufschlußreicher wären dagegen solche Unterscheidungen, die von der situativen Konstellation einer jeweiligen Veranstaltung ausgehen. Das Dolmetschen einer Asylanhörung in Deutschland unterscheidet sich in den Darstellungserfordernissen fundamental vom Dolmetschen ohne Blickkontakt per Telefonverbindung (wie in belgischen Asylanhörungen) oder vor einem vielsprachigen sachkundigen Publikum (auf wissenschaftlichen Kongressen), mit Kontrolldolmetscher (in Strafverfahren auf Antrag der Verteidigung) oder mit einem amtssprachlichen Rechtsbeistand (vor Gericht), bei vollständiger Tonbandaufzeichnung (bei internationalen Konferenzen) oder ohne jegliche Protokollierung (Beratungen i.d. Ausländerbehörde). Translationstheorien wie Dolmetscher, die für solche Differenzen in der sozialen Situation unempfänglich sind, hängen praktisch in der Luft.

2. Jenseits der Konversation

Die Anhörung der Asylbewerber vor dem Bundesamt für die Anerkennung ausländischer Flüchtlinge (BAFl) ist eine spezialisierte und vielschichtige Veranstaltung. Folgende mikrosoziologische Eigenschaften einer Anhörung lassen sich bis hierher konstatieren:

• Zunächst ist die Funktion der Anhörung im Asylverfahrensrecht (AsylVfG) definiert. In der Anhörung muß der Asylbewerber *alle* Verfolgungstatbestände vorbringen. Was hier nicht zur Sprache kommt, muß von der Behörde als „verspätetes Vorbringen" auch nicht im Bescheid berücksichtigt werden.

• Die Anhörung ist für den Soziologen auf den ersten Blick eine face-to-face-Interaktion. Es treffen sich in der Regel drei Personen in einem Büro. (Im Fall der ethnographischen Beforschung kommt der stille Beobachter dazu.) Einzelne haben sich nie zuvor gesehen und werden sich auch danach nicht wiedersehen (der Bewerber alle anderen); andere treffen sich regelmäßig seit geraumer Zeit (Dolmetscher-Entscheider); wieder andere erhalten die Möglichkeit, sich vorab in einem Vorgespräch bekanntzumachen (Dolmetscher-Bewerber) oder zu koordinieren (Dolmetscher-Entscheider). Die einmalige Zusammen-Setzung dauert ca. 2-4 Stunden.

• Für Linguisten und Sprachsoziologen trägt die Anhörung deutliche Merkmale einer „Zwangskommunikation" (Schütze 1978) oder „verzerrten Kommunikation" (Habermas 1984: 247ff.). Wie in Gerichtsverhandlungen, Tribunalen oder Prüfungen finden sich strikte Frage-Antwort-Verteilungen sowie ganze Prüfschemata (vgl. Holly 1981) mit entsprechenden Asymmetrien. Es wird in diesen Prüfungssituationen gefragt, damit der Andere etwas verrät (vgl. Bender/Nack 1995); es wird geantwortet, um dem Anderen Vorteilhaftes vorzuführen und Nachteiliges vorzuenthalten (vgl. Goffman 1970: 18). Die bloße Aussageverweigerung stellt für den Antragsteller, anders als für Beschuldigte (vgl. Schröer 1996), keine Option dar.

• Doch die Anhörung ist nicht einfach eine Art Verhör. Es verhält sich noch komplizierter. In der Analyse des Dolmetschens hat sich gezeigt, daß eine Sprachbarriere das Geschehen prägt. Alle Äußerungen der Parteien - Bewerber und Entscheider - müssen, um Bedeutung zu erlangen, von einem Dolmetscher übersetzt werden. Nur am Rande war bislang von einer weiteren Barriere die Rede: vom Verschriftlichen. Alle Äußerungen müssen demnach, um für das Verfahren Bedeutung zu erlangen, vom Entscheider protokolliert werden.

Die Anhörung scheint aufgrund der genannten Eigenschaften dazu angetan, methodologische Überlegungen zur Analyse von sozialen Situationen anzustellen. Ziel der folgenden Rekapitulation der Anhörungseröffnung ist es, ein Situationskonzept zu entwerfen, das offen ist für die praktischen Maßgaben und Orientierungen der Asylanhörung.

Die ausgiebige Analyse von Eröffnungen ist für qualitative Forschungen obligatorisch. Zum Eintritt in die Interaktion, so das naheliegende Kalkül, verständigen sich die Akteure über eine gemeinsame und verbindliche Situationsdefinition. Die Anfänge von Interaktionen werden dabei je nach Methode unterschiedlich behandelt:

Die *objektive Hermeneutik* wählt die erste verfügbare Selektion in einem Möglichkeitsraum anhand vertexteter Äußerungen oder schriftlich-verfaßter Dokumente (z.B. zur Analyse von Interviews, Protokollen oder Politikerreden). Sie muß nicht unterstellen, daß es sich hier um einen Anfang handelt. Sie garantiert, die relevante Vorgeschichte aus dem vorliegenden Text zu entschlüsseln - auch wenn diese nur als latente Struktur zwischen den Zeilen steckt. Anhand der ersten Aussagen zeigt sie, welche Selektionen aus einem Möglichkeitsraum getroffen werden und bereits getroffen wurden[38]

Die *Konversationsanalyse* betrachtet den Anfang einer sozialen Situation als einen formal-ausgezeichneten Zug, der nach spezifischen Regeln organisiert wird. Sie untersucht dann, mittels welcher Methoden kompetente Gesellschaftsmitglieder diese Anfänge füreinander beobachtbar machen und gemeinsam herstellen. Anfänge sind also gemeinsame, sozial-gültig-gemachte Produkte, die durch bestimmte aufeinanderfolgende Züge gekennzeichnet sind (vgl. Sacks u.a. 1974). Die Konversationsanalyse kann zeigen, wie bestimmte

---

[38] „Das Schegloffsche Modell zwingt in der Tat dazu, die gesprächseröffnenden Akte besonders auszuzeichnen, weil für sie besondere Regeln gelten. Aus der Sicht dieses Modells müßten wir den Gesprächseröffnungen besondere Bedeutung beimessen, weil in ihnen der weitere Verlauf einer konkreten Interaktion präjudiziert wird. Wir haben jedoch den Eindruck, daß das, was Schegloff untersucht, mit dem Grad der Individuierung und der sozialen ´Länge´ der Geschichte eines Interaktionssystems an Bedeutung abnimmt, weil die Eröffnung der Interaktion schon lange stattgefunden hat und nicht mehr jeweils neu vorgenommen werden muß. In individuierten Systemen sind Wiederaufnahmen von Gesprächen gewissermaßen jeweils Erinnerungen an die ein für allemal eröffnete Interaktion mit allen daraus folgenden Verpflichtungen. Man müßte von hierher die Unterschiede der Gesprächseröffnungen in formalisierten, rollenartig organisierten Interaktionen sowie hoch typisierten, informellen Interaktionen zwischen Fremden (social encounters) einerseits und Gesprächsanfängen zwischen Mitgliedern überdauernder, partikularer Interaktionssysteme andererseits empirisch prüfen." (Oevermann u.a. 1979: 433)

Konversationen (ein Tischgespräch, ein Klatsch oder ein Witz) per Eröffnung und Reaktion gemeinsam etabliert werden.

Die vorliegende *ethnographische Verfahrens- oder Prozeßanalyse* (vgl. Cicourel 1968; Wolff 1983; Knorr-Cetina 1984; Hirschauer 1993) untersucht die Ermöglichung sozialer Situationen anhand ihrer Eröffnungen sowie im Vor- und Nachgang derselben: anhand der Situationseröffnung, weil gerade hier wesentliche Rahmungen geleistet werden; anhand des Vor- und Nachgangs, weil Situationen nicht allein schon aus sich heraus - ohne ein Hintergrundwissen - erschlossen werden können (vgl. Cicourel 1992). Zur Klärung der Bezugnahmen wird im umliegenden Material Ausschau gehalten. Erst indem das situative Geschehen so gewichtet und historisiert wird, läßt sich der Frage nachgehen, was hier eigentlich vor sich geht.

Im folgenden wird kontrastiv zur ethnographischen Beschreibung der Eröffnung das Situationskonzept der Konversationsanalyse durchgespielt. Hierzu liegen eine Reihe aufschlußreicher Arbeiten (vgl. Atkinson/Drew 1979; Moerman 1988; Drew 1992; Wolff 1996) zu Gerichtsverhandlungen vor. Abweichend vom konversationsanalytischen Situationskonzept wird eine adäquate Konzeptualisierung für die Anhörung als Verfahrensstation skizziert. Es ergibt sich folgende Gliederung:

Zunächst wird die Eröffnung sowie der Vorgang der Anhörung beschrieben (2.1.), wobei nicht nur verbale Äußerungen, sondern auch Vorbereitungen, Gesten, beiläufige Verrichtungen und eingesetzte Hilfsmittel berücksichtigt werden.

Die Anhörungseröffnung wird analog zur Konversationsanalyse situationsimmanent, d.h. mit striktem Aktualitäts- und Anwesendenbezug interpretiert (2.2.). Es werden die mit der Situationszentrierung eingegangenen methodologischen Unterstellungen (Transparenzunterstellung, Gesprächsfixierung, methodischer Egalitarismus) herausgearbeitet und anhand der Materialien problematisiert.

Im dezentrierten Situationskonzept ist das Hier-und-Jetzt der Konversation nicht mehr ausschließlicher Bezugspunkt der Beiträge (2.3.). Es finden sich in der Situation Rückgriffe auf Halbfertigprodukte (Importe) oder Vorgriffe auf Abwesende bzw. anschließende und erwartbare Verwertungen (Exporte). An der Produktion sind nicht alle Teilnehmer der Asylanhörung in gleicher Weise beteiligt.

2.1. Der Anhörungsbeginn

Zweifellos gibt es unzählige Möglichkeiten, die Eröffnung einer Anhörung zu beschreiben. Jeder Analytiker hat sich zu entscheiden, ob er das, was geschieht, in der Form von Beiträgen, Praktiken oder Handlungen faßt. Auch muß er entscheiden, welche Äußerungen in den Mittelpunkt gestellt werden sollen, da eine komplette Beschreibung offensichtlich unerreichbar ist. Weit weniger strittig scheint auf den ersten Blick, zu welchem Zeitpunkt eine Beschreibung eigentlich einsetzen sollte, bzw. wann das relevante Geschehen beginnt. Im folgenden wird der Beginn vorgezogen, um so die Logik der konversationsanalytischen Beschreibung deutlicher hervortreten zu lassen.

2.1.1. Die Einstimmung des Anhörungsteams

Ein setting läßt sich durch die Art und Weise charakterisieren, wann, wie und in welcher Folge die Teilnehmer einer Zusammenkunft „sich versammeln" (Turner 1976: 142; vgl. auch Moerman 1972). Es stellt sich die Frage, durch welche Verhaltensweisen und zu welchem Zeitpunkt sich die Teilnehmer für einen Beobachter und füreinander als Teilnehmer zu erkennen geben.

Der Bewerber der Anhörung wird, gleich einem Zeugen vor Gericht, geladen. Die Terminansetzung erfolgt durch die Verwaltung des Bundesamtes. Der Entscheider wird spätestens am frühen Nachmittag über das genaue Programm des kommenden Tages in Kenntnis gesetzt. Ihm wird die Aufnahme-Akte zum Fall gereicht. Bislang sind dort lediglich die Personalien sowie Sprache, Religion und Staatsangehörigkeit des Antragstellers unter einer Aktennummer aufgeführt. Diese Daten wurden am Vortag im „kleinen Interview" von einer Angestellten mittels Dolmetscher erhoben. Die Handreichung fällt umfangreicher aus, wenn es sich um einen Zweitantrag handelt, ein Alias-Name mit dazugehörigen Fallunterlagen vorliegt oder die Akten von Familienangehörigen beigefügt werden.

Diese ´dünne´ Ankündigung wird zur Einstimmung des Anhörungsteams besprochen und ausgewertet. Betrachten wir dazu das Geschehen kurz vor einer Anhörung:

> „Ich glaub es wird Zeit ( ) Dann bis später." Der Entscheider erhebt sich aus der lebhaften Kaffeerunde, spült kurz seine Kaffeetasse, zahlt die 50 Pfennig in die Kaffeekasse und wendet sich zur Tür. „Kommst du auch?", scherzt er, wohl wissend, daß sein Dolmetscher ihm schon auf den Fersen ist. Erhebt sich der Entscheider, dann ist auch für den Dolmetscher alsbald die Kaffeerunde beendet. „Trink ruhig noch aus. Sind noch 2 Minuten. Am besten du bringst dann unseren Kandidaten gleich mit." Auch ich habe schon auf das Startzeichen gewartet, packe meine Aktentasche und folge dem Entscheider: „Jetzt kommt erst der Kurde,

nicht?" „Der *angebliche* Kurde!", verbessert mich der Entscheider. (Gedächtnis-Protokoll)

Normalerweise gehen Entscheider und Dolmetscher zusammen zur Anhörung. Auf dem Weg wird der Dolmetscher mit einer knappen Charakterisierung in den anstehenden Fall eingestimmt. Diese knüpft an Merkmale an, die aus dem gelieferten Aktenblatt ersichtlich sind: die „angebliche" Nationalität oder Ethnie, eine verfahrenstechnische Besonderheit (z.B. „Flughafenfall", „Folgeantrag", „mit Anwalt"), ein Zusatzwissen („der Bruder von dem, der letzte Woche da war") oder eine Abweichung von der Normalpopulation (ein Ehepaar, ein Kind, ein Greis). Einher gehen diese Bezeichnungen mit Einschätzungen, ob etwas Außergewöhnliches zu erwarten ist und worin die besondere Aufgabenstellung besteht.[39] All dies geschieht noch in Abwesenheit des Bewerbers. Erst als dieser in Begleitung des Dolmetschers das Büro erreicht, ist die Runde komplett; was allerdings noch nicht heißt, daß auch sogleich begonnen würde.

Erst winkt die Entscheiderin ab: „Heut nachmittag ist nichts Interessantes mehr. Noch ein Iraker, aber ich denke, das hattest du heute morgen schon zur Genüge." Ich zeige mich zufrieden über die Verschnaufpause und ziehe mich zurück: „Und noch mal danke." Nur kurze Zeit später ruft sie in der Kaffeestube an, wohl wissend, daß hier die Arbeitstage mit einem Kaffeeplausch beendet werden. „Du mußt sofort kommen, ich glaub DER ist echt interessant." Der Mann macht tatsächlich einen außergewöhnlichen Eindruck: sehr gut gekleidet, einen geöffneten Aktenkoffer vor sich, in einem Haufen Papiere wühlend, dazu die Designerbrille und seine Angewohnheit, eine Davidoff nach der anderen zu rauchen. „Ich glaub", so faßt die Entscheiderin ihren Eindruck zusammen, „der is Spion oder sowas".

Aushandlungen, ob und in welcher Hinsicht ein Fall für die Forschung oder für den Entscheider interessant werden könnte, werden noch im Büro fortgeführt. Sie beziehen sich auf erste Eindrücke vom Gegenüber: dessen Erscheinung, Bekleidung, Auftreten etc.. Schließlich markiert der Entscheider das Ende dieser Spekulationsphase: er zieht ein Fazit („Das muß man mal sehen!"), verweist auf die fortgeschrittene Zeit („Jetzt aber ...") oder wendet sich nach einer Phase des Schweigens den Fallpapieren zu. Die traute Runde zerfällt kurz vor Beginn der Anhörung in stumme, vereinzelte Verrichtungen und letzte Vorbereitungen.

2.1.2. Die Gesprächseröffnung

Der Entscheider legt die Papiere mit einem „SO!" zur Seite, nimmt Blickkontakt auf und weist mit der Rechten auf die Stühle: „Bitte, nehmen Sie doch Platz."

---

[39] Diese kann im Detail vorliegen, wenn der Bewerber bereits von der Grenzpolizei vernommen wurde und dem Entscheider das entsprechende Protokoll vorliegt. Solche Vorabinformationen stehen generell den Verwaltungsrichtern zur Verfügung. Sie wissen bereits, worauf der Kläger hinaus will. Entsprechend legen sie sich Strategien für die folgende Gerichtsverhandlung zurecht.

Nachdem sich beide Gäste gesetzt haben, fährt er fort die Papiere zu studieren. Wenig später wendet er sich erneut den Beiden zu: „Ja ( ) ich bin Herr Schulze, ich entscheide hier über Ihren Asylantrag." Der Bewerber nickt freundlich zurück, noch bevor der Dolmetscher mit seiner Übersetzung geschlossen hat.

Der Entscheider stellt sich mit seinem Nachnamen und in seiner Funktion vor. Anders als der Dolmetscher, nimmt er keinen näheren Kontakt zum Bewerber auf: kein Händedruck, kein small talk, kein Tausch von Höflichkeiten, wie sie zwischen Dolmetscher und Bewerber üblich sind. Der Bewerber grüßt zurück, indem er dem Entscheider zunickt (und zulächelt), während der Dolmetscher die Begrüßung übersetzt. Er reicht ohne Aufforderung, ähnlich einer Visitenkarte, seinen Heimausweis. Sogleich wendet sich der Entscheider wieder seinem Arbeitsplatz zu und beeilt sich, die letzten Vorbereitungen zu treffen.

Einige Entscheider sind beim Eintritt von Dolmetscher und Bewerber in Erklärungen für den Ethnographen vertieft. Erst jetzt werden sie an die ausstehenden Vorbereitungen erinnert und beeilen sich, zum Schluß zu kommen. Andere sind bereits sortiert und können sogleich mit den Formalia beginnen. Entsprechend uneinheitlich müßte hier die sequentielle Positionierung der Vorbereitungen ausfallen. Mal ist sie zugleich öffentlicher Bestandteil der Situation, mal ist sie Bestandteil einer Hinterbühnenaktivität. Ich habe die erste Variante gewählt, weil die Entscheider keine Skrupel verraten, ausstehende Verrichtungen vor den Augen der Gäste zu erledigen. Allerdings werden spezielle Unterlagen vor dem Bewerber verborgen. Den Ordner mit den Länderinformationen, die Akte mit dem Alias-Namen oder den Stadtplan der angegebenen Heimatstadt hat sich der Entscheider auf herausgezogenen Schreibtischschubladen zurechtgelegt.

Zusätzlich zur Sichtung der dünnen Fallakte richtet der Entscheider seine Aufmerksamkeit auf das Diktaphon. Er zieht eine neue Kassette aus der Schublade, steckt sie in das Laufwerk und läßt die Kassette kurz vor- und zurückspulen. Zufrieden mit dem Mechanismus spricht er ein Paar Worte in das Mikrophon, während er die seitlich angebrachte Aufnahmetaste drückt und sie während er spricht gedrückt hält: „Guten Morgen Ihr Lieben, hier gibt`s wieder neue Arbeit!" oder „Montag, der siebenundzwanzigste dritte. Einzelentscheider Schulze. Bitte schreiben Sie." Wieder werden die Knöpfe bedient: die Aufnahmetaste wird losgelassen, die Rückspultaste gedrückt, die Abspieltaste festgehalten. Die letzten Worte der kurzen Ansprache ertönen nun dumpf aus dem kleinen Lautsprecher der Station: „...wieder neue Arbeit"; „...itte schreiben Sie". Unmittelbar nach dem letzten Wort der Rede läßt der Entscheider die Abspieltaste los. Das Band stoppt mit einem „Klack".

Der Entscheider wendet sich einer Reihe von Papieren zu. Als da wären:

• das *Aktenvorblatt,* auf dem noch gestern im „kleinen Interview" die Personalien mit Geburtsdaten, Nationalität, Sprache und Religion sowie ein Aktenzeichen festgehalten wurden;

- der *Anhörungsbogen*, auf dem die Namen der Anwesenden, das Datum sowie Beginn und Ende der Anhörung aufgeführt sind;

- die *Checkliste* mit den aufgetragenen und abzuhakenden Tätigkeiten: Personalien kontrolliert, Dokumente erfragt, Belehrung erteilt, Gesundheitszustand erfragt, Anhörungssprache geklärt.

Das Aktenvorblatt reicht der Entscheider dem Dolmetscher. Dieser weiß offenbar ohne weitere Erläuterung, was damit zu tun ist. Mit einem Stift geht er zusammen mit dem Bewerber die einzelnen Angaben durch. Selber macht er sich daran, die Formulare auszufüllen und abzuzeichnen. Im eingespielten Anhörungsteam aus Entscheider und Dolmetscher sind die Aufgaben bereits verteilt. Delegationen funktionieren mittels weniger Gesten. Der Dolmetscher weiß, was jetzt zu tun ist - der Entscheider weiß, wo Erläuterungsbedarf besteht.[40] Allein das „O.K." des Dolmetschers bestätigt die bisherige, aktenkundige Version der Bewerber-Feststellungen.

Üblich ist es ebenso, einzelne Aufgaben und Ergebnisse zu explizieren. Hierzu ein Transkriptauszug:

D <Ankara
E <Aha, aha oh, das wird interessant, ja. Sehr gut. Da dann sind wir vor 12 fertig, das sag ich dir jetzt schon, okay, also be=lehrst
D *Eh*
E # du bitte
D ( ) ~~~~~~~~~~
B ~~
D ~~~~~~~
B ~~~~
E Und keinen Anwalt
D Keinen Anwalt, gesundheitlich sehr gut
E >Mhm
D >gut drauf, ja das is alles

Das Anhörungsteam aus Entscheider und Dolmetscher achtet darauf, daß alle formalen Punkte abgehandelt sind. Nach der Bestätigung des Dolmetschers greift der Entscheider zum Mikrophon und spricht:

---

[40] Beim Verwaltungsgericht wurden die Einleitungsfeststellungen nicht zur Klärung delegiert, sondern vom Richter heruntergebetet - und daraufhin vom Dolmetscher übersetzt. Diese Explikation entspricht dem Grundsatz, wonach alles Urteilsrelevante *in* der Verhandlung (mündlich) zur Sprache kommen soll. Nach jedem Übersetzungszyklus notiert der Richter die Erklärung im Verhandlungsbogen, um hernach die Punkte in seinem Einleitungsdiktat anzuführen. Erst nach diesem Prozedere wird die Eröffnungsfrage gestellt und diktiert. Der Richter kann so dem Fachpublikum der öffentlichen Gerichtsverhandlung (z.B. dem Anwalt) zeigen, daß alle Punkte behandelt wurden.

E Aktenzeichen E 3654260-303 Weiteres entnehmen Sie bitte dem beiliegenden Anhörungsbogen Absatz Es erscheint der Antragsteller komma ausgewiesen durch den Ausweis der AE Irgendwo Punkt. Absatz Blocksatz 23 E Auf die Frage Doppelpunkt ich bin gesundheitlich in der Lage zu meinem Asylantrag Stellung zu nehmen Punkt Absatz Frage (Klack)

2.1.3. Die Eröffnungsfrage

Der Entscheider wendet sich nun dem Bewerber zu. Seine Blicke nehmen Kontakt auf, so als sei dessen Äußerung - wie in einem deutschsprachigen Gespräch - direkt an ihn gerichtet. Der Entscheider bedient wiederum die Knöpfe des Mikrophons und fragt, während er den Aufnahmeknopf gedrückt hält:

E Absatz Frage Schildern Sie mir jetzt bitte komma wie Sie nach Deutschland gekommen sind Fragezeichen AbsatzAntwortDoppelpunkt

Erst nachdem die Präliminarien in der Begegnung abgehandelt sind, beginnt das, was die Beteiligten unter der eigentlichen Anhörung verstehen: das Fragen und Antworten zwischen Bewerber und Entscheider. Die Eröffnungsfrage ist ein unmißverständliches Startzeichen, daß es jetzt ´richtig losgeht´. Es gilt nun für alle Beteiligten, sich auf das neue Handlungsspiel einzustellen und eine andere Gangart einzuschlagen.

In den meisten Fällen wird die Eröffnungsfrage direkt nach dem Einleitungsdiktat gestellt und zugleich auf Band gesprochen. Es sind aber auch andere Abläufe üblich, z.B. solche, die zunächst zwischen Einleitungsgespräch und Einleitungsdiktat trennen:

E (reicht dem D die korrigierten Personalien) Hier muß noch mal einmal unterschrieben werden.

D ( ) ~~~~~~~

B (unterschreibt und blättert in den Papieren)

E Das reicht danke (D lacht und läßt sich vom B den unterzeichneten Anhörungsbogen zurückgeben.) ( ) Sie haben bei Ihrer Antragstellung angegeben, nicht im Besitz von Personalpapieren zu sein. Aus welchen Gründen konnten Sie keine Personalpapiere aus Ihrem Heimatland mitnehmen.

D ~~~~~~~~~~~~~

B ~~~~~~~

D Ich hatte nicht die Zeit

E Guten Morgen bitte melden Sie folgendes Protokoll Aktenzeichen E 2084 215246 nach Blocksatz 23 bitte folgenden Text Frage Doppelpunkt Sie haben bei Ihrer Antragstellung vor dem Bundesamt angegeben Komma daß Sie nicht im Besitz von Personalpapieren sind Punkt Aus welchen Gründen konnten Sie aus Ihrem Heimatland keine Personalpapiere mitnehmen Fragezeichen Absatz Antwort Doppelpunkt Ich hatte nicht die Zeit dazu Komma Personalpapiere mitzunehmen Punkt Absatz Frage Doppelpunkt Wann und auf welche Weise

haben Sie denn letztmalig Ihr Heimatland verlassen Fragezeichen Absatz Antwort Doppelpunkt

Der Entscheider spricht hier zunächst die Eröffnungsfrage nur in den Raum
bzw. als Übersetzungsauftrag für den Dolmetscher. Erst nachdem er eine -
offenbar zufriedenstellende - Antwort erhalten hat, erledigt er das Diktat. Und
zwar erledigt er es in einem Zuge. Er rasselt die Einleitungsformulierungen
wie auswendig gelernt herunter. Ohne (das Mikro) abzusetzen, ohne Selbst-
korrektur, ohne Stottern oder Unterbrechung spricht er den gesamten Block -
Vorbereitungsformel plus Eröffnungsfrage - für das Protokoll. Dieses
´Sprechen wie gedruckt´ ist nur möglich, wenn der Entscheider sich statt auf
die Begegnung nun auf das Aufsagen konzentriert. Dazu wird der Blick vom
Besuch abgewandt und auf den Boden, aus dem Fenster, sprich: ins Leere
gerichtet.

An dem letzten Transkriptausschnitt wird deutlich, daß die Position des Ein-
leitungsdiktats in der Anhörung variiert: es kann noch nach der Eröffnungsfrage, muß aber auf jeden Fall noch vor dem Diktat der Eröffnungsfrage erfolgen. Der Belehrungstext (diktiert als „Blocksatz 23") hat im Protokoll, unabhängig von der Wahl zwischen diesen Abläufen, seinen festen Platz am Anfang des Textes. Mündliche und schriftliche Bezüge fallen offenbar auseinan-
der *und* verweisen aufeinander.[41]

2.2. Eine immanente Interpretation der Eröffnung

Die beschriebene Szene läßt sich immanent interpretieren als kollektive Herstellung einer Gesprächssituation. Die Anhörung wird demnach sowohl durch
verbale wie durch nonverbale Beiträge (vgl. Atkinson/Drew 1979: 85ff.) vorbereitet, die sich wiederum in ihrer sequentiellen Organisation und Verknüpfung studieren lassen. Die Eingangsbeiträge rahmen das Folgende: verteilen
Rechte und Pflichten, etablieren Teilnehmerrollen, setzen Normen und legiti-
mieren Zumutungen. In der Eröffnung wird beobachtbar gemacht, was in der
Folge voneinander erwartet werden kann und darf. In diesem Sinne bietet die
beschriebene Eröffnung eine ganze Reihe von organisierten und organisieren-
den Zügen, die anhand ihrer Funktion für die Konversation bestimmt werden
können. Für eine solche immanente Analyse wird die Anhörung mit dem er-

---

[41] Die Position der Eingangsfeststellungen analysieren auch Wolff/Müller in ihrer Untersuchung zur
Zeugenbelehrung in Strafprozessen, wobei sie aber grundsätzlich keine Aussage über die Art und
Weise der Protokollführung treffen, bzw. darüber, an welcher Stelle die Belehrung im Verhand-
lungsprotokoll festgehalten wird. Wolff stellt fest: „Die Zeugenbelehrung erfolgt grundsätzlich vor
der Vernehmung zur Person und zur Sache." (1995b: 194) Und in einer Fußnote wird ergänzt:
„Wenn eine Belehrung während oder gar nach einer Befragung vorgenommen wird, haben wir
demnach eine Aktivität mit ganz anderer sozialer Bedeutung vor uns." (1995b: Fn 9)

sten situations-öffentlichen Beitrag eröffnet; also mit dem Beitrag, der an alle Veranstaltungsteilnehmer gerichtet ist und von diesen bestimmte Reaktionen fordert. Die Suche nach einer solchen Eröffnung kann sich methodisch als schwierig erweisen, weil auch mittels nonverbaler Äußerungen ein Anfang gemacht werden kann, entsprechendes Material aber oft nicht zur Verfügung steht.

Der Anfang wird für die Konversationsanalyse also dort gemacht, wo alle Anwesenden angehalten sind, dem Sprecher mittels entsprechender Reaktionen ihre Aufmerksamkeit zu signalisieren. Erst jetzt werden die fragmentierten, parallel vollzogenen Dialoge und Verrichtungen in einer kollektiven Reaktion zugunsten *einer* Konversation aufgelöst. Die Aufmerksamkeiten werden - auf einen Fokus hin - zentriert.

Atkinson/Drew (1979) beantworten die Frage nach dem Zeitpunkt der Eröffnung einer Gerichtsverhandlung konversationsanalytisch. Sie suchen nach „[ ] an utterance as the first to be oriented to by everyone present." (ebd.: 91f.) Sie finden folgende Äußerung: „´By upstanding in court for Her Majesty´s Coroner´ can be heard as marking the beginning of the hearing as a whole and, more particularly, as marking the start of a transition from a situation where several concurrent conversations were taking place to one where everyone present starts to monitor **the same** (Hervorhebung, T.S.) sequence of activities." (ebd.: 90) Als zweiten Zug der Eröffnungssequenz identifizieren Atkinson/Drew das Verstummen der vielen Einzelgespräche im Gerichtssaal, womit zugleich ein differentes turn-taking-System etabliert wird. Mit dem gemeinsamen Hinsetzen der Anwesenden kommt die Eröffnungssequenz zu ihrem Ende: „[...] those exhibit their understanding that the sequence of activities that was started by the first utterance has now come to an end." (ebd.: 102)

Die Zentrierung übernimmt jeweils ein öffentliches Startzeichen: eine Begrüßung der Festgäste, ein Räuspern zur Beruhigung der Tischgesellschaft oder der Eintritt des Hohen Gerichts. Das „So" des Entscheiders und die Einladung sich zu setzen wäre ein solches Eröffnungssignal. Der small talk zwischen Dolmetscher und Bewerber wird unterbrochen und die Aufmerksamkeit auf die Veranstaltung gerichtet. Der Entscheider hat in keinem Fall Schwierigkeiten, Aufmerksamkeit zu erlangen. Der Aufwand ist sehr gering, was dafür spricht, daß Bewerber und Dolmetscher schon darauf warten, daß es endlich losgeht; und daß sie *auf den Entscheider* warten, denn nur dieser ist offenbar befugt, das Startzeichen zu geben. Die situationsimmanente Analyse kann zeigen, wie der Entscheider ´immer wieder neu´ seine Stellung aktualisiert und bei den Anderen Anerkennung erlangt.

Es können an dieser Stelle weitere Sequenzen der Anhörungseröffnung immanent interpretiert werden. Die Punkte werden zur Veranschaulichung und Nutzung der Konversationsanalyse erarbeitet, also nicht nur, um sie später mit der Kritik am zentrierten Situationskonzept zu verwerfen, sondern weil sie für sich wichtige Analyseergebnisse liefern. Die immanente Analyse zeigt gemeinsame Aktivitäten im Hinblick auf eine methodische Situationskonstitution. Die Teilnehmer erscheinen als ein Team, das gemeinsam Bedeutungen fabriziert:

• Der Entscheider sitzt schon an einem festen Platz und zeigt sich beschäftigt, wenn der Dolmetscher und der Bewerber eintreten. Ihm wird der Fall zugetragen. So ist er als Verfahrenswalter zu erkennen. Die beiden Gäste haben keine festen Plätze. Der vor dem Schreibtisch des Entscheiders stehende Tisch ist für drei Personen bestuhlt; eine besondere Ausstattung, die etwas über den Platznehmenden verraten könnte, findet sich nicht. Die freien Plätze sind undefiniert und können nach Belieben verteilt werden. Der Ethnograph wird als „Praktikant" auf einem Stuhl in einer Ecke des Büros postiert. Schon diese Abgeschiedenheit signalisiert, daß von seiner Seite keine aktive Teilnahme zu erwarten ist. Offensichtlich hat der Entscheider hier ein „Heimspiel"; ein Eindruck, der durch das (stille, abwartende) Platz-Nachfragen der Gäste und das (höfliche) Platz-Anbieten des Gastgebers noch bestätigt wird.

• Der Entscheider stellt sich in seiner Funktion vor („Einzelentscheider", s.o.) und mit seinem Familiennamen („Schröder", s.o.). Er meldet damit eine doppelte durchaus ambivalente Rezipientenschaft an: er ist hier von Amts wegen tätig und dem Staat/den Gesetzen verpflichtet; er ist außerdem weisungsungebunden, mit seinem Urteil ausschlaggebend und entsprechend zu überzeugen. Der Bewerber hat es mit einem Repräsentanten staatlicher Macht zu tun, mit einer „Kontaktstelle" (Luhmann 1964) der Administration. Er stellt dies fest, indem er sich komplementär dazu anhand seiner Fallgeschichte präsentiert bzw. sich als passender Gegenpart zu erkennen gibt.

• Mit der Belehrung werden unpersönliche, allgemeine Pflichten (Wahrheit, Auskunftserteilung) eingeführt, denen jeder Bewerber unter Absehung seiner Persönlichkeit unterworfen ist. Spätere Zumutungen erscheinen vor diesem, anfangs eingeführten Hintergrund als allgemein-übliche, formalvorgeschriebene, nicht persönlich-gemeinte Forderungen. Indem der Bewerber die Pflichten zur Kenntnis nimmt und sein (Ein-)Verständnis signalisiert, realisiert er die Verpflichtung für die Situation. Er anerkennt die Spielregeln. Einige Bewerber nutzen die Eröffnung, um vorab Unzulänglichkeiten in der Selbstdarstellung anzukündigen oder besonderen Kredit zu erheischen. So versucht ein Bewerber Anforderungsprofile zu senken, indem er sich als Analphabet bezeichnet oder betont, daß er nie eine Schule besucht hat. Ein Bewerber beteuert, daß alles, was er im folgenden sagt, der Wahrheit entspricht.

• Der Einsatz des Diktaphons zeigt den Entscheider als Entscheider, ähnlich wie das ´wichtige´ Blättern in den Akten. Das Diktieren gibt den Äußerungen außerdem eine gewisse Konsequenz und Dramatik. Es geht offenbar nicht bloß um Dahingesagtes, sondern um eine dauerhaft-verbindliche Rede. Der Bewerber wird unterstellen (müssen), daß das Diktat seinen Äußerungen entspricht - auch wenn ihm das, was auf Band gesprochen wird, zunächst unbekannt bleibt. Die detaillierten Bewerbernachfragen zum weiteren Prozedere (Rückübersetzung, Zusendung des fertigen Protokolls) zeigen, daß dem Diktaphon - ähnlich dem Mikrophon eines Sozialforschers - eine gehörige Aufmerksamkeit zuteil wird. Die Darstellung des Diktierens wie die Bezüge auf das Diktieren durch die Teilnehmer signalisieren füreinander eine Gewichtigkeit anschließender Äußerungen.

Eine immanente Interaktionsanalyse ist freilich mit dieser Sammlung nur angedeutet. Die einzelnen Punkte bedürften einer Veranschaulichung am Material, einer Präzisierung und einer Kontextierung im Fluß der Ereignisse. Jeder Punkt könnte so eine eigenständige Studie ergeben und darüber Aufschluß geben, wie z.B. eine Belehrung interaktiv beschaffen ist, wo sie genau positioniert wird und welche Varianten je nach Gesprächskontext zu beobachten sind.

Eine solche Analyse findet sich bei Wolff/Müller (1995b). Sie beschreiben zunächst die Gestaltung und schließlich die Funktionen der Belehrung für die Zeugenvernehmung, bezogen auf die Einleitung der Belehrung,

„Mit einer solchen Formulierung[42] (vgl. die regelmäßige Verwendung von `ich hab`) zeigt er (der Richter, T.S.) dem Zeugen an, daß jetzt eine offizielle Handlung folgt, bei der der Sprecher nicht als Privatperson Herr X, ja nicht einmal als der besondere Richter X handelt, sondern *als Richter* X fungiert. Als Richter ist X zu einer solchen Handlung bei jedem Zeugen verpflichtet. Die Belehrung bezieht sich daher nicht auf diese besondere Person, sondern auf sie *in ihrem Mitgliedsschaftsstatus als Zeugen*, von der ganz bestimmte kategorienbezogene Aktivitäten erwartbar sind." (ebd.: 198)

bezogen auf ihre Formulierung

„Hier[43] differenziert der Richter zusätzlich zwischen einer vorsätzlichen und einer fahrlässigen Falschaussage. Auffallend ist die Veränderung sowohl in der Wortwahl als auch in der Intonation gegenüber der vorherigen Sequenz. Die Belehrung erfolgt in einer juristischen Sprache und in einer `stabreimartigen` Form (listenartige Betonung der „fs"), die mit seiner sonstigen, eher umgangssprachlichen Sprechweise kontrastiert. Damit wird einerseits die Bedeutung des Gesagten als offizieller Text unterstrichen; andererseits dürfte die gewählte Formulierung für

---

[42] Wolff führt folgende Transkriptausschnitte an: „Ich hab Sie zu belehren"; „Also erst hab ich Ihne zu sage"; „Ja: dann hab ich Sie zunächst zu belehrn"; „Ich hab Sie zunächst zu belehrn".

[43] Er bezieht sich auf folgenden Transkriptausschnitt: „Sie sind hier bei Gericht (0,8) un müssen die Wahrheit sagen (0,8) <u>vorsätzliche un fahrlässige Falschaussage ham Strafbarkeit zur Folge</u>; =bitte richten Sie Ihre Aussage so ein, (1,0) daß Sie sie jederzeit guten Gewissens vertreten können."

einen Laien nicht ohne weiteres verständlich sein. [...] (er) läßt eine Art Erläuterung folgen." (ebd.: 201f.)

und bezogen auf den Zeitpunkt.

„Die Besonderheit der Belehrungssituation besteht darin, daß hier Zeugen und ihren Aussagen mit einer besonderen Form der Skepsis begegnet werden wird, die nicht die Person, sondern den Status der Zeugen betrifft. Dies scheint auch das zentrale interaktionsstrukturelle Problem zu sein, auf das sich die Belehrung bezieht. Einer solchen Interpretation entspricht die sequentielle Position der Belehrung. Da der Zeuge vor der Belehrung noch nichts gesagt hat, was unwahr sein könnte, kann die Ermahnung zur Wahrheit auch keine Reaktion des Richters auf eine unglaubhafte Aussage des Zeugen in der Verhandlung sein. Mit Hilfe der Belehrung kann somit die Figur der nicht persönlich gemeinten, generalisierten allgemeinen Skepsis eingeführt werden [...]." (ebd.: 217) [44]

Die genannten Interpretationen haben eins gemein: sie behandeln das, was sich in der Begegnung den Anwesenden zeigt. Diese Bescheidung auf die Interaktionsoberfläche prägt die konversationsanalytische Materialerschließung. Nicht, was man schon vorher weiß und was generell als relevant gilt (externes Kontextwissen) führt zur Bedeutung einer Äußerung, sondern allein die kontext-immanente Feststellung der Bedeutung (im Gesprächsverlauf). Die Konversationsanalyse faßt, wie die Ethnomethodologie[45], Bedeutung als in situ konstituiert. Der isolierte Beitrag oder Sprechakt hat für sich allein keine Bedeutung. Eine Frage oder eine Antwort ist als solche erst im Austausch mit angefügten Beiträgen zu erkennen. Der einzelne Beitrag läßt sich derart in seiner Funktion für die Produktion und Reproduktion des Gesprächssystems oberflächlich beschreiben. Es ergeben sich Austauschsysteme bzw. „Gespräche als selbstreferentielle Systeme" (Hausendorf 1992), bestehend aus regelhaft aufeinander bezogenen Beiträgen.

Die Konversationsanalyse nutzt einen glücklichen Umstand direkter Kommunikation für die soziologische Analyse. Sie betrachtet die wechselseitigen Feststellungen der Teilnehmer über ihre Äußerungen, statt, wie die Hermeneutik, Äußerungen isoliert auf ihre verborgenen Potentiale hin auszudeuten. Sie nutzt konsequent „höchst willkommene und informative Explikatoren" (Goffman 1978: 140) zur Erschließung von Bedeutung. Schegloff formuliert

---

[44] Dem widerspricht allerdings die in Asylanhörungen und Verwaltungsgerichtsverhandlungen beobachtete Praxis, schon mit einer persönlich-moralisierenden Ansprache einzusteigen, formale Belehrungen ganz wegzulassen und auf Verdacht hin Anschuldigungen auszusprechen. Unabhängig davon findet sich in jedem Fall eine Standardformulierung der Belehrung im Protokoll. Persönlich-moralisierende Ansprachen werden dagegen nicht aufgeführt.

[45] Die Ethnomethodologie versteht Wirklichkeit als Vollzugswirklichkeit, die an Ort und Stelle, aus der Situation heraus sowie kommunikativ in der Interaktion der Beteiligten erzeugt wird (vgl. Garfinkel 1967).

den Vorteil der immanenten Analyse in Abgrenzung zu herkömmlichen Kontext-Analysen:

> „[...] it seems increasingly useful to focus, at least in the near term, on the so-called intra-interactional or proximate contexts for talk and conduct. The problems (´of bringing external formulations of context to bear on interactional conduct´; T.S.) do not arise in the same fashion, in the case of this sense of context. This is because these contexts tend to be formulated in the first instance by virtue of the observable conduct of the participants, and problems of showing relevance to the participants thus do not arise." (1992: 197)

Um diesen Vorteil soziologisch nutzbar machen zu können, bedarf die Konversationsanalyse eine Reihe von basalen Unterstellungen[46]:

• Bedeutungen werden von den Beteiligten interaktiv hergestellt. Witze, Klatschgeschichten oder Zeugenaussagen resultieren aus der kooperativen Anstrengung der Teilnehmer und basieren auf einem geteilten praktischen Wissen (um Produkt wie Produktion).[47] Einzelbeiträge setzen die Anwesenden gleichermaßen in den erreichten Stand der Herstellung. Sie realisieren gemeinsam, was im Anschluß möglich und gefordert ist. Wir finden hier einen *methodischen Egalitarismus*.

• Kontextsensitiv sind die Beiträge im Hinblick auf die aktuelle Gesprächssituation und ihre speziellen Problemlagen. Beiträge erscheinen sinnhaft im Hinblick auf die Realisierung einer formalen Gesprächsfigur: z.B. als Eröffnung, als Konfirmation, als Aufmerksamkeitssicherung etc.. Zur Bestimmung der Funktion eines Beitrages wird also die Konversation als Bezugspunkt gesetzt. Wir finden hier eine *Gesprächsfixierung* der Interpretation.

• Die Beiträge erhalten an Ort und Stelle im Gesprächsverlauf ihre Bedeutung. Es gibt kein jenseits des Gesprächs, kein dahinter, davor und danach. Alles was Bedeutung erlangt, zeigt sich in den Reaktionen der Teilnehmer. Etwas wird sozial relevant, insofern es die Anwesenden hier und jetzt antizipieren. Nur weil alles hier und jetzt interaktiv festgestellt wird, kann auch ein Beobachter die Bedeutungen im Vollzug erfassen. Ich nenne dies eine *Präsenzfixierung*.

Diese methodologische Ausrichtung findet sich nicht nur in der Konversationsanalyse. Wir können sie auch bei anderen Spielarten des methodischen

---

[46] Programmatisches findet sich in Moerman/Sacks (1988). Sie benennen die Voraussetzungen für eine situative Verständigung bzw. den Nutzen der Konversationsapparatur (z.B. Sprecherwechsel, Rezeption, recipient-design etc.) für die wechselseitige Verständigung.

[47] In der Regel wird ein Sprecher „seine Äußerung auf ihren jeweiligen Empfänger zuschneiden (recipient design), indem er etwa ihren semantischen Gehalt an dessen ihm bekannten Vorwissen ausrichtet" (Streeck 1983: 81).

Situationismus wiederfinden; also bei solchen mikrosoziologischen Unternehmungen, die vordringlich die Frage behandeln: Wie ist die soziale Situation möglich?[48] Die Antworten beziehen sich jeweils auf transparente Beiträge, die hier und jetzt ausgetauscht werden.

Zurück zur Asylanhörung. Die Basisunterstellungen der Konversationsanalyse lassen sich mit Blick auf das Eröffnungsprogramm der Asylanhörung nicht aufrechterhalten. Offenbar sind nicht alle Beiträge allen Teilnehmern hier und jetzt zugänglich. Beiträge haben unterschiedliche *Reichweiten*: das (deutsche) Palaver zwischen Entscheider-Ethnograph-Dolmetscher bleibt dem Bewerber unverständlich; das (kurdische) Palaver zwischen Bewerber und Dolmetscher den deutschsprachigen Anwesenden; das „§34 Abs.3 Satz 2 Asylverfahrensgesetz" des Entscheiders bleibt den Zuhörern unverständlich, ebenso wie dessen „Blocksatz 23". Neben fremd-, fach- und spezialsprachlichen Äußerungen finden sich auch privatsprachliche: z.b. am Telefon mit einem Kollegen oder der Ehefrau. Es finden sich außerdem Geflüster, Getuschel und beiläufige Fingerzeige.

Entlang der Sprachbarrieren[49] können verschiedene *Teilnehmerschaften* und Integrationen unterschieden werden: der Allrounder (Dolmetscher), die Dialogpartner (mal Entscheider/Ethnograph, mal Bewerber), Experten (Entscheider), das Anhörungsteam (Entscheider und Dolmetscher), Organisationsmitglieder etc.. Neben den Teilnehmerschaften werden im sprachlichen Vollzug Ausschließungen für Laien, Fremdsprachler oder bloße Zugucker hergestellt. Auch solche Quasi-Teilnehmerschaften sind augenfällig: z.B. wenn sich die Nichteingeweihten im Überhören, Zeitvertreib oder Abschalten üben.[50] Sie gestalten und nutzen ganze Sequenzen als Pausen oder für Erledigungen (Ent-

---

[48] Interessant, aber an dieser Stelle nicht zu leisten, wäre ein systematischer Abgleich mit solchen makrosoziologischen Unternehmungen - vor allem von Durkheim und Parsons - zur Beantwortung des Hobbesian problem of order. Dahrendorf bezeichnet diesen Theoriestrang als „integration theory of society". Knorr-Cetina stellt die methodischen Situationisten (als Widerpart) in diese Tradition: „Needless to say, in the American tradition of sociological thought in which most recent micro-sociological approaches have originated, the normative model of social order has dominated the scene. Hence the upsurge of recent micro-sociological orientations they must be seen against the contrast of the normative model of order, and not against the contrast of a conflict model informed by Marx." (1981: 2; vgl. auch Giddens 1976)

[49] Wunderlich untersucht solche Sprachbarrieren in seiner um den Vorgang der Reziprozität erweiterten Sprechakt-Studie: z.B. im Diskurs zwischen Student und Professor oder zwischen Deutschen und Ausländern (1976: 363 ff.).

[50] Goffman faßt solche Phänomene unter den Begriff der „Entfremdung in der Interaktion" (1971: 124-151). Eine vergleichbare Liste von Zuhörern erstellt er in „Erwiderungen und Reaktionen". Demnach gibt es allgemein drei Arten von Zuhörern: den Lauscher, den offiziellen Gesprächsteilnehmer und den offiziellen Gesprächsteilnehmer, der wirklich angesprochen wird (vgl. 1976: 123f.).

scheider). Sie bleiben in einer Art Reserve und halten sich so verfügbar - in Erwartung einer baldigen Inanspruchnahme.

Wie kann eine immanent ansetzende Konversationsanalyse den Code „Blocksatz 23", das jeweilige Palaver oder das orakelhafte „§27 Abs.3" analysieren? Ganz einfach: sie interpretiert die Beiträge nur, insofern sie aktuell transparent gemacht werden. Z.B. wird nicht das Geflüsterte analysiert, wohl aber, daß jetzt erkennbar *geflüstert* wird; es wird nicht das Palaver analysiert, wohl aber, daß jetzt erkennbar *palavert* wird; es wird nicht das Diktat analysiert, wohl aber daß *diktiert* wird. Die Interpretation beschränkt sich auf die für die Anwesenden verfügbare Oberfläche des Geschehens.

Die Kehrseite des strikten Konversationsbezuges: Mit einer immanenten Interpretation kann und soll nur ein Bruchteil des Geschehens ausgedeutet werden. Inhalte müssen ignoriert werden, die von Anwesenden nicht berücksichtigt werden (können). Die Bedeutungsüberschüsse werden als situativ-unwirksam - und als unbrauchbar für die funktionale Ausgangsfrage nach der Möglichkeit der untersuchten sozialen Situation - eingeklammert. Die immanente Analyse verharrt so bei offensichtlich rätselhaften Rätseln, geflüstertem Geflüster und geheimen Heimlichkeiten. Diese konversationsanalytische Selbstbescheidung wird jedoch hinfällig, wenn wir im Zuge einer Dezentrierung der Situation andere soziale Bezüge erwägen. Mit ihren Äußerungen bedienen und gestalten die Teilnehmer eben nicht nur die aktuelle Begegnung, sondern auch weitere soziale Zusammenhänge, wie komplexe Fabrikationsprozesse und systematische Verfahren.

2.3. Importe in und Exporte aus Situationen

Die immanente Analyse der Eröffnung konnte zeigen, wie per öffentlicher Äußerung - und dazu gehören Gesten ebenso wie Gesprochenes - für alle Anwesenden eine Begegnung bzw. Veranstaltung hergestellt wird. Es wurde allerdings auch die methodische Unterstellung infragegestellt, die Eröffnung stelle den Startpunkt einer selbstbezüglichen, hermetischen und linearen Interaktion - sprich: eines geschlossenen Interaktionssystems - dar. Stattdessen finden sich Verweise, Vorgriffe und Rückschauen auf das Verfahren, die den Rahmen der Konversation überschreiten. Es entfaltet sich ein praktischer Zusammenhang, der allein mit Blick auf den situativen Austausch und mithilfe des Sequenzmodells nicht nachvollzogen werden kann.

Um den realen Diskontinuitäten, Brüchen und Sprüngen Rechnung zu tragen, soll im folgenden ein ethnographisches Situationskonzept skizziert werden, das empirisch offen läßt, inwieweit eine Situation (eher) als zentriert oder als dezentriert interpretiert werden muß. Zu entscheiden ist am Material, inwieweit Beiträge eher auf die Konversation oder auf andere Austauschsysteme bezogen sind. Als einfache Faustregel gilt: Je mehr das situative Geschehen dezentriert betrieben wird, desto weniger lassen sich die Relevanzen situationsimmanent nachvollziehen. Phasenweise trifft dies auch auf die Asylanhörung zu.

Ob zentriert oder dezentriert: die Begegnung besitzt eine eigene Qualität, die sie gegenüber anderen Bezügen auszeichnet. Nur hier scheint die Rezeption der Anwesenden für den Sprecher - ob sie nun adressiert sind oder nicht - offensichtlich. Jede Seite einer Begegnung muß mit der unmittelbaren Dauerbeobachtung rechnen. Den Beteiligten wird eine Ausdruckskontrolle im Hinblick auf die Anwesenden abverlangt. Dieser praktische Situationismus gilt auch gegenüber solchen Äußerungen, die als intransparent bezeichnet wurden. Auch im Gebrauch einer Amts-, Privat- oder Fremdsprache muß sichergestellt werden, daß sich die andere Seite vertrösten läßt (z.B. mit Verweis auf eine spätere Auflösung oder auf die Irrelevanz) oder sicher ist, die wesentliche Wirkung der Äußerung bereits zu kennen.

Eingedenk dieser Einbettung der Äußerungen, hat das Geschehen jedoch noch weitere Facetten, die es nötig erscheinen lassen, den strikten Anwesenden- und Aktualitätsbezug zugunsten einer Dezentrierung zu relativieren. Der direkte Austausch in der Gesprächssituation ist nur ein Aspekt, mit dem sich die Anwesenden herumschlagen müssen. Wichtig sind ebenso die Bezüge, die zu anderen Kontexten hergestellt werden. Es werden für die Anhörung spezifische Einfuhren von Vorprodukten sowie Ausfuhren im Hinblick auf spätere Verwertungen vorgenommen.

2.3.1. Importe in die Anhörung

Importe sind Rückgriffe, die in der Situation zur Wirkung gebracht werden. Der Importeur präsentiert sie den relevanten Anwesenden zum Zwecke der sozialen Anerkennung.[51] Rückgriffe sind insgesamt schwer einzugrenzen, denn ohne Rückgriffe der Interaktionsteilnehmer, d.h. ohne den Aufruf eines gemeinsamen Wissensfundus, funktioniert nichts. So benötigen die Teilnehmer ein gemeinsames Basiswissen, das sie nicht erst in der Anhörung erwerben, sondern mitbringen:

---

[51] Im folgenden betrachte ich Importe in (offene) Interaktionssysteme. Der Import-Begriff wird in anderen Arbeiten auch für anderen Referenzebenen verwandt. So macht Knorr-Cetina „Importe von und Investitionen in Sprachspiele und Sinnprovinzen, die nicht endogen entwickelt wurden" (1992: 417) geltend, um die systemtheoretisch unterstellte Homogenität und Autonomie des Wissenschaftssystems infragezustellen.

- Sie wissen, wie eine Befragung funktioniert, was unter Fragen und Antworten zu verstehen ist.

- Sie wissen, wie sich ein Dolmetscher benutzen läßt, um eine Verständigung über die Sprachbarriere hinweg zu ermöglichen.

- Die Beteiligten wissen um abstrakte Konzepte wie die Personalien, die Biographie oder die Staatlichkeit.[52]

An die Frage des obligatorischen Basiswissens lassen sich Gerechtigkeitsfragen anschließen; etwa, welche Bevölkerungskreise von dem Asylverfahren qua Unkenntnis ausgeschlossen sind. Außerdem sollte das Konzept des ´mitgebrachten´ und geteilten Basiswissens nicht dazu verleiten, die Teilnehmer der Anhörung gleichzustellen. Daß Wissensbestände geteilt sind, heißt nicht, daß die Teilnehmer gleichviel wissen. Nur wenn Wissensbestände abstrakt bezeichnet sind, verschwinden Differenzen zwischen den Teilnehmerkompetenzen. So verfügt ein Entscheider über detailliertere Gesetzeskenntnisse und vermag die Bedeutung einer Aussage im Licht des Gesetzes womöglich besser zu bewerten. Ein Bewerber verfügt über eine Unmenge an Erinnerungsmaterial aus seinem Herkunftskontext, das er zur Herstellung von glaubhaften autobiographischen Erzählungen auswählen und montieren kann.

Der Rückgriff auf ein Basiswissen ist ein Dauerphänomen, daß Interaktionen erst ermöglicht. Der Begriff des Importes bezeichnet demgegenüber weitaus spezifischere Züge im Interaktionsverlauf: die Aktualisierung von Rechten oder zumindest von guten Gründen für die Anerkennung von Rechten gegenüber Anwesenden. Die Auszeichnung als berechtigt wurde, so die Präsentation des Imports, früher und andernorts (rechtmäßig) verliehen. Die Aktualisierung von Berechtigungen läßt sich darstellerisch am verläßlichsten mit Dokumenten leisten. Es lassen sich auch Spuren am Körper, mitgeführte Gegenstände (sie zeugen vom Dort-Sein), Fotografien oder Zeugen damaliger Vorkommnisse für solche Zwecke nutzen. Ich werde mich, um die Offenheit der Anhö-

---

[52] Eine Parallele zum Konzept des Imports findet sich bei Gumpertz´ Begriff der „contextualization cues": „By contextualization cues I refer to those verbal signs that are indexically associated with specific classes of communicative activity types and thus signal the frame of context for the interpretation of constituent messages. [...] In the rape case, for instance, lexical choice as well as stress placement serve as contextualization cues. [...] Contextualization enters inter conversing two ways. At one level of generality, it affects the way we categorize the activities we enact and interactive etiquette we employ. This is not just a matter of labeling, what goes on as, for example, a discussion, committee meeting, classroom session, interview, and the like. It also serves to frame the interaction in such a way as to convey information on what is likely to transpire, what role relations and attitudes are involved, what verbal strategies are expected, and what the potential outcomes are." (1992: 307)

rungssituation zu qualifizieren, - und im Nachvollzug der Präferenz des Asylverfahrens - auf die Einführung schriftlicher Dokumente konzentrieren.

Für Bewerber gelten eine Reihe von Importbestimmungen, Importverbote wie
-gebote. Er soll seine Geschichte weder auf dem Papier noch als Aufsagetext
´fertig´ vorlegen, sondern erst an Ort und Stelle Erinnertes preisgeben. Im
Gegenzug ist er von Beweislasten befreit: er muß keine Dokumente vorlegen,
die seine Verfolgung stichhaltig belegen. Der Entscheider hat also - bis auf die
Aufenthaltsgestattung als Verfahrenspapier - mit der Zeugenaussage des Antragstellers vorliebzunehmen. Seine Ablehnung hat sich auf die Qualität des
mündlichen Vortrags zu beziehen: auf seine Widerspruchsfreiheit, Plausibili-
tät, Sachhaltigkeit. Die Anhörung soll enthüllen, ob die Erzählung auf tatsächlichen Erlebnissen des Erzählers beruht. Die Herkunft des Imports wird ge-
schätzt: entstammt er dem Reich der Finesse und Phantasie oder wurde all das
tatsächlich am eigenen Leib erfahren und verinnerlicht.

Für die Analyse der Fallherstellung ist relevant, welche Importweise gefordert
wird und wie Importstücke wertgeschätzt werden. Hierzu ein Transkriptausschnitt:

Im Anschluß an die Präliminarien wird dem Bewerber folgende Frage gestellt:
E Auf die Frage Doppelpunkt ich bin gesundheitlich in der Lage zu meinem Asy-
  lantrag Stellung zu nehmen Punkt Absatz Frage (Klack) Warum haben Sie hier
  keine Papiere eingereicht
D Eh, ~~~~~~~~~~~~
B ~~~~~~ Münster
D Seine Papiere hat er in Münster abgegeben
E >in Münster
D >wo er Asylantrag gestellt hat
E (blättert im Anhörungsbogen, redet vor sich hin) Meines Erachtens hat er ganz
  woanders Asylantrag gestellt ( )
D ~~~~~
B ~~~
E Ah ja doch, stimmt ja, ich seh, er hat in A-Stadt Asylantrag gestellt, ist richtig ( )
  Personalausweis? ja der wird dann von dort nachgeschickt
D Mhm
E Absatz auf Befragen ich habe meinen (Rückspulen) Absatz auf Befragen meinen
  Nüfus (türkischer Personalausweis, T.S.) habe ich in A-Stadt abgegeben Absatz
  Frage Schildern Sie mir jetzt bitte komma wie Sie nach Deutschland gekommen
  sind Punkt neuer Absatz Antwort Doppelpunkt

Die Anerkennungspraxis unterscheidet verschiedene Importweisen: hier das
Drauflos-Sprechen - dort die bleibende, versicherte Schrift. Die Version des
Bewerbers wird vom Entscheider erst akzeptiert, als ein Akteneintrag sie be-
stätigt. Dem Entscheider berichtet der Akteneintrag objektiv über ein vergan-

genes Ereignis, dessen Spuren ihm nun aktuell zur Verfügung stehen. Der
Akteneintrag gibt den Ausschlag, weil er schon vor der Anhörung - wie auch
mitgebrachte Belege, unabhängig von der aktuellen Aussage des Bewerbers -
bestand.[53]

Die 'verläßliche' schriftliche Überlieferung schränkt das ein, was sich aktuell
mit Erfolg behaupten läßt. Sie tritt dem Sprecher als Norm gegenüber, der er
gehorcht oder von der er abweicht.

> Der Entscheider hält gleich zu Beginn eine kleine Ansprache: „Sie werden sich
> wundern, daß ich Sie nochmals hergebeten habe. Das ist ganz einfach: Bei uns ist
> nämlich ein Brief der schweizerischen Grenzpolizei eingegangen. Die sagen, sie
> hätten Sie am 12.4.96 an der Grenze zu Österreich aufgegriffen. Nun erklären Sie
> mir doch bitte mal, warum Sie sich damals als Mehmet ausgegeben haben. Und
> sagen Sie nicht, das stimmt nicht, wir haben Ihre Fingerabdrücke." Der Entschei-
> der hält Telefax und Paß hoch, so als wolle er den Beschuldigten noch zusätzlich
> 'mit Material' beeindrucken. (Beobachtungsprotokoll)

In der Folge eines Imports erhält die Begegnung eine eigene Dynamik. Es
werden Argumente, Warnungen, Vorhaltungen und Beteuerungen ausgetauscht, die den Import ähnlich einer Ressource plündern. Das eingebrachte
Dokument belagert die Begegnung, fordert ihren Tribut - aber determiniert sie
nicht. Im genannten Fall wird der womöglich 'ertappte' Bewerber versuchen,
den Aliasnamen zu erklären: mit einem unglücklichen Buchstabendreher, mit
verschiedenen amtlichen Schreibweisen des Namens, mit einem Mißverständnis oder mit einem Schreibfehler beteiligter Beamten.

Bislang wurden nur solche Dokumentenimporte (Gestattung, Akte) berücksichtigt, die vom Bewerber als 'Zeugnisse in eigener Sache' in der Anhörung
präsentiert werden. In Anhörungen finden sich aber auch 'eingeschleppte'
Importe, die vom Gegenüber entdeckt und thematisiert werden. Überrascht
werden die Anwesenden z.B. von dem folgenden Import, der sich in der Ho-
sentasche des Bewerbers befand. Einmal entdeckt, 'bezeugt' der Fund eine
ganz neue Vorgeschichte:

> Zum Ende der Anhörung wird routinemäßig eine Taschenkontrolle beim Bewerber
> durchgeführt. Er wird aufgefordert, alles was er bei sich trägt, auf den Tisch zu
> legen. Zum Vorschein kommt ein umfangreicher Spickzettel, der in - für den Ent-
> scheider und mich - fremden Schriftzeichen Daten und Fakten zum Irak auflistet.
> Der Bewerber rechtfertigt sich: „Das war nur eine Probe." Der Entscheider wertet
> die Notizen als Beleg für dessen Unglaubwürdigkeit. „Ein richtiger Iraker muß

---

[53] Aus diesem Grund können Mitbringsel der Bewerber die Entscheider beeindrucken: Bewerber
untermauern ihre Reisegeschichten mit einer Busfahrkarte, einer Hotelrechnung oder einer Geld-
umtausch-Quittung. Anderen Bewerbern wird die Nichtvorlage von Belegen als Nachlässigkeit -
und hinterrücks als Verschleierung - angekreidet: „Aber wußten Sie nicht, daß wir das hier brauchen."

sich nicht aufschreiben, welche Flüsse durch Bagdad fließen oder wie alt Sadam Hussein ist. Die wissen sowas." (Beobachtungsprotokoll)

Was mit den wenigen Beispielen lediglich verdeutlicht werden sollte, ist dies: das, was in der Anhörung Bedeutung erlangt, ist nicht in der Situation entstanden. Um zu präzisieren, was hier-und-jetzt geleistet wird, sollten deshalb verschiedene Grade der situativen Ausgestaltung und Vorbestimmtheit unterschieden werden. Situationen (und ihr Personal) werden entwertet, wo nur noch Halbfertigprodukte gehandhabt werden; Situationen (und ihr Personal) werden aufgewertet, wo wesentliche Entscheidungsgrundlagen selbst erst noch zu erarbeiten sind. Das Gewicht einer Situation - also das, was sich in einer Situation entscheidet - ist nicht im vorhinein festzulegen, sondern mit Blick auf den Gesamtprozeß empirisch zu erschließen. In Falle der Asylanhörung heißt dies: verfahrensabhängig. Der Situationsbezug sollte in dieser Weise relativiert werden. Von grundlegendem Interesse ist nicht mehr nur die Frage, wie die soziale Situation möglich wird, sondern auch, wie hier und jetzt weitere Zusammenhänge einbezogen werden.

2.3.2. Exporte im Hinblick auf das Verfahren

Es lassen sich in der Anhörung nicht nur Importe *in* die Situation, sondern auch Exporte *aus* der Situation beobachten. Die oben genannten Dokumentenimporte verweisen auf vorgängige Situationen, in denen diese Dokumente für den Export fabriziert wurden. In der Asylanhörung lassen sich solche Exportprodukte finden, die hier und jetzt ihren Ursprung - aber noch nicht ihre Adressaten - haben.

Doch wo zeigt sich dies am Material? Exporte zeigen sich insbesondere dort, wo Äußerungen nicht Anwesende, sondern Abwesende adressieren. Sie zeigen sich, wo die Begegnung mit weiteren, abwegigen Erledigungen befrachtet wird, statt sie für die Beteiligten zu ermöglichen. Eine ganze Reihe solcher Äußerungen finden sich in der beschriebenen Eröffnung:

- Bei der ersten Sprechprobe ins Mikrophon spricht der Entscheider einen Gruß aus: „Guten Morgen, Ihr Lieben, hier gibt`s wieder neue Arbeit!" oder „Bitte schreiben Sie." Mit dem „Ihr Lieben" oder „Sie" sind offenbar nicht der Bewerber oder der Dolmetscher gemeint.

- Beim ersten längeren Sprechen ins Mikrophon wendet sich der Entscheider von der Gesprächsrunde ab, dem Mikrophon bzw. den vor ihm auf dem Schreibtisch liegenden Papieren zu. Er hantiert, probiert, korrigiert und bedient dabei die Knöpfe der Maschine. Erst nachdem er das alles `im Kasten` hat, kommt er auf die Anwesenden zurück.

- Beim Einleitungsdiktat spricht der Entscheider wiederum direkt Außenstehende an: „Guten Morgen bitte melden Sie folgendes Protokoll Aktenzeichen E 2084 215246 nach Blocksatz 23 bitte folgenden Text Frage Doppelpunkt Sie haben bei

Ihrer Antragstellung vor dem Bundesamt angegeben Komma daß Sie nicht im Besitz von Personalpapieren sind Punkt." Die Aufforderung ist verschlüsselt. Der Entscheider unterstellt, daß „Sie" wissen, was mit dem „Blocksatz 23" gemeint ist (offenbar nicht, „Blocksatz dreiundzwanzig" zu schreiben). Bewerber oder Dolmetscher müssen gar nicht verstehen, was damit gemeint ist.

• Der Entscheider spricht das Einleitungsdiktat, während in der Sub-Anhörung zwischen Bewerber und Dolmetscher noch der zurückliegende Übersetzungsauftrag (die Eröffnungsfeststellungen zur Belehrung etc.) bearbeitet wird.

Der Entscheider spricht in eine andere Richtung; er erwartet von dem Diktat keinerlei Resonanz von Seiten der Anwesenden; er macht die Diktatrede den Anwesenden nicht verständlich; er diktiert, während die Anwesenden gar nicht zuhören können. Was hier vor sich geht, zeigt sich nur dann, wenn wir statt der Gesprächsfixierung weitere Beitragsbezüge in Erwägung ziehen. Erst dann klärt sich, wozu und wie diese gestaltet werden. Und das heißt für das methodische Vorgehen: diese Äußerungen sind nicht mehr zugunsten der Präsenzfixierung einzuklammern, sondern mit Blick auf das Verfahren auszuklammern. Wir rechnen nun mit anderen Reichweiten und Bezügen. In der Anhörungseröffnung wird mit dem diktierten „Blocksatz 23" folgender Protokolltext geschrieben und - statt den Anwesenden - einem Lesepublikum verfügbar gemacht:

Der Antragsteller ist darüber belehrt worden, daß er verpflichtet ist, die erforderlichen Auskünfte zu erteilen und die in seinem Besitz befindlichen Urkunden oder andere Unterlagen, auf die er sich beruft, vorzulegen.

Der Antragsteller wird auf die Wahrheits- und Mitwirkungspflicht im Asylverfahren hingewiesen.

Der Antragsteller wurde darauf hingewiesen, heute alle Tatsachen und Umstände, die seinen Asylanspruch begründen bzw. einer Abschiebung entgegenstehen, anzugeben. Ein späteres Vorbringen kann gem. Abs.3 AsylVfG unberücksichtigt bleiben, wenn dadurch die Entscheidung des Bundesamtes verzögert wird. Ebenso kann das Verwaltungsgericht gem. § 36 Abs.4 Satz 3 AsylVfG diese Tatsachen unberücksichtigt lassen, wenn andernfalls deren Entscheidung verzögert würde.

Eine anwaltliche Vertretung im Asylverfahren liegt nicht vor.

Über die Anhörung ist nachfolgende Niederschrift aufgenommen worden.

Für die formale Gesprächsmaschinerie der Anhörung ist es unerheblich, ob der Entscheider statt „Blocksatz 23" versehentlich „Blocksatz 8" diktiert; ob die Geheimformel „§9 AuslG oder §12 AsylVerfG" lautet oder die Frage nach den Asylgründen nur als „Nachfrage" diktiert wird. Für die Herstellung einer gelungenen Anhörung ist all dies aber ganz und gar nicht unerheblich. Entsprechend finden sich Korrekturen (des Diktats) oder Vorsichtsmaßnahmen (das nochmalige Reinhören ins Tonband), die anderen Konventionen folgen, als sie durch das anwesende Publikum auferlegt sind. Die Erklärung hierfür findet sich bei Goffman:

„[...] conversation is not the only context of talk. Obviously talk can (in modern society) take the form of a platform monologue, as in the case of political addresses, stand-up comedy routines, lectures, dramatic recitations, and poetry readings. These entertainments involve long stretches of words coming from a single speaker who has been given a relatively large set of listeners and exclusive claim to the floor." (Goffman 1981a: 137)

Goffmans´ Liste ließe sich angesichts des Anhörungsmaterials leicht verlängern: Es kann gesprochen werden, um damit ein Anhörungsprotokoll zu schreiben, zu korrigieren, zu vervollständigen oder abzusichern; oder es kann gesprochen werden, um einen Übersetzungsauftrag zu formulieren. Es muß also jede Situationsanalyse im Einzelnen darlegen, wem oder was eine Äußerung geschuldet ist, statt eine durchgehende Relevanzstruktur zu unterstellen.

Auch in konversationsanalytischen Arbeiten finden sich Ansätze, die Institutionalität von Konversationen bzw. ihren „externen Kontext" (Schegloff) zu berücksichtigen. Den Anlaß bieten solche Sequenzen, die im Vergleich mit der formal bestimmten, gängigen Konversation auffällig werden. An einer Studie von Heritage und Greatbatch über TV-Interviews kann das - halbherzige - Vorgehen vorgestellt werden:

„Among published studies that have focused on institutional talk, several of the more significant and influential have dealt with data in which the institutional character of the interaction is embodied first and foremost in its form - most notably in turn-taking systems which depart substantially from the way in which turn-taking is managed in conversation and which are perceivedly ´formal´ in character. Following Sacks, Schegloff and Jefferson´s (1974) initiative, interactions in courtrooms (Atkinson and Drew 1979) [...] and news interviews (Greatbatch 1985, 1988; Clayman 1987[54]) have been shown to exhibit systematically distinctive forms of turn-taking which powerfully structure many aspects of conduct in these settings." (Heritage/Greatbatch 1991: 95)

Durch die material-immanente Kontrastbildung kann demnach das von Schegloff aufgeworfene Relevanzproblem (herangetragener Strukturbedingungen) gelöst werden: „For if it can be shown that the participants in a vernacularly characterized institutional setting such as courtroom pervasively organize their turn-taking in a way that this is distinctive form ordinary conversation, it can be proposed that they are organizing their conduct so as to display and realize its ´institutional´ character over its course and that they are doing so recurrently and pervasively." (ebd.)

In der Folge werden die herausdestillierten speziellen Strukturmuster und Prozeduren benutzt, um zu erklären, wie die Teilnehmer eines TV-Interviews füreinander beobachtbar machen, daß gerade ein solches bestritten wird: „Moreover, as we shall show, the management of this event as an ´interview´ is the collaborative

---

[54] Die Autoren geben dazu folgende Literaturangaben: „Greatbatch, D. 1985: The social organisation of news interview interaction. Unpublished PhD dissertation, University of Warwick, England; Clayman S. 1987: Generating news: the Interactional organisation of news interviews. Unpublished PhD dissertation, Department of Sociology, University of California, Santa Barbara."

achievement of the parties. Across their various questions and answers - whether hostile or not - interviewer and interviewee collaboratively sustain a definition of their joint circumstances as ´an interview´ (rather than a ´discussion´) by restricting themselves to the production of questions and answers." (Heritage/Greatbatch 1991: 98)

In dieser Weise kann ein Fernsehinterview, eine Gerichtsverhandlung oder eine Radiodiskussion in gewohnter Weise, d.h. per Sequenzanalyse, als eine besondere Gattung untersucht werden, ganz so wie ein Witz oder eine Klatschgeschichte. Die Konversationsanalyse fragt wiederum, mittels welcher formalen Schritte die Teilnehmer diese Gesprächsgattung aktuell und gemeinsam hervorbringen; wie sie füreinander zeigen, in was für einer Situation sie sich befinden. In diesem Sinne bringen die Beiträge (nur wieder) die Gesprächssituation hervor.

Daß situationistische, sequenzanalytische Studien nur einen unzureichenden schematischen Gebrauch von ethnographischem Kontextwissen machen, kann anhand einer Gerichtsstudie von Drew (1992) gezeigt werden:

Drew bezieht sich in seiner Untersuchung über die Aussagen von Zeugen und Kläger vor einem Geschworenengericht auf das Konzept des „over hearing audience", das Heritage/Greatbatch (1991) zur Analyse von „news interviews" entwickelt hatten. Drew beobachtet (verlängerte) Pausen, (häufige) Wiederholungen und Zusammenfassungen wie sie für ´natürliche Konversationen´ unüblich sind und im Zuge der untersuchten Konversation auch gar keinen Sinn machen: „But in examination, partial repeats are not generally associated with attorneys´ doubt about prior answers, nor with witnesses´ selfrepair [...]." (Drew 1992: 476)

Er erkennt hier ein besonderes „recipient-design" (Schegloff 1972) und folgert, ganz ähnlich wie Goffman: „The use of ´participants´ here needs to be qualified." (Drew 1992: 474) Demnach werden nicht nur die Gesprächspartner adressiert, die unmittelbar auf und mit Äußerungen reagieren, sondern auch die anwesenden Geschworenen, die als stumme Zuhörer der Veranstaltung beiwohnen: „However, the talk between attorney and witness in examination is, of course, designed to be heard, understood, and assessed by a group of nonspeaking overhearers, the jury." (ebd.: 475) Die Sprecher sprechen sie an - mit der Schwierigkeit, Verständigung ohne jegliches feed-back sichern zu müssen.

Die Analyse muß an diesem Punkt mit der Sequenzanalyse brechen. Drew muß, will er die beobachteten Besonderheiten erklären, einzelne Beiträge mithilfe von Hintergrundinformationen (über die Organisation der beobachteten Gerichtsverfahren) ausdeuten. Dieses Unterfangen wird aufgrund der bloß auditiven Konversationsdaten nur halbherzig betrieben: es fehlen Beobachtungsdaten über die Reaktionen der anwesenden Geschworenen, bzw. über die Bedeutung von Blickkontakten. Womöglich sind die ´sonderbaren´ Korrekturen und Versicherungen Reaktionen auf Reaktionen des Publikums und keineswegs immer vorauseilende Sicherungen.

Und selbst solche Beobachtungsdaten wären wahrscheinlich unzureichend. Die Korrekturen müssen garnicht, wie Drew vermutet, auf stille Anwesende zielen. Es gibt weitere Möglichkeiten, andere (auch Abwesende) systematisch einzubeziehen, die allerdings im zentrierten Situationskonzept der Konversationsanalyse keine Berücksichtigung finden.

Der analytische Blick über den Tellerrand der Konversation hinaus muß nicht schon bei Anwesenden enden. Er kann und sollte je nach dem „communicative context" (Cicourel 1992) auch auf abwesende, zukünftige und bloß potentielle Zuhörer gerichtet werden. In der Anhörung werden solche Exporte gleich in mehrfacher Hinsicht und Weise geleistet: für das Protokoll mittels Diktat (Entscheider), für eine soziologische Forschung mittels Tonbandmitschnitt und Mitschrift (teilnehmender Beobachter) oder für die Erinnerung mittels Zeugenschaft (alle Anwesenden).

Dabei werden Bedeutungsexporte nicht im Wissen aller fabriziert. Vielmehr ist das Wissen, was, wie und wofür exportiert wird, fragmentiert und uneinheitlich. Die Teilnehmer nehmen ungleich am Export teil.

So achten nur Entscheider und Dolmetscher darauf, daß alle Eröffnungsfeststellungen abgehandelt werden. Beide liefern Ergänzungen, Nachfragen oder Meldungen: „Hast du das schon gemacht?" oder „Ist das fertig?" oder „Haben wir das?". Dagegen weist in keinem von mir beobachteten Fall ein Bewerber auf einen ausstehenden Punkt hin: z.B. daß er nicht zu seiner Gesundheit befragt wurde, daß keine Belehrung erfolgte oder daß das Aufnahmegerät noch gecheckt werden müsse. Es scheint, als sei ihm das obligatorische Eröffnungsprogramm ebenso unbekannt, wie dem Ethnographen, der das erstemal der Veranstaltung beiwohnt. Beratungsstellen raten deshalb, einen Rechtsanwalt (als Export-Experten) zu konsultieren.[55]

Grundsätzlich lassen sich für die Anhörung folgende Exportweisen unterscheiden, die zugleich die Stellung der Teilnehmer in der Situation beschreiben:

offen: Das Diktiergerät steht auf dem Schreibtisch. Es wird vor aller Augen bedient. Der Bewerber kann beobachten, wann und wie lange diktiert wird, und so zumindest die Erledigung eines Satzes, einer Antwort oder eines Themas erahnen.[56] Außerdem wird der Bewerber über das Prozedere in Kenntnis gesetzt: daß er später die Gelegenheit bekommt, die Protokollfassung der Fra-

---

[55] Konversationsanalytische Arbeiten (vgl. den Sammelband von Drew/Heritage 1992) können praktisch nicht deutlich machen, worin sich Professionelle von Laien unterscheiden. Die bisherigen Ausführungen schließen diese Lücke: Die Professionalität zeigt sich nicht nur in bestimmten formalen Redezügen, sondern im Wissen um ihre Bedeutung. Entscheider wissen, daß bestimmte Redezüge hier und jetzt ein unbedingtes Erfordernis darstellen. Diesem Expertenwissen kommt eine Schlüsselrolle bei der Herstellung von „institutional settings" zu. Die Teilnehmer sind nicht austauschbar.

[56] Das Protokollieren vor Strafgerichten unterscheidet sich von dieser Exportart. Das Protokollieren besorgt ein eigens bestellter Schriftführer (stillschweigend). Entsprechend bleibt unklar, wann und wie lange protokolliert wird. Bei konversationsanalytischen Gerichtsstudien findet sich keine Auskunft über diese fortlaufende Überführung und Rahmung des Geschehens.

gen und Antworten in einer Rückübersetzung zu hören und eventuell Änderungen anzumelden. Der Dolmetscher ist diesseits der Sprachbarriere, soweit er nicht vom Übersetzen abgelenkt ist, weitgehend im Bilde. Er kann gar als Ko-Autor fungieren, der gemeinsam mit dem Entscheider Protokoll-Formulierungen sucht, Vorlagen liefert, Fehler anmahnt und Korrekturen einfordert.

verdeckt: Der anwesende Ethnograph fertigt, ähnlich einem Spion, einen Mitschnitt von dem auditiven Geschehen, ohne hiervon die Teilnehmer vorher zu unterrichten. Erst nach der Anhörung werden - anders als bei dem Spion[7] - diese informiert und die Erlaubnis für eine wissenschaftliche, anonyme Verwendung erbeten. Der Sinn und Zweck verdeckter Exporte liegt im `ungeschminkten` Erfassen des Geschehens. Insbesondere die Konversationsanalyse fertigt solche Exporte, entsprechend der Maxime, die „natürliche Situation"[58] nicht zu manipulieren. Die Teilnehmer sollen nicht für das Mikrophon sprechen oder Darstellungen im Hinblick auf ein weiteres Publikum vornehmen. Nur weil den Anwesenden die anderweitige Bedeutung ihres Tuns nicht transparent ist, kann die Herstellung von Natürlichkeit gelingen. Die Konversationsanalyse ist selbst ein Exportunternehmen par excellence, ohne das Exportgeschäft der eigenen Situationsanalysen in Rechnung zu stellen.

offen-unbestimmt: Den Teilnehmern ist ungeachtet der Offenheit von Exporten nicht auch schon klar, nach welchen Maximen ihr Auftreten beurteilt wird. Fragen wirft z.B. die Anwesenheit des Ethnographen auf. Der Ethnograph ist potentieller Exporteur: er hört zu, beobachtet das Geschehen, erstellt Mitschriften. Die Fragen des Entscheiders - „Wofür ist das?" oder „Wozu brauchen Sie das!" - zielen auf diese Unbestimmtheit der möglichen Materialverwendung. Die „Soziologie" ist dem Entscheider kein Begriff - schon gar nicht die „Ethnographie". Meine Teilnahme als Beobachter bringt neue Unsicherheiten mit sich: als Zeuge könnte ich der Leitung in Nürnberg, dem lokalen

---

[57] Beispielhaft ist hier eine Untersuchung über die Lenkung von geheim mitgeschnittenen Konversationen durch FBI-Agenten (vgl. Shuy 1987). Shuy zeigt, wie die verdeckten Ermittler die Konversation mit den Verdächtigen in richtige Bahnen lenken, ihnen Fallstricke legen und Verräterisches entlocken. Sie tun dies mit Blick auf die spätere Präsentation der Tonbandaufnahme vor einem Geschworenengericht. Das Band soll aussagekräftig sein, d.h. die Geschworenen beeindrucken.

[58] Dieser konversationsanalytische Begriff erscheint mißverständlich: er sagt - wie Laien oft vermuten - weder etwas über die Häufigkeit von Situationen, noch etwas über deren Normalität. So wie er in der Konversationsanalyse verwandt wird, bezeichnet er die Abwesenheit der Exportorientierung. Die Beiträge zielen allein auf die (geheim abgehörte) Konversation. Diese per Geheimniskrämerei erzeugte Naivität der Teilnehmer erlaubt es, die Beiträge als 'Beiträge zu ...' (dem deklarierten Kontext) zu untersuchen. Mit der Intervention eines Mikrophons, einer Kamera oder eines Publikums wäre diese Normalität dahin: der Forscher hätte nun mit anderen Rahmungen zu rechnen (z.B. Interviewbeiträge), die freilich nicht weniger „natürlich" wären. Hinter der Titulierung der Natürlichkeit steckt das Rahmungsproblem der generellen Gesprächsfixierung.

Chef oder Kollegen Einblicke geben, die sonst nur über das Guckloch des Protokolls gewährt werden. Für einen Bewerber liegen in ähnlicher Weise die Maßgaben im Dunkeln, nach denen die diktierten Aussagen im Protokoll bewertet werden. Es werden vorab keine Kriterien für gute oder schlechte Fluchtgeschichten expliziert, um ein Maß für Authentizität zu erhalten. Ob eine Äußerung zum Nachteil oder zum Vorteil gereicht, erschließt sich dem Bewerber nur aus Erfahrungsberichten seiner Vorgänger.

Das Wissen OB und WIE ein Export stattfindet, ist ungleich verteilt. Das (Erfahrungs-)Wissen über die Abnehmer und deren Rezeptionsweisen ist außerdem unterschiedlich ausgeprägt. Betrachten wir allein den Entscheider, so lernt dieser eine ganze Palette von „Transformationskonventionen" (Goffman 1977: 60) in unterschiedlicher Dichte kennen.

- *Offensichtlich* ist die Aufnahme des rückübersetzten Protokolls durch den Bewerber im Anschluß an die Anhörung. In der Rückübersetzung will der Bewerber seine Beiträge wiedererkennen und vollständig aufgenommen wissen. Vereinzelt wird Vergessenes, Verfälschtes oder Mißverständliches angemahnt und in einem Anhang an das Protokoll angefügt. Das Protokoll muß so gestaltet (und rückübersetzt) werden, daß der Bewerber mit seiner Unterschrift auch noch solche Aussagen absegnet, die ihm schaden können.

- *Bekannt* ist dem Entscheider z.B. das selektive Querlesen des *Vorgesetzten*, der sich (allein) anhand der Protokolle ein Bild von der Arbeit seiner Einzelentscheider macht. Er geht fehlerhafte Protokolle mit dem „weisungsunabhängigen" Entscheider durch und formuliert dabei konkrete Tips und Ansprüche. Er fordert unbedingt die animierende Eröffnungsfrage zur Biographie und eine offen-interessierte Frage zu den Asylgründen.

- *Erwartbar* sind für den Entscheider systematische Leseweisen der *rechtskundigen Instanzen* (v.a. Rechtsanwalt und Verwaltungsrichter), die das fertige Protokoll zur Klagevorbereitung und im Klageverfahren gegenlesen. Der Rechtsanwalt hat die per Protokoll begründete Entscheidung auf ihre Rechtmäßigkeit hin zu prüfen - und eine Klage zu begründen. Der Richter hat anhand des Materials ein Urteil über die Klage zu fällen. „Blocksatz 23" exportiert für diese Instanzen, daß in der Anhörungssituation erwiesenermaßen eine juristisch-adäquate Belehrung stattgefunden hat.

- Allein mit *Vorsicht* kann *unbefugten Lesezirkeln* begegnet werden. Als solche gelten Schlepper und Fluchthelfer, die die Protokolle als Lehrmaterial zweckentfremden. Entsprechend vermeiden es Entscheider, bestimmte Auflösungen von Fangfragen im Protokoll zu liefern. Als unbefugt gelten auch staatliche Stellen des Herkunftskontextes, die anhand der Protokolle Verfolgungsmaßnahmen ausüben. Entsprechend sollen Protokolle nur anonymisiert außer Haus gehen, um nicht asylrelevante Nachfluchtgründe zu schaffen. Diese entstehen unter Umständen, wenn im Herkunftsstaat schon die Asylantragstellung geahndet wird.

Mit dem Export per Anhörungsprotokoll gehen mehr oder weniger kalkulierbare Risiken einher: eine Anhörung kann als schlampig, formfehlerhaft oder ungenügend gewertet werden; das Protokoll kann zur Bewerberschulung zweckentfremdet werden; es kann zum Anlaß für Verfolgungsmaßnahmen werden. Allein der Verzicht auf jeglichen Export könnte diese Risiken eliminieren. Dieser Verzicht jedoch ist ausgeschlossen, weil der Export selbst ein unbedingtes Erfordernis darstellt: eine Anhörung wird im Verfahren nur in der „Distanzsprache" (Raible 1995) des Protokolls relevant (Zeugenschaften sind sekundär). Eine bloß mündliche Anhörung wäre dagegen für die weitere Fallbearbeitung gar nicht verfügbar.

2.4. Resümee

Das eröffnende Erfragen der Personalien, die Erkundigung nach dem gesundheitlichen Befinden, die Feststellung ordentlicher Teilnehmerschaft aller Anwesenden, der Verständigungstest mit dem Dolmetscher oder die Belehrung über die Pflichten können nun weitreichender als nur mit Hilfe des zentrierten Situationskonzeptes erklärt werden. Sie verweisen allesamt auf Gültigkeitskriterien der Anhörung und garantieren diese (erst) mit der Protokolleintragung. Widersprüchliche oder lückenhafte Aussagen können, sind diese idealen Rahmenbedingungen einmal erfüllt, ganz allein dem Aussagenden angelastet werden. Oder andersherum: um substanzlose, widersprüchliche oder sachlichfalsche Aussagen zu ermöglichen, sollen Verwechslungen (des Anzuhörenden), Sinnestrübungen (des Angehörten), Einschüchterungen (durch unbefugte, Mißtrauen erweckende Teilnehmer), Scherze (des Angehörten in Unkenntnis der Verfahrensfolgen) oder Mißverständnisse (der Übersetzung) von vornherein ausgeschlossen werden.

Unzulänglichkeiten in der Bewerberdarstellung sollen - um gute Gründe für eine Entscheidung zu liefern - auf das Fehlen der Verfolgungseigenschaft und nicht auf die interaktive Herstellung der Darstellung verweisen. Blieb jedwede Ausrede dagegen im Bereich des Möglichen, könnten begründete und unbegründete Anträge gar nicht differenziert werden. Entsprechend ist ein Protokoll dann gelungen, wenn es die näheren Umstände neutralisiert und Unsicherheiten absorbiert. Die Präliminarien in Anhörung und Protokoll sind hierfür eine Voraussetzung. Die amtssprachliche Eröffnung rahmt die Anhörung als eine ideale Sprechsituation, in der es einem tatsächlich verfolgten Bewerber möglich gewesen wäre, sein Verfolgungsschicksal glaubhaft zu machen.

Dies soll nicht heißen, daß derlei Exportsicherung das Protokoll schon unangreifbar und die betreffende Anhörung über alle Zweifel erhaben macht. Auch die nachfolgenden Frage-Antwort-Passagen des Protokolls haben, wie ich im folgenden Kapitel zeigen werde, die Einhaltung der Konventionen zu bestätigen.

Erst durch gelungene Im- und Exporte lassen sich die versprengten Situationen praktisch als Episoden ein-und-derselben Fallgeschichte zuordnen. Erst mit der konzeptuellen Öffnung der Situationsanalyse für Importe und Exporte erscheint die Anhörung überhaupt nur als (relevanter) Verfahrensschritt. Die Konversationsanalyse kann, indem sie sich auf das gemeinsame Management der Begegnung beschränkt, nicht diese Retrospektive leisten, die die Situation in ihrem Ablauf und ihrer Wirkung prägt. Schon die hier vorgeführte bruchstückhafte Analyse der Anhörungseröffnung konnte zeigen, daß die Frage nach der Ermöglichung einer sozialen Situation nicht mit der Goffmanschen Frage identisch ist, was in der Situation eigentlich - auf der Vorder- und Hinterbühne - vor sich geht. Teilnehmer produzieren Sozialität (auch) in weiteren Maßstäben und Dimensionen. Sie setzen sich dabei zu einem gewissen Teil vom Hier und Jetzt und Gegenüber ab.

Ist die skizzierte Abkehr von der Präsenzfixierung, Gesprächsfixierung und dem methodischen Egalitarismus nur für die Asylanhörung relevant? Gilt das Gesagte womöglich nur für rechtsförmige Verfahren oder auch für Verfahren in Institutionen[59] allgemein? Müssen dagegen die Spielarten bloßer Geselligkeit davon ausgenommen bleiben? Eine Einschätzung zur Verallgemeinerbarkeit läßt sich hier nur als methodischer Gedankengang formulieren. Wir hatten festgestellt, daß sich Exporte insbesondere anhand von Selbstkorrekturen, Spezifizierungen oder Versicherungen zeigen lassen - also anhand solcher Äußerungen, die nichts zur aktuellen Verständlichkeit beitragen und stattdessen die Konversation befrachten, zerfasern und verkomplizieren. Solche nichtssagenden Überformungen finden sich wohl nicht nur im Spezialfall der Anhörung, sondern überall dort, wo Teilnehmer mit einem weiteren Publikum rechnen: beim Medienauftritt, beim wissenschaftlichen Kongreß oder beim Nachbarschaftsplausch. Daß nicht der Export und seine Berücksichtigung durch die Teilnehmer eine Ausnahme darstellt, sondern umgekehrt, die Geschlossenheit der Gesprächssituation, zeigt sich bereits am Aufwand z.B. in

---

[59] Peters (1991: 237ff.) schlägt vor, Institutionen generell als verfahrensgesteuert anzusehen. Entscheidungen in Institutionen lassen sich demnach grundsätzlich als 'in Verfahren erzielt' beschreiben.

einer Beichte, beim Gespräch unter Freunden oder bei der Therapie Verschwiegenheit[60] glaubhaft zu garantieren.

---

[60] Verschwiegenheit zu versichern, ist die Voraussetzung für spezialisierte Konversationsformen,
wie die Therapiesitzung: Diese „Situation ist ähnlich wie die Szene eine Nische für die Mitteilung
ungewöhnlicher Anliegen und Probleme. Allerdings sollen hier persönliche Auskünfte nicht über
Dritte und nicht gegenseitig gemacht werden. Dafür bieten sie einen Zuhörer, der zum auskunftge-
benden 'Patienten' in keiner privaten Beziehung steht und eine Einrichtung, die sie mit einigen
anderen professionellen Gesprächssituationen teilt: die Schweigepflicht. Sie umhüllt wie ein
Schutzwall aus Diskretion die Sprechsituation und bietet so eine Grundbedingung für die Erweite-
rung von Grenzen des Mitteilbaren, z.B. schambesetzte Themen. Das Arztgeheimnis ist dabei ein
auch rechtlich einklagbares Versprechen, 'nichts weiterzuerzählen'. Die aus der Situation gewonnenen Informationen werden nur intern festgehalten, vorwiegend in Form schriftlicher Protokolle des
Zuhörers" (Hirschauer 1993: 129).

3. Übergänge von Wort und Schrift

Die Verschriftlichung von Äußerungen ist in Verwaltungs- und Gerichtsverfahren obligatorisch. Im Asylverfahren wird die Schriftform wie folgt vorgeschrieben: „Über die Anhörung ist eine Niederschrift aufzunehmen, die die wesentlichen Angaben des Ausländers enthält." (§25 AsylVerfG; Asylverfahrensgesetz) Mit der Niederschrift soll die Entscheidung für Nichtanwesende materiell nachvollziehbar und nachprüfbar werden. Mit der rechtsstaatlichen Konstruktion des amtlichen Dokuments und in seiner konventionellen Verwendung wird mindestens zweierlei vorausgesetzt: daß das Wort als Original und die Schrift als Dokument voneinander getrennt seien und das Mündliche von der Verschriftlichung unbeeindruckt bliebe; daß die Schrift das gesprochene Wort abbilde und es so dem Verfahren zuführe. Um nachzuvollziehen, wie Anhörungsprotokolle und damit Fälle hergestellt werden, gilt es sich von beiden Voraussetzungen zu distanzieren.

Anhörungsprotokolle sind von großer Wichtigkeit, weil sie die ´entscheidende´ Materialgrundlage für den Fall und den weiteren Verfahrensgang darstellen.[61] Die praktische Bedeutung von Schriftlichkeit zeigt sich gerade bei solchen Verfahrensstationen wie der Anhörung, in der situativ, interaktiv und organisiert Entscheidungsmaterial fabriziert wird. Die Verschriftlichung prägt die Darstellungen in der Erhebungssituation *und* transformiert sie[62]. Protokolltexte sind in diesem Sinne ´durch und durch´ konstruiert. Sie lassen sich nicht auf einen harten, objektiven Kern reduzieren.

Die folgende, in der Auseinandersetzung mit den verschiedenen Materialien (Beobachtungsprotokollen, Tonbandaufzeichnungen, Amtsschriften) entwickelte Herangehensweise, ich nenne sie Schreibprozeßanalyse, erinnert an Arbeiten zur Textgenetik in der Linguistik. Untersucht wird dort die Entwicklung eines Textes anhand der vom Autor vorgenommenen Streichungen, Korrektu-

---

[61] Die Mikroanalyse des Protokollierens zielt zudem auf eine reklamierte Forschungslücke in der Verwaltungs- und Rechtssoziologie: „Während die Themen ´Recht und Sprache´ oder ´Sprache in Gesetzestexten´ vor allem in der Soziolinguistik bereits ausführlich behandelt worden sind, trifft dies nicht auf die Bedeutung von Schriftlichkeit zu." (Hahn 1997: 31)

[62] Luhmann konzentriert sich auf die Transformation, wenn er schreibt: „Häufig wird es (das eigene Verhalten, T.S.) protokolliert in einer Sprache, die bereits nicht mehr die des Sprechenden ist, sondern die der Polizei, des Gerichts, des Gesetzes; oder es wird in Erinnerungen festgehalten, die nicht die seinen sind, und tritt ihm im weiteren Verlauf des Verfahrens als Objekt gegenüber, mit dem er sich zu identifizieren hat." (1969: 93) Interaktion und Verfahrenssystem ließen sich enger aufeinander beziehen, wenn neben der Transformation des Mündlichen auch seine Vorbereitung auf das Schriftliche in Rechnung gestellt würde.

ren und Verschiebungen ´auf dem Papier´. Ein solcher Zugriff findet sich bezogen auf naturwissenschaftliche Fachaufsätze bei Knorr-Cetina (1984)[63] oder bezogen auf literarische Werke bei Grésillon (vgl. 1995b). Letztere stellt zur gegebenen Materialgrundlage der „Textgenetik" fest:

> „Der Nachteil liegt darin, daß es sich nur um statische Schriftzeichen handelt und nicht um Prozesse in actu. Es geht also darum, diesen Schreibspuren so bis ins letzte Detail nachzugehen, daß die Statik der überlieferten Blätter als dynamischer Schreibprozeß interpretierbar wird." (1995a: 21)

Das hier mobilisierte Material erlaubt es nicht nur, Zwischenergebnisse des Schreibprozesses, sondern das Formulieren und Schreiben im Vollzug zu analysieren.[64] Der Verschriftlichungsprozeß wird dabei anhand von interaktiven „episodes of documentation" (Zimmerman 1969: 340) untersucht.[65] Und zwar in der folgenden Schrittfolge:

- *Schreibprozeduren*: In einer Übersicht über wesentliche (asyl)bürokratische Schreibprozeduren - Abschreiben, Ausfüllen, Vermerken, Protokollieren - soll das Protokollieren in seiner Besonderheit hervortreten. In einem Exkurs gebe ich außerdem nähere Auskunft über das Ethnographieren dieser Schreibprozeduren.

- *die Vorlagen des Protokolldiktats*: Hier werden die verschiedenen Diktiermethoden in der Asylanhörung vorgeführt und verglichen. Es zeigt sich, wie unterschiedlich die Bezüge zum Mündlichen gestaltet werden und wie das Mündliche auf diese Gebrauchsweisen eingestellt wird. Im Idealfall wird nicht geschrieben, was gesprochen wurde, sondern gesprochen, was sich schreiben läßt.

- *die Endredaktion*: Dem Entscheider kommt in jedem Fall die Aufgabe zu, die Endfassung zu formulieren. Wie er das tut, läßt sich anhand von Argu-

---

[63] Knorr-Cetina faßt das Labor „als ein Aufzeichnungssystem zur schriftlichen Fixierung von Ergebnissen bzw. zur Herstellung von Permanenz und Zirkulierbarkeit, die gemeinhin mit Schriftlichkeit assoziiert werden. Es ist im weiteren Sinn ein Zeichengenerierungs- und Verarbeitungssystem." (1988: 91) Genauso läßt sich die Anhörung umschreiben.

[64] Es geht allerdings nicht, wie in psycholinguistischen Arbeiten über das „writing in real time" (Matsuhashi 1987), um Schreibrhythmen, -bewegungen und -erfahrungen eines Autors, die anhand von videoaufgezeichneten Schreibhänden analysiert werden (vgl. Eigler 1994: 999).

[65] Mit der organisierten und koordinierten Produktion ist eine Dimension von Schreiben benannt, die in der Literaturwissenschaft wenig Beachtung findet, weil dort das Schreiben als ´einsame Praxis´ vorgestellt wird. So nennt Ludwig (vgl. 1995) folgende Dimensionen des Schreibens: die technologische (gefragt sind die Materialien), semiotische (gefragt sind die verwandten Zeichen), die linguistische (Schreiben als sprachliche Handlung) sowie die operative Dimension (Schreiben als Mittel der Textproduktion). Im Rahmen dieser Dimensionen ist nicht zu untersuchen, welche Teilnehmer, zu welchem Zeitpunkt und in welcher Form am (interaktiven) Schreibprozeß beteiligt sind.

mentationsschemata aufzeigen, die je nach Prüfungsphase variieren und diese wiederum darstellen. Mit der Endredaktion wird rechts- und aussagekräftiges Material bereitet.

- In einem *Resümee* benenne ich wesentliche Wirkungen der Verschriftlichung auf die Darstellung und die Stellung des Antragstellers.

3.1. (Asyl-)Bürokratische Schreibprozeduren

Schriftlichkeit und Aktenmäßigkeit kennzeichnen bürokratische Verfahren, „auch da, wo mündliche Erörterung tatsächlich Regel oder geradezu Vorschrift ist: mindestens die Vorerörterungen und Anträge und die abschließenden Entscheidungen, Verfügungen aller Art sind schriftlich fixiert" (Weber 1972 [1921]: 126). Das Schrifttum erfüllt juristische Erfordernisse, ist Kommunikationsmedium und fungiert als Gedächtnis des Apparates. In der Regel stehen solche Funktionsbeschreibungen im Zentrum verwaltungs- und organisationssoziologischer Arbeiten, ohne das Schreiben selbst zu thematisieren (vgl. Mayntz/Szyperski 1984). Letzteres soll in den folgenden Abschnitten geschehen: zunächst, indem einzelne Prozeduren komplexer Schreibprozesse isoliert und analysiert werden. Bezogen auf die importierten Vorprodukte bzw. verwandten Schreibvorlagen lassen sich das Ausfüllen, Abschreiben, Vermerken und Protokollieren unterscheiden.

3.1.1. Ausfüllen

In vielen Fällen beginnt die Fallherstellung bei der Registrierung in der Aufnahmeeinrichtung (AE). Ankommende Bewerber werden nach der Ankunft wie folgt erfaßt:

Die Sachbearbeiterin wählt die Computermaske für die „Erstmeldungs-Reservierungs-Anfrage". In der Programmerläuterung heißt es: „Mit der Erstmeldung von Asylbegehrenden auf dieser Seite beauftragen Sie den Externen Rechner des BAFl die Ziel-AE für die eingetroffene Gruppe zu ermitteln." (BAFl-Mitarbeiterinformation) Die Sachbearbeiterin ermittelt das Herkunftsland. Sie bestimmt die Gruppe sowie Anzahl und Geschlecht der Erwachsenen sowie die Zahl der dazugehörigen Kinder. In der EASY-Bedienungsanleitung heißt es weiter: „Das System bestätigt Ihre Erstmeldung und führt auf der Bestätigungsseite die Ziel-AE auf - unter Angabe einer Options-Nummer. Sie veranlassen die Weiterreise der Asylbegehrenden an diese Ziel-AE. Wird Ihre AE als Ziel-AE vorgegeben, leiten Sie die Aufnahme der Asylsuchenden ein. Die Anzahl der freien Betten wird automatisch um die Gruppengröße reduziert." (ebd.) Hat die Sachbearbeiterin Anzahl, Familienstand und Geschlecht eingegeben, kann sie die Meldung per Tastendruck abschicken.

Das Programm („EASY") macht seinem Namen alle Ehre. Die Eintragungen sind auch von Laien problemlos auszuführen; also auch von „mit den Vor-

schriften weniger vertrauten Arbeitskräften" (Kubsch 1965: 88). Nichtsdesto-
trotz sind situationssensible Tricks zu beachten, um die Kooperation der Neu-
ankömmlinge zu sichern:

Der Computer teilt der Sachbearbeiterin mit einem Blinken die ´automatisch´ aus-
gewählte Aufnahmeeinrichtung (AE) mit. Handelt es sich um eine andere AE, wird
diese Meldung noch unter Verschluß gehalten. Besser sei es, so erklärt die Ange-
stellte, zunächst alle anstehenden Arbeiten zu beenden. „Wenn Sie gleich verraten,
daß er z.B. nach Ostdeutschland muß - und da haben die meisten Angst vor, mit
den Skins und so - dann gibt es erst ein Theater und Sie kriegen weder Name noch
Foto noch irgendwas."

Während der Computereingabe am Schreibtisch bearbeitet eine zweite Kraft an der
Theke folgendes Formular:

Options-Nr. EASY:

Bescheinigung über die Meldung als Asylsuchender

Aufnahme eines Studiums oder einer sonstigen Berufsausbildung sowie Erwerbs-
tätigkeit nicht gestattet. Der Aufenthalt ist bis zu einer anderen Entscheidung auf
den Bezirk der zuständigen Aufnahmeeinrichtung beschränkt. Der Asylsuchende
hat sich unverzüglich zu der für ihn zuständigen Aufnahmeeinrichtung zu begeben.

Anzahl der gemeinsam einreisenden Personen: ___

	Antragsteller	Ehegatte/Lebensgefährte
1. Name		
2. Vorname		
3. Geburtsdatum		
4. Staatsangehörigkeit		
5. Sprachkenntnisse		
6. Geschlecht		
7. Familienstand		

8. Kinder

9. Familienangehörige

Die Sachbearbeiterin versucht die vorgefaßten Kategorien mithilfe des An-
kömmlings in Erfahrung zu bringen, was nicht ganz einfach ist. In der Aufnahme sind zumindest einige verbreitete Fremdsprachen vertreten. Auf Fran-
zösisch, Englisch oder Arabisch (Schwerpunktregion der AE) können die
gängigen Eingangsfragen geklärt werden.

Wie und was wird bei der Erstaufnahme aufgeschrieben? Zunächst füllt die
Sachbearbeiterin den Lückentext auf der Computermaske mit Erstinformationen (Gruppengröße, Erwachsene/Kinder, Mann/Frau, Familienzusammenge-
hörigkeit). Der Cursor springt zur nächsten Lücke sobald eine Antwort verge-
ben ist. Hernach wird ein Formularpapier ´zum Vorkommnis´ ausgefüllt. Unter der Optionsnummer, die das Computerprogramm vergibt, trägt die Sachbe-

arbeiterin die Personalien des Asylsuchenden sowie den eigenen Namen ein. Der erste Datensatz ist komplett - der Fall ist geboren.

Die erste Registratur kennzeichnet das Asylverfahren als ein Massenverfahren, bei dem auf eine zügige Abfertigung, eine praktikable Registrierung, einen quantitativen Überblick und eine effiziente Zuteilung geachtet wird. Nicht die Glaubwürdigkeit der Auskünfte steht im Mittelpunkt der Erfassung, sondern die schnelle Abarbeitung der ´Anlässe´.

Auch die folgenden Stationen sind in Gänze durch das Ausfüllen geprägt. Es variieren jeweils die zu recherchierenden Kategorien. So sind beim Sozialamt Formularsätze zur „Leistung nach dem Asylbewerberleistungsgesetz" vorbereitet, die mit den bereits erhobenen Personalien des betreffenden Familienverbandes und dem festgelegten Taschengeldbetrag ausgefüllt werden. Beim Gesundheitsamt wird ein Gesundheitcheck durchgeführt und hernach eine Art Unbedenklichkeitsbescheinigung („keine ansteckenden Krankheiten") durch Einsetzen der Personalien ausgestellt. Auf diese Weise werden einer Personalie Schritt für Schritt weitere Eigenschaften angehängt.

Neben simplen Formularen zur Anwendung von Konditionalprogrammen finden sich auch solche, die komplexe Sachverhalte ordnen und abbilden. Das folgende Formular ähnelt einem Interviewleitfaden. Wie dieser soll es die lokalen Erhebungen lenken und dafür sorgen, daß in der Situation keine relevanten Fragen übergangen werden:

> Beim Grenzpolizei-Verhör von illegalen Grenzgängern benutzen die Sachbearbeiter zur Aufnahme des Falles und zur Formulierung der Strafanzeige (wg. illegalem Grenzübertritt und Aufenthalt) einen Fragekatalog mit zehn Punkten (zu Personalien, Einreiseweg und -datum, Helfern, Reiseziel, Einreisegrund usw.). Einige haben sich die zu klärenden Fragen im Computer gespeichert. Ungeduldige Rückfragen des Polizisten („Und was soll ich jetzt **hier** schreiben?") oder Unmutsäußerungen („Das kommt erst unter 5.!") verweisen auf den Willen zur Vollständigkeit. Entsprechend sind die Protokolle der Grenzpolizei zumeist kurz und knapp gehalten. Nachgeschaltete Ermittlungsbehörden - zur Verfolgung der Schleppertätigkeit - beklagen, daß nur das Nötigste erhoben wurde, ohne (´rätselhaften´) Antworten jenseits des Fragekatalogs weiter nachzuspüren. Entsprechend hat die „Ermittlungsgruppe organisierte Grenzkriminalität" eigene Fragebögen herausgegeben, die den Beamten im Falle des Falles anleiten sollen.

Per Fragekatalog werden die Verhörsituationen und ihr Personal mit strukturierten Erwartungen konfrontiert. Das Formular ist wesentliches Steuerungsinstrument der Organisation; es fokussiert Aufmerksamkeiten und begründet Routinen. Die Vor-Schrift entlastet die situative Bearbeitung. Die Fragen müssen nicht mehr *in* der Situation formuliert und niedergeschrieben werden. Mit seinen Vorgaben ermöglicht der Fragekatalog pauschale Suchstrategien und Leseweisen (z.B. das Überblättern von ´Vorgeplänkel´). Ausgefüllte Formulare lassen sich anhand der gefragten Kategorien vergleichen und quantifizieren. Die Formulare definieren schließlich auch ein verläßliches Anforderungsprofil für den Sachbearbeiter: er hat seine ´Pflicht und Schuldigkeit getan´, wenn alle Lücken in der gängigen Form ausgefüllt sind (vgl. Gouldner 1954).

3.1.2. Abschreiben

Formulare importieren die Frage-Seite in eine Erhebungssituation. Als Ziel einer Standardisierung fungiert in gleichem Maße die Antwort-Seite. In folgender Weise wird auf Vor-Schriften zurückgegriffen und so die anstehende Erhebung geführt: einer Frage wird eine Auswahl von ´anzukreuzenden´ Antwortoptionen zugeordnet; die Antwort wird per vordefiniertem Schlüssel (Ziffern- oder Zahlenfolge) eingetragen oder aus bestehenden Dateien (unter dem Aktenzeichen) übernommen. Das Gros der Fragen läßt sich so ´auf Knopfdruck´ beantworten.

Eine weitere Option zur Erleichterung der Erhebung ist ebenso offensichtlich wie verbreitet und hat in der Asylbürokratie eine besondere Bedeutung: das Abschreiben. Die Angestellten sind gehalten, mit Bestimmtheit nach Papieren zu fragen, um die Datenerfassung von vornherein zu optimieren und die Verwaltbarkeit der Fälle zu erhöhen. Die Ersterfassung gestaltet sich anders, wenn der Asylsuchende ein Personalpapier vorlegt. Es ist dann dieses Papier, welches der Sachbearbeiterin die Formularfragen beantwortet. Als Abschreiberin knüpft sie an die bürokratische Vorgeschichte des schon beschriebenen Falles an - und schreibt diese mit der datierten Erhebung fort.

Im Verfahren werden entsprechend dieser Schreibökonomie zuallererst Papiere fabriziert, die an den folgenden Stationen als Abschreibvorlagen dienen:

Nach der Ausfüll-Prozedur wird vom Asylsuchenden ein Lichtbild gefertigt, abgestempelt und mit Büroklammern am fertigen Formular befestigt. (Weitere Durchschläge gehen an die Gesundheitsbehörde, die Ausländerbehörde und an das Asylbundesamt). Mit den ersten beiden Seiten wird der Bewerber zur „Rezeption/Zimmerverteilung" der Aufnahmeeinrichtung geschickt[66]: zum „Haus NR.1 vorbei am Sozialen Dienst, dem Roten-Kreuz und der Kantine - gleich neben der Kirche". Ein fertiger Lageplan soll den Bringdienst vereinfachen. Die angesteuerte Rezeption erstellt mit den Fotos und den unter der vergebenen Options-Nummer on-line verfügbaren Daten einen Heimausweis. An der Rezeption muß lediglich noch die Religionszugehörigkeit ergänzt werden. Auf Knopfdruck wird der Aus-

---

[66] Die Häuser sollen möglichst „homogen" (bezogen auf Nationalität und Religion) belegt werden, um Konflikte zu vermeiden. Für Familien (mit Kindern) und alleinreisende Frauen wurden separate Häuser eingerichtet. Alleinreisende Kinder werden in Kinderheime untergebracht. Die Selektivität dieser Einteilung zeigt sich an den ´trotzdem´ vorgebrachten Beschwerden: Alte wollen nicht unter Jungen, Ruhige wollen nicht unter Lauten oder Freunde nicht getrennt untergebracht werden.

weis gedruckt sowie die Anmeldung für die örtliche Meldebehörde. (Der Asylbewerber ist damit Einwohner der Kommune, in der seine AE angesiedelt ist.)

Vom hier erstellten Heimausweis kann an den folgenden Verfahrensstationen
abgeschrieben werden. Das Gros der Ämtergänge besteht - auch aufgrund der
Sprachbarriere - komplett aus dieser Schreibprozedur. Z.B. beim „Zahltag" im
Sozialamt:

> Der Bewerber tritt ein, nickt uns freundlich zu und legt seinen Heimausweis auf
> den Tisch. Die Sachbearbeiterin nimmt den Ausweis und schaut, welcher Termin
> auf der Rückseite eingetragen ist. Sie schlägt den Heimausweis auf und trägt die
> dort getippten Daten in den Bekleidungsgutschein ein. DM 90,- pro Erwachsener
> für 3 Monate. (Die Gutscheine sind personengebunden. An der Kasse des Kauf-
> hauses sind sie nur in Verbindung mit dem Heimausweis einzulösen.) Hier funk-
> tioniert die Fallbearbeitung ohne Worte. Wenn etwas an diesen Ausgabetagen ge-
> sprochen wird, dann unbeholfene Grußworte, Freundlichkeiten, Floskeln oder
> Scherze. Die Sprüche sind entbehrlich und können deshalb als höflich oder zeit-
> raubend erscheinen.

Ob an der Pforte (der AE), bei der Geld- und Sachgutscheinausgabe (des Sozi-
alamtes), bei der Registrierung zum Transfer (in die Kommunen) oder beim
Gesundheitscheck (des Gesundheitsamtes): alle Stellen lassen sich zuerst den
Heimausweis aushändigen, um schnell und sicher an die benötigten Daten zu
gelangen.

Die ´unkritische´ Übernahme des Vorgeschriebenen ist nicht etwa ein Anzeichen von mangelnder Pflichterfüllung, sondern eine Amtspflicht und Notwendigkeit. Nur die Fortschreibung erlaubt es, die Menge der Ereignisse und Entscheidungen mit „dem Fall" zu verknüpfen - und die Anhäufung von Alias-
Namen (= eine Person, zig Fälle) zu verhindern.[67] Der Fall hängt an den Wiederholungen. Um die Kontinuität zu sichern, sollte der Abschreiber überlie-
ferte Schreibweisen beibehalten und auf eigene Recherchen verzichten.

3.1.3. Vermerken

ZASt x-Stadt   x-Stadt, den 2.3.90

II/1 Blau

1.Vermerk

Im Zusammenhang mit den Vorkommnissen v. 2.2.92 bzw. 3.2.92 (vergl. Vermerk
v. Frau Spengers sowie Eintragungen im Einsatzbuch) halte ich es für dringend
erforderlich, daß - zur Wahrung des sozialen Friedens und Sicherheit der Bewoh-

---

[67] „Wird über einen Ausländer Schriftwechsel zwischen Behörden geführt, so sind stets der volle
Name, der Tag und möglichst auch der Ort der Geburt, die Staatsangehörigkeit sowie die Anschrift
anzugeben. Der Name des Ausländers ist in der Schreibweise anzugeben, die sich aus dem Paß oder
Paßersatz ergibt." (§1 Nr.9 AuslVwV/Verwaltungsverordnung zum Ausländergesetz)

ner - Herr Rudak Brawali derzeit wohnhaft in Haus 17 einen sofortigen Transfer bekommt.

2. DL (Dienststellenleiter, d. Verf.) Herr Schmidt zur Kenntnisnahme und weiteren Veranlassung

3. I/4 Herr Doll

4. I/5 Frau Welle

Vermerke erstellen die Grenzbeamten, wenn sie Grenzgänger geschnappt haben; einen Vermerk schreibt der Beschäftigte der Ausländerbehörde über eine geglückte Vorführung des Ausreisepflichtigen bei ´dessen Botschaft´; einen Vermerk schreibt der Hauswart, weil Bewohner lärmen oder er vermeintliches Diebesgut entdeckt hat; einen Vermerk schreibt der Entscheider, um vertrauliche Auskünfte eines ´U-Boots´ (ein Informant unter den Bewerbern, der über Zimmernachbarn berichtet) verwertbar zu machen; einen Vermerk verfaßt der Justizvollzugsbeamte aus dem ´grünen Dienst´, nachdem er „haufenweise Margarinebecher in einer Zelle entdeckt hat"[68].

Vermerkt werden keine standardisierten Erhebungen, sondern besondere Enthüllungen. Das heißt nicht, daß diese ´vom Himmel fallen´. Sie können durchaus planvoll herbeigeführt werden, wie z.B. eine „Häuserzählung":

Dienstelle - Texter
Datum/Ort
Ergebnis der Häuserzählung: 3 Asylbewerber wurden gefunden, die keine gültigen Ausweise vorlegen konnten; 2 Asylbewerber wurden von der Polizei mitgenommen, ein Asylbewerber wurde vom Gelände verwiesen. Außerdem wurden 15 Fahrräder eingezogen. Diese Fahrräder sind bei der Polizei als gestohlen gemeldet. Die Asylbewerber, die nicht angetroffen wurden, sind in der EDV auf 00/Zimmer 00 gesetzt. Damit sind in der ZASt-01 insgesamt 37 auf 00/00 gesetzt (Aufenthalt zum Teil unbekannt).

Beim Kontrollbesuch kann sich herausstellen, daß es überhaupt nichts zu berichten gibt - vielleicht, weil die Bewohner gewarnt oder die Verdächtigungen haltlos waren. Vermerke berichten nicht über das Vorgehen (das wird als bekannt vorausgesetzt), sondern über die Entdeckungen und mögliche Konsequenzen. Aufgabe eines Vermerks ist es, die Wichtigkeit und Besonderheit der Entdeckung hervorzuheben. Die Hinweise auf das Diebesgut oder auf den allgemeinen Trend zur Abwesenheit sollen alarmieren - und so das Vermerken rechtfertigen.

---

[68] Mit Margarine betreiben die Insassen ihre ´Privatkocher´ auf den Zellen, was - wegen der Brandgefahr - streng verboten ist. Die Konstruktion ist pfiffig: aus Geschirrtüchern werden Streifen geschnitten. Diese werden in flüssiger Margarine getränkt. Die ´Dochte´ stehen in einer zerteilten Dose, die wiederum zu dreiviertel mit Margarine gefüllt ist. Der einmal entzündete Docht speist sich aus dem zu Öl erhitzten Pflanzenfett.

Vermerke bezeichnen Höhepunkte des Amtsalltags. Sie fordern den Beamten als Texter und Autor, nicht bloß als Abschreiber. Diese Doppelfunktion kann auch auf zwei Kräfte verteilt sein: üblich sind Berichte, die von einem Beamten verfaßt und vom Vorgesetzten autorisiert werden. Sowohl der Anlaß wie die anschließende Verrichtung stellen für den Beamten etwas Außergewöhnliches dar: der Anlaß, weil ´sowas´ hier selten vorkommt und gerade deshalb für berichtenswert erachtet wird; die Verrichtung, weil ´man schon lange nichts zu Papier gebracht hat´. Vorgeschrieben sind aus Gründen des Nachvollzugs lediglich: Ort und Datum des Vermerks, Dienststelle des Autors, Zeichen oder der Name des Autors, Ort und Datum des Vorfalls, die Beteiligten sowie die Adressaten des Vermerks. Dazwischen hat der Beamte einen eigenen, geschlossenen - griffigen und knappen - Text zu formulieren.

Der Vermerk ist anspruchsvoll. Er läßt anders als das Formular einen Spielraum, der gestaltet werden will. Das geforderte Formulieren ist es, weshalb die Tür des Büros verschlossen und die Schreibarbeit auf die besucherfreie Zeit verlegt wird. Der Beamte sammelt sich, fertigt Rohschriften und läßt einen vertrauten Kollegen Korrektur lesen, bevor der Text „rausgeht". Schließlich wird alles, was geschrieben steht, ihm - als Autor - zugeschrieben.

3.1.4. Protokollieren

Der „Journalist" zieht aus seiner Tasche Papiere, entfaltet sie und legt sie vor sich. Mir schwant Ungemach, nachdem ich schon mehrmals einer Taschenlehrung beiwohnte und dem hämischen Kreuzverhör, daß sich an den Fund vollgekritzelter Spickzettel anschloß. Doch hier liegt der Fall anders: der Bewerber verbirgt nichts. Er scheut sich nicht einmal, die Blätter zur Hand zu nehmen und wichtige Passagen nachzulesen. Der Entscheider ignoriert dies zunächst - vielleicht, weil er von diesem Betragen überrumpelt wurde. Auf die „Warum mußten Sie Ihr Land verlassen"-Frage reagiert der Bewerber mit einer Lesung.

Der Entscheider kann es nicht fassen. „Er hat sich eben vorbereitet", kommentiert der Dolmetscher ironisch. Der Entscheider wird ungehalten: „Sagen Sie ihm er soll mir das mal zeigen." Der Bewerber bleibt unbeeindruckt. „Wenn er etwas vorbereitet hat, kann er das einreichen, dann wird das übersetzt. Er soll hier aber nicht ablesen." Doch der fährt fort, über seine Arbeit als Journalist zu berichten; nicht ohne dabei in seine Zettel zu schielen. Gemäß meiner Mitschrift übersetzt der Dolmetscher die Ausführungen des Asylbewerbers wie folgt:

D (B~~) Ich erkannte, daß die angeblichen Ziele nicht verfolgt wurden, ja das ist gut, nicht verfolgt wurden (B~) es war eher die klimatische (B~~) die klimatische Spannung zu erhalten, damit die NPR an der Macht bleibt. ( ) Ich komme nicht mehr mit. [Der Bewerber ist dazu übergegangen vorzulesen.]

E Geben Sie mir jetzt bitte die Zettel!

D (D/B~~) Ich schreib für mein Gedächtnis. (B~~) Das ist meine Hilfe.

E Wozu eine Hilfe?

D (D/B~~) Ich brauche die, es ist meine Geschichte.

E Wenn es Ihre Geschichte ist, können Sie ja erzählen.

D (D/B~~) Ich muß überprüfen, falls ich eine falsche Angabe gemacht habe.

E SIE müssen garnicht prüfen, nur erzählen.

Damit ist zunächst die Auseinandersetzung beigelegt. Der Bewerber hat dem Entscheider die Blätter gereicht. Doch immernoch scheint er von der Rückgabe auszugehen. Als er gefragt wird, ´ob er noch etwas ergänzen möchte´, kommt er auf seine Zettel zurück. Um das sagen zu können, übersetzt D, brauche er diese zurück. Da stehe nämlich alles drin, was er womöglich in der Eile vergessen hat.

D (B~~) Ich brauche meine Papiere. Es ist MEINE Geschichte.

E Dann haben Sie die ja auch im Kopf.

D Ich bin doch kein Computer.

E Sie bekommen alle Sachen zurück, am Ende des Verfahrens. ( ) Wollen Sie, daß wir das fertige Protokoll dem Anwalt zusenden?

Der Entscheider läßt die Zettel jetzt in einer Akte verschwinden. Er unterbricht den Dolmetscher, der mit der Geschichte fortfahren möchte und diktiert folgende Protokollpassage:

Vermerk: Der Antragsteller liest von zwei Notizzetteln ab und wird gefragt, was auf diesen Zetteln steht. Er antwortet, daß dort seine Asylgründe notiert seien und er dies für die heutige Anhörung benötige. Der Antragsteller wird aufgefordert, aus freien Stücken seine erneuten Asylgründe darzulegen und nicht von einem Zettel abzulesen. Die Notizzettel selbst gehen als Original zu den Akten.

Warum die Aufregung? Beim Ausfüllen im Zuge der Aufnahme wäre der Beamte noch dankbar für eine Schreibvorlage gewesen, wie sie der Bewerber hier vorlegt. Ein Abschreiber hätte die Vorlagen begrüßt, um sich Fragerei und Spekulation zu ersparen. Im Zuge der Anhörung ist der Beamte dagegen alles andere als dankbar. Wie erklärt sich das?

Der ablesende Bewerber durchkreuzt Importbestimmungen der Anhörung:

• Die Leistungen sollen dem Antragsteller - und nur diesem - zurechenbar sein. Die Zuschreibung wird zunächst gesichert durch die Erfüllung der Anforderungen ´unter den Augen´ des Entscheiders. Eine solche Sicherung findet sich auch in Schulklausuren. Das Abgucken und Spicken soll dort mittels einer „Aufsicht" unterbunden werden. Der wesentliche Einwand des Entscheiders gegen das Ablesen des Bewerbers lautet: „Das kann doch jeder geschrieben haben". Auch andere Formen gezielter Prüfungsvorbereitung, wie das Auswendiglernen oder Ratholen, sind verpönt und gelten den Entscheidern als Anzeichen der Unglaubwürdigkeit.

• Der Bewerber soll den Asylantrag nicht anhand von Erlerntem („Der hat sich eben vorbereitet!"), sondern anhand von Erlebtem begründen. Als Vermittlungsmodus von Wahrheit und Wahrhaftigkeit wird im Asylverfahren - wie vor Gericht - das Mündliche präferiert. Das Gebot des mündlichen Vor-

bringens unterstellt, daß eigene Erlebnisse abrufbar und kommunizierbar sind
- und zwar bei Bedarf und auch unter nicht alltäglichen Bedingungen.

Wie läßt sich das Protokollieren gegenüber den anderen Schreibprozeduren
charakterisieren? Wo beim Abschreiben die Antworten und beim Ausfüllen
die Fragen bereits in der Schriftform vorliegen, da sind beim Protokollieren
sowohl Fragen wie Antworten erst noch zu verbalisieren *und* zu verschriftlichen. Vom Vermerken unterscheidet sich das Protokollieren im Erhebungs-
anlaß. Das Protokoll bezieht sich auf eine terminierte, angekündigte und vor-
definierte Erhebungssituation: die Anhörung. Der Vermerk bezieht sich ex
post auf Ereignisse, die sich erst als ´relevant´ herausgestellt haben. Er ver-
meldet Außergewöhnliches oder wird garnicht verfaßt. Dagegen kann das
Protokollieren in keinem Fall unterbleiben, weil *jeder* Einzelfall behandelt
werden muß. Von der Abschrift unterscheidet sich das Protokollieren im Anforderungsprofil der Anhörungsteilnehmer: der Bewerber soll seine
´Erlebnisse´ *in* der Anhörungssituation ausdrücken und vertreten. Entsprechend sind alle weiteren Beiträge erst in der Anhörungssituation zu formulieren - und nicht schon per Fragekatalog oder Spickzettel zu importieren. All
diese Differenzierungen machen es möglich, das Abschreiben (vom Paßpa-
pier), das Ausfüllen (des Anhörungbogens) und das Vermerken (besonderer
Vorkommnisse in der Anhörung) vom Protokollieren zu unterscheiden *und*
ihre spezifischen Funktionen im Rahmen der Protokollerstellung abzustecken.

Exkurs: Über das Ethnographieren von Schreibprozeduren

Das Asylverfahren scheint dazu bestimmt, mit seiner Papier- und Datenflut
Akten, Aktenschränke, Archive und Zentraldateien zu füllen. Es wird ausgefüllt, abgeschrieben, vermerkt, diktiert, protokolliert etc.. Der Ethnograph hat
sich, diesem Sog der Praxis folgend, selbst als Sammler, Schreiber und Archivar zu betätigen, will er nachvollziehen, was ´hier eigentlich vor sich geht´.
Die nachfolgende Schreibprozeßanalyse ist entsprechend keine allgemeine
Methode, sondern eine Konsequenz aus der praxisorientierten Forschertätig-
keit. Sie verspricht, als Teil des ethnographischen Projekts, das angehäufte
(Schriften-)Material gewinnbringend aufzuschließen.

Die Schreibprozeßanalyse ist bereits ein Ergebnis ethnographischer Forschung, die also nicht nur theorie-, sondern auch methodenbildend wirkt. Das
Ethnographieren - hier praktiziert als die Verschriftlichung eines sozialen
Zusammenhangs und nicht, was auch denkbar wäre, als Verfilmung oder
Vertonung - setzt früher an; und zwar dort, wo der Ethnograph mit der Produktionsweise des Amtsbetriebs konfrontiert wird und seine eigene Datenpro-
duktion auf die Gegebenheiten einstellt.

Angesichts der Papier- und Datenflut drängte sich die besondere Aufgabe auf, der feldeigenen Dokumente habhaft zu werden. Um jeweils die Papierspur eines Falles zu verfolgen, bedurfte es dabei je nach Verfahrensstation angepaßter Vorgehensweisen:

- Beim Bundesamt für die Anerkennung ausländischer Flüchtlinge (BAFl) genügte ein Wiederholungsbesuch am Tag nach der Anhörung, um das fertige Protokoll zu erhalten. Für den folgenden Bescheid waren schon Terminabsprachen oder mehrmaliges Nachfragen ratsam. Aber auch hier war in der Regel ein bis zwei Wochen später Erfolg beschieden. Innerhalb des sechswöchigen Forschungsaufenthalts konnte ich zusätzlich zu den eigenen Mitschriften komplette „Fälle" sammeln: mit Anhörungsbogen, -protokoll und Bescheid.

- Am Verwaltungsgericht zog sich der Schreib- und Entscheidungsprozeß über mehrere Monate. Noch vor der Verhandlung durfte ich die Prozeßdokumente einsehen: Protokoll plus Bescheid des BAFl, die Klageschrift des Anwalts, den „Sachverhalt" des Richters sowie die „Erkenntnisliste", der eingebrachten Länderberichte und Gutachten. Die in der Verhandlung diktierte Niederschrift war, wegen der Beanspruchung der Schreibbüros, erst nach 2-3 Wochen getippt. Weitere Wochen dauerte es bis zur fertigen Urteilsschrift. Ohne das jeweilige Aktenzeichen waren diese zeitlich verstreuten Produkte nicht einzufangen. Doch auch mit Aktenzeichen blieb die Dokumentensuche schwer genug: der Fall konnte bereits archiviert sein, er konnte sich im Schreibbüro befinden oder auch in einem der Aktenhaufen des zuständigen Richters.

Der Ethnograph muß recherchieren, wie sich die Papiere in der Organisation bewegen, wo sie parken oder wer über ihren Aufenthalt Bescheid weiß (vgl. Cambrosio u.a. 1990). Hat er entsprechende interne Dokumente gesichtet und will er sie für die weitere Untersuchung sichern, muß er zum Teil komplizierte Ausfuhrbestimmungen beachten:

- Ich wurde vorab auf das „Amtsgeheimnis" verpflichtet und damit zu einer Art ´Teilmitglied auf Zeit´. Per Unterschrift hatte ich insbesondere zuzusichern, keine personenbezogenen Daten - über Beamte wie Klienten - auszuführen. Diese generelle Sicherung dient dazu, den Externen in die Pflicht zu nehmen.

- Vor Ort entschied der jeweilige Urheber eines Dokumentes über die Möglichkeit der Ausfuhr und über die näheren Ausfuhrbestimmungen. In einigen Fällen beschränkte sich deshalb meine Erhebung auf die bloße Mitschrift; in anderen Fällen erhielt ich den kompletten Satz (von der Tonaufnahme bis zum Bescheid) mit der Bitte um Feedback.

- In jedem Fall mußten alle personenbezogenen Hinweise in einem Dokument geschwärzt werden. Entsprechend sind alle hier verwandten Namen und Daten frei erfunden. Das Ausmaß einer Schwärzung variierte von Fall zu Fall ebenso wie das Vertrauen in den Ethnographen, daß er diese eigenhändig vornimmt. Oftmals übertrug der Entscheider oder der Richter die Schwärzung dem Schreibdienst.[69]

Der Ethnograph sichtet und kopiert nicht nur behördliche Dokumente, er dokumentiert auch selbst. Welchen Sinn aber soll eine zusätzliche Verschriftlichung haben, wo bereits die bürokratische einen derartig imposanten Output aufweist? Genügt nicht eine hermeneutische Analyse der „natürlichen Daten", in der Art wie sie z.B. Historiker betreiben? Derartige Zweifel wurden durch die ersten Protokolle, die ich als Beisitzer der Anhörungen und Gerichtsverhandlungen erstellte, noch angestachelt. Das hastige Gekritzel war - gemessen an den offiziellen Schriften - allzu ähnlich und lückenhaft.

Um das eigene Mitschreiben auf eine soziologische Verwertung auszurichten, versuchte ich nun betont ´anders´ zu protokollieren. Die Mitschrift konzentrierte sich auf Zwischenspiele, Störungen, Konflikte, Mißverständnisse, Vor- und Nachbereitungen sowie auf die Deskription der Arbeitsmittel und -methoden - also solche Aspekte, die in der (offiziellen) Dokumentation erster Ordnung nicht vorkommen. Diese eher sporadischen, gelegenheitsgesteuerten Ausflüge in die Schattenseiten der bürokratischen Datenerhebung gingen mit dem Verzicht einher, die Anhörung mitzuschreiben. Mit jeder Randnotiz entgingen Resultate; mit jeder Konzentration auf die Resultate entgingen Aktivitäten. Das Ethnographieren ließ sich erst vom bürokratischen Protokollieren emanzipieren, indem ein gänzlich anderer Materialzugriff erschlossen wurde: der Tonbandmitschnitt. Mittels Beobachtungsprotokoll*und* Tonbandmitschnitt ließ sich die Fertigung der Amtsschriften thematisieren, statt ihre Gehalte zu übernehmen. Der Ethnograph hat sich also zunächst von der herrschenden Verschriftlichung zu distanzieren. Er hat sie, die bereits wirkungsvoll das Geschehen objektiviert, zu objektivieren.

Damit ist die ethnographische Verschriftlichung nicht weniger auf Realistisches aus als die bürokratische Verschriftlichung. Während der Entscheider aber am Einzelfall interessiert ist, interessieren den Ethnographen die Regelmäßigkeiten der amtlichen Fallherstellung. Entscheider sind verpflichtet, in jedem Einzelfall zu urteilen und dieses Urteil am Protokoll verfahrensöffent-

---

[69] Beim Verwaltungsgericht unterlief mir ein dummes Mißgeschick an der (blauen) Unterschrift des Richters auf der letzten Seite der Urteilsschrift erkannte ich (leider zu spät), daß ich - statt der Kopie - das Original geschwärzt hatte. Ein Dokument war zerstört. Nach meiner Beichte wurde die Kopie per Siegel der Urkundsbeamtin und Unterschrift des Richters zum Original erkoren.

lich zu begründen. Der Ethnograph identifiziert konstitutive und regulative Wissensbestände, Methoden und Techniken anhand der alltäglichen Falldurchläufe. Wo der Ethnograph also Fabrikations- und Vorführmethoden anpeilt, da fixiert der Entscheider den individuellen Fall.

Dies hat eine ganze Reihe konkreter Folgen: Der Entscheider ist auf ´diese eine Anhörung´ angewiesen, sie muß ihm gelingen. Der Ethnograph kann reihenweise Anhörungen besuchen, um sich ein Bild zu machen. Wenn der Beamte während der Anhörung bereits eine endgültige Schriftform herbeigeführt hat (und haben muß), besitzt der Ethnograph nur seine Eindrücke samt Schmierblätter voll Gekritzel und Skizzen. Die Verwertung und Wertigkeit dieser Rohlinge klärt sich erst im weiteren Forschungsverlauf. Das Material, über das der Entscheider bereits am Ende der Anhörung verfügt, muß der Ethnograph also erst entwickeln. Dabei ist dem Ethnographen - anders als dem Beamten - kein ausformuliertes, einklagbares Regelwerk analog zum Asylrecht vorzuhalten. Als unethnographisch gilt es vielmehr, den Eigensinn des beforschten Kontextes zugunsten vorgefaßter Normen zu mißachten.

Kontrastieren wie also den amtlichen und den ethnographischen Erkenntnisprozeß als Schreibprozesse, so zeigen sich fundamentale Unterschiede. Der Schreibprozeß des Ethnographen verläuft nicht in der kurzen, situativen Taktung der Anhörung. Von der ersten Erinnerungsspur bis zur ausformulierten Episode im Fachaufsatz werden - statt Stunden - Jahre vergehen, wenn sich überhaupt eine derartig lineare Produktion zurückverfolgen läßt. Statt einer Produktionskette, wie sie die Protokollierung aufweist, zeichnet sich das Ethnographieren eher durch das Anhäufen von Rohschriften und Erinnerungen aus, die durch analytische ´Zusammenfassungen´ und ´Eingriffe´ durchstöbert werden. Der Materialverschleiß ist deshalb - mangels vorgefaßter Standardisierung und Disziplinierung (der Verschriftlichung) - weitaus größer, als der im Zuge eines bürokratischen Entscheidungsverfahrens. Während der Ethnograph droht, ´im Material zu versinken´, fürchten Entscheider, ´oberflächlich zu entscheiden´.

Gerade aufgrund dieser anderen Zeitperspektive hat der Ethnograph Methoden zur Sichtung und Archivierung der erstellten und gesammelten Dokumente[70]

---

[70] Neben den Anhörungspapieren sind dies: für die Grenzpolizei das Vernehmungsprotokoll des Grenzverletzer, der Strafantrag wegen „illegaler Einreise" sowie der „Rücknahmeantrag" für die Grenzbehörden des Nachbarstaates; für die mit der Aufenthaltsbeendigung betraute Zentrale Ausländerbehörde waren dies Rechtskraftdokumente (Urteil plus Verhandlungsniederschrift) sowie Nachweise der Vollzugs-Anstrengungen (Reisepapier-Antrag für das Konsulat, Vermerke über die Vorführung bei Botschaften, Erklärung über die freiwillige Ausreise, „Ausschreibung zur Fahndung", Haftantrag); für die Abschiebehaftanstalt schließlich das Aufnahmeersuchen plus Haftrichter-Beschluß sowie die Aufnahmeunterlagen mit Körperbeschreibung, psychischer Prognose und Auskunft aus dem „Zentral- und Erziehungsregister".

zu entwickeln. Einem Bürokraten nicht unähnlich suchte ich meinerseits Akten anzulegen, die allerdings ausschließlich als „Privatakten" (Lau/Wolff 1981) dienen. Orientiert am Verhandlungsdatum wurden die Ergebnisschriften den selbstgefertigten Materialien zugeordnet. Zur besseren Sichtung versah ich sie außerdem mit Gedächtnisstützen („der Gasflaschen-Junge"; „Minderjährig" oder „der Spion" etc.). Ohne diese Aktenmäßigkeit der Forschung hätte ich, statt Fallverläufe, nur isolierte Mosaiksteine erhalten.

Es charakterisiert die Verfahrenspraxis, daß sie nicht nur den Ethnographen - neben seiner eigenen Schreibtätigkeit - als Sammler und Archivar in den Bann zieht, sondern auch die Asylbewerber. Als Verfahrensgänger sind sie gut beraten, ihre eigene „paper work" (Zimmerman 1969) bzw. Selbstverwaltung gewissenhaft zu verrichten, wollen sie nicht an eigenen Unzulänglichkeiten scheitern. Nur so lassen sich verräterische Papiere (z.B. über den Aufenthalt im „sicheren Drittland" oder über Generalproben vor der Anhörung) verbergen oder Belege für ausgesuchte Episoden der Fluchtgeschichte mobilisieren.

Die späteren Interviews mit Abschiebehäftlingen förderten die im Verfahren geweckte Sammelleidenschaft der Verfahrensgänger zutage. Amtliche Papiere finden sich gebündelt mit Zeitungsausschnitten, politischen Flugblättern oder Briefen von Sympathisanten. Die Papiere werden angeführt, um das ´erlittene Unrecht´ gegenüber potentiellen Helfern darzustellen. Zunächst funktionieren sie wie Urlaubsfotos: sie zeigen, daß ´man selbst´ dort war und dergleichen erlebt hat (vgl. Geertz 1990). Im weiteren sollen die Dokumente Solidarität erzeugen. Was nicht einfach ist. Auch die Helfer unterhalten ihre Glaubwürdigkeitsverfahren und wollen überzeugt werden. Als erklärtermaßen kritische und mitfühlende Gegner des Asylverfahrens versuchen sie gleichwohl den Verfahrensgang nachzuvollziehen und ihre (knappen) Zeitressourcen auf lohnende Fälle zu konzentrieren.[71] Als Wohltäter werden sie in die Rolle von Entscheidern versetzt, die eigene Selektionen vornehmen.

Die Datenbeschaffung und -erzeugung des Ethnographen ist, wie ich zeigen wollte, nicht von der Produktionsweise des Feldes, seinen Geheimhaltungsregeln, Exporthemmnissen und Ausfuhrbestimmungen zu trennen. Entsprechend mißverständlich erscheint es, wenn das Ethnographieren in Lehrbüchern auf das fleißige Protokollieren beschränkt wird, das bei der teilnehmenden Beobachtung oder als Erinnerungsarbeit betrieben wird. Je nach Feld kann sich die Nutzung des Tonbandgerätes, die Sammlung von Schmierzetteln bis fertigen

---

[71] Die Helferszene zeichnet sich durch einen beachtlichen Grad an Professionalisierung aus. Schon der verzweigte Helfer-Service (von ai, den Wohlfahrtsverbänden, den Landesflüchtlingsräten, des Bundesverbandes ProAsyl und der Kirchen) mit seinen Periodika, Datenbanken, Rechtsprechungsübersichten, Formularsätzen, vorgefaßten Klageschriften, eigenen Länderberichten und Fortbildungsseminaren verweist auf den Daueranspruch, mit dem Verfahren gleichzuziehen. Rechtsanwälte beklagen, daß übereifrige Helfer sich Rechtsfragen annehmen, die eigentlich „in die Hände eines Fachmanns gehören". Helfer beklagen, daß Rechtsanwälte Fälle annehmen, „ohne sich wirklich zu engagieren".

Dokumenten oder auch der Einsatz von Videos als zentrale Strategie herausstellen, ohne die wesentliche Praxisaspekte für die Analyse unzugänglich geblieben wären.

3.2. Die Vorlagen des Protokolldiktats

Das Protokoll soll an die Stelle der Anhörung treten und diese für eine Leserschaft verfügbar machen. In dieser Weise wird es von der Verfahrensöffentlichkeit (dem Richter, dem Anwalt, Beratungsdiensten) benutzt, um den Auf-
tritt des Bewerbers oder das Vorgehen des Entscheiders zu bewerten: der Bewerber weiß viel, er widerspricht sich, er bleibt vage, er liefert keine Asylgründe; die Anhörung des Entscheiders ist gelungen, hat nichts ergeben, oder
erscheint unfair. Betrachten wir dazu typische Verfahrensanschlüsse vor dem
Verwaltungsgericht:

> Der Richter urteilt anhand des Protokolls, ob eine Klage des abgelehnten Bewer-
> bers Aussicht auf Erfolg hat. Er stellt in der Verhandlung kontrastierende Fragen
> mithilfe des Protokolls. Er vergleicht das Vorbringen des Klägers mit dessen Vor-
> bringen in der Anhörung und bewertet es z.B. als „gesteigert". Er rügt die
> Amtsermittlung des Entscheiders anhand fehlender Nach- bzw. Klärungsfragen. Er
> bewertet die Beurteilung der Aussagen im Bescheid des Bundesamtes als „einsei-
> tig" oder „überzeugend".

Die Benutzung des Protokolls im Verfahren unterstellt, daß sich das Protokollierte aus dem Mündlichen ableitet. Ausgehend von diesem Ableitungsverhältnis untersucht eine Fehlerkunde Abweichungen der Übertragung.[72] Ziel
solcher Untersuchungen ist es, Fehler zu markieren und auszumerzen. Neuere
Studien zeigen ´Verständnis´ für Übertragungsfehler, indem sie das parallele
Vernehmen und Protokollieren als Zielkonflikt darstellen: mal wird zu oft
diktiert (und die Vernehmung gestört), mal wird zu lange vernommen (und die
Aussage zusammengefaßt).[73] Für Asylanhörungen findet sich eine vergleichbare Studie über die Protokolliertechniken, die „verzerrende Effekte begünsti-
gen bzw. deren Entstehen verhindern" (Töpfer 1990: 116).

---

[72] „Die Untersuchung der Filterungsprozesse mit Hilfe eines Vergleichs der transkribierten Tonauf-
zeichnungen von Vernehmungen und der schriftlichen Vernehmungsprotokolle ist dabei der erste
Schritt, der auf Protokollierungsfehler, also auf Mängel bei der Umsetzung hinweisen kann." (Banscherus 1977: 215; vgl. Kube 1979)

[73] „Die Herbeiführung einer wahrheitsgemäßen - oder wenigstens mit Gewinn analysierbaren -
Aussage verbietet es, daß der Zeuge immer wieder durch das Protokolldiktat unterbrochen wird.
Wird aber das Protokolldiktat bis zum Schluß der Aussage herausgeschoben, dann gehen notwendigerweise viele Einzelheiten verloren, die im Protokoll festgehalten zu werden verdient hätten."
(Bender/Nack 1995: 196f.) Als Ausweg wird die „Originaltonaufnahme" (ebd.; vgl. auch Schubert
1983) empfohlen. Diese entlaste den Beamten und liefere ein getreues Abbild des Geschehens. Sie
sei zudem frei von verzerrenden Effekten der Subjektivität und der beschränkten Aufnahmekapazi-
tät.

Für die Verwertungen im Verfahren, wie für die Fehlerkunde gilt, daß „Do-
kumentationen nicht Ursache des von ihnen festgehaltenen wirklichen Ereignisses sein sollten; die Verursachung sollte ausschließlich in umgekehrter
Richtung verlaufen" (Goffman 1977: 93). Das Mündliche stellt, so die Normalitätsunterstellung, das Original, welches per Schrift abgebildet wird. Nur
die Ausblendung des Übertragungsprozesses erlaubt es, Wort und Schrift derart als Reinformen zu idealisieren.

Die folgende Schreibprozeßanalyse fragt danach, wie Protokolle anhand von
Gesprochenem erstellt werden (können). Was dient dem Diktat als Vorlage
und welche Vorbereitungen gehen in die Vorlagen ein? Wie macht das Diktat
vom Vor-Gesprochenen Gebrauch und wie wird das Vor-Gesprochene auf
seine Verwertung eingestellt? Zur Beantwortung dieser praktischen Fragen
erscheint es weder hilfreich, die objektive Wort-Schrift-Ableitung zu übernehmen, noch - wie in reinen Dokumentenanalysen - das Produkt einfach von
seinen Vorlagen abzutrennen[74]. Vielmehr wird es darum gehen, die vielfälti-
gen Verknüpfungen und Überbrückungen von Wort und Schrift anhand der
Vor-, Halb- und Fertigprodukte herauszuarbeiten.

Unterschiedliche Wort-Schrift-Übergänge finden sich je nach der - wortnahen,
thematischen und paarweisen - Taktung des Protokolldiktats des Entscheiders.

3.2.1. Die wortnahe Taktung

Für wortnahe Diktate werden Übersetzung und Diktat - wohlgemerkt nicht:
Bewerberäußerung und Diktat - einander angenähert. Diese Annäherung zeigt
der folgende Transkriptausschnitt:

E Frage Doppelpunkt Können Sie mir jetzt mal ganz genau in allen nur erdenkli-
chen Einzelheiten komma Schritt für Schritt schildern komma was Sie und diese
Leute gemacht oder gesagt haben komma nachdem Sie das Flughafengebäude
betreten hatten Neue Zeile Antwort Doppelpunkt
B # ~~~~~~
D Mhm
E <Mhm

---

[74] Ein solches Untersuchungsdesign findet sich bei Knauth/Wolff bezogen auf Gerichtsakten: „In
einer ethnomethodologischen Perspektive betrachten wir Darstellungen grundsätzlich nicht als
Repräsentationen einer dahinterliegenden objektiven Realität, also unter dem Blickwinkel ihrer
Abbildfunktion. [...] Wir interessieren uns für die soziale Realität, wie sie in und durch eben diese
Darstellungen erst entsteht." (1990: 214) Oder auch in der programmatische Folgestudie zur Anwendung der Konversations- als Dokumentenanalyse: „Schriftliche Texte stehen hierbei nicht in
ihrer Eigenschaft als Abbildung von Realität zur Diskussion." (1991: 48) Die Textproduktion wird
hier wie dort allein anhand der fertigen Texte rekonstruiert.

D <Als ich den Flughafen betreten habe, habe ich zuerst meine Taschen aufgege-
   ben, daß heißt ich habe sie wiegen lassen und =dann wurden sie abtransportiert
E *Als ich den Flughafen betreten* habe komma habe ich als erstes meine Taschen
   aufgegeben komma ich habe sie wiegen lassen und dann Punkt
D <wurden sie abtransportiert
E <wurden sie abtransportiert Punkt
D <Dann sind wir in den großen Wartesaal für alle ge=gangen
E *Dann bin ich* in den großen Wartesaal für alle gegangen
D <Bitte? Und danach um das Gate
E <und danach eh zu dem =Flugsteig
D #zum Flugsteig ( ) und dann sind wir sind wir eh
E <Punkt Dann sind wir
D <zum Flugzeug gefahren =worden
E <*zum Flug*zeug gefahren worden Punkt
D <Dann betrat ich das Flugzeug
E <Dann betrat ich das Flugzeug
D <Und fuhr ab
E <Und fu flog ab Punkt neue Zeile

Zunächst erledigt der Entscheider die Frage, indem er sie stellt*und* als Über-
setzungsauftrag formuliert *und* diktiert[75]. Er bereinigt durch das gleichzeitige
Fragen/Diktieren das Feld für die Protokollierung der folgenden Antwort-
Übersetzung.

Der Entscheider befördert die Lieferungen des Dolmetschers durch ein
´aufdringliches´ Nachsprechen zu unmittelbaren Diktatvorlagen. Der Dolmetscher diktiert das Diktat des Entscheiders. Der Dolmetscher kann und muß
damit rechnen, daß der Entscheider mit dem Nachsprechen beginnt, noch bevor er seinen Part beendet hat. In dieser Weise delegiert der Entscheider Formulierungsarbeit an den Dolmetscher. (Das Vorgehen erinnert an die Prozedur
des Abschreibens. Der Entscheider minimiert - ähnlich einem Abschreiber -
den eigenen Formulierungsaufwand. Allerdings wird die ´Diktatvorlage´ anders als eine ´Schreibvorlage´ erst in der Situation formuliert.)

Es finden sich anfangs jeweils kurze Phasen der Abstimmung im
´Autorenteam´. Im obigen Fall wird diese durch ein kurzes ´Abnicken´ geleistet. Wie die Diktierweise *in* der Situation durchgesetzt wird, zeigt sich dort,
wo der Dolmetscher nicht sogleich seine Bereitschaft zum Vorsprechen signalisiert:

---

[75] Mitgeschnitten werden zuweilen beeindruckend komplexe Formulierungen, die ´aus dem Stand´
fehlerfrei mit Punkt, Komma, Satzzeichen und Absatzmarkierung gesprochen werden. Diese Ope-
ration erfordert Geschick und Konzentration. Entsprechend sind zuweilen Nachbesserungen nötig.
Durch die Zusammenlegung von Vor-Formulierung und Diktat wirkt der Mitschnitt als Abkürzung.

B ~~~~~~~~~~

D <Ja. also was ich jetzt verstanden ist das ( ) ich wußte wie gesagt nicht, daß ich in Frankreich war, hat er zu mir gesagt, eh und als ich dann weiter = gefahren bin mm

E *Ich wußte* nicht komma daß ich in Frankreich bin komma aber man sagte es mir Punkt. Als ich dann weitergefahren bin

D <und schon in Deutschland war

E <und schon in Deutschland war

D <dachte ich wäre immer noch in Frankreich

E <dachte ich komma daß ich immer noch in Frankreich sei neue Zeile Punkt

Der Einstieg des Dolmetschers kann als Versuch interpretiert werden, das Anspruchsniveau des folgenden Diktats zu senken. Solche Abwiegelei findet sich häufig bei einem drohenden wortnahen Diktat. Sie zeigt die größere Belastung, derer sich der Dolmetscher ausgesetzt sieht. Hier übergeht das Nachsprechen des Entscheiders die Vorsichtsmarker - in anderen Fällen wechselt der Entscheider daraufhin die Taktung. Im folgenden Fall wird die Taktung als Anspruchsniveau schrittweise etabliert:

B ~~~~~~~=~~~

E *ich möchte* wissen was Sie **was Sie** [haut mit der flachen Hand auf den Tisch] unmittelbar vor =ihrer Ausreise gearbeitet hat

D *Das kommt ja jetzt, das hat er mir* ja erzählt

5 E Mhm gut =okay

D *die* Sache geht auf 10 bis 12 Monate zurück zu der letzten Arbeit, die er dann durchgängig gearbeitet hat

E <gut okay, dann jetzt

D <Also, er war er hatte kein Geld, nichts zu essen da kam ein Freund zu ihm =
10   der

E *Ich war* dann zunächst arbeitslos komma ich hatte kein Geld mehr für meine Familie komma wir konnten kaum etwas essen Punkt

D <ich traf dann einen Freund

E Ich traf dann einen Freund der Familie

15 D <der er gab mir =zehn ägyptische Pfund

E *komma er gab mir* zehn ägyptische Pfund

D damit wir was =zu essen kaufen konnten

E *komma damit ich was* zu Essen kaufen kann Punkt

Wie geht die Abstimmung der Taktung vor sich? Zunächst kündigt der Dolmetscher seine Lieferung an (4). Er versichert sich, daß die Antwort ´auch so´ gefragt ist (6). Der Entscheider ermutigt den Dolmetscher per Startzeichen. Dieses „dann jetzt" (8) beschreibt eine Zäsur für die nachfolgende Lieferung. Der Dolmetscher muß ab hier damit rechnen, daß seine Beiträge wortwörtlich ins Protokoll überführt werden. Langsam stellt er sich auf die Ansprüche ein:

angeleitet vom Entscheider (10) wechselt er in die gebotene erste Person und Halbsatz-Stückelung (12).

Einen Gutteil der Formulierungsarbeit erledigt, ist die Taktung erst etabliert, der Dolmetscher. Der Entscheider spricht das Gehörte nach. Betrachten wir die Bewerberbeiträge, so bleiben diese von der ´Zudringlichkeit´ des Diktierens unberührt. Sie werden auch weiterhin im Rahmen der Sub-Anhörung zwischen Dolmetscher und Bewerber getaktet. Der Dolmetscher startet seine Lieferung (gestückelter Diktatvorlagen) erst, wenn er über ausreichend Material verfügt. Die wortnahe Taktung macht halt an der Sprachbarriere.

3.2.2. Die paarweise Taktung

Der hohe Anspruch an die Diktatvorlage, wie sie der Dolmetscher in der wortnahen Taktung bewältigt, wird in der paarweisen Taktung nicht erfüllt. Es kommt zu Lieferschwierigkeiten. Hierzu ein Beispiel:

```
    E ... Absatz Frage Schildern Sie mir jetzt bitte komma wie Sie nach Deutschland
        gekommen sind
    D ~~~~
    B ~~~~~~~~~~~=~~~~
 5  D ~~~~~~ Er fängt an gleich sei sei
    E <seine Asylgründe, na ja ich hab schon sowas gedacht
    D ~~~~
    B ~~~
    D Von Ankara ~~~
10  B ~~~~~~
    D Mit dem Reisebus nach Istanbul, von Istanbul mit dem Flugzeug nach Frankfurt
    E Ehm
    B ~~~~
    D am 12.Juni Sechsundneunzig ( ) ausgereist eingereist
15  E Mhm, ja Frage achso Schildern Sie mir jetzt bitte komma wie Sie nach
        Deutschland gekommen sind Absatz (Klack) Antwort Ich bin mit dem Reisebus
        von Ankara nach Istanbul und von dort aus mit dem Flugzeug nach Frankfurt
        geflogen Punkt Das war am 12.6.1996 Punkt Absatz Frage warum sind Sie denn
        von Istanbul gefahren Gabs von dort keine Flüge
20  D ~~~~
    B ~~~~~~
    D Weil mein Bekannter in Istanbul wartete
    E Absatz Frage (klack) Absatz auf Befragen ich bin von Ankara nach Istanbul ge-
        fahren komma weil mein Bekannter in Istanbul war Punkt Absatz Frage wie ....
```

Wie beim wortnahen Diktieren findet sich auch hier anfangs ein Fragemitschnitt (1). Der Entscheider spricht eine Standardfrage ins Protokoll *und* in die Fragerunde. Zu Beginn der Antwortlieferung ist damit noch unklar, ob nicht

auch eine wortnahe Taktung vorgenommen wird. Doch schon mit der Nachfrage des Dolmetschers jenseits der Sprachbarriere (5) und deutlicher noch in
der anschließenden Meldung (5) zeigt sich, daß er sich außerstande sieht, bereits eine brauchbare Diktatvorlage abzuliefern. Die Schuld an den Lieferschwierigkeiten spricht der Dolmetscher - und hier trifft er die Erwartung des
Entscheiders (6) - dem Bewerber zu.

Der Entscheider stellt seine Diktierweise auf die offensichtlichen Schwierig-
keiten ein. Es wird zunächst die gesamte Antwortlieferung abgewartet und erst
hernach mit der Übertragung begonnen (15). Dabei wird zur Übertragung das
Fragediktat nochmals vom Tonband abgehört, um die Passung von Frage und
Antwort zu kontrollieren. Es folgen zwei unterschiedliche Paarungen: Beim
ersten Paar (15) erfolgt eine Passung durch einfaches Weiterdiktieren, ohne
Korrektur des ursprünglichen Fragemitschnitts; im zweiten Frage-Antwort-
Paar (23) wird der Fragemitschnitt übersprochen. Der Entscheider nimmt die
bereits protokollierte Frage zugunsten der Antwort zurück.

Der Entscheider reagiert auf die drohende Unbrauchbarkeit der Diktatvorlage,
indem er das Diktat zurückstellt. Eine enge Verknüpfung erscheint unwahr-
scheinlich: eher kann sich der Entscheider auf nötige Rekonstruktionen,
Nachbesserungen, Begriffsklärungen und Ausformulierungen einstellen. Die
mindere Qualität der Lieferungen kann in Anhörungen ein Dauerproblem
darstellen - und das wortnahe Diktieren ausschließen -, wo der Dolmetscher
als Fremdsprachler durchweg ein ´holpriges´ Deutsch spricht. In diesen Fällen
wartet der Entscheider auch ohne die Anzeige des Dolmetschers alle Teilliefe-
rungen zu einer Frage ab. Er verschafft sich so einen Überblick sowie die Zeit,
ein protokollgerechtes Frage-Antwort-Paar zusammenzustellen.

3.2.3. Die thematische Taktung

Die Position des Bewerber-Beitrages ändert sich in der thematischen Taktung.
Hier greift der Entscheider jeweils erst nach einer ganzen Abhandlung zum
Diktaphon, um diese per Diktat zu beschließen. Ein Thema umfaßt dabei z.B.
die Asylbegründung, die Reisewegbeschreibung oder eine Batterie von Quizfragen (etwa zur behaupteten Religionszugehörigkeit). Es werden jeweils
mehrere Frage-Antwort-Durchgänge abgearbeitet und erst zum Schluß am
Stück ins Protokoll gesprochen. Dazu ein entsprechend längerer Transkriptausschnitt:

E Aus welchen Gründen haben Sie ihr Heimatland verlassen müssen Fragezeichen
   Schildern sie mir bitte jetzt ausführlich Ihre persönlichen Asylgründe (klack)
   Ausrufungszeichen

D ~~~~~

B ~~~~~=~~~~~~~~~~~~~~~~~~~~

E [telefoniert währenddessen] Ja, guten morgen, kannst du sehen wo welche Akte ist von meinen Lieben hier [diktiert die Aktennummer der Akte des Bruders] Vertretung was mhm könntest du diese zu meinem Aktenzeichen bestellen zu [diktiert die neuen Nummer] ... jau alles klar [legt auf/hustet]

B ~~~~~~~~~~

D am sechsten zwoten vierundneunzig hatte mein Bruder eine Vor eine Ladung des Gerichts erhalten, am dem Tag ist er ist er praktisch nie mehr zurückgekommen

E Mhm

D Drei Tage später vierundneunzig kamen Leute zu uns und wollte ( ) wollten mit mir sprechen, ähm ich war im Garten also ich war einfach Zuhause, die fragten nach Geld. Ich hat, also ich wollte grade hören, von welchem Geld die überhaupt noch reden, die schoben mich zur Seite und gingen ins Haus und durchsuchten das Haus ( ) ~~~

B ~~~~~~~~~~~~~~~~~~~~~~~

D Bei der Hausdurchsuchung fanden sie Flug eh Flugblätter der Partei UDPS. Nach der Hausdurchsuchung nahmen sie diese Flugblätter und mich mit.

E Das sagen die immer.

D Ja ( ) Sie brachten mich nach Kalamu, dort blieb ich einen Monat in Haft. Ich wurde dort malträtiert ( ) Ich mußte zugeben, daß ich ( ) daß ich auch Mitglied der UDPS war ( )

B ~~~~~~~~~~~~~~~~~~~~~~~~~~~~~

D Meine Mutter hatte sich drum gekümmert, hatte sich eingesetzt und mich befreit, sie hatte neunhundert Dollar ausgeben müssen um mich frei zu bekommen aber bevor ich von dort freibekam wurde ich im wurde ich erstmal fotografiert, ehm als meine Mutter mich abholte als meine Mutter mich abholen wollte, kam sagten sie zu meiner Mutter, ob sie die Geschichte von Tombal Bai kenne, Tombal Bai ist der Ex-Präsident vom Tschad, der ermordet wurde und zwar er und seine ganze Familie ( )

E Tombal?

D TOMBAL BAI, so wird das geschrieben. (6) Das ist der Ex-Präsident von Tschad, der ermordet wurde und seine ganze Familie auch

E Mhm

B (8) ~~~~~~~~~~~~~~~~~~~~~~~~~~~

D ( ) Eh mein Bruder also bis zum September vierundneunzig hatte ich persönlich keine Neuigkeit von meinem Bruder, eh wir hoffen das eines Tages meine Mutter ich soll bei meinem Bruder eigentlich Schreinerbetrieb retten, das war auch so am besten, ich sollte mich darum kümmern, daß wieder er eröffnet. Eh, ich fragte dann was mit dem Bruder wäre, sagte Mama sagte mir dann ganz groß, ja ich hätte gehört das der geflüchtet sei, über Angola, er wäre von Major geholfen von Major geholfen worden, aber der ist auch nicht hier ( ) Ich ging und öffnete die Schreinerei, das funktionierte auch zwei Wochen, zwei Wochen lang, aber zwei Wochen später (4) ~~~

B ~~~~~~~~~~~~~~~~~~~~~~~~~~~

D Am sechsundzwanzigsten Neunten Vierundneunzig kamen die Soldaten in unser Haus ( ) Eh, wir hatten vor meinem Haus das Lehre, das heißt mein Bruder hatte seinen Schreinerbetrieb dort gemacht und Mutter hatte ihre eigene Tür und ich hatte meine eigene Tür und ich befand mich in diesem Zeitpunkt beim Essen bei meiner Mutter. Als die Soldaten kamen und Leute auch überhaupt abzuschrek-ken damit keine Nachbarn überhaupt rauskommen ist es so gewohnt daß wenn die irgendwo reinkommen, schießen die erstmal = rein

E *Mhm*

D # in die Luft ja. Das taten die auch, als sie durch die Straße zu uns kamen. Als ich das hörte guckte ich aus dem Fenster meiner Mutter und floh und solange nach Deutschland ( )

E Ehm Absatz-Antwort-Doppelpunkt Am sechsten Februar Neunzehnhundertvier-undneunzig hat mein Bruder eine Vorladung des Gerichts erhalten Punkt Dieser Vorladung ist mein Bruder gefolgt und danach nie wieder aufgetaucht Punkt Er ist verschwunden Punkt Absatz Am Neunten Februar Neunzehnhundertvierund-neunzig kamen dann Leute zu uns und wollten mit mir sprechen Punkt Ich war zu Hause und sie fragten nach dem Geld Punkt Ich fragte komma welches Geld Sie meinten komma [zurückspulen] Punkt Sie schoben mich aber einfach bei-seite und gingen in das Haus Punkt Sie durchsuchten das gesamte Haus und fanden dabei Flugblätter der UDPS Punkt Diese Flugblätter und mich haben Sie dann einfach mitgenommen Punkt Sie brachten mich in das Gefängnis von Ka-lamu komma wo ich malträ (klack) Mhm oh Gott ich (klack) malträtiert wurde Punkt Ich mußte zugeben komma daß ich ein Mitglied der UDPS bin Punkt Ei-nen Monat blieb ich dort Punkt ....

Der Entscheider legt nach dem Fragemitschnitt und während des Dolmetscher-Bewerber-Dialogs das Mikrophon zur Seite. Er gibt sich ´ganz Ohr´. Die Über-setzung des Dolmetschers nimmt er mit einem Notizblock bewaffnet entgegen. Dieser offensichtliche Rückzug des Diktats aus der laufenden Anhö-rungs-passage kann als Erzähleinladung interpretiert werden. So oder so wirkt der Diktatrückzug stimulierend: der Bewerber wird tatsächlich nur noch durch das Dolmetschen unterbrochen. Erst das mitlaufende Notieren[76] des Entschei-ders ermöglicht diese Zurückhaltung. Der grobe Zwischenspeicher, bestehend aus Stichworten und (privatsprachlichen) Abkürzungen, liefert zusammen mit dem Gedächtnis des Entscheiders die Vorlage für das abschließende Diktat.

Der Dolmetscher fungiert hier als Berichterstatter, dem keine weiteren For-mulierungsaufgaben im Hinblick auf das Diktat abverlangt werden. Er bringt die Bewerberaussage lediglich zur Sprache. Gefordert ist Nachvollziehbarkeit. Durch regelmäßige Bestätigungen zeigt der Entscheider an, daß dieser An-spruch erfüllt wird. Allein im Fall von Eigennamen zeigt sich, daß das hier Gesprochene für eine spätere Verschriftlichung vorgesehen ist. Der Entschei-der erfragt eine Schreibweise („Tombal?"). Der Dolmetscher buchstabiert den

---

[76] Diese Notizen ähneln ethnographischen Protokollen in ihrem vorläufigen Charakter. Es handelt sich noch nicht um fertiges Material, sondern um ein internes Hilfsmittel: zur Erinnerung und Rekonstruktion. Das Anhörungsprotokoll dagegen weist einen eindeutigen Rezipientenbezug auf. Es ist für eine Verfahrensöffentlichkeit bestimmt.

Namen 'zum Mitschreiben' und schreibt ihn auf einem Extrablatt vor. Die Stoffsammlung wird erst ins Diktat überführt, nachdem die komplette Fluchtgeschichte erkennbar abgeschlossen ist. Im obigen Fall wird der Abschluß der Berichtsphase durch eine längere Pause festgestellt.

In der nachfolgenden Diktatphase kann der Dolmetscher eine weitere Funktion zur Verknüpfung von Wort und Schrift übernehmen:

E ...Ich mußte zugeben komma daß ich ein Mitglied der UDPS bin Punkt Einen Monat blieb ich dort Punkt Meine Mutter hat sich in der Zwischenzeit um meine Freilassung bemüht und mußte dafür umgerechnet neunhundert D-Mark ausgeb=en

D *Doll*ar

E Dollar ( ) hast du nich D-Mark gesagt? =(klack)

D *Nein* ich hab dir Dollar gesagt

E (zu mir) Hat er D-Mark gesagt?

S Eh [sucht in den Notizen] ich hab hier nur nen D stehen [D/E lachen]

E gerechnet (Klack) neunhundert US-Dollar ausgeben bevor ich freikam komma würde ich jedoch noch fotografiert Punkt ...

Der Dolmetscher betätigt sich als Korrektor, der über die Richtigkeit des Diktats wacht. Er bezieht sich mit seiner Korrektur auf ein Detail im Diktat, daß nicht mit seiner Lieferung übereinstimmt. Dabei geht es offensichtlich bei der Korrektur nicht um eine wortwörtliche Übereinstimmung zwischen Wort und Schrift. (Ansonsten hätte der Dolmetscher ständig Einspruch zu erheben.) Eine Korrektur bezieht sich auf Einzeldaten, die sich womöglich im weiteren Verlauf der Prüfung - für kontrastierende Nachfragen - als relevant erweisen könnten: Dollar statt D-Mark, 11 statt 12, Dezember statt November, Arm statt Bein, KPI statt SPI etc.. Die Unterbrechung durch den Dolmetscher wird nicht als Fauxpas, sondern als lobenswerte Pflichterfüllung behandelt - auch wenn der Entscheider seinen Fehler nicht sogleich zugibt. Zur Aufklärung erfolgt eine gemeinsame Erinnerungsarbeit, in die auch der Ethnograph als Zeuge einbezogen wird.

Der Dolmetscher übernimmt die Kontrolle des Diktats. Seine Korrekturarbeit wird durch das 'en block'-Diktieren erst ermöglicht. Es scheint im Rahmen dieser Diktiermethode aber auch vonnöten. Zu den möglichen Hör-, Verständigungs- und Diktier- 'Fehlern' treten schließlich auch solche beim Notieren hinzu. Der Übergang vom Wort zur Schrift ist mit der Zwischenspeicherung nochmals um eine Übersetzung reicher.

Die Analyse der Taktungen von Wort und Schrift können zeigen, wie das Mündliche mit einer Reihe von Vorkehrungen, Ausstattungen und Vorformulierungen auf die erwartbare Weiterverarbeitung eingestellt wird. Die Einstellung unterscheidet sich je nach Diktierweise bzw. Beanspruchung:

- im wortnahen Diktat wird eine exakte Vorlage verlangt, die sich nachsprechen läßt;

- im thematischen Diktat wird ein Bericht erwartet, der sich rekonstruieren läßt;

- im paarweisen Diktat wird das Anspruchsniveau selbst thematisiert und die Lieferung als Formulierungsversuch gekennzeichnet.

Wir finden als Übergänge zwischen Wort und Schrift: Frage-Mitschnitte, spezielle Sprech-und-Schreib-Rhythmen, gestelzte Diktatvorlagen, notierte Erinnerungsstützen, Ausbuchstabierungen und nachträgliche Interventionen.

Schriftlichkeit *und* Mündlichkeit sind also keine getrennten Formen, sondern verweisen aufeinander. Die Anhörungsbeiträge werden auf die Verschriftlichung eingestellt. Sie variieren im Grad der Vorgefertigtheit bzw. Brauchbarkeit. Das Schriftliche bezieht sich auf die Lieferungen und benutzt sie je nach Fertigungsstand als Material oder Vorlage. Angesichts der Vor-, Halb- und Fertigprodukte verbietet es sich, dem Gesprochenen den Status einer selbständigen Realität zuzusprechen.

Die Originalität des Mündlichen ist vielmehr ein Konstrukt der Protokollschrift. Sie wird behauptet: per Rahmungsformeln, per Authentizitätsmarker (Gebrauch der ersten Person und der direkten Rede) per Unterschrift des Bewerbers (Bestätigung des Protokolltextes). Derartige Dialoge, wie sie in Anhörungsprotokollen geschrieben stehen, haben realiter nie stattgefunden.

3.3. Die Endredaktion des Entscheiders

Unabhängig von der Vorgefertigtheit der mündlichen Lieferung ist es der Entscheider, der den jeweiligen Schreibprozeß beschließt. Er erstellt eine letzte Übersetzung in die Protokollsprache mit ihrer besonderen Rhetorik. Diese Übersetzung nenne ich Endredaktion. Sie kann sich je nach der Qualität der Vorprodukte auf den letzten Schliff (wortnahe Taktung), das Zusammenstellen von Frage-Antwort-Paaren (paarweise T.) oder auf das Ausformulieren eines Berichts erstrecken (thematische T.).

Betrachten wir, wie Diktatvorlagen ins Protokoll übertragen werden, so zeigen sich eine Reihe von Modifikationen. Modifikationen schließen die letzte Übersetzungslücke zwischen ausformulierten Vorlagen und dem endgültigen Protokolltext. Es werden u.a.: Fragen gekürzt und so Einzelantworten zu ganzen Monologen zusammengefügt; Fragen um zusätzliche Kommentierungen ergänzt; Anhörungsfragen nur noch als Standards (z.B. „Auf Nachfrage") diktiert; Verneinung oder Bejahung zu ganzen Antwortsätzen ausgebaut;

'Selbstverständlichkeiten' oder Informationen aus früheren Passagen hinzuge-
fügt; relativierende Zusätze getilgt.

Diese Modifikationen beschreiben Gestaltungsmittel des Entscheiders; sie
zeigen noch nicht, wie diese Mittel systematisch eingesetzt werden. Um die
Stoßrichtung(en) der Endredaktion aus dem Material zu entwickeln, soll zunächst geprüft werden, ob sich systematische Kombinationen von Modifikationen finden. Diese Analyse muß sich auf eine Diktiermethode (hier: die
wortnahe) beschränken, denn nur so haben die Modifikationen einen vergleichbaren Status.

Die systematischen Kombinationen sollen im zweiten Schritt auf die ange-
strebte Recht-Schreibung des Anhörungsprotokolls bezogen werden. Unabhängig von der Diktiermethode finden sich in den fertigen Protokollschriften
identische Schemata der Argumentation. Mittels „Schemata" wird eine Darstellung „dem Verständnis und den Erwartungen der Gesellschaft, vor der sie
stattfindet, angepaßt" (Goffman 1969: 35). Die Analyse der Schemata zeigt, in
welcher Form die Anhörung dem Verfahren zugänglich gemacht und eine
Verwertbarkeit rhetorisch gesichert wird.

3.3.1. Die Gestaltungsmittel der Endredaktion

Zur Feststellung systematischer Kombinationen von Modifikationen werden
im folgenden zwei Transkriptausschnitte aus zwei Anhörungsphasen analysiert. Zunächst führe ich einen längeren Ausschnitt aus dem Beginn einer Rei-
sewegrecherche an.

```
    E Auf die Frage nach dem genauen Reiseweg
    D ~~~~~~~~~~
    B ~~~~~~~~~~~~~~~~~~~~~~~
    D <Mhm ( ) ich bin am 26.2
 5  E <Ich bin am 26.2.98.
    D <ausgereist
    E <aus Ägypten ausgereist Punkt
    D <Äh, ich war [stockt und wendet sich erneut dem B zu]~~~~~~
    B <~~~
10  D <Erstmal bis Dezember unterwegs
    E ( ) Äh. Mit welchem Verkehrsmittel sind sie denn ausgereist.
    D <~~~~
    B <~~
    D <Ich bin mit dem Flugzeug ausge=reist.
15  E Mhm. Mhm. [leiser] Frage hatten sie nen Paß dabei
    D <~~~~
    B <~~~~~~~~=~~~~~~~~~~
```

E *Ich reiste mit dem Flugzeug aus Punkt*

D # Ich bin mit einem gefälschten ägyptischen =Paß ausgereist.

20 E *Ich bin mit einem ge*fälschten Paß ausgereist Punkt. ( ) Mhm. Äh wo sind sie
gelandet.

D <~~~

B <~~~~~~~~~~~~~~~~~~~.~~~~~~~~-~~~~~~~~~~~

D <mhm ( ) ich bin in Frankreich ge=landet aber ich weiß nicht wo

25 E *Gelandet bin ich Frankreich komma aber* ich weiß nicht wo Punkt

D <Äh, da müßte man nachfragen, ich glaub er ist mit dem Zug hierhergekommen,

E: Mhm- so hab ich das verstanden.

E ( ) wie sind Sie darauf gekommen, daß Sie in Frankreich gelandet waren und
woran haben sie das erkannt.

30 D <~~~=~

B ~~~~~~~~~~~~

E *Neue Zeile Frage Doppelpunkt Woran haben Sie erkannt komma daß Sie in
Frankreich gelandet sind*

B #~~~~~~~~~

35 D <Ja. also was ich jetzt verstanden ist, daß ( ) ich wußte wie gesagt nicht, daß ich
in Frankreich war, hat er zu mir gesagt, äh und als ich dann weiter = gefahren
bin mmm

E *Ich wußte nicht* komma daß ich in Frankreich bin komma aber man sagte es mir
Punkt Als ich dann weitergefahren bin

40 D <und schon in Deutschland war

E <und schon in Deutschland war

D <dachte ich wäre immer noch in Frankreich

E <dachte ich komma daß ich immer noch in Frankreich sei neue Zeile Punkt. Äh
momenteinmal, äh sagen Sie mir doch mal genau was passiert ist nachdem Sie

45 in Frankreich auf dem Flughafen gelandet sind ( ) waren Sie allein oder war jemand bei Ihnen und und wie gings denn genau weiter

D <Mhm, äh ~~~=~~~~~~~~~~

E *Neue Zeile auf Nachfragen Doppelpunkt*

D #~~~~~~~~~~~

50 B <~~~~~~~~~~~~~

D <Mhm ( ) äh äh als ich in Frankreich angekommen war wartet da ein Mann auf
mich

E <Als ich in Frankreich ankam komma wartet dort ein Mann auf mich

D <eh der hatte meine Beschreibung

55 E <komma der hatte meine Beschreibung Punkt ( ) das war sonne Art Schlepper
oder was

B ~~~~~~~~~

D #Mhm ~~~~~~~~~

B <~~

60 D <Ich weiß nicht ob es ein Schlepper war

E ( ) mhm, Ich weiß nicht komma ob dieser Mann ein Schlepper war Punkt

B ~~~~~~~~~~~

E # Und der hat Sie dann nach Deutschland gebracht oder wie?

D <~~~~~~~~Alemania

65 B <~~=~~~~~~~~~~~~~~~~

E *Dieser Mann brachte mich dann nach Deutschland Punkt* ( ) Und dieser Mann hat Ihnen auch gesagt, daß Sie in Frankreich gelandet sind

D <~~~~~

B <~~~~~~~~~~~~~~~~~~~~~~

70 D #Mhm, eh er er sagte mir, daß ich in Frankreich sei und daß ich einen eh einen Z=ug eh nehmen soll

E *Dieser Mann sagte* mir komma daß ich in Frankreich sei und daß ich einen Zug nehmen sollte Punkt

D <Ansonsten sprach er nicht mehr

75 E <Ansonsten sprach er garnicht mit mir Punkt

D <Er ging hinter mir her

E ( )Mhm. Ist er denn mit Ihnen in diesem Zug gefahren?

D <~~~~~~~

B <~~

80 D <Nein

E <Er fuhr auch nicht mit mir in diesem Zug Punkt Ich fuhr allein Punkt ( )

Welche Modifikationen werden in diesem Ausschnitt kombiniert:

• *Die Selektion von Vagheit*: Die stockende Übersetzung über die Vorgeschichte der Flucht (4-10) wird nicht weiter verfolgt - geschweige denn diktiert. Eine ähnliche Modifikation findet sich dort, wo der Dolmetscher eine erklärtermaßen vage Übersetzung (26) abliefert. Beide Lieferungen entsprechen nicht der Eindeutigkeit, die hier für Protokollaussagen verlangt wird.

• *Die Monologisierung*: Es wird die Frage nach dem Reisemittel gestellt (11), aber nicht diktiert. Es erscheint allein die Antwort (18) im Protokoll, die nun den Eindruck der selbstgesteuerten Rede erweckt. Monologisierungen finden sich bei der Frage nach dem Zielflughafen (20f.), bei der Nachfrage bzw. Klärung der Zusammenhänge zwischen angeführten Personen (45f.), bei der Frage nach dem „Schlepper" (55) und dessen Hilfsdiensten (63).

• *Die Absorption der Gesprächsführung*: Antworten (76) können selektiert werden, wenn sie als unwichtig eingestuft werden. Dem Entscheider erscheint eine andere Frage als vordringlich. Ohne die letzte ´Abschweifung´ zu protokollieren, stellt er eine neue Frage (77), die nun eine adäquate Stellungnahme einbringt (80). Der erste Anlauf wird vom Diktat ausgespart.

• *Die standardisierte Umschreibung der Frage*: Statt der gestellten Frage (43-47) wird ein Frage-Standard diktiert: hier der bloße Hinweis auf eine Erzählaufforderung (48). Der Leser ist angehalten, die Fragestellung anhand der

Antwort zu erschließen. Angezeigt wird nur, daß an dieser Stelle irgendeine „Nachfrage" gestellt wurde, die die nachfolgend zugeordnete Antwort ausgelöst haben dürfte.

• *Der Ausbau einsilbiger Reaktionen zu ganzen Aussagesätzen*: Dieser Vorgang ist ein Spezialfall der Monologisierung. Das Transkript zeigt, daß schon ein „Ja" oder „Nein" (80) genügt, um im Protokoll einen kompletten Erzählsatz (81) auszulösen. Die geschlossene Frage des Entscheiders bietet hierfür die Vorlage.

• *Die Vereindeutigung von Antworten*: Außerdem wird der Erzählsatz um Angaben ergänzt, die dem Entscheider geklärt erscheinen (77). Der Entscheider diktiert eine Mutmaßung als Feststellung („Ich fuhr allein."). Zu Ohren gekommen ist ihm eigentlich nur, daß der Bewerber „den Zug nehmen sollte" (70f.), nicht, daß er ihn auch genommen hat. Die Modifikationen der Übersetzungslieferungen zusammen ergeben folgenden Protokolltext:

Auf die Frage nach dem genauen Reiseweg:
A: Ich bin am 26.2.96 aus Ägypten ausgereist. Ich reiste mit dem Flugzeug aus. Ich bin mit einem gefälschten Paß ausgereist. Gelandet bin ich Frankreich, aber ich weiß nicht wo.
F: Woran haben Sie erkannt, daß Sie in Frankreich gelandet sind?
A: Ich wußte nicht, daß ich in Frankreich bin, aber man sagte es mir. Als ich dann weitergefahren bin und schon in Deutschland war dachte ich, daß ich immer noch in Frankreich sei.
Auf Nachfragen:
A: Als ich in Frankreich ankam, wartet dort ein Mann auf mich, der hatte meine Beschreibung. Ich weiß nicht, ob dieser Mann ein Schlepper war. Dieser Mann brachte mich dann nach Deutschland. Dieser Mann sagte mir, daß ich in Frankreich sei und das ich einen Zug nehmen sollte. Ansonsten sprach er garnicht mit mir. Er fuhr auch nicht mit mir in diesem Zug. Ich fuhr allein.

Die kombinierten Modifikationen schaffen zusammenhängende Bewerberaussagen. Einzelne Stellungnahmen, Reaktionen und Antworten werden direkt aneinandergereiht. Es entstehen für den Leser des Protokolls verständliche und prägnante Erzählpassagen.

Im folgenden Transkriptausschnitt aus einer späteren Anhörungsphase werden andere Modifikationen kombiniert. Die Protokollierung erhält eine andere Stoßrichtung:

E #Neue Zeile Frage Doppelpunkt haben Sie außer dem Paß und der Fahrkarte unterwegs noch irgend etwas verloren Fragezeichen
B # ~~~~~
D <Ich hab meine Tasche hier in Deutschland verloren
5   E ( ) Ehe, was war da drin?

D <~=~~~~~~~~~~·~~·~~~~~~~

E *Ich hab meine Tasche in Deutschland verloren*

B #~~~~~~~~~~~~~~~~

D <Ich war in einer Telefonzelle drin

10 E nein ich wollte nicht wissen wie es passiert ist. Ich wollte wissen was da drin
w=ar

D *Ja*

E # waren da irgendwelche Papiere drin?

D <~~~~~

15 B <~~

D <da war ein Paß drin

E <Mhm, sonst noch irgendwas?

B <~~~~~~~~~~~~~~~~~~~~~

E <komma da war mein Paß drin

20 D <und die Fotos meiner Kinder und meiner Frau

E <und die Fotos meiner Kinder und meiner Frau Punkt sonst noch Papiere?

D <~~~~~~~

B <~~~=~~

E *Sonst wa*ren da keine Papiere drin Punkt und Sie haben auch sonst nichts verlo-

25 ren?

D <~~~~~~

B <~~~

E Ich habe auch sonst nichts verloren Punkt Neue Zeile Frage Doppelpunkt Wo
sind denn dann das Flugticket und die Bordkarte geblieben Fragezeichen

30 D <~~~~~~

B <~~=~~~~~~~~~

E [spult] *Wo ist denn das Flugticket und die Bordkarte geblieben Fragezeichen*

D # *Das* Ticket =war

E *Das* Ticket war

35 B ~~~~~~~

D # in dem Paß drin

E < in dem Paß drin Punkt ehem ( ) [sehr schnell, leiser] Frage Doppelpunkt Warum haben Sie mir das nicht gleich erzählt komma ich habe Sie doch jetzt mehrmals danach gefragt komma welche Papiere Sie noch verloren haben Fragezei-

40 chen

D <~~~~~~

B <~~~~~~~

D <Ich wußte nicht worauf die Frage abzielt

E ( ) Sie haben mir sogar =von den Fotos Ihrer Kinder erzählt Ich wußte nicht

45 komma worauf diese Frage abzielt Punkt

B ~~~~~~~~~~~~~~~

E ( ) Mhm, soh guut, Sie haben eben gesagt Sie haben die Sachen verloren, vorher
haben Sie gesagt geklaut worden, was stimmtn nun?

D ( ) ~~~~~=~~~~
50   E *Neue Zeile* Vorhalt Doppelpunkt Vorhin haben Sie gesagt komma die Unterlagen seien Ihnen geklaut worden komma jetzt haben Sie die ganze Zeit gesagt
komma die seien von Ihnen verloren worden komma was ist denn nun richtig
Fragezeichen
B #~~~~~~=~~~~
55   D *Ich weiß* nicht genau ob sie mir geklaut wurden
E Ich weiß nicht genau komma ob Sie mir geklaut wurden Punkt

In einer ersten Phase (1-26) finden sich wiederum solche Modifikationen, die
einen Monolog herstellen. Die Fragen zum Tascheninhalt (5), die Präzisierung
bezogen auf mögliche, mitgeführte Papiere (12), eine Beschließungsfrage (16)
sowie zwei Nachfragen (20, 23) werden geschluckt. Der Entscheider reiht die
Entgegnungen auf zu einer zusammenhängenden Aussage.

Im Anschluß an diese Erzählphase wechselt die Endredaktion jedoch in eine
andere Kombination von Modifikationen, die die Reaktionen des Bewerbers
und deren Bewertung durch den Entscheider in den Mittelpunkt rückt:

• *die Darstellung von Klärungsbedarf*: Nach der Beschließung des Be-
werberbeitrages mit einem Resümee diktiert der Entscheider eine Nachforde-
rung (27f.). Die folgende Antwort wird nicht mehr als Zug in einer Erzählung,
sondern als Versuch der Klärung im Protokoll erscheinen. Die Ausgangsfrage
wird später (31) von ´voreiligen Schlüssen´ befreit (daß diese Papiere tatsächlich irgendwann vorlagen).

• *die Darstellung von Rechtfertigungsdruck*: Wo in der ersten Kombination die Gesprächsführung neutralisiert wurde, da wird sie nun betont. Das Lö-
sungsangebot des Bewerbers wird mit dem nächsten Fragemitschnitt (36 ff.)
als unzureichend bewertet. Der Entscheider formuliert einen Rechtfertigungsdruck mit Verweis auf frühere Fragen, auf die der Bewerber eine ´richtige
Antwort´ hätte geben können (37). Die anschließende Reaktionsweise des
Bewerbers ist damit als weitere Ausflucht oder überfällige Richtigstellung
vorgezeichnet.

• *die Aufnahme ´nichtssagender´ Antworten*: Der Bewerber verteidigt
seine ´unzureichende Antwort´ im Protokoll mit einem allgemeinen Hinweis
auf das von ihm nicht realisierte Ziel der Frage (40f.). Später findet eine weitere ´nichtssagende Antwort´ (52f.) Eingang ins Protokoll („Ich weiß nicht genau ...“). Wo im ersten Teil ausweichende und relativierende Antworten verdeutlicht wurden, werden solche Gehalte nun betont.

• *Die Verstärkung einer Frage*: Als Protokoll-Frage werden zwei unver-
einbare Positionen formuliert (48 ff.), die sich jeweils aus einer Kontrastierung
von aktiven und reaktiven Aussagen des Bewerbers ergeben. Wo vorhin die

Entscheiderbeiträge getilgt oder standardisiert wurden, werden sie hier verstärkt, um den ´Widerspruch´ vorzuführen.

• *Die Markierung des Prüfungsstands*: Protokoll-Fragen werden außerdem mit einem Hinweis zum Prüfungsstand versehen. Der Begriff „Vorhalt" (48) zeigt dem Leser, welche Prüfphase ansteht. Er bezeichnet einen offengelegten Widerspruch. Die darauf folgende Antwort wird sich nun daran messen lassen, ob sie fähig ist, diesen auszuräumen.

Die untersuchten Transkripte zeigen gegenläufige Kombinationen von Modifikationen. Mal werden eigenständige Erzählungen erzeugt, mal eine starke Gesprächsführung betont; mal werden Selbstverständlichkeiten in der Bewerberaussage ergänzt, mal werden die Lücken von Antworten ´auf die Goldwaage gelegt´; mal werden Vagheiten getilgt, mal werden diese als ´gescheiterte´ Erklärungen präsentiert. Offenbar entscheidet sich je nach der Prüfphase, ob eine Äußerung als Aussage Aufnahme ins Protokoll findet oder nicht, ob sie verstärkt wird oder abgeschwächt, ob sie für sich steht oder kommentiert wird.

Die Modifikationen und ihre Kombination eröffnen Darstellungspotentiale für den Protokollführer. Welche Protokolldarstellung dabei *systematisch* angestrebt wird, untersuche ich im folgenden. Hierzu wird die Analyse von den Modifikationen der Vorlagen auf ´wie auch immer´ erstellte Protokolltexte ausgedehnt. Welche allgemeinen Schemata werden in den Anhörungsprotokollen aufgeboten, um ihre Rechtmäßigkeit und Rechtskraft zu gewährleisten?

3.3.2. Die Entfaltung und Sicherung von Aussagekraft im Protokoll

Die genannten Kombinationen von Modifikationen teilen die Anhörung in zwei Phasen: in eine monologische und eine dialogische Phase. Unabhängig von den nötigen Modifikationen finden sich diese Phasen in allen - als gelungen geltenden - Anhörungsprotokollen. Jede Phase erfüllt spezifische Eigenschaften eines Schemas.[77] Ein Schema stellt eine Protokollpassage auf Bezugnahmen des Entscheiders im späteren Anhörungsverlauf ein sowie auf Gegenzüge des Bewerbers oder Verfahrensinstanzen, die die Schlüsse des Entscheiders abstreiten. Es werden also nicht nur Argumentationszüge für die Anhörung, sondern auch für das weitere Verfahren vorweggenommen.

---

[77] Hier finden sich Parallelen zu einer Untersuchung zur „rhetoric of records". Einleitend heißt es z.B. bei Maanen/Pentland: „They (records, T.S.) are designed - implicity or explicity - to produce an effect in some kind of audience, which itself actively uses records to interpret events. This is not to suggest conscious deceit or cynicism on the part of either record keepers or users [...]. Rather it is simply to acknowledge and open up for analysis the conditions under which organizational records are produced and used." (1994: 53; vgl. auch Donk 1992)

Das erste Schema bringt die Aussagen des Bewerbers als *freie Rede* zur Geltung und schafft damit eine besondere Aussagekraft:

- *Das Protokoll beschreibt den Bewerber als imstande seine Sache zu vertreten.* Im Vorwort des Protokolls sind solche Feststellungen obligatorisch, die den Bewerber als - hinsichtlich seiner Gesundheit, seines Verfahrenswissens (Belehrung) und seiner Artikulation (Übersetzung) - fähig beschreiben, die Anhörung zu absolvieren. Diese Exportsicherung kann spätere Entschuldigungen entkräften und alternative Interpretationen ausschließen. (Abwegiges könnte z.B. auch einer Sinnestrübung zugeschrieben werden.) Doch es genügt nicht, diese allgemeinen Setzungen nur einleitend abzuhandeln. Sie bedürfen der weiteren Bestätigung im Protokollverlauf. So zeigt sich die Tauglichkeit des Bewerbers in einer gewissen Erzählbereitschaft. Im Protokoll finden sich dagegen keine Hinweise auf einen eingeschüchterten oder verwirrten Zustand des Bewerbers. Gilt der Bewerber als der Situation gewachsen, können deren konkrete Bedingungen ausgeblen*det werden.*

- *Die Aussagen des Bewerbers verstehen sich ´von selbst´.* Die Rahmung als Narration erhöht die Wertigkeit der Äußerung, weil - auf der Ebene des Textes - „das Kriterium der Nicht-Beeinflussung" (Merton/Kendall 1984: 179) eingehalten wird. Dieses Kriterium gilt in der Sozialwissenschaft als Kennzeichen nicht-direktiver Interviewmethoden (wie das narrative, offene, biographische, fokussierte Interview). Als ´freie Rede´ wird nicht nur die Asylbegründung dargestellt, sondern auch Sub-Erzählungen über einzelne Episoden der Flucht, der Verfolgung, der politischen Tätigkeit etc.. Neben der oben angeführten Monologisierung stellt die überpointierte Erzählaufforderung ein weiteres Rahmungsmittel dar: „Bitte schildern Sie alle Einzelheiten über die letzte Flugblattverteilung. Lassen Sie bitte keine Einzelheit aus!" oder „Können Sie mir jetzt mal in allen nur erdenklichen Einzelheiten und ohne etwas auszulassen schildern, wie Sie einberufen wurden." Vom Bewerber werden nicht tatsächlich alle erdenklichen Einzelheiten ohne Auslassung gefordert. Gerade die Zuspitzung zeigt an, worum es geht: das Folgende soll als subjektiver Ausdruck gelten.

- *Das Protokoll verleiht eindeutige, unmittelbare Wahrheitsansprüche.* Eine prüfadäquate Aussagekraft wird nicht nur mithilfe des Erzähl-Schemas erzeugt. Wir haben gesehen, daß auch der einzelne Beitrag nur als eindeutige, unmittelbare Wahrheitsaussage im Protokoll erscheint. *Eindeutig* heißt: sie muß mit einem Wahrheitsanspruch versehen sein und sich als wahr oder falsch erweisen können. Relativierende Zusätze („vielleicht...", „ich weiß nicht mehr genau, aber..." oder „man sagte mir, daß ich ...") werden zugunsten von strikten Bestimmungen („Ich war dort!", „Es war um ...", „Ich ging dann ...") modifiziert. *Unmittelbar* heißt: es soll nicht ein Wissen vom Hörensagen, sondern ein eigenes Erlebnis geschildert werden. Erst dieser Gehalt bringt Material hervor, das sich zur Bewertung der Aussage und zur Begründung des Urteils eignet. Bei vagen Aussagen bliebe dem Bewerber die Möglichkeit, einen Widerspruch mit Verweis auf den eingeschränkten Geltungsanspruch aufzulösen.

•   *Im Protokoll wird dem Antragsteller rechtliches Gehör geschenkt:* Die Rahmung als Narration wird nochmals betont, wo es um die Begründung des Asylantrages geht. Es wird also nicht nur dargestellt, daß der Bewerber sich in der Form der Narration äußerte, sondern auch, daß es ihm auch möglich war, diese bis zum Ende zu bringen. Es werden ideale Bedingungen dargestellt, jenseits von Zeitdruck und Ungeduld[78]: auf eine Erzählaufforderung folgt eine mehr oder weniger ausgreifende Narration; mit einer Extraeinladung des Entscheiders und einer Abschlußerklärung wird das Format geschlossen.

> F: Warum haben Sie den Irak verlassen und in Deutschland einen Asylantrag gestellt?
> A: Ich mußte zum Militär. Mein Bruder ist seit sieben Jahren beim Militär. Er sollte eigentlich 1991 vom Militär entlassen werden, aber bis jetzt wurde er nicht entlassen. Sie haben meinen Vater festgenommen und mich dann geholt. Als wir dann nach Hause gekommen sind, haben sie unser Haus durchsucht und haben mein Militärheft mitgenommen. Sie haben gesagt, sie werden mich zum Militär bringen. Sie haben mir das Militärheft weggenommen. Ich hatte dann noch diesen, wie heißt das, diesen Ausweis. Dann habe ich meine Sachen eingepackt und bin nach Zacho gefahren. Von Zacho aus bin ich dann hierher gekommen.
> F: Sind das alle Ihre Asylgründe?
> A: Ja.

Dem Antragsteller wurde offensichtlich uneingeschränkt Gelegenheit zur Selbstdarstellung eingeräumt und „rechtliches Gehör" geschenkt. Was hier ´trotzdem´ nicht ausgesagt wird, muß im späteren Verlauf des Verfahrens auch nicht mehr berücksichtigt werden; es sei denn, es handelt sich um Gründe, von denen der Antragsteller zum Zeitpunkt der Anhörung noch nichts wissen konnte.[79]

•   *Der Protokoll-Entscheider ist fair und un-entschieden:* Das Erzähl-Schema beschreibt den Entscheider als fair. Der Entscheider tilgt solche Äuße-

---

[78] Tatsächlich kommt es nur selten vor, daß die vorhergesehene Anhörungsdauer im Rahmen des Tagesplans (je nach Nationalität für zwei bis drei Anhörungen) überschritten wird. Wichtige Pfeiler der Ablaufplanung sind Mittagspause (zwischen 12.30 und 14.00) und Dienstschluß (zwischen 17.00 und 19.00). Mit den Anhörungen wird um 9.00 begonnen. Alle Antragsteller des Tages werden für 9.00 bestellt.

[79] Solche Gründe können sein: das verspätete Bekanntwerden eines Sachverhalts (z.B. durch Heimattelefonate, Presseberichte) oder das spätere Eintreten eines Sachverhalts (z.B. „Nachfluchtgründe"). Können solche Gründe nicht geltend gemacht werden, wird ein Nachtrag vor dem Verwaltungsgericht leicht als „gesteigertes Vorbringen" verworfen.

rungen, die ein Vor-Urteil verraten könnten: die frühzeitigen ´Ahnungen´ gegenüber dem Dolmetscher oder Soziologen („Das ist keiner!"), Schimpftiraden über eine „erneute Standardgeschichte!", Belustigungen über einzelne Episoden, ein gelangweiltes Nachfragen oder auch rhetorische Fragen („Meinen Sie das ernst!"). Diese ´Begleitmusik´ könnte den Eindruck erwecken, der Entscheider sei nicht mit dem angemessenen Ernst, der gebotenen Unvoreingenommenheit und dem nötigen Pflichtgefühl an den Fall herangegangen. Der Protokoll-Entscheider erfüllt ´auf jeden Fall´ diese Maximen.

Das erste Schema beschreibt die *Redefreiheit*, in deren Genuß der Protokoll-Bewerber kommt. Das zweite Schema beschreibt den *Zweifel* des Protokoll-Entscheiders als *berechtigt*:

• *Der Protokoll-Entscheider soll am Vorgebrachten zweifeln:* Der faire, vorurteilsfreie Entscheider ist - bei allem Entgegenkommen - gleichwohl verpflichtet, das Vorgebrachte kritisch zu hinterfragen, es auf die Probe zu stellen und mit Zweifeln zu konfrontieren. Untauglich sind Zweifel des Entscheiders, die zu früh geäußert werden und auf eine Voreingenommenheit schließen lassen. Im Schema werden Fragen erst nach der freien Rede als Anschluß- bzw. Nachfragen gestellt[80]. Sie nehmen betont Bezug auf die Narration:

> Sie haben erzählt, daß Sie ein Militärheft gehabt hätten. Wo haben Sie das herbekommen?
> Sie haben erzählt, daß Ihr Vater festgenommen worden sei. Wann war das?
> Sie haben erzählt, daß Sie drei Jahre lang die Schule besucht haben. Wie heißt die Schule, in die sie gegangen sind?

Um den Zusammenhang von Material und Zweifel darzustellen, werden Einzelaussagen aus der Narration herausgetrennt und reformuliert[81]. Diese Rückbezüge leiten eine Fragerunde ein. Sie wiederholen einen isolierten Geltungsanspruch und schreiben ihn zu. Der Bewerber ist gehalten, die Version entweder ´als falsch´ zurückzuweisen (und eine Alternativversion zu liefern) oder sie als ´eigene´ Aussage zu vertreten.

---

[80] Das Vorgehen erinnert wiederum an das narrative Interview. Nach der Erzähl- ist eine Nachfragephase vorgesehen (vgl. auch Schütze 1978).

[81] Dieser Wechsel des Gegenstandes von der Narration zur Einzelaussage läßt sich anhand eines Vergleichs illustrieren, den Berger/Mohr zwischen Fotos und Filmen ziehen: „Überraschenderweise sind Photographien das Gegenteil von Filmen. Photographien sind retrospektiv und werden auch so angenommen: Filme sind antizipatorisch. Vor einer Photographie fragt man danach, *was da war*. Im Kino wartet man darauf, was als nächstes folgt." (1984: 279) Die Narration soll spannend sein, soll auf ein Ende zustreben und in dieser Weise fesseln (können). Die Behauptungen sind in diesem ´Film´ noch vom Fortgang zugedeckt. Um eine Behauptung darzustellen, bedarf es der Isolierung von Momenten: diese können dann wie Fotos fixiert werden. Das Isolierte erlaubt eine eingehende Betrachtung, Distanzierung und Kritik.

• *Die Protokollfragen des Entscheiders sind angebracht:* Daß Fragen berechtigt sind, muß sich zudem an ihren Inhalten erweisen. So dürfen Prüffragen nicht eine Desorientierung des Entscheiders verraten oder gar zeigen, daß er nicht bei der Sache war. Zugespitzte Fragen sollen angemessen sein. Sie sollen tatsächlich Lücken, Rätsel oder gar Widersprüche zur Sprache bringen. Diese Maxime, zeigt sich zusätzlich zur inhaltlichen Passung anhand der gestaffelten Fragerhetorik, die im Schema Verwendung findet:

1. Haben Sie <u>außer dem Paß und der Fahrkarte</u> unterwegs noch irgend etwas verloren?
2. Wo sind <u>denn dann</u> das Flugticket und die Bordkarte geblieben? Wo ist <u>denn</u> das Flugticket und die Bordkarte?
3. Warum haben Sie mir das <u>nicht gleich</u> erzählt, ich habe Sie <u>doch</u> jetzt mehrmals danach gefragt, welche Papiere Sie noch verloren haben?
4. Vorhalt: <u>Vorhin</u> haben Sie gesagt, die Unterlagen seien Ihnen geklaut worden, <u>jetzt</u> haben Sie die ganze Zeit gesagt, die seien von Ihnen verloren worden, was ist denn nun richtig?

Zunächst wird eine Anschlußfrage formuliert, die die Erzählepisode abschließt (1); hierauf wird ein Mißstand („denn dann") des Ausgesagten impliziert (2); darauf folgt eine Abwertung des Erklärungsversuchs (3); schließlich wird die letzte Antwort als widersprüchlich gekennzeichnet (4). Mittels solcher Fragestaffetten werden Antworten als ungewöhnlich („Wie haben Sie denn...?"), unvollständig („Und dann ...?"), erklärungsbedürftig („Von wem hatte der denn das viele Geld?"), unplausibel („Aber aus welchem Grund soll die Frau Ihnen geholfen haben?"/"Gab es denn dort kein Krankenhaus?"), unpräzise („Wann war das jetzt genau!"), unfundiert („Woher wissen Sie das?"), nichtssagend („Was heißt das konkret?") oder rätselhaft („Sie erwähnten, daß Sie 4 Monate inhaftiert waren! Aus welchem Grund?") beschrieben. Jede Frage liefert so ihre Legitimation gleich mit: sie ist fair, naheliegend, sachlich begründet und dem Bewerber anzulasten. Die Feststellungen, die mit den Protokollfragen einhergehen, erfüllen also eine Doppelfunktion. Sie bewerten die bisherigen Antworten *und* zeigen die Berechtigung `zu fragen`.

*Das `wasserdichte´ Protokoll vermag den Bewerber bloßzustellen:* Am Ende einer Fragerunde steht stets eine Reaktion des Bewerbers, die `für sich sprechen soll´. Bewerber parieren aufgetauchte Widersprüche mit Verweis auf eine nahegelegte Antwort, deren Konsequenz (noch) nicht deutlich war; eine schlechte Übersetzung, die den Sinn verkehrte; ein Mißverständnis; die eigene Verwirrung und Nervosität oder einen Protokollierungsfehler. Diesen `Ausflüchten´ steht ein Protokoll entgegen, das funktionierende Kommunikationen vorführt und die Gelegenheiten des Bewerbers betont, seinen Antrag zu begründen. Das Protokoll ist gegenüber den genannten Widerreden immunisiert. Sie stellen nicht die Prüfung, sondern den Prüfling infrage.

Im Schema werden ´Ausflüchte´ mithilfe von Vagheiten und Relativierungen gekennzeichnet: „Ich weiß nicht mehr", „Ich hab die Frage nicht verstanden", „Das hab ich nicht gesagt" etc.. Es werden Reaktionen geschildert, die Hinweise auf die Stichhaltigkeit des Zweifels geben können. Darunter fallen auch Versuche des Bewerbers, die Prüfung - so die Deutung im Protokoll - zu sabotieren oder zu umgehen: die Aussageverweigerung, das Ablesen vom mitgebrachten Notizblatt oder das Erbeten einer Bedenkzeit. Während für die Aktion des Bewerbers das strikte Format der Wahrheitsaussage galt, können Reaktionen auch anders Aufnahme finden.

3.4. Resümee

Dem Entscheider erwachsen mit der Endredaktion eine Reihe von Darstellungsmitteln und Darstellungsanforderungen. Mit Blick auf die Anhörung und ihre Ausgestaltung erscheint er als *Herr des Verfahrens*. Er entscheidet, was gefragt ist und was als Antwort gelten soll. Er ist Fragesteller und Protokollant. Diese Doppelfunktion ermöglicht es ihm, eine abgeschirmte Herstellungssphäre zu unterhalten. Das Anhörungsprotokoll ist schließlich geschlossen, oberflächlich und ahistorisch.

Mit Blick auf die geforderte Protokollgestaltung erscheint der Entscheider als *Diener des Verfahrens*. Er hat die gestaffelten Schemata der ´freien Rede´ und des ´berechtigten Zweifels´ zu bedienen, soll die Prüfung aussagekräftige Resultate ergeben. Nur indem das Protokoll keine Anhaltspunkte liefert, an der Ordentlichkeit dieser Prüfung zu zweifeln, kann die Leistung des Bewerbers gänzlich in den Mittelpunkt gerückt werden. Das fertige Anhörungsprotokoll ist ein Lob der Prüfung.[82]

Im Zuge der Verschriftlichung wird dem Wort des Bewerbers Gewicht verliehen. Es gewinnt an Relevanz und Konsequenz. Um die Wirkung der Protokollierung auf die Darstellung des Bewerbers zu rekapitulieren, skizziere ich die ´undurchsichtigen´ Verhältnisse von Mündlichkeit und Schriftlichkeit in der Asylanhörung sowie einige Empfehlungen, wie ein Bewerber seine Darstellung auf den komplexen Transformationsprozeß einstellen sollte.

Der unmittelbare Austausch von Ausdrücken wird absorbiert: Der Schreibprozeß schluckt den unmittelbaren Austausch: die (´für uns´) palavernde Subanhörung des Dolmetschers mit dem Bewerber, die ausweichenden und

---

[82] Zuweilen setzen Arbeiten über „Verhörstrategien" (vgl. Holly 1981) das Geschehen im Protokoll gleich mit dem Interaktionsverlauf. Gerade die oftmals konstatierte ´Allmacht´ der Verhörenden läßt sich auf diesen Rahmungs-Fehler zurückführen. Protokolle sind dazu da, eine Prüfung als gelungen darzustellen.

sich treffenden Blicke, das Geben und Nehmen der Zigarette, die Tränen und die Beklommenheit, das zueinander Hinwenden und Abwenden, die offensiven und defensiven Gebärden, das um Worte ringen und in Worte kleiden.[83] Mit der Spezialisierung auf die direkte Rede sowie auf das Frage-Antwort-Spiel werden die Körperausdrücke der Teilnehmer aus der Überlieferung verbannt. Eine Vielzahl von Eindrücken bleibt ´im Raum´ stehen. Im Zuge der Verschriftlichung werden so Darstellungskompetenzen entwertet, die auf Unmittelbarkeit setzen (vgl. Elwert 1985: 5).

Der unmittelbare Austausch trägt die Verschriftlichung: In der Anhörung als Schreibprozeß gelten andere ´Währungen´ als in alltäglichen Konversationen. Was nicht heißt, daß die Ko-Präsenz der Teilnehmer keine praktische Bedeutung hätte. Ohne sie wären Verständigungen nicht herstellbar, Rücksichtnahmen nicht erforderlich, Übersetzungen nicht kontrollierbar, Verhörstrategien nicht anwendbar und spontane Reaktionen nicht beobachtbar. Der direkte Austausch dient unter solchen (Export-) Bedingungen dazu, brauchbare Schreibvorlagen zu bilden. Das Protokoll transformiert die Anhörungsbeiträge, indem es sie normiert, rahmt, kontextiert, glättet und zuspitzt. In diesem Sinne stört der direkte Austausch nicht den Schreibprozeß, sondern trägt ihn. Was auch heißt: der direkte Austausch ist nicht Selbstzweck, sondern Mittel zum Zweck.

Die Protokollschrift ist die vierte Übersetzung: Zunächst versucht der Bewerber, unter den Bedingungen des Frage-Antwort-Spiels sowie der Gewichtung seiner Worte (per Verschriftlichung) eine erfolgversprechende Aussage zu formulieren. Die Verbalisierung von Erinnertem, Erlerntem und Geplantem könnte als erster Übersetzungszug gelten. Hier muß der Bewerber auf Befragen etwas in Worte fassen. Hieran knüpft zweitens die Übersetzung ins Deutsche durch einen Dolmetscher an, die in einer Sub-Anhörung mit dem Bewerber vorbereitet wird. Ein weiterer Schritt ist die Übersetzung in die Schriftsprache bzw. zur Schreibvorlage. Die vierte Übersetzung wird schließlich mit der Endredaktion vollzogen. Der Entscheider diktiert anhand der mehr oder weniger geeigneten Vorlagen ein (möglichst) aussagekräftiges Protokoll.

Das Protokollieren ist eine Art ghost-writing: Konfrontieren wir die eingegangenen Schreibarbeiten von Entscheider und Dolmetscher mit dem fertigen Protokolltext, so erscheinen jene als *ghost-writer*. Ghost-writer tragen We-

---

[83] Die unumgehbare Selektivität der Verschriftlichung beschreibt Luhmann: „Unerläßliche Momente der mündlichen Präsentation, vor allem das gleichzeitige Involviertsein von Redner und Hörer, die gleichzeitige Inanspruchnahme mehrerer Wahrnehmungsmedien, vor allem Hören und Sehen, und die Benutzung von Veränderungen der Stimmlage, Gestik, Pausen sowie die ständige Möglichkeit einer Intervention der Zuhörer oder eines ´turn-taking´, lassen sich nicht in die Form eines schriftlichen Textes überführen." (1997: 254f.)

sentliches bei, haben aber, weil ihr Anteil im Dunkeln bleibt, nichts zu verantworten. Das Protokoll schluckt die Formulierungssuche, die Wortklauberei, die Korrektur. Um so wirkungsvoller setzt es den Bewerber und seinen Fall in Szene. Eine zentrale Gestaltungsfunktion erfüllen dabei die Protokoll-Fragen: sie bestimmen den Status der Beiträge und kommentieren sie. Sie vermelden Anhalts- bzw. Angriffspunkte. Das Fragen fungiert als Leseanleitung für eine generalisierte Leserschaft (ähnlich dem off-Ton eines Dokumentarfilms): schauen Sie hier, passen Sie dort auf, vergleichen Sie mal X und Y. Wenn alles gut geht, steht allein der Prüfling und dessen Leistung im Rampenlicht des Verfahrens.

Einige Empfehlungen an den Bewerber zur Einstellung auf den Schreibprozeß: Aus der Schreibprozeßanalyse lassen sich einige Empfehlungen für Bewerber ableiten. Sie sind vergleichbar mit Empfehlungen, wie sie z.B. Managern für Verkaufsgespräche oder Wissenschaftlern für Fachvorträge gegeben werden, um diese auf die erwartbaren Darstellungsbedingungen einzustellen:

• Der Bewerber kann seinem Vorbringen Nachdruck verleihen, indem er eine fesselnde Geschichte vorträgt und so jede folgende Äußerung für den (spannenden) Fortgang maßgeblich bleibt. Es fiele entsprechend schwer, Passagen einfach zu ´überhören´.

• Um die Chance zu erhöhen, daß Beiträge tatsächlich den Weg ins Protokoll finden, sollte der Bewerber selbst Wiederholungen und Zusammenfassungen einbauen. Er kann so Vergessenes in Erinnerung rufen und die Geschichte selbst ´immanent´ beglaubigen - bevor er durch die üblichen Wiederholungsfragen bloßgestellt wird.

• Um Wortbeiträge zu leichtgängigen Vorlagen für die Schreibvorlagen zu machen, sollte der Bewerber generell kurze und einfache Sätze langsam und deutlich sprechen. So läßt sich die Chance der Weitergabe verbessern. Schon der Bewerber - und nicht erst der Dolmetscher - sollte den Sachvortrag auf den Punkt bringen.

• Der Bewerber sollte Schlüsse nahelegen und transportabel machen, indem er Schlüsselbegriffe (wie „politisch", „persönlich" etc.) anführt. Hierzu muß er freilich wissen, auf welche Begriffe es ankommt und wie sie im Prüfungskontext benutzt werden. Eine gewisse Schulung erscheint unerläßlich.

• Wichtig ist es, das Vorbringen an den Übersetzungs- und Diktatrhythmus anzupassen. Das häufige Übersprechen beim wortnahen Diktieren oder die Einsilbigkeit beim thematischen Diktieren verweisen auf die fehlende Passung der Bewerber-Beiträge. Die Passung bewahrt davor, übersprochen zu

werden und den ´roten Faden´ zu verlieren. Lücken und Brüche sind die Folge, die - so sie nicht vom Dolmetscher geheilt werden - Zweifel wecken.

Was die Protokollierung bewirkt ist dies: sie verwandelt das gesprochene
Wort und verleiht ihm Gewicht. Das Protokoll schafft dauerhafte und verbindliche Voraussetzungen. Ein Wagnis geht der ein, der die Früchte dieser
Gewichtung beansprucht. Das Vorbringen des Bewerbers kann - über ver-
schlungene Pfade - tatsächlich zu einem allgemein anerkannten Aufenthaltsstatus führen. Getrübt wird die Aussicht auf Anerkennung durch die Mechanismen, die den Worten des Bewerbers Geltung verschaffen. Der Antragsteller
kann die Weiterverarbeitung seiner Angaben kaum überblicken. Er hat keinen
direkten Einfluß auf die Fallformulierung. Anders als ein sprachkundiger und
eingeweihter Selbstdarsteller, erfährt der Antragsteller nur in Ansätzen, was
aus Äußerungen (gemacht) wird. Dieser Kontrollverlust kann erklären, wie
sich das Anhörungsprotokoll mit Macht gegen den zu richten vermag, der es
zu vertreten hat.

4. Die Glaubwürdigkeitsprüfung

> Wer lügen will, soll von fernen Ländern oder alten Zeiten
> lügen, so kann man ihn nicht nachfragen. (Gebrüder Grimm)

Die Fallherstellung habe ich anhand der Dolmetschertätigkeit, anhand der situativ geleisteten Verfahrensintegration und anhand des Schreibprozesses analysiert. Die Untersuchungen bilden die Grundlage für den zentralen Aspekt der Fallherstellung: die Prüfung. Anhand der Asylprüfung entscheidet sich, ob ein Asylantrag anerkannt oder abgelehnt wird. Der Grad der Ablehnung bestimmt die Frist, in der der Antragsteller beim Verwaltungsgericht Klage gegen den ablehnenden Bescheid einreichen muß.

In der Asylprüfung wird für jedes vorgebrachte Einzelschicksal die staatliche Pflicht zur Aufnahme und Schutzgewährung geprüft. Ablehnungen können sich nicht auf eine Überfülle an Anträgen oder auf die Nicht-Verwendbarkeit des Bewerbers berufen (vgl. Habermas 1996). Ausschlaggebend für die Aufnahme eines Antragstellers soll die tatsächlich erlittene, individuelle Verfolgung sein. Sein Verfolgungsschicksal soll der Antragsteller*in* der Asylanhörung glaubhaft machen.

Das Asylrecht und die höhere Rechtsprechung definiert Maßstäbe, was - im Rahmen der gesetzlichen Darlegungspflicht (gem. §25 I, II AsylVfG) des Bewerbers[84] - als ein glaubhaftes Vorbringen gelten soll und was nicht:

• zur Grenze der Beweislast des Bewerbers:

> „Für den Nachweis der objektiven Gefährdungslage genügt, soweit zur Begründung des Asylbegehrens Ereignisse außerhalb des Geltungsbereiches des Asylverfahrensgesetzes angeführt werden, wegen des sachtypischen Beweisnotstandes im Asylverfahren die bloße Glaubhaftmachung dieser Vorgänge."

• zu den Merkmalen des glaubhaften Vorbringens:

> „Zu einem glaubhaften Vorbringen gehört, daß der Asylbewerber während seines Verfahrens sein angebliches Verfolgungsschicksal geradlinig, folgerichtig und frei von wesentlichen Widersprüchen darlegt. Die ihm obliegende Mitwirkungspflicht verlangt, daß er unter Angabe genauer Einzelheiten einen in sich stimmigen Sachverhalt vorträgt, der seine Verfolgungsfurcht für den Fall der Rückkehr begründet. Vor allem für diejenigen Umstände, die seinen eigenen Lebensbereich betreffen,

---

[84] Diese gelten für Vorfluchtgründe, also für eine im Herkunftsland erlittene Verfolgung. Für Nachfluchtgründe gelten andere Anforderungen der Glaubhaftmachung. Vom Bewerber können Dokumente über seine exilpolitischen Aktivitäten verlangt werden, wie Zeitungsartikel, Mitgliedsausweise oder Zeugenaussagen.

ist ein substantiierter, im wesentlichen widerspruchsfreier und nicht wechselnder Tatsachenvortrag zu fordern (vgl. BVerfG, InfAuslR 91, 94). Dabei ist die wahrheitsgemäße Schilderung eines realen Vorganges erfahrungsgemäß gekennzeichnet durch Konkretheit, Anschaulichkeit und Detailreichtum."

- sowie zum geforderten Prüfumfang:

„Vorfluchtgründe unterliegen der uneingeschränkten Überzeugungsgewißheit des Unterzeichners; dies bedeutet, daß die volle Überzeugung von der Wahrheit - und nicht etwa nur von der Wahrscheinlichkeit - des vom Antragsteller behaupteten individuellen Verfolgungsschicksals bestehen muß. Unter Berücksichtigung aller Lebensumstände des Antragstellers darf an der Richtigkeit seines Vortrages kein vernünftiger Zweifel bestehen (BVerfG, Urteil vom 16.04.1985, DVBl 1985, 956)."

Der Entscheider beruft sich zur Begründung der Entscheidung auf diese Bewertungsmaßstäbe, indem er die aufgeführten sog. Blocksätze in den Bescheid einfügt. Damit beschreibt er allerdings nicht den tatsächlichen Gang der Entscheidungsfindung, sondern bloß ihren Ausgang. Die legitimen Entscheidungskriterien geben keine Auskunft darüber, wie an den Aussagen des Bewerbers praktisch gezweifelt wird und wie zweifelhafte Aussagen fabriziert werden können. Aus einer praktischen Perspektive verhalten sich die juristischen Bestimmungen nicht wie Lösungen, sondern wie Aufgabenstellungen für den Prüfer.

In der Glaubwürdigkeitsprüfung wird die Entscheidbarkeit und Entscheidungsfähigkeit erst erzeugt; und dies angesichts zurückliegender Ereignisse in fernen und dem Entscheider fremden Lebenszusammenhängen. Ausgangspunkt der Prüfung ist die Einschätzung, daß es sich bei den Bewerbern um ´Zeugen in eigener Sache´ handelt, denen aufgrund ihrer Eigeninteressen - anders als den ehrenwerten Gentlemen (vgl. Shapin 1994) oder dem über alle Zweifel erhabenen Edelmann (Hobbes 1988[1651]) - nicht zu trauen ist. Die ordentliche Prüfung soll deshalb die *Glaubwürdigkeit* der Person aus der *Glaubhaftigkeit* ihrer Angaben ableiten und nicht umgekehrt (vgl. Wolff 1994).

Im folgenden rekonstruiere ich Ablauf und Diagnostik der Glaubwürdigkeitsprüfung. Die Rekonstruktion umfaßt interaktive und organisatorische Aspekte. Um den Zuschnitt der Analyse zu verdeutlichen, positioniere ich sie gegenüber bisherigen soziologischen und sozialhistorischen Arbeiten zur „sozialen Kreditwirtschaft" (Simmel 1908):

- Glaubwürdigkeitsprüfungen werden in ethnomethodologischen Arbeiten als interaktive Herstellungen, z.B. von Belehrungen oder Vorhaltungen (vgl. Schütze 1978; Drew 1984; Brannigan/Lynch 1987; Wolff/Müller 1995a) analysiert. Diese Ansätze stehen in der Tradition qualitativer Studien, die die

Grundlegung von institutionellen Verfahren durch alltagssprachliche Aktivitäten betonen (vgl. Cicourel 1968; Bennett 1978; Atkinson/Drew 1979; Beach 1985). Sie zeigen, wie die Frage der Glaubwürdigkeit gegenüber einem Zeugen oder Angeklagten etabliert wird. Das Prüfungsgeschehen kann jedoch nicht schon anhand der allseitigen Verständigungen erschlossen werden. Nicht alle Glaubwürdigkeitstests sind expliziter Natur und nicht alle Zweifel und Vorentscheidungen werden kommuniziert. Es gibt keine verläßlichen Anhaltspunkte, um anhand von Äußerungen auf Vorentscheidungen zu schließen.[85]

• Eine stark mit der Verhüllung arbeitende Prüfdiagnostik findet sich bei Goffman (1970). In der „strategischen Interaktion" lassen sich Ausdrucksspiele mit Aufdeck- und Gegenzügen zwischen konkurrierenden Parteien (z.B. von Spionen und Abschirmdienst) beobachten. Die Züge beruhen auf gezielten Beobachtungen erster und zweiter Ordnung. Im Mittelpunkt der Enthüllungsversuche steht der Körper mit seinem Dauerausdruck. Er wird gemustert und nach Anzeichen der Täuschung abgesucht. Die Aussagenpsychologie liefert solche (vieldeutigen) Beobachtungsmaßstäbe[86], die allerdings auch - so sie vom Beobachteten realisiert werden - reflexiv zum Zwecke der Manipulation genutzt werden. Prüflinge suchen die Diagnostik des Prüfers zu realisieren, um beeindruckende Darstellungen abzuliefern; Prüfer taxieren wiederum die möglichen Einblicke des Geprüften, um Täuschungsversuche zu vereiteln.

• Die Feststellung von Unglaubwürdigkeit im Asylverfahren ist nicht identisch mit einem Verdacht, der etwa durch „Schwitzen, Farbwechsel im Gesicht, trockenen Mund, erhöhten Puls, Atemnot, Vermeidung des Blickkontakts" (Bender/Nack 1995: 85) angeregt wird. Ich unterscheide eine im Rahmen von face-to-face-Interaktionen wirkende intuitive Diagnostik von einer diskursiven Diagnostik, die nicht-anwesende Verfahrensinstanzen überzeugen soll. Die Eindrücke der intuitiven Diagnostik haben ihre Bedeutung für Prognosen, für Prüfintensitäten und Bewertungsrahmen. Sie können die dis-

---

[85] Wolff/Müller (1995b: 221f.) nennen als Anhaltspunkte: die Wiederholung der Belehrung, die Deutung von Versprechern als ´Freudsche Fehlleistung´, die Wiederholung von bereits beantworteten Fragen, den Vorhalt und die Ironie. Wir werden sehen, daß solche Formate lediglich anzeigen, daß eine Prüfung *noch nicht* entschieden ist - nicht *wie* sie bereits entschieden wurde. Die Ergebnisoffenheit spricht (auch) für die Bewerberaussagen, weil diese alle bisherigen Tests ohne eine eindeutige Diskreditierung überstanden haben.

[86] Ein Beispiel: „Bei wahrheitsgemäßer Aussage pflegt die Sprechweise freier, ungezwungener, schwingender und modulationsreicher zu sein. Die Stimme ist kräftiger und frischer, der Atem fließend. Bei unwahrer Aussage ist die Stimme gepreßt, sind Tonhöhe und Lautstärke gleichmäßiger, im Klang farblos und matt oder aber künstlich übersteigert. Bei verhaltener oder stoßweise verlaufender Atemführung findet sich einerseits leise wie andererseits übertrieben lautstarke Sprechweise." (Undeutsch 1967: 118)

kursive Diagnostik anreizen oder mäßigend wirken. Unabhängig vom ersten Eindruck werden vom Einzelentscheider nachprüfbare Testergebnisse erwartet. Diese Pflicht methodisch und verfahrensöffentlich zu zweifeln, kann zur Bestätigung oder zur Korrektur von ersten Eindrücken führen.

• Im Rahmen des Asylverfahrens ist der Nachweis von Unglaubwürdigkeit abhängig von der Möglichkeit, dieselbe anhand von protokollierten Aussagen vorzuführen. Diese Engführung der Prüfung begründet für *beide* Parteien ein Darstellungsproblem. Entsprechend prägt die diskursive Diagnostik die Anhörung durch und durch. Die Anhörungspraxis wird durch das Protokoll verhüllt *und* durch das Streben nach vorzeigbaren Resultaten strukturiert. Das Prüfgeschehen ist situativ *und* perspektivisch. Diese doppelte Prägung erlaubt es dem Ethnographen, Materialien aus allen Prüfphasen hinzuziehen: von ersten Eindrücken und Prognosen bis hin zum endgültigen Bescheid.

Zur Rekonstruktion der Prüfdiagnostik gehe ich in drei Schritten vor: Am Anfang steht die interaktive Etablierung von legitimen Anforderungen an den Prüfling. Der Entscheider schließt von der Antragsbegründung auf eine ´natürliche´ Teilnehmer- und Mitgliedschaftskompetenz. Mit der Etablierung dieser Kompetenzen ergeben sich Zugzwänge für den Bewerber (4.1.). Danach zeige ich, wie die geforderten Bewerberleistungen getestet werden. Hierzu gestaltet der Entscheider eine Reihe von Kontrastierungen: zwischen Aussagen und Aussagen, zwischen Aussagen verwandter Fälle, zwischen Aussagen und einer Länderkunde etc.. Die Kontrastmittel werden nicht allesamt *in* der Anhörung fabriziert, sondern auch im Vorfeld oder im Anschluß (4.2.). Im dritten Abschnitt steht die Prüfungsvorbereitung im Mittelpunkt. Der Amtsbetrieb wie die Gesamtorganisation mobilisieren ein Prüfwissen im Hinblick auf das (beschränkte) Urteilsvermögen des ´weisungsungebundenen´ Entscheiders. Die Mobilisierung vollzieht sich dauernd und im eingeschränkten Maße (4.3.). Abschließend versuche ich die Negationsortientierung der Glaubwürdigkeitsprüfung zu erklären.

4.1. Die Prüfungsanforderungen an den Antragsteller

Um in das Asylverfahren zu gelangen, muß der Antragsteller vorab eine Reihe von Anforderungen erfüllen. Er muß eine entsprechende Erstaufnahmeeinrichtung aufsuchen und sich dort registrieren lassen. Die Registrierung erfolgt provisorisch mithilfe einer Paßbild-Personalien-Kombination im Heimausweis. Der Ausweisinhaber erhält Zutritt zum Gelände, Lebensmittel- und Bekleidungsgutscheine nach dem Asylbewerberleistungsgesetz sowie die Mahlzeiten in der Kantine.

Die weiteren Zugangsanforderungen sind den Vergünstigungen vorgeschaltet: der Pflichttermin beim Gesundheitsamt (Untersuchung auf „ansteckende Krankheiten"), der Besuch des „kleinen Interviews" (Abgabe der Fingerabdrücke und nochmalige Aufnahme der Personalien) sowie schließlich die Anhörung selbst. Die Schrittfolge fädelt die Antragsteller ins Verfahren ein und soll verhindern, daß die Sozialleistungen ohne Verfahren in Anspruch genommen werden.

Die Kopplung von Belohnung und Disziplinierung ist *eine* Strategie zur „Verstrickung" (Luhmann 1969) des Bewerbers ins Verfahren.[87] Die Bereitschaft des Bewerbers wird aber nicht allein mit in Aussicht stehenden Sozialleistungen ´erkauft´. Relevanter dürfte dessen Bemühen sein, alles richtig zu machen, um nicht bereits im Vorfeld der Prüfung die Chancen auf Anerkennung zu verspielen. Es ist die vage Aussicht anerkannt zu werden, die zur Kooperation motiviert.

Auf Seiten der Verfahrensbetreiber gibt es beständige Bestrebungen, das Mittel der Zugangsanforderung auszuweiten. Um die Rückführung der abgelehnten Bewerber zu beschleunigen, hatten sich z.B. die besuchte Außenstelle des Bundesamtes und die Zentrale Ausländerbehörde darauf verständigt, von Nicht-Dokumentierten bereits beim ´kleinen Interview´ einen Paßantrag des (behaupteten) Herkunftslandes ausfüllen zu lassen. Das Bundesamt hält hierzu die Paßantragsunterlagen der jeweiligen Botschaft bereit. Einzelne Antragsteller verweigerten sich dieser Anforderung:

> Ein Algerier begründet seine Weigerung, den Paßantrag auszufüllen, mit der Gefahr, die davon für seine Familie ausgehen kann. „Deshalb will er ja den Antrag stellen, damit er da nicht mehr zurückmuß", wird er übersetzt. Bei Algeriern komme es häufiger zu Komplikationen, was den besonderen Antragsunterlagen zugeschrieben wird. Die algerische Botschaft fordert dort die Abgabe von Fingerabdrücken. „Gerade an diesem Punkt", so der Sachbearbeiter, „entzünden sich Auseinandersetzungen. Oft kriegen wir nicht mal unsere Fingerabdrücke. Das macht Antragsteller einfach mißtrauisch, wenn dort Formulare mit dem algerischen Staatswappen vorgelegt werden." (Gedächtnisprotokoll)

Das Instrument der Anforderung funktioniert, weil und solange die Bewerber ´guter Hoffnung´ sind. Das Verfahren verspricht eine - wenn auch kleine - Aussicht auf Erfolg. Gegenüber dieser vagen Aussicht stellen sich die Anfor-

---

[87] Sozialarbeiter warnen davor, die Sozialversorgung einzuschränken, weil die Zuwendungen die Verfahrensgänger gefügig stimmt. Die gleiche Argumentation benutzt der Leiter der Abschiebehaftanstalt. Er befürwortet Vollzugslockerungen auch im eigenen Interesse: „Wenn die nichts zu verlieren haben, sind sie ungenießbar." Rund um das Sportangebot im Innenhof, das Kraftraumtraining, den Morgen- und Nachmittagsumschluß auf den Gefängnisetagen, die Verteilung von Telefonkarten für die Flurtelefone oder die Hilfsjobs bei der Essensausgabe wird ein feinstufiges Anreiz- und Bestrafungssystem entwickelt.

derungen als notwendiges Übel dar. Diesem Kalkül sind Grenzen gesetzt; und zwar dort, wo die Anforderungen signalisieren, daß ein negativer Ausgang des Verfahrens absehbar ist und allein der Vollzug von Ablehnungen gesichert werden soll.

Von den Zugangsanforderungen lassen sich die Anforderungen unterscheiden, die unmittelbar in der Anhörung gestellt werden. Sie beziehen sich unmittelbar auf die Glaubwürdigkeitsprüfung und schließen an die Asylbegründung des Antragstellers an. Die Prüfungsanforderungen, von denen im folgenden die Rede ist, bringen bewertbare Aussagen erst hervor. Dies vermögen sie nicht nur, indem sie als „Schemabetriebsstrategien [...] die Kommunikationsschemata des Erzählens und Argumentierens in Gang setzen, aufrechterhalten, abschließen und wieder aufnehmen" (Schütze 1978: 82), sondern auch indem sie den angepeilten Tests passendes Material liefern. Die ´angemessenen Anforderungen´ entfalten Zugzwänge für den Prüfling.

Die Prüfungsanforderungen in der Anhörung beziehen sich auf ein obligatorisches Teilnehmer- und Mitgliedschaftswissen. Es handelt sich um spezifische Engführungen, denen eine Indikatorfunktion für die Glaubwürdigkeit des Bewerbers zugeschrieben wird. Die Versuche der Herabstufung von Anforderungen wenden sich gegen die Engführungen. Die Bewerber problematisieren die geforderten Kompetenzen sowie die Fähigkeit, diese zu erinnern und zu diskursivieren.

4.1.1. Die Forderung von Teilnehmerkompetenz

In einem ersten Schritt wird auf behauptete Teilnehmerschaften an Flucht- und an Verfolgungsepisoden Bezug genommen und von diesen ´erlebten´ Episoden ein diskursives Wissen abgeleitet. Der Entscheider wählt zunächst aus der Reisegeschichte oder aus der Asylbegründung des Bewerbers ein passendes Ereignis aus. Betrachten wir dazu folgenden Protokollausschnitt:

> F: Warum haben Sie den Irak verlassen und in Deutschland einen Asylantrag gestellt?
> A: Ich mußte zum Militär. Mein Bruder ist seit sieben Jahren beim Militär. Er sollte eigentlich 1991 vom Militär entlassen werden, aber bis jetzt wurde er nicht entlassen. Sie haben meinen Vater festgenommen und mich dann geholt. Als wir dann nach Hause gekommen sind, haben sie unser Haus durchsucht und haben mein Militärheft mitgenommen. Sie haben gesagt, sie werden mich zum Militär bringen. Sie haben mir das Militärheft weggenommen. Ich hatte dann noch diesen, wie heißt das, diesen Ausweis. Dann habe ich meine Sachen eingepackt und bin nach Kugak gefahren. Von Kugak bin ich dann hierher gekommen. (Protokoll)

Zur weiteren Befragung wählt der Entscheider folgende Ereignisse aus: die Festnahme des Vaters und die Hausdurchsuchung. Anhand dieser Ereignisse soll die behauptete Teilnahme des Bewerbers rekonstruiert werden. Die Auswahl des Ereignisses folgt mindestens zwei Regeln: das Ereignis war persönlich einschneidend, der Antragsteller hat es miterlebt. Die Regeln nutzen die gleichen günstigen Bedingungen, die im Zuge eines „conversational storytelling" (Sacks) von Erzählern selbst ins Feld geführt werden, um gegenüber der Hörerschaft eine Prädestinierung zur Zeugenschaft zu unterstreichen (vgl. Bogen/Lynch 1989: 201f.). Die letzte Bedingung bedarf zuweilen der Klärung:

F: Waren Sie auch zu Hause als Ihr Vater festgenommen wurde?
A: Ja.
F: Dann schildern Sie mir einmal möglichst genau, wie die Situation war, als am 1.1.1996 Ihr Vater festgenommen wurde!
A: Einmal in der Woche oder auch alle drei Tage einmal kommen sie in unser Haus und durchsuchen es. Das machen sie seit drei Jahren ungefähr. In der Silvesternacht kamen sie, ich weiß nicht, sie haben da meinen Vater festgenommen. (Protokoll)

Ist die Teilnahme festgestellt, kann der Bewerber als Zeuge bzw. als Teilnehmer befragt werden. Als erinnerungswürdige Ereignisse werden Inhaftierungen, das letzte fluchtauslösende Ereignis, eine politische Aktion oder auch die ´eigene´ Gerichtsverhandlung ausgewählt. Die Auswahl von Schlüsselerlebnissen antwortet auf das Problem des Sich-Erinnerns. Die besondere Situation soll sich ´im Gedächtnis´ eingeschrieben haben. Hierzu zwei offizielle Entscheidungsbegründungen:

Nach aller Lebenserfahrung drängen sich derartig gravierende Ereignisse, wie sie der Antragsteller behauptet hat, jedoch fest in das Gedächtnis der Betroffenen ein. Auch nach einem längeren Zeitraum hätte dem Antragsteller deshalb eine widerspruchsfreie und detaillierte Schilderung zumindest der markanten fluchtauslösenden Ereignisse möglich sein müssen. (Blocksatz)

Obwohl der Antragsteller angab, der behauptete Flug von Istanbul nach Frankfurt a.M. sei *seine erste Flugreise* [Hervorhebung; T.S.] gewesen, konnte er selbst auf Nachfragen keine überzeugenden Angaben machen. So konnte der Antragsteller weder die Fluglinie benennen, mit der er geflogen sein will, noch das Flugzeug beschreiben. Er konnte auch nicht angeben, in welcher Sitzreihe bzw. auf welchem Sitzplatz er in der Maschine gesessen haben will. Weiter konnte der Antragsteller weder eine Bordkarte vorlegen noch plausibel machen, warum er keine besitzt. (Bescheid)

Was muß jemand wissen, der an einem ´entscheidenden Ereignis´ teilgenommen hat? Zunächst wird unterstellt, daß ein ordentlicher Teilnehmer weiß, wie er Teilnehmer geworden ist.

F: Woher wissen Sie, daß Sie zum Militärdienst sollten, wie haben Sie das erstmals erfahren?
A: In der Silvesternacht habe ich das erfahren. In meinem Militärheft stand, daß ich am 1.4.1997 zum Militär sollte. In der Silvesternacht haben sie mir gesagt,

daß sie mich zum Militär bringen. Dann haben sie mir mein Militärheft wegge-
nommen und ich stand da ganz alleine mit meinem Ausweis. Dann bin ich ausgereist.

F: Sie haben erzählt, daß Sie ein Militärheft gehabt hätten, wo haben Sie das her-
bekommen?

A: Ich habe das Militärheft bei der Militärbehörde in Gad Umsuhar bekommen.
Am Anfang von 1996 habe ich die Nachricht bekommen. Ich hatte das Militärheft ungefähr ein Jahr.

F: Wie haben Sie denn die Nachricht bekommen, daß Sie bei der Militärbehörde in
Gad Umsuhur Ihr Militärheft abholen sollen?

A: Jemand von der Polizeibehörde kam zu uns nach Hause. Er hat mir einen Brief
gegeben und hat gesagt, ich solle mein Militärheft abholen.

F: Was stand denn in dem Brief geschrieben, den Ihnen der Polizist gegeben hat?

A: Darauf stand mein Name und daß ich mich bei den Militärbehörden melden
soll. Ich sollte dort mein Militärheft in Empfang nehmen. Ich sollte innerhalb
von fünf Monaten mein Militärheft abholen. (Protokoll)

Ein Teilnehmer kann ungefähr angeben, wann und wo sich das Ganze ereig-
nete. Er muß außerdem die Rolle der anderen Teilnehmer nennen können. Der
Entscheider erfragt das Orientierungswissen einer ordentlichen Teilnahme, das
nötig ist, um den Stellenwert eines Ereignisses zu realisieren:

F: Wer ist *sie*, wer hat denn Ihren Vater festgenommen?

A: Das waren Leute in Zivil. Ich weiß es nicht. Man nennt sie „Baathi".

F: Sie haben erzählt, daß seit drei Jahren wöchentlich Ihr Haus durchsucht worden
sei, weshalb wird das gemacht?

A: Ich weiß nicht, mein Vater arbeitet mit der Opposition. Mein Vater hat uns keine Gelegenheit gegeben, zu erfahren was los ist. (Protokoll)

Nicht nur in den Fragen, auch in den Antworten wird das Anforderungsprofil
bedient. Im vorliegenden Fall rechtfertigt der Bewerber sein Nichtwissen mit
seinem eingeschränkten Wissensstand. Damit teilt er die Unterstellung, daß
ein ordentlicher Teilnehmer die Frage beantworten können müßteund begründet die Ausnahme in ´seinem´ Einzelfall.

4.1.2. Die Forderung von Mitgliedschaftskompetenz

Die Mitgliedschaftskompetenz zielt auf die Zugehörigkeit oder Herkunft des
Antragstellers. Während die Teilnehmerkompetenz das intensive Erleben einer
Situation nutzt, nutzt die Mitgliedschaftskompetenz das dauernde Einleben in
eine Lebensform.

Die Mitgliedschaftskompetenz kann das zentrale Anforderungsprofil darstellen, wenn:

- allein schon die Gruppenzugehörigkeit einen Asylanspruch rechtfertigt, wie dies für ´verfolgte´ religiöse, politische oder ethnische Gruppen bestimmter Herkunftsländer angenommen wird;

- der Bewerber zwar seinen Asylanspruch verwirkt hat, ihm gleichwohl bei einer Rückkehr in den Herkunftsstaat aufgrund der Gruppenzugehörigkeit „Gefahr an Leib und Leben" (Genfer Konvention) droht.

In beiden Fällen übernehmen alarmierende Lageberichte (z.B. des Auswärtigen Amtes) oder höhergerichtliche Urteile einen gewichtigen Teil der Fluchtbegründung für den Bewerber. Sie liefern generalisierte Asylgründe, die nur noch am individuellen Antragsteller ´festgemacht´ werden müssen. Die programmierten Vor-Urteile etablieren abgestufte Prüfumfänge.

Um eine ´behauptete´ Gruppenmitgliedschaft zu überprüfen, werden Fragen formuliert, die jedes ordentliche Mitglied dieses Staates, dieser Partei, Religion oder Ethnie notwendig beantworten können sollte. Entscheider fragen nach Fernsehprogrammen, Rundfunksendern, den im Staat lebenden Volksgruppen, den obligatorischen Ausweispapieren, dem Namen des Geheimdienstes, den Farben der Taxis, den letzten Kriegen. Verwiesen wird jeweils auf ein allgemeines, öffentliches Wissen. Derlei dürfte dem ´richtigen´ Parteigänger, Staatsbürger oder Gläubigen nicht entgangen sein.[88]

Der folgende Fragenkatalog wird als „Stadt-Land-Fluß" bezeichnet. Der Entscheider hat sich die ´Lösungen´ auf einer herausgezogenen, für den Bewerber nicht einsehbaren Schreibtischschublade zurechtgelegt. So verschafft er sich, nicht aber dem Prüfling, Einblick in die Frage-Antwort-Komplexe. Die Fragen sind auf irakische Staatsangehörige zugeschnitten:

F: Sie haben vorhin einen Saddam erwähnt, wer ist das denn?
A: Das ist der Führer vom Irak.
F: Kennen Sie auch irgendwelche Minister?
A: Ja, ich habe das im Fernsehen gesehen.
Auf Nachfrage:
Doch, im Fernsehen werden die erwähnt, aber ich gucke nicht hin.
F: Wo ist denn der Saddam geboren?

---

[88] Die Funktion der Mitgliedschaftsfragen als Tests verkennt ein ProAsyl-Bericht zu einer Reihe von Asylanhörungen. Dort heißt es: „Diese Fragen (nach dem Benzinpreis, den Studienabläufen, den Bankzinsen oder den Steuern; T.S.) standen in keinem erkennbaren Zusammenhang zum Verfolgungsvortrag des Flüchtlings. Wo einem Flüchtling ohne konkreten Anlaß zum Mißtrauen nicht einmal der Beruf oder das Studienfach geglaubt wird, drängt sich der Verdacht auf, daß die zuständigen Entscheider a priori schon von der Unglaubwürdigkeit des Asylbewerbers ausgehen." (Laier 1994: 29)

A: Das weiß ich nicht. In Badi oder wie heißt das, ich weiß das nicht. Das heißt so ähnlich wie Badia.

F: Wissen Sie wie die Söhne von Saddam heißen?

A: Die heißen Udai und Qussai. Er hat auch zwei Töchter.

F: Wissen Sie, was ein Brasili ist?

A: Wer ist das? Ich habe das zwar gehört, aber ich weiß nicht wer das ist.

F: Wie heißen denn die beiden großen Flüsse die durch den Irak fließen?

A: Das ist Furat und Tigris.

F: Können Sie mir einige Feiertage, staatliche Feiertage, die man im Irak feiert, nennen?

A: Nein, weiß ich nicht. (Protokoll)

In der letzten Antwort verzichtet der Bewerber auf das vorherige ´Rätselraten´. Indem er ohne Weiteres sein Nichtwissen eingesteht, impliziert er, daß er derlei ´als Mitglied´ auch garnicht wissen müßte. Der Entscheider sieht sich daraufhin genötigt, die Angemessenheit der Anforderung zu bekräftigen:

F: Es gibt doch viele staatliche Feiertage, an dem jeder Iraker frei hat und an denen auch jeder Iraker feiert, es werden auf den Straßen Flaggen gezeigt und es werden große Feste gefeiert. Sie müssen doch irgend einen Feiertag kennen

A: Es gibt den 07.04., da muß man gezwungenermaßen feiern. Das ist der 07.04., da muß man also feiern. (Protokoll 6.6.:13)

Der Entscheider begründet, warum der Bewerber, soweit er vorgibt Iraker zu sein, diese Frage beantworten können muß. Indem der Bewerber auf die Bekräftigung der sonst nur impliziten Anforderung eingeht, teilt er diese Schlußfolgerung. Er anerkennt das Anforderungsprofil und versucht ihm zu genügen.

Einige der Wissensfragen im Rahmen des Anforderungsprofils sind weniger allgemein und bedürfen besonderer Vorkehrungen. Der Bewerber muß sich als ´Besonderer´ zu erkennen geben. Bevor der Entscheider z.B. nach den dortigen Zigarettenmarken fragt, muß sich der Bewerber als Raucher zu erkennen geben; bevor er die Fernseh- und Radiokanäle erfragt, muß sich der Bewerber als Fernsehzuschauer und zum Radiohörer erklären; bevor er fragt, wie gewählt wird, muß der Bewerber erklären, gewählt zu haben. Ebensolches gilt für die Kompetenzen eines Polizeibeamten, eines Priesters[89] oder einer Krankenschwester.

Die Voraussetzungen zur Anwendung der Anforderung verweisen auf Einschränkungen: Mitgliedschaftskompetenzen brechen sich an subkulturellen

---

[89] „Ein asylsuchender Priester aus der Demokratischen Republik Kongo mußte bei der Anhörung durch das Bundesamt für die Anerkennung für ausländische Flüchtlinge als Beweis seiner Glaubwürdigkeit ein lateinisches Gebet vorsingen. Außerdem unterzog ihn die zuständige Beamtin einem Verhör über abendländische Philosophie." (FR vom 16.7.98)

Lebensformen, sie variieren mit Neigungen, gelebten Routinen und sozialen Positionen.

Außerdem unterstreichen die Einschränkungen, daß hier nicht Faktenwissen, sondern am eigenen Leib Erlebtes gefragt ist. Zuweilen werden richtige Antworten allein aufgrund einer anderen Herkunftszuschreibung - etwa als ´erlernt´ oder ´angelesen´ - diskreditiert. Bei Entscheidern besteht ein genereller Zweifel über die Indikatorfunktion richtiger Antworten.[90] Die Enthüllung der ´wahren´ Herkunft von Antworten sind wohl ´Glückstreffer´:

Vermerk: An dieser Stelle wird der Antragsteller aufgefordert, den Inhalt seiner Taschen auf den Tisch zu legen. Es werden abgesehen von Geld und der Aufenthaltsgestattung insgesamt 17 Seiten, die mit arabischer Schrift beschrieben sind, vorgelegt.

F: Warum haben Sie als Analphabet derartig vieles schriftliches Material dabei?

A: Diese Jacke, aus der ich die Sachen geholt habe, ist nicht von mir. Die Jacke gehört Mohammed Ramzi, er hatte die Jacke gestern an. Er hat sich mit mir unterhalten, wie eine Anhörung stattfindet.

Auf Nachfrage:

Ich habe das nicht geschrieben, er fragte mich ab, z.B. wie ich heiße. Ich sollte das beantworten.

F: Zu welchem Zweck soll sich der andere Mann das aufgeschrieben haben?

A: Das sollte eine Vorbereitung für die Anhörung sein. (Protokoll)

Es folgen Fragen, die den Zweck der Notizen als auch ihren - von den Aussagen abweichenden - Inhalt betreffen. Nach einer Pause gibt der Entscheider einen Vermerk über den Inhalt der Schmierzettel zu Protokoll, wie er vom Dolmetscher angegeben wird.

Vermerk: Eine Kurzauswertung durch den Dolmetscher ergibt, daß sich unter den Unterlagen auch mehrere Stadtpläne befinden, so von Bagdad und vermutlich von Mosul. Dort sind auch einige Stadtteilnamen und Schulnamen aufgeführt. Außerdem finden sich mehrere verschiedene Asylbegründungen. Weiter findet sich eine kleine Landkarte vom Irak. Weiter findet sich auf einer Seite eine Aufzählung der irakischen Zeitungen, der Zigarettenmarken, Daten über den Einmarsch des Iraks in Kuwait, weiter eine Beschreibung der irakischen Währung mit den einzelnen Einheiten. Weiter sind die Preise von Lebensmitteln vermerkt sowie die Namen

---

[90] Ein vergleichbares Zuschreibungsproblem haben Lehrer bei der Beurteilung ´schriftlicher Leistungen´. Sie „hegen Zweifel daran, ob das was sie lesen, Schülerwissen abbildet; es ist ein ganz grundlegender Zweifel an der der Prüfung zugeschriebenen Funktion der Leistungsbemessung. [...] Ein richtige Schülerantwort bedeutet für sie nicht zwingend, daß der Schüler ´es verstanden´ hat" (Kalthoff 1997: 132). In der Asylprüfung, wie in der Schulprüfung wird Wissen - als ´erlebt´ oder als ´verstanden´ - überhöht, denn in beiden Fällen ist es unmöglich, die unterstellte Qualität anhand der Äußerungen aufzuklären. „Die Unmöglichkeit, das dokumentierte Wissen daraufhin zu überprüfen, ob es verstanden oder auswendig gelernt wurde, läßt Lehrpersonen nur eine Wahl: Sie geben den Punkt." (ebd.)

einiger irakischen Minister. Weiter werden die Feiertage aus dem Irak aufgeführt. Weiter findet sich eine ziemlich genaue Skizze des Grenzübergangs [...]

F: Aus welchem Land kommen Sie denn nun?

A: Ich bin Iraker.

F: Und das soll ich Ihnen jetzt nach den ganzen Funden in Ihrer Tasche glauben.

A: Ich bin wirklich ein Iraker.

F: Warum tragen Sie Stadtpläne von Städten aus dem Irak, die Aufzählungen von Zigarettenmarken, Zeitungen, Persönlichkeiten, Sehenswürdigkeiten und Beschreibungen der wichtigsten Städte im Irak in Ihren Taschen herum?

A: Andere Leute haben das aufgeschrieben.

F: Können Sie mir bitte genau sagen, wer diese anderen Leute waren, ich brauche Namen, Zimmernummern und Hausnummern!

A: Das sind Leute aus dem Zimmer Nr. 90." (Protokoll)

Die Enthüllung trifft den Prüfling, weil das Anforderungsprofil statt des bloßen Faktenwissens ein Wissen aus Erfahrung fordert. Diesen allgemeinen Anspruch teilt auch der Bewerber in seiner (aussichtslosen) Verteidigung. Er macht aber geltend, daß „eine Vorbereitung auf die Anhörung" unabhängig davon notwendig ist. Wenn dem so ist, handelt es sich bei der Prüfungsanforderung um eine systematische Überforderung.

4.1.3. Die Herabstufung von Anforderungen

Die Anforderungsprofile sind keine unangreifbaren, hermetischen Wissenskonzepte. Schlupflöcher zeigen sich anhand der Herabstufungen des Profils im Vorgriff oder in Reaktion auf Prüffragen durch den Bewerber. Die Entscheider betrachten Herabstufungen als Ausweichmanöver angesichts möglicher Enthüllungen.

Herabstufungen fasse ich auf als Revisionen der verfahrensbedingten Engführung. Revisionen zielen auf die geforderten Wissens- und Äußerungsformen zur Glaubhaftmachung des behaupteten Verfolgungsschicksals. Revisionen verfahrensbedingter Engführungen versuchen nicht nur die Bewerber, sondern auch die Entscheider, indem sie jenseits der Formzwänge der diskursiven Diagnostik ´verräterische´ Äußerlichkeiten nutzen wollen. Entscheider verfügen hierzu über die Nische eingeschobener „Vermerke", in denen sie als Autoren über Auffälligkeiten, Mogeleien oder Dolmetschereindrücke berichten. Die Revisionen der Bewerber sind vergleichsweise protokollgerecht; wohl weil sie der Entscheider hier auch als Ausweichmanöver anführen kann.

Bewerberkompetenz: Eine erste Schwierigkeit bei der Anwendung der Anforderungsprofile ergibt sich aus der unterstellten Prüfkompetenz. Es wird erwartet, daß der Bewerber sich als Prüfling aufführt und den Prüfcharakter von gewissen Nachfragen (an)erkennt. Der Bewerber kann diese Erwartung enttäuschen. Ein Beispiel:

E Absatz Frage was ist auf dem Flug passiert
D Mhm eh, was ist auf dem Flug passiert ( ) in dem Flug=zeug
E *Ja*
D/B ~~~
E (zu mir währenddessen freudig erregt) *Die Frage, die habe ich noch nie gestellt (lachen) Mal gucken was da jetzt bei rauskommt*
B ~~~~
D Äh, kein Problem, im Flugzeug
E Ja das meinte ich jetzt gar=nicht
D (zustimmend) *Nee*
E # ich meinte was anderes
D/B ~~~~~
E *(währenddessen) Antwort Doppelpunkt Es gab kein Problem im Flugzeug Punkt*

Um die Prüffrage angemessen beantworten zu können, muß der Bewerber Angaben ersinnen, die unter alltäglichen Umständen nicht der Rede wert sind. Er muß den Prüfcharakter einer Frage realisieren und sie nicht etwa als neugierige oder interessierte Frage handhaben.

Eine Antwort kann nichtssagend ausfallen, wenn der Prüfcharakter nicht bedient wird. Derartige ´Mißverständnisse´ werden von den Entscheidern in der Regel nicht im Protokoll aufgeführt. Diesen Umstand kann wiederum der Bewerber nutzen: es ist unentscheidbar, ob eine nichtssagende Antwort auf ein strategisches Ausweichmanöver oder auf bloße Naivität zurückzuführen ist. Allerdings verspielt ein Bewerber eine Möglichkeit, seine Angaben glaubhaft zu machen.

Ein Entscheider berichtet von einer überraschenden Glaubhaftmachung: „Eine ältere Yezidin hat mir mal auf die Frage ´ob ihr was aufgefallen sei am Flughafen´ geantwortet: Ja, da waren so Stufen, die haben sich bewegt. Da wollte sie nicht draufsteigen. Ihr Mann mußte sie beruhigen. Die Frau meinte die Rolltreppe. Sowas hatte sie vorher noch nie gesehen. Also da wußte ich, daß sie dort war." (Gesprächsprotokoll)

Ein Bewerber kann eine mindere Prüfkompetenz auch anmelden, *bevor* eine Anforderung expliziert wird. Zu dieser Form der Herabstufung können wir den einleitenden Hinweis eines Bewerbers zählen, er ´könne nicht frei sprechen´, verbunden mit der Bitte: „Stellen Sie die Fragen, ich spreche dann". Antragsteller führen weitere Entschuldigungen an, die sich auf das Anforderungsprofil allgemein auswirken. Sie bezeichnen sich als nervös, als Analphabeten, als ungebildet, als unselbständig oder als minderjährig. Insofern eine Herabstufung weitreichende Folgen hat, kann sie selbst zum Gegenstand der Überprüfung gemacht werden. Um das Alter zu überprüfen, wird z.B. ein medizinisches Gutachten über die Fingerknochen erstellt; um schulische Kenntnisse zu überprüfen, wird der Bewerber mit einer Aufgabe geködert, die zu lösen ihm Vorteile verspricht *und* ihn zugleich bloßstellt („Sie können aber *doch* ganz gut schreiben!").

Marginale Teilnehmerschaft: Bewerber revidieren die Unterstellung, ein Teilnehmer wisse und erinnere einen Vorfall problemlos. Ihnen stehen dazu verschiedene Ansatzpunkte zur Verfügung. Zunächst eröffnet die Auswahl des ´entscheidenden´ Ereignisses Schlupflöcher. Gerade bei Schlüsselerlebnissen reklamieren Befragte eine gewisse Desorientierung. Die Ereignisse können ´sich überschlagen´, den Teilnehmer ´schockieren´ und ´verwirren´.

Mit ihren Herabstufungen verweisen die Bewerber auf die Wucht, das Tempo, die Fremdheit und die Unübersichtlichkeit der durchlebten Situation. Die Situation vermittelt marginale Teilnehmerschaften und „Entfremdungen in Situationen" (Goffman).

Ein krasses Beispiel sind Foltersituationen. Folteropfer können neben dem Orientierungsproblem vor allem ein Erinnerungs- und Versprachlichungsproblem geltend machen. Allerdings - und hier liegt das praktische Problem - müssen auch sie die Tatsache, daß sie gefoltert wurden, in irgendeiner Weise kommunizieren und glaubhaft machen. Die Problematisierung der Folter hat einen spezifischen Maßstab hervorgebracht: solche Bewerber, die sich ausgiebig äußern, bringen sich in Mißkredit: „Wer sowas erlebt hat, spricht nicht so frei darüber".

Eine weniger spektakuläre Herabstufung bezieht sich auf die Fremdheit des Teilnehmers. Der Bewerber macht eine Desorientierung in fremden Gefilden geltend:

Der Bewerber berichtet von seiner Flucht. Eine Zwischenstation war Berlin. Die Entscheiderin versucht den Reiseablauf zu rekonstruieren:
E Wissen Sie noch wieviel Uhr es ungefähr war?
D/B ~~~~
D Ich weiß nicht
E Nur ungefähr, morgens, mittags oder abends?
D/B ~~~~
D Ich weiß nicht, ob es morgens oder abends war. Ich habe nur den Zeitungshändler gehört.
E Absatz Vorhalt Doppelpunkt. Sie mußten doch wenigstens noch wissen komma ob es morgens komma mittags oder abends war Punkt Das merkt man doch auch ohne Uhr Punkt.
D/B ~~~~
D Hier in Deutschland kenne ich den Abend und Morgen nicht. (Transkript)

Bewerber spielen mit ihrer Herabstufung auf die Varianz möglicher - peripherer und zentraler - Teilnehmerschaften an. Es gibt Teilnehmer, die ´im Bilde´

sind und andere, die lediglich deren Signalen ´Folge leisten´ (wie im übrigen das Geschehen der Anhörung selbst zeigt).

Auf die Frage nach dem Reiseweg weist der Bewerber einleitend daraufhin, daß er sehr aufgeregt war und die ganze Zeit nur Angst hatte und an seine Familie zuhause denken mußte. An Einzelheiten könne er sich deshalb überhaupt nicht mehr erinnern. Er wisse nur, daß er immer hinter seinem Schlepper gegangen sei und der alles für ihn erledigt hätte. (Bescheid)

Die Teilnahme stiftete nicht das geforderte Erfahrungswissen, weil der Teilnehmer ´abwesend´ war, nur mitlief oder nachäffte. Hierzu ein weiteres Beispiel:

F: Wie sind Sie dann von Istanbul aus weitergereist?
A: Das weiß ich nicht. Der Schlepper hat gesagt, daß er für uns ein Flugticket gekauft hat. Er hat uns an dem Tag, an dem wir ausgereist sind, einen Reisepaß gegeben.
F: Was war das für ein Reisepaß?
A: Das weiß ich nicht. Er hat uns keine Gelegenheit gegeben, da hinein zu sehen. Es waren aber unsere Bilder dort angebracht. (Protokoll)

Es werden stellvertretend ´Macher´ angeführt (z.B. „der Schlepper", „mein Vater", „mein Mann"), die allein über die nötige Orientierung verfügen. Nur deren Zeugenaussage könnte über die damaligen Vorkommnisse Aufschluß geben. Die Fertigkeit, die Situation zu managen, muß demnach zwar vorhanden, aber nicht auf alle Teilnehmer gleich verteilt sein.

Marginale Mitgliedschaft: Wir finden spezifische Herabstufungen ebenso für die Mitgliedschaftskompetenz. Hier ist es die randständige Position in einem kulturellen Zusammenhang, die ein vermindertes Wissen begründet. Den folgenden Protokollausschnitt präsentiert mir der Einzelentscheider als Paradebeispiel rigoroser Ausweichmanöver:

F: Sie haben mir erzählt, daß Sie irakische Staatsangehörige seien. Woher wissen Sie das?
A: Weil wir im Irak gelebt haben.
F: Wenn ich z.B. einige Zeit in Österreich lebe, dann bin ich ja nicht automatisch österreichischer Staatsangehöriger. Woher wissen Sie, daß Sie irakische Staatsangehörige sind?
A: Wie meinen Sie das, die irakische Staatsangehörigkeit? Wir haben im Irak gelebt. Mein Mann ist Iraker. Also bei uns ist das so, daß mein Mann Iraker ist.
F: Was können Sie mir denn über den Irak erzählen?
A: Was weiß ich vom Irak? Ich war immer drinnen und immer im Dorf. Wir waren Bauern. Ich habe mich nur um meine Kinder gekümmert. Mein Mann war derjenige, der das Dorf verlassen hat und gereist ist.
F: Wenn Sie nun einige Zeit und immer in Ihrem Dorf gelebt haben, können Sie mir dieses Dorf ja einmal etwas näher beschreiben. Wie sieht es denn aus in diesem Dorf?

A: Das ist kein großes Dorf. Ich habe die Häuser nicht gezählt. Es sind alles Bauern.

F: Sind Sie denn in dem Dorf auch einmal einkaufen gewesen und haben z.B. Lebensmittel oder Bekleidung gekauft?

A: Bekleidung hat mein Mann mitgebracht. Es gab aber ein kleines Geschäft im Dorf. Wenn wir Kleinigkeiten brauchten, dann haben wir die im Laden gekauft.

F: Kennen Sie vielleicht einen Feiertag im Irak?

A: Nein, ich sagen Ihnen, wir haben in einem kleinen Dorf, ganz weit entfernt von der Welt, gelebt. Wir waren alle Bauern.

Die mangelnde Mitgliedschaftskompetenz wird mit der marginalen Inklusion in das öffentliche Leben begründet. Angeführt werden hier die geographische Abgeschiedenheit des Lebensmittelpunktes, die mit der Geschlechterrolle begründete Häuslichkeit und der mindere Bildungsgrad. Ähnliche Herabstufungen fabrizieren Bewerber, indem sie auf fehlende Kommunikationsmittel und Massenmedien, auf ein allgemein niedriges Bildungsniveau und ein unterentwickeltes öffentliches Leben verweisen. Bewerber beschreiben ihre Mitgliedschaft nicht nur als marginal in Relation zu den dort allgemein üblichen, sondern auch als abweichend vom universellen (ethnozentrischen) Mitgliedschaftskonzept des Entscheiders. Im vorliegenden Fall scheitert der abschließende Herabstufungsversuch an der anerkannten Länderkunde: staatliche Feiertage werden demnach in *jedem* Dorf begangen und von *jedem* Mitglied zumindest registriert.

Dem Verweis des Bewerbers auf eine marginale Mitgliedschaft sind Grenzen gesetzt. Er kann auf diese Weise die eigene Version wohl vor einer Widerlegung bewahren, sie aber nicht glaubhaft machen. Der Entscheider kann rein defensive Reaktionen als „unsubstantiiert" und als Mißachtung der „Mitwirkungspflicht" diskreditieren. Herabstufungen funktionieren als Korrektive des Anspruchsniveaus, nicht aber als Ersatz für eine Asylbegründung und Glaubhaftmachung.

Nicht-diskursives Wissen: Diese Gruppe von Herabstufungen verweist auf einen wesentlichen Formzwang der Prüfung: die geforderte Versprachlichung von ´Einverleibtem´ und ´Erinnertem´. Die Anforderungsprofile der Asylprüfung unterstellen, daß Kompetenzen verbalisiert bzw. in spontanen und anschaulichen Antworten mitgeteilt werden können. Diese Unterstellung wird nicht nur in soziologischen und psychologischen Methoden zur Hervorlockung von ´tieferen Erfahrungsschichten´ (in therapeutischen Gesprächen oder narrativen Interviews) problematisiert, sondern auch von kritischen Entscheidern. Die folgenden Äußerungen sind einem Pausengespräch entnommen:

Wir befinden uns in der Kaffeepause nach dem Mittagessen. Anwesend sind 12 Einzelentscheider und 5 Dolmetscher sowie der Leiter der Außenstelle des Bundesamtes. Die nachfolgende Erwiderung auf die Regel-Setzung einer Entscheiderin stammt vom Autor selbst: „[...] Das muß der doch wissen. Wenn ich so denke, ich weiß noch genau, wie mein Freund beim Autounfall ums Leben kam. Und das war vor zehn Jahren. Sowas vergißt man nicht." „Ich glaub ich weiß den Todestag meines Vaters deshalb so gut, weil ich ihn zigmal in Formularen eintragen mußte." Der leise Zweifel findet Resonanz. Einzelne Einzelentscheider outen sich als Bedenkenträger. Es folgt eine längere Debatte zur Glaubwürdigkeitsprüfung, von der ich zentrale Statements aus dem Gedächtnis niedergeschrieben habe:

E1 „Aber es gibt da schon eindeutige Sachen. Z.B. wenn du rauchst, dann fallen dir auch Zigarettenmarken ein. Oder deinen täglichen Arbeitsweg mußt du aus dem Eff-Eff kennen."

E2 „Ja, ich nehme Linie 6. Aber ich weiß doch nicht, wo die langgeht. Weißt du denn, was auf unserem 20er drauf ist? [Annette von Droste-Hülshoff, T.S.] Ich weiß das nicht."

E2 „Oder bei verbotenen Parteien. Da brauchen die die Namen der Parteifunktionäre, sonst geht nichts."

E1 „Das ist deine Meinung. Ich meine ja nur, das ist alles nicht so eindeutig, wie wir es gerne hätten."

E2 „Es geht ja auch nicht um einzelne Indizien, sondern um ein Gesamtbild. Du mußt halt Punkte sammeln."

Es sind zwei Anschauungsbeispiele, die auf das Problem der Explizierung eines tacit knowledge verweisen: der Geldschein und der Arbeitsweg. E2 weist die Anforderung kategorisch zurück und veranschaulicht sein Argument mit einem Selbsttest. Die Revision bezieht sich auf die zugemutete Diskursivierung: ordentliche Mitglieder müssen in der Regel nur zeigen, nicht sagen, was sie wissen. Man wählt die richtige Geldnote und die richtige Buslinie aus, ohne sie detailliert zu beschreiben. Tut man das doch, so stiftet das Verwirrung, wie Garfinkels Krisenexperimente zeigen. (Eine ´staunende´ Beschreibung liefern dagegen Heranwachsende, Touristen oder Ethnographen.) Selbst dort, wo Probleme auftauchen, etwa weil der Bus versäumt oder ein falscher Geldschein gegriffen wird, helfen Detailbeschreibungen - der Fahrstrecke (wohl des Ziels) oder des Notenbildes (wohl des Betrags) - nicht weiter. Anforderungen, die eigentlich jede Mitgliedschaft kennzeichnen sollen, erscheinen hier als praxisfern.

Wir können nun Potentiale und Limitationen der Prüfungsanforderungen aufzeigen. Die Anforderungen setzen den Bewerber unter Zugzwang, nicht ohne ´Ausflüchte´ zu eröffnen:

• Das Anforderungsprofil erzeugt Auskunftslasten für den Bewerber in dem Maße, wie eine Antwortverweigerung die behauptete Eigenschaft infrage stellt. Wie das weiße Blatt der Klausurarbeit die ´verheerende´ Bewertung vorwegnimmt, so nehmen nicht gegebene Antworten eine Ablehnung vorweg.[91] Wo die Anforderungen nicht bearbeitet werden, bedarf es keiner weiteren Nachprüfung.

• Die Anforderung muß, um diese Konsequenz zeitigen zu können, an eine Selbstauskunft des Bewerbers anknüpfen. Anhand der Selbstauskunft wird gefolgert: daß jemand der ´soetwas´ erlebt hat, eine Reihe von Angaben über dieses Ereignis machen kann (Teilnehmerwissen); daß jemand mit einer ´solchen Herkunft´, auf Befragen eine Reihe von Angaben über die dortige Lebensform machen kann (Mitgliedschaftswissen).

• Die Anforderungsprofile sollen Indikatoren für zurückliegende Ereignisse liefern. Sie konstruieren ein obligatorisches Wissen. Es geht um die Frage, was ein Teilnehmer oder ein Mitglied unbedingt wissen muß. Die Bewerber behandeln die Fragestellungen, indem sie passende Antworten offerieren oder besondere Umstände für ein Nichtwissen anführen. Normalerweise bestätigt der Bewerber die allgemeine Angemessenheit der Anforderung.

• Herabstufungen befreien nicht von den Auskunftslasten, will der Bewerber seinen Antrag glaubhaft machen. Herabstufungen können im begründeten Einzelfall eine Auskunftslast lediglich verschieben. Die Herabstufung modifiziert das, was von diesem Bewerber legitimerweise an Wissen erwartet werden darf. Sie etabliert individuelle Anforderungen, unter denen sich ein Prüfling als Mitglied oder Teilnehmer erweist.

Vorbereitungen der Bewerber verweisen womöglich auf Anforderungen, die die obligatorische Mitglieder- oder Teilnehmerkompetenz übertreffen oder verfehlen. Jede „Nachspielung" (Goffman 1977) erfordert ein Maß an Konstruktivität und Vorbereitung - und dies um so mehr, wenn sie für einen Fremden und für spezielle Zwecke bestimmt ist. Die in der Anhörung gestellten Anforderungen beschreiben ein Outsiderwissen von Entscheidern, Richtern oder Anwälten, die sich anhand von Reportagen, länderkundlichen Werken, Landkarten oder Reisefibeln ein Bild vom fremden Lebenszusammenhang machen.

Differenzierungsunschärfen der Anforderungsprofile zeigen sich nicht nur dort, wo der Bewerber Herabstufungen durchsetzen kann, sondern auch anhand von Überbewertungen ´richtiger Antworten´. Die Anforderungsprofile

---

[91] So heißt es in einem Bescheid zur Bewertung der behaupteten Reisegeschichte: „Obwohl der Antragsteller angab, der behauptete Flug von Istanbul nach Frankfurt a.M. sei seine erste Flugreise gewesen, konnte er selbst auf Nachfragen keine überzeugenden Angaben machen. So konnte der Antragsteller weder die Fluglinie benennen, mit der er geflogen sein will, noch das Flugzeug beschreiben. Er konnte auch nicht angeben, in welcher Sitzreihe bzw. auf welchem Sitzplatz er in der Maschine gesessen haben will. Weiter konnte der Antragsteller weder eine Bordkarte vorlegen noch plausibel machen, warum er keine besitzt."

verwischen praktische Positionsunterschiede, indem sie lediglich eine Mitgliedschaft oder eine Teilnehmerschaft diagnostizieren. Hierzu zwei Fälle:

In der Außenstelle wurde ein Bewerber als politisch verfolgt anerkannt, weil er mit vielen Interna über die Befehlsstrukturen der Armee und der Machtkämpfe in der politischen Führung aufwarten konnte. Er gab an, ein übergelaufener Spion zu sein. Selbst die nochmalige Anhörung zusammen mit dem Leiter der Außenstelle und die Überstellung an den Bundesnachrichtendienst brachten keine anderen Erkenntnisse. Hernach mutmaßte der Leiter der Außenstelle, daß der Antragsteller zur Vorbereitung eines Terroranschlags in Deutschland weilte.

Der „Iraker" könnte, so orakelt der Entscheider, obwohl er das entsprechende Stadt-Land-Fluß-Quiz ohne Probleme meistert, doch ein Palästinenser sein. Zumindest hat der Dolmetscher den Dialekt des Bewerbers so bestimmt. Der Entscheider macht sich folgenden Reim aus diesem ´Widerspruch´: der Bewerber hat, wie viele Palästinenser, mehrere Jahre in Bagdad als Gastarbeiter gelebt. Im Protokoll kann er diesen Verdacht allerdings nicht vorführen.

Ein Bewerber kann die Anforderungen erfüllen, unabhängig davon ´auf welcher Seite´ er an Ereignissen teilgenommen hat. Nicht nur der Gefolterte, auch der Folterknecht weiß um den Ablauf der Folter; nicht nur der Gefangene, auch der Wärter kennt das Gefängnisleben. Es ist wahrscheinlich, daß die, die Asylgründe erzeugen - die Folterknechte, Täter, Häscher - besser als die Verfolgten wissen, was ´damals´ vorgefallen ist. Die erfüllten Anforderungen können selbst nur eine vage Glaubhaftmachung besorgen.

4.2. Die Testmethoden

Bewerber stellen sich normalerweise den Anforderungen der Prüfung: sie lassen sich registrieren, erscheinen bei den Terminen, geben ihre Fingerabdrücke. In der Anhörung präsentieren sie individuelle Verfolgungsepisoden, datieren und konkretisieren sie auf Nachfrage und beantworten die Quizfragen zum Herkunftskontext. Tun ein Prüfling dies nicht, gibt er zumindest Gründe an, warum gerade er nicht über das selbstverständliche Wissen verfügt.

Die Tatsache, daß ein Bewerber den Anforderungen nachkommt, besiegelt noch nicht seine Glaubwürdigkeit, sondern eröffnet erst die Überprüfung. Der Bewerber verhindert mit jedem bestandenen Test eine vorzeitige Entscheidung und verschiebt sie auf den weiteren Prüfungsverlauf. Die für die Prüfung bereitgehaltenen Tests lassen sich danach unterscheiden, wie sie Kontrastierungen herbeiführen (aktiv oder passiv), ob die Kontrastmittel in der Anhörung fabriziert werden oder ein Kontrastmittel bereits vorliegt, wie weit ausgeholt wird (allein die Anhörung, die Fallgeschichte, zwei Anhörungen, Beispielfälle etc.) und zu welchem Zeitpunkt eine Vorentscheidung getroffen wird (im Prüfverlauf, im Bescheid). Der Prüfverlauf läßt sich aufgrund der strategischen Überschreitungen nicht schon anhand der interaktiven Herstellung von

Gesprächsformaten - Belehrungen, Widerspruchsaufweise oder Vorhalte - nachvollziehen.[92]

In der Anhörung finden sich folgende Testmethoden bzw. Gegenüberstellungen von (Wahrheits-)Sätzen. Aussagen werden mit dem ´Bereich des Möglichen´ (1), mit früheren Aussagen in derselben Anhörung (2/3), mit einer verwandten Anhörung (4), mit aktenkundigen Falldaten (5/6), mit Beispielfällen (7/8) oder einem objektivierten Umweltwissen (9) kontrastiert. Die Kontrastierungen bedienen eine Verfahrensöffentlichkeit. Sie suchen transparente Maßstäbe im Sinne einer diskursiven Diagnostik.

4.2.1. Der ´Bereich des Möglichen´

Einer Aussage wird nicht weiter nachgegangen, wenn sie selbst keine Realitätsmarker für Dritte offeriert. Der folgenden Erklärung wird ein Realitätsbezug abgesprochen:

> Auf die Frage, wie er durch die Paßkontrolle am Flughafen gelangt sei, erklärt der Bewerber: „Ich bin ein Fetisch-Priester." Er holt eine Wurzel (sie sieht aus wie eine Ginseng-Wurzel) aus einem Beutel und hält sie hoch: „Hiermit!" Der Entscheider fährt fort: „Und wie funktioniert das!" „Der Grenzbeamte konnte mich gar nicht sehen", gibt der Dolmetscher weiter. Nach der Anhörung wird die Geschichte den Kollegen im Kaffeeraum erzählt, um für allgemeine Belustigung zu sorgen. „Warum", fragt ein Kollege mit süffisantem Unterton, „hast du ihn nicht gebeten, die Kraft der Wurzel nochmals zu demonstrieren." „Oh ja, das hätte ich wirklich tun sollen." (Mitschrift 6.3.)

Zur Diskreditierung des ´Berichts´ setzt der Entscheider implizit auf den *gesunden Menschenverstand*. Die zitierte Aussage verletzt ´offensichtlich´ konstitutive Glaubenssätze[93] über Mögliches und Unmögliches. Daß Wurzeln nicht unsichtbar machen, ´versteht sich von selbst´ - und es versteht sich ´für uns´. Der Entscheider fragt nicht weiter, weil ihm der Fall hinlänglich geklärt scheint - und muß dies nicht tun, weil er auch andere „ordentliche Gesellschaftsmitglieder" (Garfinkel) überzeugt von der Realitätsferne weiß. Daß

---

[92] Bei Schütze kommen die Wissensprozesse, die eine Prüfung notwendig flankieren, zu kurz, obwohl sein Begriff der „Teststrategien" (1978: 82) eine solche Orientierung nahelegt. Schütze unterscheidet Teststrategien im Erzählschema und Teststrategien im Argumentationsschema. Erstere „haben die Funktion, die Glaubwürdigkeit des Erzähltextes zu überprüfen" (ebd.). Letztere „haben die Funktion, die interne Konsistenz der Behauptungen, Begründungen und Belege des Verfahrensbetroffenen bzw. der Zeugen zu überprüfen" (ebd.). Für seine weitere Untersuchung von zwangskommunikativen Tendenzen in der Gerichtsprüfung spielen die Teststrategien allerdings keine Rolle mehr. Auffallend ist, daß die Konstruktion von Tests entproblematisiert wird. Darstellungsprobleme hätte danach allein der Prüfling, nicht die Prüfinstanz.

[93] Eine systematische Erklärung hierfür gibt Wittgenstein: „Wir fühlen, daß, wenn Einer das Gegenteil glauben könnte, er allem Glauben schenken könnte, was wir für unmöglich erklären, und alles abstreiten könnte, was wir für sicher halten." (1994: 174)

derartige Erklärungen ´dort´ durchaus auf Akzeptanz treffen, wird damit nicht in Abrede gestellt. Die Ablehnung setzt die eigene Ethnie als maßgeblich und überträgt deren Realitätssinn.

Die unglaubliche Geschichte von der Fetisch-Wurzel könnte im übrigen, wie der ´Kollege´ im obigen Gespräch vorsichtig andeutet, als Glaubwürdigkeits- merkmal - nicht der Reisegeschichte, aber - der behaupteten Herkunft und sozialen Rolle des Antragstellers gelten. Der Erzähler besitzt demnach eine so geringe Rollendistanz, daß er ´wie immer´ von der Überzeugungskraft seiner Performance ausgeht. Die unglaubliche Geschichte spricht außerdem dafür, daß der Bewerber nur sehr wenig über die Asylprüfung weiß. Für eine Täu- schung hätte er sich wohl eine ´realistischere´ Geschichte zurechtgelegt.

Der ´Bereich des Möglichen´ bezieht sich nicht nur auf den Common sense. Er kann durch ein Hintergrundwissen über die dortigen Verhältnisse erweitert werden. Diese Fertigkeit variiert mit dem präsenten Kenntnisstand des Ent- scheiders über das ´dort Mögliche´. Eine Aussage kann mithilfe einer solchen ´Besserwisserei´ stillschweigend diskreditiert werden. Die Kontrastmittel werden im Bescheid als „dem Bundesamt vorliegende Erkenntnisse" ange- führt. Demnach kann der Entscheider eine Angabe des Bewerbers auf Anhieb ausschließen, weil:

- Rekruten im Irak *nur* mit einem schriftlichen Bescheid einberufen werden;

- am Flughafen *alle* Pässe von Dunkelhäutigen kontrolliert werden;

- der Dialekt *überhaupt nicht* zur Herkunftsangabe paßt;

- *jeder* Iraker eine Staatsangehörigkeitsurkunde besitzt.

Die aufgeführten allgemeinen Sätze gelten dem Prüfer als gewiß. Diese Ge- wißheit schließt nicht aus, daß sich das Unmögliche - z.B. im Kollegenplausch - doch als möglich erweist.

Die genannten Wissensbestände stiften keine Fragen, sondern unmittelbare Vor-Urteile über die Bewerberaussage. Aussagen werden als ´unmöglich´ ausgeschlossen - was nicht heißt, daß der Entscheider nicht weiterfragt, um den Punkt für das Verfahren zu sichern (etwa: „Hab ich Sie richtig verstanden, daß ...?"). Beurteilungen fallen demgegenüber weniger leicht, wenn Aussagen mit Realitätsmarkern versehen sind und nicht auf Anhieb ausgeschlossen wer- den können. Im folgenden geht es darum, ´ernstzunehmende´ Aussagen nach- zuprüfen.

4.2.2. Der unmittelbare Aussagenabgleich

Innerhalb einer Anhörung verknüpfen Entscheider ´harte Datenangaben´ miteinander. Zur Kontrastierung lassen sie den Bewerber ´unmißverständliche Festlegungen´ wie Termine, Orte oder Personennamen wiederholen. Der Test unterstellt, daß sich Erlerntes im Unterschied zu Erlebtem nur schwer reproduzieren läßt; zumal wenn Datenangaben im „Zick-Zack-Kurs" (Entscheider) abgefragt werden. Abweichungen werden als Lügenindikator interpretiert:

> So war er im gesamten Verlauf der Anhörung nicht in der Lage, die Daten zu der angeblichen Inhaftierung widerspruchsfrei darzulegen. Auch auf Vorhalte konnte der Antragsteller diese zeitlichen Widersprüche nicht plausibel machen. (Bescheid)

Um einen unmittelbaren Aussagenabgleich vornehmen zu können, bedarf es von Seiten des Anhörungsteams besonderer Vorkehrungen. Es trennt den Prüfling von früheren, nun zur Entscheidungsnorm erhobenen Aussagen:

> Der Bewerber darf während der Anhörung keine Notizen machen. Auch andere Aufzeichnungen oder Notizen dürfen nicht für den Prüfling einsehbar sein. Eine Dolmetscherin wird entsprechend gebeten, ihre Memos nicht offen auf dem Tisch liegenzulassen. „Er kann aber doch nicht lesen", erklärt sie sich und wird nun ´ihrer Naivität´ wegen gescholten: „Das hat *er* gesagt!" Die Dolmetscherin schiebt ihre Notizen ineinander. (Beobachtungsprotokoll)

Die Aussagekraft des unmittelbaren Aussagenabgleichs ist zwischen den Entscheidern umstritten. Abweichungen gelten als „billige Punkte", weil je nachdem, wie weit die Kontrastierung getrieben wird, ein Prüfling scheitern*muß*. Der Test verliert die Überzeugungskraft, wo er als Überforderung des Bewerbers eingestuft wird. Daß eine Abweichung einen minderen Ablehnungsgrund darstellt, zeigt die gelegentliche Nachsicht des Entscheiders:

> „Na ja, das verzeih ich ihm!" Der Bewerber hatte zuerst von Todes- jetzt von Haftstrafe gesprochen. Die Entscheiderin sagt dies im Anschluß an ihren vehement vorgetragenen Vorhalt. Der Bewerber bleibt bei der Haftstrafen-Version. Stattdessen verfolgt die Entscheiderin bereits eine neue Spur. Zu mir: „Das mit dem Hausversteck kommt gar nicht mehr vor. Da hatte er doch zwei Wochen gesteckt." (Beobachtungsprotokoll)

4.2.3. Der mittelbare Aussagenabgleich

Die Konsistenz von Aussagen kann auch geprüft werden, indem - statt 1:1-Abgleiche - interne Relationen gebildet werden: z.B. erscheinen Ortsangaben als unrealistisch, weil sie in der angegebenen Zeit nicht erreichbar sind; eine beklagte Verletzung kann als übertrieben erscheinen, weil die Körperpartien ´kurz darauf´ tadellos funktionieren; der angeführte „kurze Schulbesuch" widerspricht späteren Schreibleistungen. Der Entscheider klammert die Aussagen mittels Normalitätsannahmen: über Reisegeschwindigkeiten, Heilungsprozesse, Lernprozesse. Solche Annahmen werden nicht als Fachwissen („Es ist aber erwiesen, daß...“), sondern als Allgemeingut angeführt:

F: Wovon haben Sie im Irak gelebt?
A: Ich habe nichts gearbeitet. Ich habe von meinem Vater gelebt.
F: Was haben Sie für Ihre Ausreise vom Irak bis nach Deutschland bezahlen müssen für den Schlepper?
A: Jeder von uns hat dem Ido Kahled 980 Dollar bezahlt. An den anderen haben wir 4000 Dollar bezahlt.
F: Woher hatten Sie denn so viel Geld, wenn Sie nicht gearbeitet haben?
A: Ich habe in der Türkei die Schmuckstücke meiner Mutter verkauft.
F: Habe ich Sie richtig verstanden, daß, nachdem Sie drei Jahre die Schule besucht haben, Sie nichts gearbeitet haben, sondern nur von Ihrem Vater gelebt haben?
A: Ja. (Protokoll)

Der Entscheider markiert in der dritten und vierten Frage zwei Antwortpaare als ´unpassend´ und leitet daraus einen Klärungsbedarf ab. Er produziert auf diese Weise „mundane Rätsel“ (Wolff), die den Prüfling unter Zugzwang setzen; oder ihn gar in Widersprüche verwickeln, wo er das Rätsel nicht löst.

Im folgenden Protokollausschnitt beschreibt der Entscheider eine Inkonsistenz zwischen der historischen und der biographischen Angabe:

F: Hatten Sie irgendwelche Probleme aus dem Grund, daß Sie nicht zum Militär gegangen sind?
A: Es war Krieg im Irak. Man hat viele Kurden zur Front gebracht beim Kuwaitkrieg. Wenn man dahingegangen wäre, wäre man verlorengegangen.
F: Wann war denn der Krieg zwischen dem Irak und Kuwait?
A: 1991.
F: Sie sind doch erst am 1.09.1994 zum Militär einberufen worden. Dann hatten Sie doch nicht zu befürchten gehabt, im Kuwaitkrieg eingesetzt zu werden?
A: Mein Vater hat gesagt, es kann jederzeit wieder ein Krieg entflammen. Da mein Vater ein Barzani ist, wollte er nicht, daß ich Saddam diene.

In diesem Fall kann der Entscheider eine Kontrastierung herbeiführen, weil ihm - zumindest grobe - Kenntnisse zum Kuwaitkrieg präsent sind. Seine Rückfrage basiert auf diesem Wissen. Sie leitet einen Kreuzvergleich ein, wie er auch im narrativen Interview durchgeführt wird. Die Rückfrage bringt den Bewerber in eine Zwickmühle: beantwortet er die Wissensfrage, stellt er selbst die Inkonsistenz seiner bisherigen Teilnahme-Aussagen fest; beantwortet er die Wissensfrage nicht oder falsch, disqualifiziert er sich als Mitglied („Iraker“). Der Bewerber wählt die erste Möglichkeit und muß seine Kriegsversion korrigieren: ein Bauernopfer.

4.2.4. Verwandte Fälle

Um Aussagen zu testen, können die Aussagen ´verwandter Fälle´ kontrastiert werden. Verbindungspunkte liefern gemeinsame Erlebnisse: z.B. die gemeinsame Flucht, gemeinsame fluchtauslösende Aktivitäten oder eine gemeinsame Schulzeit. Die Verwandtschaft wird in zwei aufeinanderfolgenden Anhörungen realisiert. Zunächst wird die Beziehung etabliert:

> F: Würden Sie mir bitte zunächst nur schildern, wie und auf welche Art Sie nach Deutschland gekommen sind? Ihr Verfolgungsschicksal können Sie gleich erzählen!
>
> A: Wir sind von Mossul nach Tassesiniki, das ist ein Dorf bei Hago. Es liegt auf einem Hügel.
>
> F: Sie haben gesagt, wir sind dorthin gefahren, wer ist wir?
>
> A: Ich bin mit meinem Cousin zusammen gefahren, der ist jetzt auch hier. Mein Cousin ist der Mustafa Ibrahim [Az. ZG.0578.988.]. (Protokoll)

Der Entscheider hatte, was im Protokoll nicht mehr auftaucht, den Namen des mitgereisten Cousins in der Anhörung direkt nachgefragt: „Wie heißt denn Ihr Cousin?". Den Namen kannte der Entscheider bereits aus den Meldeunterlagen der Zentralen Aufnahmestelle, weil sich beide gemeinsam bei der Aufnahmeeinrichtung gemeldet hatten. Über die Auskunftsbereitschaft des Bewerbers wundert sich der Entscheider trotzdem: „Normalerweise sagen die, sie hätten sich erst auf dem Flughafen kennengelernt oder im Bus zur Aufnahmeeinrichtung!" (Beobachtungsprotokoll)

Fallkombinationen von Freunden, Verwandten oder Ehepaaren stellen im Amtsalltag die Ausnahme dar. Tauchen sie auf, gelten sie als Glücksfälle, weil sie erweiterte Überprüfungsmöglichkeiten eröffnen. Der Entscheider rechnet entsprechend mit Gegenstrategien der Bewerber:

> Der Entscheider telefoniert mit der Pforte des Bundesamtes. Sie befindet sich neben dem Eingang und dem Wartesaal. Fensterfronten geben einen bequemen Überblick über die Kommenden und Wartenden. „Ihr müßt die beiden unbedingt auseinanderhalten. Daß der bloß rausgeht und nicht wieder reinkommt. Hörst du: der bleibt draußen. Und paßt auf, daß der andere nicht das Fenster öffnet. Also trennen." (Mitschrift)

Um eine aussagekräftige Anhörung des zweiten Cousins durchführen zu können, versucht der Entscheider Absprachen zu unterbinden. Identische Aussagen sollen auf gemeinsamen Erfahrungen und nicht auf einer Hinterlist beruhen.

Die Angaben des ersten Cousins werden für die Befragung des zweiten Cousins genutzt. Der Entscheider versucht zunächst, auch gegenüber dem zweiten Cousin die Verwandtschaftsbeziehung zu etablieren, um auf dieser Grundlage Testfragen stellen zu können. Wiederum rechnet der Prüfer mit einem strategischen Ausweichmanöver:

> F: Haben Sie einen Cousin in Deutschland?

A: Nein.

F: Bei mir ist eine Person gewesen, die behauptet hat, daß er ein Cousin von Ihnen sei, kann das sein?

A: Derjenige der vorhin bei Ihnen war, ist ein Cousin von mir. Meine Mutter und seine Mutter sind Geschwister.

F: Warum haben Sie denn vorhin erzählt, daß Sie keinen Cousin hätten?

A: Nein, ich meine damit, wir sind zusammen hierhergekommen. (Protokoll)

Das „Nein" des zweiten Cousins sucht der Entscheider als Verleugnung zu kennzeichnen. Der Vorhalt bringt den Entscheider in eine günstige Position: leugnet der zweite Cousin, so kann ihm die Aussage des ersten Cousins entgegengehalten werden; lenkt der zweite Cousin ein, kann der Entscheider Fragen formulieren, zu denen bereits Kontraste vorliegen. Der Bewerber kann den Vorhalt entschärfen, indem er an die Spezifik der Verknüpfungsfrage („... in Deutschland?") erinnert.

Ist eine Fall-Verwandtschaft erstmal etabliert, stellt der Entscheider anhörungsübergreifende, verknüpfende Wiederholungsfragen. Wie dies geschieht, zeigt sich, wenn wir Fragen zurückverfolgen. Hierzu ein Protokollauszug zur Anhörung des ersten Cousins:

F: Sie haben erzählt, daß Sie drei Jahre lang die Schule besucht haben. Wie heißt die Schule, in die Sie gegangen sind?

A: Die heißt Al Riad Schule. Sie befindet sich im Stadtteil Haj al Gibror. (Protokoll)

In der Anhörung des zweiten Cousins kommt der Entscheider auf diese Angabe des ersten Cousins zum Schulbesuch zurück. Sie bildet zunächst den hintergründigen, dann den explizierten Kontrast:

F: Wie heißt denn die Schule, die Sie besucht haben?

A: Die Schule heißt Al Riad Schule.

F: Welche Schule hat denn Ihr Cousin besucht?

A: Obwohl wir in der Nähe gewohnt haben, hatten wir nicht so Kontakt miteinander. Denn sein Vater war Araber und meiner war Kurde. Ich habe auch ein Jahr und sieben Monate in Gocha gelebt.

F: Sie sind doch nur ungefähr 1 ½ Jahre älter als Ihr Cousin. Ihr Cousin hat auch gesagt, daß er die Al Riad Schule besucht hat. Dann müssen Sie sich doch mal getroffen haben in der Schule?

A: Ich war sehr klein und mein Vater hat mich immer zur Schule gebracht, und er hat mich immer wieder abgeholt. (Protokoll)

Eine Fallverwandtschaft ist von erheblichem Nutzen für die Überprüfung. Es können Aussagen beurteilt werden, die ansonsten ´für sich´ ständen.

Eine solche Verknüpfung muß sich nicht gegen die Prüflinge richten: die ´verwandten´ Bewerber erhalten die Chance, ´nichtssagende´ Aussagen durch eine weitere Zeugenschaft zu bestätigen. Diese Möglichkeit lassen die beiden

Cousins ungenutzt. Sie hätten ihre Versionen *für die Prüfung* wechselseitig festigen können. Dies kann eine Bestätigung jedoch nur, wenn sie als erinnert dargeboten wird:

> Die Chance zur wechselseitigen Glaubhaftmachung verpaßt ein Fall-Ehepaar. Der Mann konnte den Namen des Hotels in Kairo angeben, in dem sie den Schlepper zur Paß- und Geldübergabe getroffen hatten. In der nachfolgenden Anhörung wird die Frau allgemein nach der Reisegeschichte befragt. So als wolle sie den Glaubhaftigkeitsmarker schnell anbringen, nennt sie schon zu Beginn den Namen des Hotels. Angesichts der Deplazierung gewinnt der Entscheider den Eindruck, daß die Eheleute sich abgesprochen haben. Er verzichtet auf weitere Kontrastfragen.

4.2.5. Die Fallbiographie

In der Asylanhörung liegt als Fallmaterial allein der Anhörungsbogen vor, der im „kleinen Interview" erhoben wurde. Ein Entscheider kann umfassendes Fallmaterial nutzen, wenn:

- der Bewerber unter gleichen Namen einen erneuten Antrag („Folgeantrag") stellt und die Fallakte vorliegt;

- der Bewerber unter gleichen Namen schon früher mit einem Antrag auf Visumerteilung oder einer Aufenthaltsgenehmigung aktenkundig wurde und der Ausländerzentralregister-Auszug oder die gesamte Stammakte vorliegt;

- der Bewerber ein zweites Mal angehört wird und das erste Anhörungsprotokoll vorliegt;

- der Bundesgrenzschutz bereits eine Befragung durchführte und das Protokoll vorliegt.

Der Entscheider kann mithilfe von vorliegendem Aktenmaterial Kontraste mit aktuellen Aussagen bilden und auftretende Divergenzen verwerten. Aufgrund der Vorgeschichte kann ein Antrag ´als instrumentell´ diskreditiert werden:

> Hiernach (nach der Ausländerakte, T.S.) ist festzustellen, daß der Antragsteller einen berechtigten Aufenthalt ausschließlich durch eine Ehe mit einer deutschen Staatsangehörigen, die ihn zudem nach den Angaben des Antragstellers in der Anhörung vor dem Bundesamt zu der Ausreise aus der Türkei bewogen hat, im Bundesgebiet begründen konnte. Diese Aufenthaltserlaubnis ist am 1.3.96 wegen faktischem Nichtbestehen der Ehe erloschen und die Verlängerung wurde mit Bescheid der Stadt Gembel vom 13.4.96 abgelehnt. (Bescheid)

Die Falldaten sind in der Asylanhörung nur dann verfügbar, wenn ein bereits aktenkundiger Bewerber die Identitätsaufhänger der Aktenführung wiederholt. Aufgrund zurückliegender Fehlschläge oder verräterischer Episoden kann es für den Bewerber ratsam sein, die bisherigen Identitätsaufhänger abzuschütteln. Zur Feststellung der persönlichen Identität verläßt sich das Bundesamt

nicht auf die Personalien-Angaben des Bewerbers. Sie kontrolliert diese anhand der Fingerabdrücke, die im Vorfeld der Anhörung genommen wurden.
Die Datensätze aus Fingerabdrücken und behaupteten Personalien werden
dem Bundeskriminalamt zum Abgleich mit den bereits gespeicherten Datensätzen überstellt.

Die BKA-Auswertung nahm 1995/96 in der untersuchten Außenstelle ungefähr drei Wochen in Anspruch - vorausgesetzt „der Computer akzeptiert den
Abdruck" (Sachbearbeiter). Die Auswertung liegt damit erst nach der Anhörung vor. Einige Bewerber erscheinen nun in einem anderen Licht: es handelt
sich im nachhinein um gewiefte Darsteller, die „von vorne bis hinten gelogen
haben" (Entscheider). Diese Kontrastierung genießt - trotz ihrer oft vagen
Resultate (vgl. 5.1.) - einen hohen Stellenwert. So wird eine rechtskräftige
Anerkennung erst nach erfolgter 'negativer' BKA-Auswertung ausgesprochen.

Verwaltungsrichter stehen derartige Kontrastmittel in jedem Fall zur Verfügung. Sie können auf die umfassende Anhörung des Bundesamtes zurückgreifen und auf dieser Grundlage Aussagen-Abgleiche vornehmen. Abweichungen
werden als „wechselnder Vortrag" oder als „gesteigertes Vorbringen" bewertet. Die Prüfmacht des Richters ist allerdings gemindert, weil der Asylsuchende, anders als in der Anhörung, seine 'früheren' Angaben anhand des ausgehändigten Protokolls einstudieren kann.

Ein Richter klagt, daß die Antragsteller mit der Länge des Verfahrens „verdorben
werden". Sie könnten sich umfassend bilden, von Anwälten und Initiativen beraten
lassen und auf diesem Wege hermetische Geschichten konstruieren: „In den Jahren
bis zum Prozeß schiebt sich einfach zuviel vor die unmittelbare Erfahrung." (Gesprächsprotokoll) Einer Verbesserung der Asylbegründung steht allerdings das erste Anhörungsprotokoll im Wege, das den Verfahrensgänger bindet.

Der Verwaltungsrichter erwartet von jedem 'vernünftigen' Verfahrensgänger,
daß frühere Angaben auch so wiederholt werden. Sie unterstellen, daß die
Antragsteller ihren Fall im Griff haben, ob dieser nun auf Täuschungen beruht
oder nicht. So trägt der Richter vor Eintritt in die Verhandlung die Kurzbio-
graphie des Falles in einem „Sachvortrag" vor. Der Antragsteller hat vor Gericht ein anderes Darstellungsproblem zu bewältigen: er muß sich von seiner
bisherigen Version distanzieren - um wirksamere Asylgründe liefern zu können - und zugleich ein „gesteigertes Vorbringen" oder einen „wechselnden
Vortrag" vermeiden.

4.2.6. Standardversionen

Der Entscheider kann aktuellen Aussagen Standard- oder Vorzeigefälle des
bisherigen Fallaufkommens entgegenhalten. Beide Vergleichsmuster begründen ein und erhöhen das Urteilsvermögen des Entscheiders. Sie dienen außer-

dem der öffentlichkeitswirksamen Legitimation der Entscheidungspraxis. Ohne den Vorzeigefall erschien das Verfahren wie der Entscheider als bloße Ablehnungsmaschine; ohne die Standardgeschichten ließe sich das ´Feindbild´ vom Asylmißbrauch weniger anschaulich machen.

„Standardgeschichten" gleichen sich in Konstruktion, Ablauf und Pointe. Sie werden abfällig kommentiert:

> „Bei Rumänien war das besonders schlimm, letztes Jahr, als so viele kamen. Da hast du dir gleich drei-, viermal am Tag die gleiche Geschichte anhören müssen, weil die sich das gegenseitig erzählt haben. Du merkst das schon am Anfang. Nach drei Sätzen kannst du die Geschichte selbst zu Ende erzählen. Du mußt aufpassen, daß du nicht frühzeitig abwinkst und den Fall abhakst, weil dann bei irgendeinem ja doch noch was kommen könnte." (Gesprächsprotokoll)

Als typische Standardgeschichte präsentieren mir die Entscheider in der Kaffeerunde die „Bürgermeister-Geschichte". Die Erzählung wird mit Hohn und Spott begleitet; eine Reaktion, die im scharfen Kontrast zum sonst üblichen pietätvollen Ton steht, mit der hier ´über die Schicksale´ und die ´Schwere des Entscheidens´ gesprochen wird:

> „Also los geht das auf irgend so einem Dorffest oder Schützenfest, sowas in der Richtung: es war eine feuchtfröhliche Runde, man hat sich amüsiert und gerät unversehens, wie es wohl auf solchen Festen Sitte ist, in ein Handgemenge. Das Ganze meistens wegen einer Frau, mit der ein Tänzchen gewagt wurde. Es werden Beleidigungen ausgetauscht, Unverschämtheiten, bis schließlich Fäuste fliegen und eine große Keilerei beginnt." Bis dahin geht es ja noch, wirft ein Entscheider ein: „Ich fand den Anfang damals spannend." „Nun, ich gerate", der Kollege mimt jetzt den Antragsteller, was nicht ohne unterstützende Kommentierungen abgeht, „bei diesem Durcheinander an den jähzornigen Bürgermeister. Statt das Gerangel nun auf sich beruhen zu lassen, bekomme ich eine Anzeige. Ich will das mit dem klären, aber der beschimpft mich nur und wirft mich aus seinem Büro. Ein Paar Tage später kommt die Polizei, um mich zu holen. Eine Vorladung haben sie dabei und sie sagen, sie kommen vom Bürgermeister. Die stecken ja alle unter einer Decke." „Das Verrückteste kommt ja noch", meint ein Dritter und kreist mit seiner Hand durch die Luft. Er übernimmt: „Also, er wurde dort verhört und so, aber nicht nur das. Auf den bulgarischen Polizeistationen sollen so Ventilatoren sein. Nun, also an so einen Ventilator wird man also angebunden und weil kein Geständnis kommt wird der Ventilator angestellt, immer eine Stufe schneller und schneller, bis unser Mann schließlich richtig durchgewirbelt wird. Weil er aber auch dann noch nicht gesprochen hat, kommt er frei." (Beobachtungsprotokoll)

Standardgeschichten müssen nicht die gesamte Antragsbegründung umfassen. Es kann sich auch um eine Standardlösung für typische Darstellungsprobleme handeln. Als solche galt die typische „LKW-Geschichte" zur Vereitelung der Drittstaatenregelung:

> D (~) Wir mußten in Ankara in einen LKW steigen. Hinten befand sich eine kleine Ladekammer, versteckt hinter den Gemüsekartons. Dort konnten wir zu Acht Platz nehmen. Der Fahrer hat uns gesagt, wir sollten uns ruhig verhalten, wenn

wir nicht entdeckt werden wollen. Wir fuhren drei Tage und Nächte, bis wir schließlich rausgelassen wurden. Ich wußte nur, jetzt bin ich in Deutschland.

E Und was ist unterwegs passiert.

D (~) Wir haben zweimal angehalten, mitten in der Nacht. Da konnten wir unser Geschäft verrichten und ein bißchen gehen. Aber wir mußten schnell wieder einsteigen, wegen der Gefahr.

E Wo war das, was haben Sie gesehen?

D (~) Wie gesagt, es war ja dunkel und sonst waren wir nur im Container. (Mitschrift)

Die Wirksamkeit dieser 'Standardlösung' wurde mit dem Urteil des Bundesverwaltungsgerichts zum „Nachweis der Einreise aus einem sicheren Drittstaat" (BVerwG 9 C 73,95) beschränkt. Demnach ist nicht mehr der Nachweis erforderlich „aus welchem sicheren Drittstaat der Ausländer eingereist ist" (vgl. Hessisches Verwaltungsgericht UE 2014/95), um die Zuständigkeit für den Asylantrag abzuweisen. Es genügt der Nachweis, daß ein Bewerber ohne Visum über den Landweg eingereist ist, um die Zuständigkeit für den Asylantrag abzuweisen. Eine legale Einreise mit Visum und eigenen Paßunterlagen kann allerdings die Verfolgungsgeschichte diskreditieren, weil unterstellt wird, daß Verfolgte unerkannt und deswegen illegal ausreisen (müssen).

Als neue Lösung bietet sich die „Flughafengeschichte" an. Der Bewerber muß glaubhaft machen, daß er illegal über den Luftweg eingereist ist. Hier sind allerdings Detailkenntnisse über Flug und Flughafen vonnöten, was diese Standardlösung gegenüber der „LKW-Geschichte" erschwert. Außerdem hat der Bewerber glaubhaft zu machen, wie er die Paßkontrollen am Flughafen überstehen konnte.

Bei der Verwertung von Standardlösungen zur Drittstaatenregelung unterscheiden sich die Entscheider. Es gibt solche, die über 'Verdunkelungen' hinwegsehen, weil sie sie als Notlügen auffassen. Sie wissen, daß die Drittstaatenregelung solche 'Ausreden' erzwingt. Es gibt 'harte Hunde', die auch hier nachhaken - vielleicht, um ein knappes Urteilsvermögen voll auszuschöpfen:

> Abschließend muß festgestellt werden, daß das Vorbringen hinsichtlich der angeblichen Einreise über den Landweg in die Bundesrepublik Deutschland zu dem ständig wiederkehrenden, fast wortwörtlich identischen Repertoire fast aller Asylbewerber aus Ost- und Südosteuropa gehört und daher als unglaubhaft eingestuft werden muß. (Bescheid)

4.2.7. Der Vorzeigefall

Den Vorzeigefall präsentiert der Entscheider als Gegenstück zum allgemeinen (minderen) Standard gleich einem Klassenprimus. An dieser vorbildlichen Leistung mißt der Entscheider Nachfolgende, die ebenso eine Anerkennung

beanspruchen. Der Vorzeigefall treibt 'die Preise' in die Höhe. Jeder Entscheider hat Vorzeigefälle parat, an denen er vorführt, wie eine aktuelle Prüfungsleistung auch hätte ausfallen können:

> „Es gibt eine Reihe von offiziellen Eigenschaften der Yezidi, die stehen in jedem
> Religionsbuch. Zum Beispiel, daß die Yeziden keinen Salat essen und keine Klei-
> der in einem bestimmten Blauton tragen. Wenn ich nun also frage, was jemand
> über den yezidischen Glauben weiß, dann sagen die meisten eben diese beiden
> Punkte auf, die man ja auch überall nachlesen kann. Von meinen Echten kennt
> aber interessanterweise keiner diese Merkmale. Bei denen spielt das einfach keine
> Rolle." Woran er die dann erkenne, frage ich ihn: „Na, wie die auftreten so, die
> Kleidung, die Bemalung der Frauen, dieses Einfache. Überhaupt die Art. Die reden
> nicht viel, schon garnicht über ihre Religion. Aber was die dann sagen, über ihre
> Sippe und so, das hat Hand und Fuß. Und genau die reden meistens nicht von 'Ich
> Ich', sondern in der Wir-Form." (Gesprächsprotokoll)

> Weil sich die angeführten Eigenschaften der Protokollform entziehen, bedurfte es
> zur Etablierung weiterer Tests. Der Entscheider hatte zusätzlich die Begutachtung
> der Religionszugehörigkeit durch einem Yezidi-Verein verlangt. (Aktenstudium)

Es ist das hohe Risiko, das solche beispiellosen Darbietungen auszeichnet. In
unserem Fall verweigert sich der 'Echte' den üblichen Wissensfragen und
liefert abwegige, auf den ersten Blick gar nachteilige Wendungen. Der Vorzeigefall orientiert sich nicht an schulbuchmäßigen Lösungen. Es bedarf deshalb zusätzlicher Anstrengungen von Seiten der Entscheider, um den überzeugenden Eindruck auch Dritten zu vermitteln.

Der Bewerber kann ein hohes Risiko auch durch eine Überfülle an protokoll-
gerechten, prüfungskonformen Festlegungen eingehen. Er offeriert dem Entscheider eine Reihe von Überprüfungsmöglichkeiten, die die Aussagen zu Fall
bringen könnten: Daten, Namen, Orte, Querverweise etc.. In beiden Varianten
werden Vorzeigefälle vom Prüfer zu Helden der Prüfung auserkoren, die - so
die spätere Legendenbildung - glücklicherweise an den richtigen Entscheider
geraten sind.

4.2.8. "Stadt-Land-Fluß"

Mithilfe von Reportagen, Sagen, Parteiprogrammen oder Verfassungstexten
entwickelt der Entscheider Quizfragen *und* beurteilt die Antworten des Prüflings. Die als verläßlich geltende Länderkunde wird dem präsentierten Mitgliedschaftswissen des Bewerbers entgegengestellt:

> E Wieso sagen die Kurden, sie sind Kurden? ( ) Also irgendein Ereignis aus der
>   Mythologie würde ich gerne hören.
> D (~~) das von dem Schmied will ich erzählen. (~~) Newroz ist von Kava entstan-
>   den.
> E Ja und?

D (~~) Heute wird ja immernoch Newroz gefeiert. ( ) (~~~) Soll ich die Ge-schichte dazu erzählen?

E Wie meinen Sie, das ist von Kava entstanden.

D (~~~) Also, es gab den König namens Dok (~~) Das war ein Tyrann, hat in den Bergen gelebt. (~~~) Jeden Tag mußte er, um weiter zu leben, ein Gehirn eines kurdischen Jungen essen.

E Wie sah der aus, gab es da irgend etwas besonderes?

D (~~~/wird laut) ein Unterdrücker, ein Tyrann war er. (~~~) Der Schmied Kava war Vollzieher dieser Taten. (~~~) Man kann ihn auch als Killer bezeichnen. (~~~) Täglich verspeiste der Dok ein Gehirn irgendwann war auch der Sohn des Schmieds dran. (~~~~) Da der Schmied der Meinung war, daß so das kurdische Volk ausgerottet wird, hat er alle gesammelt und in einem Berg versteckt. Er sagte den Jungen, daß sie ein Feuer entfachen sollen, wenn sie für den Kampf bereit sind. (~~) Also bereit den König zu stürzen. (~~~) Und dieses Feuer heißt Newroz. (~~~) Schließlich gehen die Jungen mit Kava und stürzen den König. Deshalb ist es ein Fest für alle Kurden, weil der Tyrann

E >Wie ist der König getötet worden?

D (~~~) Wahrscheinlich so, wie er die Jungen tötete, ihm wurde der Kopf einge-schlagen.

E Wodurch genau ist er gestorben?

D (~~) Mit Schwert natürlich, also dem Kriegsmaterial, das vorhanden war.

E Und wer war es?

D (~~~) Die Kurdischen Jugendlichen unter Führung von Kava.

E Und noch was?

D (~~) Nee, das ist das Newrozfest, so die Geschichte davon. (Mitschrift)

In der Bewertung führt der Entscheider vor, in welchen Hinsichten das vom Bewerber Vorgebrachte von der offiziellen Version abweicht und welche Schlüsse aus den Abweichungen zu ziehen sind. In unserem Fall wird die behauptete Mitgliedschaft ´widerlegt´:

Neben den kurdischen Sprachkenntnissen läßt der Bewerber die einfachsten Kenntnisse über die kurdische Kultur vermissen. In diesem Zusammenhang ist festzustellen, daß die Schilderungen des Antragstellers im Zusammenhang mit dem Ursprung des Newrozfestes der Kurden in keiner Weise überzeugen können. So trägt der Antragsteller in diesem Zusammenhang vor, daß es einen Schmied Kawa gegeben habe, der einen Tyrannen mit Namen ´Dok´ beseitigen habe lassen.

Der Antragsteller schreibt den Namen des Königs, der mit der Hilfe von Kawa be-seitigt worden ist, auch selbst auf, wobei er den Namen des Königs, der beseitigt worden ist, mit ´Dhok´ völlig unzutreffend angibt.

Die Schreibweise des Namens des Herrschers, der im Zusammenhang mit der Ent-stehungsgeschichte des Newrozfestes beseitigt worden ist, befindet sich in der Akte des Bundesamtes.

Darüber hinaus bezeichnet der Antragsteller den Schmied Kawa als einen Helfers-helfer dieses Tyrannen und darüber hinaus noch als ´Killer´ für diesen Herrscher, was allen vorliegenden Informationen des Bundesamtes widerspricht. Über die Umstände, wie der Tyrann beseitigt worden ist, kann der Antragsteller nur unzutreffende Angaben machen. In diesem Zusammenhang trägt er vor, daß der Tyrann von kurdischen Jugendlichen unter der Führung des Schmiedes Kawa mit dem Schwert bzw. mit Kriegsmaterial, was vorhanden war, umgebracht worden ist, was nach den dem Bundesamt vorliegenden Informationen völlig unzutreffend ist, da einerseits der Schmied Kawa selbst den Tyrannen getötet hat, andererseits dieser Tyrann von Kawa mit seinem Schmiedehammer getötet worden ist. Nach alledem ist festzustellen, daß der Antragsteller auch über einfachste Kenntnisse der kurdischen Kultur nicht verfügt.

Nach alledem ist festzustellen, daß es sich bei dem Antragsteller um keinen Angehörigen der kurdischen Volksgruppe handeln kann. (Bescheid)

Die Fehler des Bewerbers werden im Protokoll ausformuliert, nicht aber die Erkenntnisquelle des Entscheiders. Es handelt sich um einen Zeitungsartikel, den der Entscheider in seinem Kurdistan-Ordner bereithält.[94]

Auch aus Landkarten oder Reiseführern lassen sich die sog. Stadt-Land-Fluß-Tests zusammenstellen. Es werden Fragebatterien entwickelt, die je nach Bedarf ausgebaut werden (können). Ein Protokoll führt folgende Fragen auf:

1) In welchem Stadtteil von Mosul haben Sie gelebt? Wie heißen die angrenzenden Stadtteile?
2) Nennen Sie mir die Namen einiger großer Hotels in Mosul
3) Welche Kinos in Mosul kennen Sie?
4) Nennen Sie mir die Namen einiger großer Moscheen in Mosul
5) Welche Krankenhäuser in Mosul kennen Sie?
6) Wie heißt die Hauptstraße in Mosul, die entlang des Tigris verläuft?
7) Wo befindet sich das „Al-Baath Monument"?
8) In welchem Stadtteil befindet sich die Universität?
9) Wie heißen die 3 großen Brücken, die in der Innenstadt über den Tigris führen?
10) In welchem Stadtteil befindet sich das Mosul-Stadion?

In der Regel ergibt ein Quiz keine klaren Resultate. Einige Fragen werden gelöst, andere zurückgewiesen, andere nur in Ansätzen richtig oder auch ganz falsch beantwortet. Der Entscheider muß nicht nur die relative Leistung (im Vergleich zu anderen) beurteilen, sondern auch die Schwere bzw. Entschuldbarkeit einzelner Fehler anhand des Anforderungsprofils bestimmen.

---

[94] „Eine alte kurdische Legende erzählt von dem grausamen Tyrannen Zohak, der in grauer Vorzeit das Land Scharazur beherrschte. Seinen beiden Schultern entwuchsen Schlangen, denen täglich Gehirne zweier Kinder geopfert werden mußten. Lange Jahre bangte das Volk um das Blut seiner Kinder, bis zwei aus dem Volk auf die Idee kamen, dem Tyrannen statt der Kinderhirne Lämmerhirne anzubieten. Die geretteten Kinder wurden in die Berge gebracht. Aus ihnen erwuchs der Stamm der Kurden. Doch nicht immer gelang die Täuschung . Der Schmied Kawe hatte schon acht seiner Kinder geopfert. Beim neunten Kind packte ihn die Verzweiflung, und er erschlug den Tyrannen Zohak mit dem Schmiedehammer. Dieses Ereignis läßt sich auf das Jahr 612 v.Chr. datieren und wird alljährlich im kurdischen Neujahrsfest am 21.März gefeiert." (Namo Aziz, in SZ vom 22.01.94)

Die Länderkunde ist öffentlich zugänglich und daher auch, wie ein Schulwissen, erlernbar. Um die Vorbereitung auf die Quizfragen zu erschweren, werden die Fragekataloge von Zeit zu Zeit überarbeitet. Entscheider klagen darüber, daß Prüffragen unter den Bewerbern kursieren und nur eine kurze Zeit lang ´wirken´. Sie erfüllen nur vorübergehend die ihnen zugedachte Indikator- und Differenzierungsfunktion.

„Dann habe ich ihn nach der Bedeutung des BARAT gefragt, einem kleinen Säckchen, das Yezidi doch immer dabei hätten. Da hat er gepaßt. Sowas hätte er nicht, hat er gesagt. ( ) Und am nächsten Tag kam der Zweite und siehe da, der hatte ein Säckchen mitgebracht. Das sei sein Talisman, gefüllt mit Erde aus seinem Heimatdorf. Alles Quatsch! Das BARAT hat in der Religion eine streng festgelegte und zentrale Bedeutung: die haben da so eine unheilvolle schwarze Quelle und eine weiße Quelle aus der heiliges Wasser strömt. Aus dem Quellbereich wird die Tonerde entnommen und zu Kügelchen geformt. Die Jünger tragen diese Kügelchen in dem weißen Säckchen mit sich herum." (Gesprächsprotokoll)

Die Asylbegründungen allein taugen noch nicht zur Überprüfung eines Antrages. Der Entscheider baut eine Prüfbasis aus (und auf), indem er im Anschluß an die Begründung weitere Aussagen erfragt. Passend sind Aussagen, wenn sie mit einem verfügbaren Wissen verknüpft und kontrastiert werden können. Entsprechend vollzieht der Entscheider die Prüfung unter Zeit- und Entscheidungsdruck: er sucht, um es in der garbage-can-Theorie (vgl. Cohen/March/Olsen 1976) auszudrücken, weniger Lösungen für Probleme, als vielmehr passende Probleme für vorliegende Lösungen. Wir können die Kontrastbildung danach unterscheiden:

• *inwieweit sie die Anhörung überschreiten:* Tests kommen ohne ein Umwelt-Wissen aus, wenn sie sich auf die Konsistenz von Aussagen (untereinander) beschränken. Es lassen sich ausgehend von einem solchen Minimalprogramm Verbindungslinien zwischen Aussagen und ihren Gegenstücken ziehen, die anzeigen, wie weit der Entscheider zur Befragung und Überprüfung ausholt. Je weniger externe Materialien dem Entscheider zur Verfügung stehen, um so höher wird wiederum die Bedeutung sein, die er situationsimmanenten Kontrastierungen beimißt. Konsistenz-Tests sind allerdings nur bedingt aussagekräftig, weil geschickte Prüflinge sie parieren und ´übereifrige´ Entscheider sie instrumentalisieren können.

• *inwiefern sie für den Prüfling offensichtlich sind:* Wir finden Tests, die für den Bewerber ersichtlich sind und solche, die sich hinter seinem Rücken vollziehen. Die Wiederholungsfrage z.B. ist doppelbödig, weil sie beiläufig als ´interessierte Frage´ gestellt wird, dem Prüfling aber eine ´unüberlegte´ und ´verräterische´ Antwort zu entlocken sucht. Passive Tests kommen ganz ohne Prüffrage aus, weil Aussagen zufällig in das Prüfraster des Entscheiders passen. Der Prüfcharakter von Fragen ist für den Bewerber schwer ersichtlich, wo unklar bleibt, ob und welche Maßstäbe dem Entscheider zur Verfügung stehen.

• *wann sie Resultate zeitigen:* Je nachdem, ob eine Aussage als rechtsfremd, unrealistisch, standardisiert, abweichend oder gesteigert bewertet wird, finden sich unterschiedliche Zeitpunkte der (Vor-)Entscheidung. Wir finden Fälle, die bereits im Zuge einer Aussage, andere die im Zuge der Anhörung und wieder andere, die erst nach der Anhörung entschieden sind. Entscheider können sich früh langweilen, weil bereits die Negation gelungen ist. Sie können beeindruckt sein von der beispiellosen Geschichte oder ratlos zurückbleiben, weil der Fall ihr Urteilsvermögen übersteigt. Das Weiterfragen des Entscheiders verrät nicht schon ein Vor-Urteil, sondern zunächst nur, daß der Prüfling bei den bisherigen Tests nicht ´durchgefallen´ ist.

• *ob sie Resultate offenlegen:* Die Offenlegung ist nicht nur abhängig von der Möglichkeit, eine Vorentscheidung zu treffen, sie ist auch abhängig von der gewählten Prüfstrategie. Es kann ratsam sein, in der Anhörung unerkannt „Punkte zu sammeln" und den Bewerber erst hernach bloßzustellen. Auf diese Weise kann der Prüfling ´Fehler´ nicht ausbügeln. Zur Stärkung der Aussagekraft von Widersprüchen kann es aber auch ratsam sein, diese per Vorhalt offenzulegen. Schwache Kontraste können durch die Reaktion des Bewerbers verstärkt (oder ausgeräumt) werden.

4.3. Die Mobilisierung von Vorwissen

Für die Durchführung der genannten Tests bedarf es einer Reihe praktischer Fertigkeiten. Der Entscheider muß die Prüffragen und Verknüpfungen in der Anhörung stellen *und* in das Verfahren einbringen können. Er muß sich außerdem aus den Bewerberreaktionen einen Reim machen; also erkennen, ob sich eine Reaktion schon als (un)glaubhaft darstellen läßt. Nur mittels einer laufenden Bewertung der Prüfungsleistung kann er den nötigen Prüfumfang bzw. den Bedarf an weiteren Kontrastierungen bestimmen. Dieses praktische Urteilsvermögen basiert auf einer *rechtzeitigen* Verfügung über Kontrastversionen, die vom Bewerber unabhängig sind. Die Frage ist, wie solche Kontrastversionen organisiert werden. Es geht, mit anderen Worten, um die Mobilisierung von Vorwissen *für* die Prüfung: über Verwandte und Vorstrafen, über religiöse Gebräuche und Ortslagen, über politische Führer und Parteiprogramme, über Tomatenpreise und Feiertage.[95] Die Wissensmobilisierung soll

---

[95] Die Themenstellung ist verwandt, aber nicht deckungsgleich mit den organisationssoziologischen Fragen nach dem organisierten Umgang mit Umweltunsicherheit (vgl. Daft/Weick 1984), dem Organisationslernen (vgl. Wiesenthal 1995) oder der Wissensarbeit (vgl. Willke 1998). Beim Umgang mit Umweltunsicherheit geht es um die Unterscheidung von Beobachtungsstrategien, die

kaschieren, daß Entscheidern die dortigen Verhältnisse fremd sind. Sie soll ihnen zu einem Urteilsvermögen verhelfen, um gut fragen und nachvollziehbar-sachgerecht urteilen zu können.

4.3.1. Spezialisierungen

Die Außenstellen des Bundesamtes spezialisieren sich auf Herkunftsgebiete (z.B. Zentralafrika, Osteuropa, Mittlerer Osten etc.). Eine Spezialisierung nach Ländergruppen (z.B. Türkei-Iran-Irak, Ex-Jugoslawien) findet sich zwischen den in den Außenstellen zusammengefaßten Einzelentscheidern. Die Entscheider werden so eingesetzt, daß sie Bewerber mit wiederkehrenden Herkunftsangaben behandeln.[96]

Mit der Benennung von Schlüsselentscheidern wird die Spezialisierung weiter verfeinert. Der Schlüsselentscheider übernimmt die lokale Informationsverteilung und betreut komplizierte Fälle. Er stellt regelmäßig neue Aufgaben-Lösungssätze zusammen. Er informiert in Aushängen über Änderungen in der Rechtsprechung oder über neue Lageberichte. Er steht in seinem Büro für die Beratung von Entscheidern zur Verfügung und schließt Wissenslücken bei ´unerfahrenen Kollegen´. Er fungiert als lokale Informationsbörse. Bei ihm werden Problemlösungen gehandelt.

Die Entscheider pflegen ´ihr Land´. Im Entscheider-Büro finden sich Hinweise auf das bearbeitete Herkunftsland: Aktenordner mit Zeitungsartikeln, Musterfällen, Informanten-Berichte, mit obergerichtlichen Urteilen zu typischen Begründungen, mit Lageberichten des Auswärtigen Amtes und landeskundlichen Aufsätzen. Ein Entscheider besorgt militärische Land- und Stadtkarten, die über die Zentrale des Bundesamtes nicht zu erhalten sind. Von ´ganz eifrigen´ Entscheidern wird berichtet, daß sie regelmäßig in ´ihrem Land´ Urlaub machen, um so direkte Einblicke zu sammeln. Die Entscheiderin ist von der Notwendigkeit eins solchen Anschauungsunterrichts überzeugt: „Bei der

---

einen eher aktiven oder passiven Umgang kennzeichnen; bei der Analyse von Organisationslernen steht die Unterscheidung von Qualitäten - einfach, reflexiv, komplex oder konventionell, unkonventionell oder konservativ, progressiv - im Mittelpunkt; als Wissensarbeit werden dauernde, aktive und riskante Anpassungen an eine wechselhafte, komplexe, nicht ´erfahrene´ Umwelt verstanden. Indem jeweils die Organisation als Wissenskörper betrachtet wird, rückt das Problem der Verfügbarmachung von Wissen in den Hintergrund. Wissensmobilisierung meint die organisierte Erfassung *und* Verfügung von Umweltwissen ´just-in-time´ und ´an Ort und Stelle´. Was nützt aber ein Organisationsgedächtnis, wenn es durch die Entscheidungsträger nicht rechtzeitig genutzt wird oder werden kann?

[96] Das gleiche Muster findet sich innerhalb der Verwaltungsgerichte. Hier sind die Kammern, in denen jeweils drei Richter zusammengeschlossen sind, regional ausgerichtet. Die von mir beforschte Kammer war auf ein Hauptherkunftsland (die Türkei) spezialisiert und erhielt anteilig solche kleinen Länder, die keiner Kammer zugeordnet waren.

OFRA (die frz. Asylbehörde, T.S.) machen die sowas regelmäßig als Fortbildung."

Die Entscheider können aufgrund ihrer Posten ein länderspezifisches (Experten-) Wissen anhäufen (vgl. Honkapohja 1993: 588). Indem die Entscheider tagtäglich Geschichten über einen Herkunftskontext lauschen, kreieren sie einen Möglichkeitsraum, ohne selbst ´dort´ gewesen zu sein. Sie lesen und hören sich so im Laufe ihrer Amtszeit ein Vorwissen an. Spezialisierte Entscheider verfügen aufgrund ihrer Hörerschaft über einen Fundus an ´guten und schlechten´ Reise- und Verfolgungsgeschichten, mit der Tendenz einmal eingeschlagene Interpretationsmuster zu konservieren (vgl. Levitt/March 1988).

4.3.2. Lokale Informanten

Ein wesentliches Mittel der Wissensmobilisierung ist die Nutzung von Informanten, die die ´Ferne´ zum Herkunftskontext und die ´Abgeschlossenheit´ der Bewerbergemeinschaft überwinden sollen. Als Informanten werden vor Ort genutzt:

• *Dolmetscher*

Der Dolmetscher bemerkt im Zwiegespräch mit dem Entscheider, daß der Dialekt nicht zu den Angaben auf dem Anhörungsbogen paßt oder auch, daß der Bewerber von seiner Ausdrucksweise wohl aus der behaupteten Region stammen könnte. Die provisorische Gutachtertätigkeit des Dolmetschers bezieht sich aber nicht nur auf solche Sprachtests. Er wird als Insider zu Rate gezogen. Seine Kommentare („Sowas gibt es dort garnicht"; „Davon habe ich noch nie gehört") können die Nachprüfung anheizen, ´Unmögliches´ aufklären oder gar als ´dem Entscheider vorliegende Erkenntnisse´ dienen. Die Konsultation oder Nutzung des Dolmetschers verweist auf die Fremdheit der Entscheider: weil sie die dortigen Verhältnisse nicht aus eigener Anschauung kennen, sind die Dolmetscherkommentare erhellend, selbst wenn sich diese nur auf Besuche[97] oder rein formale Mitgliedschaften stützen. Als ´ethnisch´ dem Bewerber nahestehend genießen sie eine natürliche Autorität.

• *Antragsteller*

Entscheider nutzen Vorzeigefälle zur eigenen Weiterbildung bzw. als Berichterstatter. Der Entscheider hat sich entschieden, den Ausführungen voll und

---

[97] So vermittelt eine Dolmetscherin eine Beschreibung des Bewerbers: „(übersetzt) Man sagte mir, ich soll in den Bus und dort die Flugblätter an jeden Fahrgast verteilen, wie die Schokoladenverkäufer. (und ergänzt) Das kenne ich. Die gehen durch die Reihen und verteilen Schokoladen." Solche direkten Eindrücke, geäußert von Dolmetschern, besitzen eine besondere Autorität. (Mitschrift)

ganz Glauben zu schenken.[98] Seine Haltung schlägt in Vertrauen um. Es folgt ein langes und intensives Informationsgespräch. Die ′Musterschüler′ werden über ′Land und Leute′ ausgefragt, über dortige Institutionen, neueste Entwicklungen und ihre Hintergründe. Heraus kommen Experteninterviews wie das Folgende, das der Entscheider in seinem Irak-Ordner abgeheftet hat. „Wichtige Stellen" hat er am Rand einer Protokollkopie markiert:

> F: Gibt es in den kurdischen Gebieten noch irgendeine Behörde, die offiziell Ausweise, z.B. Personalausweise oder Pässe ausstellen kann?
>
> A: Nein.
>
> F: Wissen Sie, woher die Personalausweise und Pässe, die uns hier dann vorgelegt werden, kommen? Viele Antragsteller erzählen, daß sie sich z.B. die Pässe auf dem Markt von Sacho kaufen.
>
> A: Ja, das ist richtig, es gibt auf den Marktplätzen Ausweise zu kaufen, mein Paß ist aber ein echter Paß.
>
> Auf Nachfrage: Nein, es gibt keine Behörde, die offiziell befugt ist, einen Ausweis auszustellen. Das sind alles gefälschte und gekaufte Ausweise.

Im Ausschnitt blitzt an einer Stelle („[...] mein Paß ist aber ein echter Paß.") die Unsicherheit des Antragstellers auf, ob er nicht vielleicht doch auf die Probe gestellt wird. Die Nachfrage aber zeigt, daß es dem Entscheider schon nicht mehr um die Überprüfung der Angaben geht, sondern um die Sammlung von Interna, die sich womöglich für zukünftige Anhörungen nutzen lassen.

• *Heimbewohner*

Als Informanten werden Bewerber auch in anderer Weise genutzt. Als Spitzel ′schwärzen′ sie ihre Mitbewohner aus den Unterkünften an. Ein Spitzel verrät, daß seine Zimmergenossen („eigentlich Syrer") damit prahlen, sich erfolgreich als „Iraker" ausgegeben zu haben. Die Spitzel kooperieren vorgeblich aus einem Unrechtsbewußtsein oder aus einem verletzten Nationalstolz, weil ′Solche unseren Ruf ruinieren′. Ihnen winkt die vage Belohnung, selbst als ′echte′ Mitglieder anerkannt zu werden.

In einem Fall muß der Entscheider einen Haufen von Anhörungen an einen Kollegen in einer anderen Außenstelle abtreten, weil dort Kapazitäten zur Verfügung stehen. Er schickt das Anhörungsprotokoll mit einem „unmißverständlichen Vermerk", daß es sich hier um einen „echten Iraker" handelt. Später erhält er die Akte mit der Ablehnung zurück und muß diese nun gegenüber seinem Informanten vertreten.

---

[98] So äußert sich ein Entscheider: „Irgendwann merkst du, daß der sowieso vielmehr weiß als du, also richtig ′aus dem Nähkästchen′ plaudern kann. Also so welche quetsche ich richtig aus. So im positiven Sinn gemeint. Einen Iraner hatte ich fünf Stunden hier. Der wußte alles über die Staatsregierung, das Militär, die Religion sowas. Das sind Glücksfälle." (Gedächtnisprotokoll)

Spitzel-Auskünfte werden diskret verwertet, weil sie die Glaubwürdigkeit von eben den Personen voraussetzen, die hier sonst ´unter Verdacht´ stehen:

> F: Sie sind ja hier auf dem Gelände gelegentlich mit libanesischen Staatsangehörigen zusammen. Was sind denn das für Leute?
> A: Ich habe hier keine Libanesen gesehen. Ich kenne hier keine Libanesen. Manchmal nehme ich Leute mit, weil ich die Nummern der Häuser nicht lesen kann und sie helfen mir. (Protokoll)

Die Auskünfte von Spitzeln lassen sich nutzen, um Reaktionen zu provozieren und Gerüchte zu streuen. Solche Hinweise dienen ´in Glücksfällen´ auch dazu, über die Glaubwürdigkeitsprüfung hinaus, die wahre Herkunft zu recherchieren. Die Spekulationen finden sich in den Protokollfragen wieder, nicht nur um den Prüfling zu verunsichern (und in Verruf zu bringen), sondern auch, um den folgenden Vollzugsbehörden die Feststellung der Herkunft zu erleichtern.

4.3.3. Die Gruppierung von Entscheidern

Die Entscheider arbeiten in geschützten Räumen. Wie angehört wird, bleibt den Kollegen unbekannt. Als Besucher der verschiedenen Anhörungen werde ich (erfolglos) ausgefragt, ´wie es denn bei X oder Y zugeht´. Die einzigen Gucklöcher sind: das Protokoll, das der Amtsleitung und der Verfahrensstelle vorliegt sowie die verbalen Selbstdarstellungen der Entscheider in den halböffentlichen Pausenrunden.

Die Pausenrunden - mit Kaffee, Zigarette, Tageszeitung und Geburtstagsschnittchen - werden genutzt, um individuelle Enthüllungen und gemeinsame Sorgen auszutauschen.[99] Aus gerade erlebten Anhörungen werden von Entscheidern - nicht von Dolmetschern - Anekdoten über ´unverschämtes Verhalten´, ´Mogel-Versuche´ oder ´dumm-dreiste Lügen´ vorgetragen. Diese moralisierenden Anekdoten beschreiben den Entscheider als Opfer (von Hinterlist) und als wehrhaften Helden. Die Erzähler rufen die anderen zur Wachsamkeit gegen Tricks und Schliche auf und stärken das Urteilsvermögen, indem sie Enthüllungstechniken bekannt machen.

Die Mitarbeiterrunden dienen nicht dazu, eine systematische Entscheidungskritik zu äußern, wie dies z.B. in der beherzt diskutierenden, allerdings nur dreiköpfigen Richterkammer üblich war. Eine Debatte über Entscheidungs-

---

[99] Aus aktueller Sorge diskutierten die Entscheider die Stellenpolitik der Zentrale in Nürnberg. Jeden Morgen fanden sich neueste Zeitungsberichte am ´schwarzen Brett´ und Kopien auf dem Kaffeetisch, deren Inhalte Anlaß zur Klage- und Spottrede geben. Hier steht das Bild der praxisfernen Zentrale im Mittelpunkt, die die Probleme vor Ort verkennt und verharmlost. Die Einzelentscheider präsentieren sich in den Pausenrunden - ähnlich der Grenzschutztruppe - als ´alleingelassene´ Arbeitsgemeinschaft (vgl. dazu auch Peters 1997).

kriterien wurde von mir selbst angestoßen. Der Entscheider-Stand verbietet, ähnlich wie der Stand der Ärzte, Richter oder Hochschullehrer, die öffentliche ´Kollegenschelte´. Im folgenden Krisenfall wird diese Zurückhaltung kurz und diskret fallengelassen:

> Die Entscheiderin berichtet aufgebracht von der ´unglaublichen Version´ eines Bewerbers, die ´doch tatsächlich´ behauptete, mit einem gefälschten Paß die Paßkontrolle im Flughafen passiert zu haben. „Die kontrollieren da in Frankfurt so streng, da kommt niemand durch!", so ihre Gegenversion. Im Bescheid führt sie ihre ´Ortskenntnis´ gegen den Antrag ins Feld: „Aber auch die Behauptung des Antragstellers, er sei am Frankfurter Flughafen mit einem gefälschten holländischen Reisepaß eingereist, vermochte nicht zu überzeugen. Gerade am Flughafen Frankfurt a.M. sind die Kontrollen des BGS überaus penibel und akribisch. Es ist deshalb nicht glaubhaft, daß der Antragsteller den Beamten des BGS nicht aufgefallen sein soll." (Bescheid) In der Kaffeerunde handelt sie sich für ihre Einschätzung überraschend Kritik ein: „Wieso, das kann doch sein!" unterbricht der Kollege ihren Bericht. Es würden nur 30% der Pässe genau durchgesehen, habe er kürzlich im Entscheiderrundbrief gelesen. Der Rest würde durchgewunken. Die derart Bloßgestellte weicht aus und sucht die Relevanz der Entscheidungsregel zu senken „Ja, aber auch sonst war da nichts dahinter."

Die Aufdeckung von ´falschen´ Überzeugungen ist peinlich und wird nur indirekt thematisiert. Peinlich ist sie, weil damit die Möglichkeit falscher Beurteilung ins Blickfeld rückt; und zwar gerade dort, wo sich die Entscheiderin in ihrer Einschätzung besonders sicher zeigt (sonst würde sie die Episode garnicht erzählen.) Anders als die Korrektur eines Verwaltungsgerichts, das womöglich laxer oder anhand neuer Grundsatzurteile entscheidet, oder anders auch als die öffentlichen Angriffe einer Asylinitiative, die ´eh auf deren Seite steht´, trifft die Kollegenkritik.

Neben den quasi-öffentlichen Pausenrunden finden sich behördenintern auch private Gruppierungen, die eine andere Form des Erfahrungsaustausches und der Kritik zulassen: Gespräche zwischen ´Tür und Angel´, Bürobesuche, Spaziergänge über das weitläufige Gelände, Kantinenrunden, Personalratssitzungen oder auch Liebesbeziehungen. Die Konfigurationen zeichnen sich, was allerdings näher zu untersuchen wäre, durch besondere Selbstverständnisse aus. Nur in privaten Gruppierungen wird - auch vor mir und in Abwesenheit des Klatschobjektes (vgl. Bergmann 1987) - über inakzeptable Vorgehensweisen anderer gelästert oder die Berufsauffassung der ´harten Hunde´ oder der ´Liberalen´ in Zweifel gezogen.

4.3.4. Die Datenversorgung der Entscheider

Die Asylbürokratie unterhält Datenbanken zur Sichtung der Fallbiographien und zur Recherche von Sachkenntnissen. Zur elektronischen Aktenführung wird jeder Verfahrensschritt von den jeweiligen Stationen dezentral eingegeben:

> „Mit ASYLON (bzw. „asyl online", T.S.) wurde (seit Juni 1990, T.S.) ein Asylbewerberregistrierungs- und Aktenverwaltungssystem geschaffen. Die damals rund 800.000 Karten umfassende Asylbewerberkartei wurde in das System übernommen. So dient ASYLON dazu, festzustellen, ob ein Asylbewerber schon früher einen Asylantrag gestellt hat (Folgeantrag) oder mehrfach ein Verfahren betreibt. Außerdem ermöglicht ASYLON beispielsweise, den Aktenstandort zu ermitteln, den Stand der Bearbeitung abzufragen, ohne die Akte ziehen zu müssen, oder eine Aufenthaltsgestattung auszudrucken." (BAFl 1997: 21)

An nachfolgenden Verfahrensstationen können die Falldaten importiert und fortgeschrieben werden. Die Abfrage und Eingabe im ASYLON - auch im AZR, dem Ausländerzentralregister mit den Falldaten aller gemeldeten Ausländer - besorgen Sachbearbeiter im Zuge des ´kleinen Interviews´. Sie können feststellen, ob bereits ein Asylantrag oder andere Anträge auf Aufenthaltsgenehmigung vorliegen. Die Computerausdrucke zur Fallbiographie des Antragstellers, zum ´verwandten Fall´ oder zu bereits in Deutschland lebenden Angehörigen werden dem Entscheider vor der Anhörung mit dem Anhörungsbogen gereicht.

Die sachbezogene Informationsversorgung wird anders als die fallbezogenen Datenpools nicht dezentral und interaktiv (Abfrage+Eingabe) betrieben, sondern zentral durch Eingaben der „Informations- und Dokumentationsstelle" (IuD) in der Nürnberger Zentrale.[100] Die Entscheider sollen sich mit Fragen an das Asyl-Informations-System (ASYLIS) wenden.

Für Recherchen steht ein Computer in der hauseigenen Bibliothek, bei der Verfahrensbegleitung sowie beim Leiter der Außenstelle. Die IuD wirbt organisationsintern für die intensive Nutzung ihres Angebotes:

Was bietet die ASYLIS Auskunft?

Jede Außenstelle kann direkt auf die Datenbanken zugreifen, die bislang in Nürnberg abgefragt werden mußten:

- **Anfragen**: Datenbanken der amtlichen Anfragen und Beweisbeschlüsse der Verwaltungsgerichte, des Bundesamtes und sonstigen Stellen in Asylverfahren. Seit 1986 ca. 10.000 Dokumente (mit Volltexten).
- **Gutachten**: Datenbanken der amtlichen Auskünfte und Lageberichte des auswärtigen Amtes, der Gutachten und Stellungnahmen sonstiger Stellen in einzelnen Asylverfahren. Seit 1986 ca. 14.000 Dokumente mit Volltexten.

---

[100] Die Verwaltungsgerichte unterhalten ihre eigene Dokumentationsstelle in Wiesbaden mit drei Mitarbeitern. Sie hatten es abgelehnt, die IuD des Bundesamtes mitzunutzen, um eine Unabhängigkeit zu wahren. Die Dokumentationsstelle des Bundesamtes ist um ein Vielfaches umfangreicher sowie mit mehr Personal besetzt.

- **Literatur**: Bestandsnachweis der Bibliothek (Monographien, Karten, Serien) sowie Nachweis der unselbständigen Literatur und grauer Literatur. Rund 11.000 Dokumente.
- **Pressedatenbank**: Automatische Übernahme von dpa-Meldungen im 24-Stundenbetrieb mit sofortiger Recherchierbarkeit der Daten. Seit 1994 mit ca. 126.000 Volltextdokumenten.
- **Rechtsprechung**: Datenbank der deutschen Asylrechtsprechung (Asyl- und Ausländerrecht). Seit 1986 ca. 8.300 Dokumente.
- **Gruppen**: Datenbank der politischen, religiösen, ethnischen und sonstigen Gruppen aus den Herkunftsländern, die in/für Asylverfahren von Bedeutung sind.
- **Normen**: Datenbank der ausländischen Normen, Gesetze, Verordnungen etc., die in den Dokumenten der IuD-Stelle (Informations- und Dokumentationsstelle der Verwaltungsgerichte, T.S.) genannt werden bzw. aus dem Verfahren vorgelegt werden.
- **Thesaurus**: Datenbank der Sachschlagwörter für die inhaltliche Erschließung (Indexierung) der Dokumente in allen ASYLIS-Datenbanken.

Ausblick: Die Gruppe G2 (der Recherchedienst, T.S.) wird weiterhin ihr umfassendes Informationsangebot und den schnellen Zugang zu allen verfahrensrelevanten Informationen sicherstellen. Das neue ASYLIS-Auskunft für die Außenstellen ist hier nur ein erster Schritt, um die Informationsversorgung, insbesondere ´vor Ort´ zu verbessern. Geprüft wird auch, ob jeder Entscheider einmal selbst die ASYLIS-Datenbanken nutzen können soll. Hierzu startet diesen Februar ein Pilotprojekt in Düsseldorf. Ferner sind weitere Datenbanken (z.B. Anhörungen) im Aufbau; andere sollen erweitert werden. (Einzelentscheider-Rundbrief 3/96)

Zur Zeit, also ca. zwei Jahre nach meinem Forschungsaufenthalt, scheint die angekündigte Maßnahme zur „besseren Informationsversorgung vor Ort" kurz vor der Einführung zu stehen.[101] Der Service der Zentraldatei soll verbessert werden, indem jeder Entscheider einen direkten Daten-Zugriff - auch während einer Anhörung - erhält.

Flankiert und dem lokalen Personal nähergebracht wird die Datenbank vom „Einzelentscheider-Rundbrief", einer Informationsschrift der Bundesamtsleitung. Hier finden sich aktuelle Länderinformationen, Rechtsprechungen, Erfahrungsberichte aus der Anhörungspraxis und Hinweise auf neueste Datensätze im ASYLIS. Das Zentralorgan will die lokalen Entscheidungsträger alarmieren:

„In Würzburg melden sich Antragsteller seit einiger Zeit vermehrt erst zwei bis acht Wochen nach ihrer Einreise in den Aufnahmeeinrichtungen. Die Asylbewer-

---

[101] Dies besagt zumindest die Antwort des Staatssekretärs des Innenministeriums in Deutschen Bundestag: „Zur Zeit ist das BAFl unter der Regie des neuen Präsidenten dabei, den Entscheidern einen direkten EDV-Zugriff auf für ihre Entscheidungen wichtige Dateien zu ermöglichen." (Dt. Bundestag, 13.Wahlperiode, 91.Sitzung, Bonn 6.3.1996: 8059)

ber begründen dies in der Anhörung regelmäßig damit, sie hätten vor Antragstellung einen Rechtsanwalt zu Rate ziehen wollen und von diesem nicht sofort einen Termin erhalten. Nach dem Verlauf der Anhörungen solcher Asylbewerber spricht vieles dafür, daß sie sich vor der Anhörung vorbereitet haben. Solche Asylsuchenden sind im Gegensatz zu Personen, bei denen Einreise und Anhörung in unmittelbarem Zusammenhang stehen, über asylrechtsrelevante Tatbestände gut informiert. Die Vorbereitung auf die Anhörung wird häufig durch Verwandte erfolgen, da um die 60-70% Familienangehörige in der Bundesrepublik haben.

Oft dürften auch etwa Organisationen gezielt auf die Anhörung vorbereiten. Angesichts der Erfahrungen aus den Anhörungen und ähnlichen Erfahrungen bei anderen Herkunftsländern, bleibt fast nur der Schluß, daß Anhörungen systematisch ausgewertet und in Form von sogenannten Fragenkatalogen zusammengestellt werden. Solche Fragenkataloge wurden zu anderen Herkunftsländern auch schon aufgefunden. Auf diese Weise ergibt sich ein repräsentativer Querschnitt der Fragen, die üblicherweise verwendet werden. Vielfach drängt sich bei der Anhörung dann der Eindruck auf, daß die Antragsteller kein persönlich erlebtes Verfolgungsschicksal schildern, sondern einen angelernten Sachverhalt wiedergeben. Die rechtlich gebotene Prüfung der Glaubwürdigkeit erfordert dann stets umfassendes Wissen um das Herkunftsland und bedeutet Mehraufwand bei der Anhörung und Würdigung im Bescheid." (Einzelentscheider-Rundbrief 4/96)

Die ´mahnenden Beispiele´ kreieren ein Bild von der Gegenseite bzw. einer Gegenmacht: einem Netzwerk an Verfahrenssaboteuren und Helfershelfern. Sie enden mit einem impliziten Appell an die Entscheider, ihre Enthüllungsanstrengung zu intensivieren und die dafür vorgehaltenen zentralen Serviceangebote zu nutzen.

4.3.5. Die Staffelung von Erhebung und Prüfung

In der Anhörung wird das zu prüfende Material erhoben: daß der Bewerber seinen Antrag mit der Parteimitgliedschaft in der „kommunistischen Partei des Iraks" begründet oder mit einem anhängigen Strafverfahren in Diabakir. Einige Vorabinformationen stehen dem Entscheider gleichwohl zur Verfügung. Aus dem Anhörungsbogen des ´kleinen Interviews´ gehen Geburtsort und -datum hervor, die Religionszugehörigkeit, die Staatsangehörigkeit sowie die bevorzugt gesprochene Sprache. Diese Erstinformationen erlauben es dem Entscheider, sich bestimmte Tests zurechtzulegen. Er kann sich Fragen (und Antworten) zur Religionszugehörigkeit zurechtlegen; er kann zum Geburtsort einen Stadtplan besorgen; er kann aufgrund der bevorzugten Sprache auf eine ethnische Zugehörigkeit schließen und hierzu Wissensfragen erarbeiten; er kann anhand der Angabe zur Staatsangehörigkeit ein allgemeines länderkundliches Quiz bereithalten.

Die zentrale Informationsversorgung läßt sich - anders als vor dem Verwaltungsgericht - nur bedingt nutzen, solange Entscheider kaum über Vorabinformationen zum Fall verfügen[102] - und in der Regel nur ein Anhörungstermin vorgesehen ist.

Früher umfaßte die sog. Erstanhörung (vor der Ausländerbehörde) die gesamte Begründung. Sie wurde im Zuge der Verfahrensbeschleunigung dem Bundesamt übertragen und auf ein Mindestmaß gekürzt, also auf die Angaben, die zur Anberaumung der Anhörung unabdingbar sind: Sprache (um einen Dolmetscher zu besorgen), Staatsangehörigkeit (um die Kompetenzverteilung/Spezialisierung der Entscheider zu bedienen), Personalien (um mögliche Computereinträge zu sichten).

Der Anhörungsbogen aus dem ´kleinen Interview´ liefert nur eine Handvoll Ansatzpunkte für die Entwicklung von Tests. Bei diesen bleibt zudem offen, ob der Bewerber sie in seiner Antragsbegründung anführen wird. Es steht ja nicht unbedingt das Kurde-Sein oder das Christ-Sein im Mittelpunkt des behaupteten Verfolgungsschicksals, sondern womöglich ein ganz anderer Umstand. Bei einer Staffelung in eine erste Anhörung zur Antragsbegründung und einer Zweiten zu deren Überprüfung, ließen sich einzelfallbezogene Tests anhand bereits vorgebrachter Asylgründe kreieren.

4.3.6. Die Begutachtung durch Dritte

Dort, wo die Anhörung noch keine Vorentscheidung ergeben hat, werden weitere Tests an Gutachter delegiert. Es werden Expertisen für solche Fragen in Auftrag gegeben, die das Urteilsvermögen des Entscheiders überschreiten. Zu unterscheiden sind Gutachten zur Beurteilung des erhobenen Materials und Gutachten zur Ausweitung der Entscheidungsgrundlage.

Der Entscheider muß im ersten Fall solche Aussagen oder Eindrücke[103] erheben, die eine externe Begutachtung möglich machen. Anhaltspunkte liefern die als substantiell geltenden Festlegungen auf Namen, Orte, Dokumente oder Verfolgungsbehörden.

---

[102] Um einen Eindruck über den möglichen Umfang von Erstinterviews zu geben, sei hier kurz auf eine schweizerische Studie verwiesen: „Asylum seekers arriving in Switzerland are supposed to make their request at a Federal Registration Centre (CERA). The asylum seekers have to answer about thirty questions concerning personal history, identity papers, reasons to seek asylum (generally summarized in less than 10 lines) and route taken before arrival in Switzerland." (Monnier 1995: 307)

[103] Das Bundesamt greift neuerdings in Zweifelsfällen zum Mittel des Sprachtests. Hierbei wird die Originalstimme des Bewerbers mit einem Tonträger aufgenommen und das Tonband einem Philologen zur Begutachtung vorgelegt. Dieser soll bestimmen, aus welchem Land oder gar welcher Region der Bewerber ´wirklich´ stammt. In einem Interview begründet ein Sprachwissenschaftler seine Weigerung: „Mir scheint dies nicht durchführbar. In Afrika gibt es etwa 2000 Sprachen, allein im Tschad rund 130, in Nigeria sogar 460. ... Die meisten von uns sprechen und verstehen eine oder auch zwei afrikanische Sprachen gut." (ZEIT vom 19.3.98)

Der Verwaltungsrichter fordert den Kläger auf, das Gericht, den Gerichtsort sowie den Namen des Richters zu nennen, um die behauptete Anklage glaubhaft zu machen. Der Kläger nennt tatsächlich derartige Daten. Der Verwaltungsrichter telefoniert mit einem Gutachter, der wiederum über Kontakte zur türkischen Justiz verfügt. Dort kann er nachprüfen, ob derartige Konstellationen tatsächlich bestehen. Das Ergebnis der Recherche: am vorgebrachten Ort gebe es keinen derartigen Staatsgerichtshof. „Nicht mal ein Amtsgericht haben die dort", so der Richter. (Gedächtnisprotokoll)

Im zweiten Fall können Gutachten vom Bewerber selbst eingefordert werden: z.B. werden ´Yezidi´ an Vertreter ihrer Religionsgemeinschaft verwiesen; ein ´Folteropfer´ soll ein ärztliches Gutachten vorlegen; ein ´zum Tode Verurteilter´ soll Unterlagen seines dortigen Verteidigers einreichen.

Mit der Begutachtung durch Dritte, die nicht Organisationsmitglieder sind, stellt sich die Frage nach der Objektivität. Bei staatlichen Stellen - z.B. der Zentralen Dokumentenprüfung des Bundesgrenzschutzes oder einer Auslandsvertretung des Auswärtigen Amt - wird diese per definitionem[104] vorausgesetzt. Bei freien Gutachtern bestehen zuweilen Vertrauensverhältnisse aufgrund ´guter Erfahrungen´. Wesentliches Überzeugungsmittel über die Güte eines Gutachtens ist unabhängig davon der Gutachtentext. Der Gutachter muß die geforderte Unparteilichkeit und Fachkompetenz im Text vorführen (vgl. Wolff 1995).

Die Verläßlichkeit des Gutachters als eigenständige Prüfinstanz kann in Zweifel gezogen werden. So bittet die Leitung der Außenstelle einen Vereinsvorsitzenden zu einem klärenden Gespräch, weil das Gerücht umgeht, daß sein Verein Religionsbescheinigungen allzu bereitwillig ausstellt. Die Stellungnahmen des Gutachters zu den Kontrollfragen werden protokolliert und den Entscheidern ´zur Warnung´ übermittelt:

Auf Befragen, wie die Identität von Bescheinigungsbewerbern von ihm sichergestellt wurde:

Es kommt auch vor, daß ich Gewährspersonen, die angegeben werden, befrage. Häufig ist es so, daß zusammen mit der Bescheinigungsbearbeitung jemand erscheint, den ich auch kenne. Dieser muß mir dann in einer Art Schwur versichern,

---

[104] Zum Beweiswert von amtlichen Auskünften dokumentiert der Einzelentscheider-Brief (vom 3.4.1996) einzelne Passagen aus einem höhergerichtlichen Urteil: „In der Rechtsprechung ist geklärt, daß im jeweiligen Verfahren eingeholte Auskünfte des auswärtigen Amtes in Asylsachen zulässige und selbständige Beweismittel für einen sog. Freibeweis darstellen [...]; sind sie in anderen Verfahren eingeholt worden, so stellen sie Urkunden i.S. von § 418 ZPO dar. Erstrecken sie sich über einen längeren Zeitraum und decken sie sich inhaltlich, so ermöglichen sie eine verläßliche Beurteilung [...]; sie kommen den Verhältnissen wohl am nächsten. Dies gilt um so mehr, als das auswärtige Amt als Behörde um Objektivität bemüht ist, so daß eine tatsachenwidrige Begünstigung von Asylbewerbern ausgeschlossen werden darf, die bei Zeitungsberichten und Auskünften anderer Stellen, die nicht der Wahrheitspflicht unterliegen, vorliegen kann. (B.v. 09.08.-1995 - 2 BA 95.32963 m.N. höchstr.Rechtspr.)"

daß er den Bescheinigungsbewerber kennt und daß es sich um einen Yeziden handelt. Ich halte es nicht für erforderlich, daß der Bescheinigungsbewerber in jedem Fall persönlich bei mir erscheint. Ich stelle die Bescheinigung auch aus, wenn eine Gewährsperson, Ehemann oder Verwandter, zu mir kommt und eine Bescheinigung beantragt.

Auf Fragen:

Diese Bescheinigungen stelle ich kostenlos aus. Wenn ein Gläubiger mir eine Spende

gibt, lehne ich die natürlich nicht ab. Unsere Religion finanziert sich schließlich über Spenden und Geschenke.

Auf Fragen:

Ich selbst kann nicht lesen und schreiben. Die persönlichen Daten werden entweder von meinem Sohn oder von einer anderen vertrauenswürdigen Person eingetragen. Die Unterschrift wird von mir geleistet. Wenn ich allerdings für längere Zeit ortsabwesend bin, kann auch mein Sohn Religionszugehörigkeitsbescheinigungen unterschreiben.

Der attackierte Gutachter pflegt eine eher traditionelle, auf Ansehen und persönlichem Vertrauen basierende Glaubwürdigkeitsprüfung. Er bricht mit der amtlichen Methodik in mehreren Hinsichten:

• er überträgt die komplette Prüfung an Dritte („mein Sohn"), die selbst kein Amt innehaben;

• statt zu prüfen, gibt er sich mit einem Glaubensbekenntnis zufrieden („eine Art Schwur");

• er nimmt Spenden der Begutachteten (für den Verein) entgegen;

• er verfügt selbst nicht über das nötige Fachwissen (nicht einmal „Lesen und Schreiben");

• er entscheidet aufgrund des ´guten Wortes´ anerkannter „Gewährspersonen".

Die Vorgehensweise des abgewiesenen Gutachters widerspricht den Basisregeln amtlicher Glaubwürdigkeitsprüfung, die (auch) dem Entscheider als Darstellungserfordernis abgefordert wird. Demnach ist er als Amtsträger die entscheidende Prüfinstanz; er behandelt die Aussagen des Prüflings als Behauptungen; er hält eine ´objektivierende´ Distanz zum Prüfling; sein Urteil begründet er mit eigenständigem, d.h. konkurrierendem und gesichertem Wissen. Der (ordentliche) Bescheid ist unpersönlich, abwägend und belegend formuliert.

4.4. Resümee

Im Zuge der Prüfung wird festgestellt, daß jemand weder Mitglied (der verfolgten Gruppe) noch Teilnehmer (einer Verfolgungssituation) gewesen sein kann oder es - nach reiflicher Prüfung - keinen vernünftigen Grund gibt, an den Angaben des Bewerbers zu zweifeln. Im letzteren Fall ist die Voraussetzung gegeben, die Angaben des Bewerbers ´ohne einen Beweis´ als Grundlage der Gesamtbeurteilung anzuerkennen. Am nicht-diskreditierten Fall werden juristische Abwägungen sowie Lagebeurteilungen zum Herkunftskontext vollzogen, so als habe sich alles wie im Protokoll ausgesagt zugetragen. Mit der Anerkennung als glaubwürdig ist der Fall also noch nicht als asylberechtigt anerkannt: Bewerber können als verfolgt angesehen, die Verfolgung aber als privat, zufällig und allgemein üblich - also als nicht-staatlich und nicht-individuell - eingestuft werden; Antragsteller können als politisch verfolgt eingestuft, das Asyl aber wegen „innerstaatlicher Fluchtalternativen" vorenthalten werden. In dieser Weise werden auf der Grundlage anerkannter Bewerberdarstellungen höhergerichtlich-entwickelte Asylkriterien auf den Einzelfall angewandt. Der Entscheider hat nach vollzogener Fallherstellung derlei Abwägungen vorzunehmen, um die eigene Entscheidung ins Rechtssystem einzuordnen.

Die Asylprüfung funktioniert als eine Testreihe, die Aussagen fabriziert, um sie auf die Probe zu stellen. Wie ist es zu erklären, daß die Anhörung derart als Falsifikationsverfahren konzipiert ist? Ich biete hier - neben dem allgemeinen Argument, daß „Negationen stärker generalisierte Effekte (haben)" (Luhmann 1989: 5) - zwei Erklärungen aufgrund der bisherigen Analyse an. Diese beziehen sich zum einen auf das beschränkte Urteilsvermögen des Entscheiders (1) und zum anderen auf die Konstruktion der Verfahrensgänger als Teile einer koordinierten Gegen-Partei (2).

(1) Der Entscheider ist bezogen auf den Realitätsbereich, über den er entscheiden soll, ein Fremder und Außenstehender. Er war weder *dort* (wie normalerweise ein Richter) noch *dabei* (wie ein Zeuge).[105] Sein Vorwissen, daß er zu Erstellung von Kontraste anführt, ist ´angelesen´ und ´angehört´, es ist punktuell und dünn. Die organisierte Wissensmobilisierung sucht solche Defizite auszugleichen. Doch lassen sich auch hier Beschränkungen angeben: die Spezialisierungen beziehen sich auf umfassende, multikulturelle Regionen; mögliche Informanten stehen dem Bundesamt distanziert gegenüber; die Mit-

---

[105] Dieses Ausgangsproblem kann - gepaart mit der strategischen Konstellation - in einer absurden Situationen gipfeln: ein täuschender Bewerber und ein unwissender Entscheider räsonieren über ein ihnen vollkommen fremdes Land, so als sei es ihnen wohlvertraut. Nicht nur die Bewerber, auch die Entscheider behaupten ein Wissen über den Herkunftskontext.

arbeiterrunden thematisieren weniger Probleme als Erfolge des Entscheidens; die mangelnde Staffelung von Erhebung und Überprüfung erschwert die fallspezifische Vorbereitung.

Diese Ausgangsbedingungen bringen spezifische Testsstrategien hervor: es werden Fragen gewählt, die zum knappen Vorwissen passen; es werden Fragen gewählt, die ein verläßliches Quantum von verwertbarem Material einbringen. Die Tests haben eine ähnliche Funktion, wie die „Wissensfragen" im Schulunterricht: „Daher-´Geschwatztes´ läßt sich auch nur schwer in die Einarbeitung von Ergebnissen integrieren." (Kalthoff 1997: 98) Als ´dahergeschwatzt´ muß dem Entscheider all das erscheinen, was er ´gegenüber Dritten´ nicht als bewährt[106] darstellen kann.

Ohne gelungene Kontrastierungen ist der Entscheider einer - rechtswirksamen und realistischen - Antragsbegründung ´kritiklos´ ausgeliefert. Er wird bei geringem Urteilsvermögen die wenigen, gelungenen Kontraste höher bewerten bzw. einzelne Fehler eher ´auf die Goldwaage legen´. Mit der Knappheit des Urteilsvermögens werden außerdem Herabstufungen und nachträgliche Reklamationen des Bewerbers - wie Verständigungs-, Übersetzungs-, Übertragungsfehler oder auch Erinnerungslücken, Versprecher oder Nervosität - dramatisiert. Sie drohen den Entscheider seiner wenigen, noch verbliebenen Kontraste zu berauben. Er weist sie ´als Ausflüchte´ zurück, um ein Mindestmaß an Urteilsvermögen zu behaupten.[107]

Das knappe Urteilsvermögen des Entscheiders hat einen doppelten Effekt: es erfordert ein spezielles Prüfwissen, das nicht einfach qua Mitgliedschaft und Teilnehmerschaft erworben wird; zugleich läßt sich das diskursive Prüfwissen, weil es halb-öffentlich verfügbar ist, auch von Seiten der Bewerber aneignen. Prüflinge, ob in ihrer Heimat verfolgt oder nicht, scheinen sich tatsächlich auf die Anhörung - ähnlich wie auf eine Schulprüfung - vorzubereiten. Sie legen sich ihre Geschichte zurecht, sie veranstalten Generalproben, sie suchen

---

[106] Carnap (1977) unterscheidet ebenfalls zwischen Wahrheit und Bewährung. Allerdings finden sich zwei Unterschiede: zum einen unterstellt er *eine* allen Menschen identische, wahrgenommen Welt; zum anderen hält die empirische Wissenschaft *den* Schlüssel zur Bewährung in einem Set von geregelten Beobachtungsmethoden und akkumulierten Erfahrungssätzen. Mit Wittgenstein frage ich dagegen nach den Bewährungen in einem praktischen Zusammenhang.

[107] Den Grundgedanken formuliert Wittgenstein, wenn er sagt, daß ´unsere´ Gewißheiten auf Glaubenssätzen ruhen. Diese Sätze Infrage stellen hieße, jegliche Möglichkeit preiszugeben, zwischen wahr und unwahr zu unterscheiden. In einem Abschnitt aus „Über Gewißheit" heißt es: „Es ist ganz sicher, daß Automobile nicht aus der Erde wachsen. - Wir fühlen, daß wenn Einer das Gegenteil glauben könnte, er *allem* Glauben schenken könne, was wir für unmöglich erklären, und alles bestreiten könnte, was wir für sicher halten. Wie aber hängt dieser eine Glaube mit allen andern zusammen? Wir möchten sagen, daß wer jenes glauben kann das ganze System unsrer Verifikation nicht annimmt." (1994: 174)

Schwächen auszumerzen. Die sorgfältige Konstruktion einer konsistenten Geschichte wie das eingehende Studium der Länderkunde kann jeden Prüfling vor ´entscheidenden´ Fehlleistungen bewahren.

(2) Der Hang zur Negation geht ebenso aus der Konstruktion des Bewerbers als (gewichtigen) Gegenspieler hervor. Die Aussagen des Bewerbers gelten in der Anhörung als (parteiliche) Zeugenaussagen in eigener Sache.[108] Es wird damit gerechnet, daß Bewerber vorteilhafte Selbstdarstellungen präsentieren und sich auf die Überprüfung dieser Angaben durch den Entscheider einstellen. Ein Entscheider, der Bewerberaussagen einfach ´glaubt´, handelt nicht nur pflichtverletzend, sondern praxisfern und naiv.[109]

Dem als informiert und strategisch konstruierten Bewerber gilt es, ´ungewollte Informationen´ zu entlocken; und zwar solche, die sich im Protokoll als subjektive Bewerberaussagen zuschreiben lassen. Die Anforderungen wie Teststrategien der Prüfung dienen dazu, hinter die Fassade des Selbstdarstellers zu gelangen. Ein Kontrollverlust des Bewerbers gilt nicht als Unfall der Asylprüfung, sondern als *die* Voraussetzung, um aussagekräftiges Fallmaterial herzustellen.

Ein Lügenaufweis unterstreicht die Kompetenz des Entscheiders, solchen (gewieften) Bewerbern trotz der eingeschränkten Möglichkeiten auf die Schliche zu kommen. Im Anerkennungsfall stellt sich dem Entscheider dagegen die Frage, ob er den Fall tatsächlich ausreichend ´unter die Lupe´ genommen hat. Ernüchternd und mahnend wirken hier nachträglich-vorliegende Auswertungen von Dokumenten oder Fingerabdrücken. Entscheider werden regelmäßig ´enttäuscht´ und erscheinen als zu gutgläubig. Die umgekehrte Erfahrung von unberechtigten Ablehnungen ist dagegen blockiert:

> Von Fehlschlägen zu Lasten des Bewerbers erfährt der Entscheider nur indirekt. Dies hat zunächst damit zu tun, daß der Entscheider nicht selbst, sondern eine Verfahrensabteilung die Vertretung der beklagten Ablehnung vor dem Verwaltungsgericht übernimmt. Die bloße Nachricht von der gerichtlichen Umwandlung einer Ablehnung in eine Anerkennung muß der verantwortliche Entscheider nicht als Zeichen der eigenen ´Überhärte´ deuten. Der Entscheider kann die Korrektur der Milde des Gerichts, neuen Lageberichten zum Herkunftskontext oder einem veränderten Vorbringen des Bewerbers zuschreiben. Die Nachricht einer Menschen-

---

[108] Auch Zeugen müssen „glaubwürdig erscheinen, und das heißt praktisch: sich als glaubwürdig vorführen. Dies ist nicht zuletzt deshalb interaktiv schwierig, weil die anderen Beteiligten eine entsprechende Absicht in Rechnung stellen könnten. Zudem sind in Gerichtsverfahren die Anforderungen an die Konsistenz der Darstellungen in der Regel höher als im alltäglichen Leben" (Wolff/Müller 1995: 210).

[109] Auch der generöse Entscheider muß gegenüber der Verfahrensöffentlichkeit darstellen, daß er den Antrag ernsthaft geprüft hat. Die Darstellungsmittel, die ihm hierfür zur Verfügung stehen, fußen auf den gleichen Kontrastierungen, die eine Negation ermöglichen.

rechtsgruppe (wie ai oder ProAsyl) über die Folterung eines ´fälschlicherweise´ Abgeschobenen muß dem Prüfer ebensowenig als ´sein Irrtum´ erscheinen. Der ´Skandal´ kann unvorhergesehenen Entwicklungen, der schlechten Selbstdarstellung des Bewerbers oder der Parteilichkeit der Berichterstatter zugeschrieben werden. „Die von amnesty würden eh jeden anerkennen", heißt es spöttisch.

Die Konstruktion des Asylbewerbers erfährt eine Dramatisierung, wo er der Prüfinstanz als Teil eines Netzwerkes erscheint. In Einzelgesprächen, Tischrunden, Rundbriefen oder Presseerklärungen wird der Bewerber als Repräsentant einer kohärenten und einflußreichen Macht dargestellt.[110] So begründet (und legitimiert) die Leitung des Bundesamtes die Glaubwürdigkeitsprüfung für Außenstehende wie folgt:

> „Die Glaubwürdigkeitsprüfung ist für die Entscheider eine große Belastung. Immer wieder stellen sie fest, daß Antragsteller nicht die Wahrheit sagen und daß vorbereitete Geschichten vorgetragen werden. Unter Asylbewerbern kursieren sogar schriftliche Anweisungen, wie man sich gegenüber dem Einzelentscheider zu verhalten und wie man auf seine Fragen zu antworten habe. Darüber hinaus ist zumindest aus einem afrikanischen Land bekannt, daß dort in der Presse öffentlich die ´Argumente´ verbreitet werden, um in Deutschland Asyl zu erlangen. Das Bewußtsein, nicht Menschen, die wirklich unter politischer Verfolgung leiden, zu helfen, sondern betrügerisch ausgenutzt zu werden, um einen Aufenthaltsstatus mit den damit verbundenen - auch finanziellen - Vorteilen in Deutschland zu erlangen, ist für viele Einzelentscheider Teil der täglichen Arbeit." (Griesbeck 1997: 4)

Für diese Art ´Verschwörungstheorie´ finden Entscheider wie Ethnograph eine Reihe von Indizien: die Standardgeschichten, die gefundenen Spickzettel, die Geständnisse und Berichte über Schulungen in den Wohnheimen. Die Bewerber sind demnach auf die Prüfung vorbereitet, haben sich Versionen zurechtgelegt und wissen, wie sie einer ´Enthüllung´ entgehen können. Die Entscheider werden, ob in der lokalen Arbeitsgemeinschaft oder der Gesamtorganisation, zu erhöhter Wachsamkeit aufgerufen. Mißtrauisch stimmen unter solchen Vorzeichen auch gerade die Prüfungsleistungen, die zunächst überzeugen. Mit der Vorstellung der machtvollen Vernetzung wird die amtliche Diagnostik angestachelt, die Asylprüfung weiter verschult und der Vorbereitungsbedarf der Antragsteller gesteigert.

---

[110] Die ´Hochschätzung´ des Kontrahenten scheint auf Gegenseitigkeit zu beruhen. Bewerber beschreiben den Entscheider in Interviews - die ich in der Abschiebehaftanstalt mit ´gescheiterten Bewerbern´ führte - als Insider, der viel über das Land weiß und sich ´dort´ auskennt. Beide Versionen motivieren zur Mobilisierung von Prüfwissen: um noch besser zu fragen und um schließlich gut zu antworten. Die Einschätzung der Entscheider widerspricht der soziologischen Erwartung der Gruppenzusammenhalts (von Outsidern), wie sie etwa bei Elias (1990) über „Etablierte/Außenseiter-Beziehungen" geäußert wird. Demnach müßte sich regelmäßig ein Machtübergewicht für die Etablierten aufgrund der relativ geringen Kohäsion auf der Seite der Außenseiter einstellen.

5. Die Verbindung von Fall und Person

Der Fall hat Gestalt angenommen. Das Palaver ist übersetzt, die Worte formuliert und Aussagen kontrastiert. Es handelt sich dabei nicht um Arbeitsschritte, sondern um ineinander ragende Verrichtungen. In diesem Kapitel kläre ich, wie der erhobene Fall an die Person geknüpft wird, die ihn zu verantworten hat. Wie, so die Leitfrage, werden Fall und Person im Amtsbetrieb miteinander verbunden?

Mit dieser Fragestellung gerät ein Grundproblem von Verwaltung in den Blick. In jedem Verfahren muß wiederholt und verläßlich eine Verbindung zwischen Fall und Person hergestellt werden. Verbindliche Entscheidungen sollen passend adressiert werden; es soll 'den Richtigen' treffen. Die Amtsgewalt vergewissert sich, mit wem sie es zu tun hat, um der Person die Rechte und Pflichten zuzuschreiben, die ihr dem Fall gemäß zuwachsen. Die Technik und Methodik dieser Vergewisserung gilt es hier zu rekonstruieren.

Solange eine Person am Ort bekannt ist `wie ein bunter Hund´, versteht sich die treffende Adressierung von Rechten und Pflichten von selbst. Was aber ist in Bürokratien, die ganze Bevölkerungen verwalten, was mit Territorialstaaten, die unüberschaubare „vorgestellte Gemeinschaften" (Anderson 1988) regieren? Wie läßt sich die Verbindung zwischen Gesetzestexten und fremden Mobilien herstellen? Die treffende Zuschreibung wird mit der Modernisierung, angesichts der Masse anonymer, freigesetzter, entwurzelter Individuen zur administrativen Herausforderung. Auf der treffenden Befestigung von Rechten und Pflichten am Individuum ruht die Konstitution des Rechtssubjekts, wie die Ausbreitung der modernen Herrschaftsordnung insgesamt: die Verrechtlichung, Bürokratisierung und Rationalisierung der sozialen Beziehungen.

Die Methodik und Praxis der Identifizierung analysiere ich anhand der Ausstellung der Verfahrenspapiere, der „Aufenthaltsgestattungen" im Rahmen des „kleinen Interviews" beim *BAFl* und anhand ihres Einsatzes in einer *kommunalen Ausländerbehörde*. Letztere übernehmen im Asylverfahren die Verfahrensbegleitung für all die Asylfälle, die nicht das Schnellverfahren durchlaufen. Wenn die Verfahrensdauer absehbar das Limit von drei Monaten überschreitet, weil z.B. eine einfache Ablehnung erfolgte und eine Klage beim Verwaltungsgericht anhängig ist - und die Kommunen Aufnahmekapazitäten einrichten[111] -, erfolgt die Umverteilung von der Erstaufnahmeeinrichtung in eine kommunale Sammelunterkunft. Mit der Weiterverteilung wird die Zuständigkeit abgegeben. Die kommunale Ausländerbehörde besorgt nun die Verfahrensbegleitung als „Pflichtaufgabe nach Weisung" (vgl. Feldhoff/Scheffer 1995). Mit dem Asylantragsteller wandert nun dessen Fallakte (mit Personalienbogen, Anhörungsprotokoll, Bescheid, Klageschrift etc.) in die Ausländerbehörde vor Ort.

In der - über einen Zeitraum von sechs Wochen besuchten - Behörde arbeiten vier Kräfte (vgl. Scheffer 1995). Eine Sachbearbeiterin sammelt die allgemeinen Aufenthaltsanträge (vom befristeten Arbeits- oder Studiumsaufenthalt bis hin zum zweckgebundenen Daueraufenthalt); die Kollegin nimmt die Anträge auf Einbürgerung entgegen; ein Sachbearbeiter verlängert die Aufenthaltsgestattungen und Duldungen von Asylbewerbern. Die drei Sachbearbeiterinnen besetzen die publikumsnahen „Grenzstellen" (Luhmann 1964) der Behörde. Die Leiterin entscheidet in einem publikumsabgewandten Raum über die `vorne´ entgegengenommenen Anträge: also über die Verlängerung oder Beendigung von Aufenthalten und über die Form der Durchsetzung einer rechtskräftigen Ausreisepflicht.

In der Ausländerbehörde wird gerade den Asylantragstellern die Verwendung falscher Namen und Aufenthaltsgenehmigungen zugetraut. Auf diese Weise, so der Verdacht, könnten sie sich der rechtskräftigen Ausreisepflicht oder drohenden Abschiebung entziehen bzw. sich ihres ´eigentlichen´ Falles entledigen.[112] Das gesteigerte, bereits in der Anhörung thematisierte Mißtrauen, erklärt sich materiell, mit dem häufigen Fehlen von amtlichen (Schreib-)Vorlagen. Die Bewerber verfügen über keine Heimatpapiere. Sie können ihre Personalien nur behaupten. Für das Verfahren wird entsprechend eine Identität erst bezeichnet, d.h. es werden Identitätsaufhänger am Körper der Fallperson ´festgemacht´. Selbst wo derlei Papiere vorliegen, wird an deren Originalität wie an der Seriosität der ausstellenden Behörden gezweifelt.

Zur Rekonstruktion der praktischen Identifizierung genügt es nicht (weder den Praktikerinnen, noch dem Ethnographen), Paß-, Melde- und Ausländergesetze zu studieren. Als allgemeine und umschreibende Handlungsanweisungen formulieren diese nur Musterlösungen, die im Amtsalltag herzustellen sind. Im Mittelpunkt der folgenden Analyse stehen dagegen situative Identitätsprüfungen per Ausweisvorlage - im Rahmen des Ausweiskonzepts (im Asylverfah-

---

[111] In der Erstaufnahmeeinrichtung war es wider dem Asylverfahrensgesetz übliche Praxis, Bewerber auch länger unterzubringen, weil die Kommunen sich weigerten, weitere Sammelunterkünfte - gegen die Proteste der ansässigen Bevölkerung - einzurichten. Asylinitiativen beklagten die längere Unterbringungsdauer und die Überfüllung der Einrichtung auf über 600 Flüchtlinge.

[112] Einen vergleichbaren Generalverdacht konstatiert Feuerhelm in seiner Arbeit über ´Polizei und Zigeuner´: „Unterstellt wird eine generelle Strategie zur Verschleierung der wahren Personalien." (1987: 204) Die erkennungsdienstliche Behandlung wird von Polizisten als „einzig sichere Art der Identitätsfeststellung bei diesen Personen bezeichnet" (ebd.: 205).

ren). Anders als in den bisherigen Kapiteln, rücken Beobachtungsprotokolle in der Form von Episoden in den Mittelpunkt.

Die Präsentation soll - ähnlich einer Zeitlupe - die minutiöse Auflösung der sozialen Verwicklungen ermöglichen. Dabei analysiere ich - als Mikrosoziologe weniger beeindruckt von Machtphantasien als Foucault (vgl. 1992) - nicht den Siegeszug einer Apparatur, sondern die Bedingungen ihrer aktuellen Wirksamkeit. Die volle Konzentration gilt der Frage, wie eine Identifizierungsvorrichtung situativ gehandhabt wird und für (allerlei) Verrichtungen Anwendung findet. Die Vorrichtung ist der Ausweis als Identitätspapier.[113]

Insgesamt ist das Kapitel wie folgt gegliedert: Im ersten Abschnitt zeige ich, wie die Ausweisausstellung beim Bundesamt vollzogen wird und an welche Grenzen der dabei vollzogene Datenabgleich stößt. In einem historischen Exkurs skizziere ich die Entwicklung von Identifikationsapparaturen. Auf dem ursprünglichen Akt der Kennzeichnung bzw. Fixierung mobiler Körper ruht ´theoretisch´ der Ausweis als Identifizierungsvorrichtung. Wie das ´Papier´ die Verbindung zwischen ursprünglicher und aktueller Identifizierung zu halten verspricht, zeige ich im zweiten Abschnitt. Die Verwaltung richtet obligatorische Passagepunkte ein, die qua Ausweisvorlage unter anderem als Identitätskontrollpunkt fungieren. Wie hier die Identitätsprüfung praktisch verläuft, steht im Zentrum des letzten Abschnitts.

Ein historischer Exkurs: Die Lehre der Signalements

> *„Mit einem Worte, eine Person so kennzeichnen, daß sie jederzeit auch sicher erkannt werden kann.“ (Bertillon 1895: LXXVI)*

Alphons Bertillon, Chef der Abteilung für gerichtliche Identifikation an der Polizeipräfektur Paris, Konstrukteur des anthropometrischen Signalements und Autor des „Lehrbuches der Identifikation von Verbrechern, Angeklagten

---

[113] Die Begriffe Ausweis und Paß werden im folgenden Kapitel, weil lediglich ihre Funktion zur persönlichen Identifizierung im Vordergrund steht, nicht strikt voneinander geschieden. Genaugenommen ist der Paß - anders als der Ausweis - als Reisepapier bestimmt. Der Begriff „Paß“ kommt von „laissez-passer“ und meint die Aufforderung an die Grenzbehörden, den Inhaber des Reisepapiers durchzulassen. Der Paß gilt als Legitimationsurkunde, die Auskunft gibt über die Staatsangehörigkeit des Inhabers. Ausländer erfüllen ihre Ausweispflicht mit dem jeweiligen Heimatpaß. Er gilt unabhängig vom Aufenthaltsort als ein amtlich anerkanntes Identitätspapier. Um ´paßlose´ Ausländer ersatzweise auszustatten, sah das alte Ausländergesetz die Ausgabe sog. „Fremdenpässe“ vor. Nach der Genfer Konvention sind Staaten befugt, Reisepapiere für anerkannte Flüchtlinge auszustellen. Im Asylverfahren oder bei einer „aufgeschobenen Abschiebung“ gibt der Staat besondere - begrenzt und beschränkt gültige - Identitätspapiere aus: die Gestattung und die Duldung. Diese sind „räumlich beschränkt“ auf eine Kommune, einen Landkreis, einen Regierungsbezirk oder ein Bundesland.

oder Verhafteten, von Verunglückten, Selbstmördern etc." (1895), erklärt den
Beamten die korrekte Messung rechter Ohren:

„Erstes Tempo: Der zu Messende hat den Kopf so weit nach links und rückwärts
zu legen, bis die ganze rechte Gesichtsseite einschließlich des Ohres unter einem
Winkel von circa 45° dem vollen Licht ausgesetzt ist.

Hierauf ergreift der Beamte mit der rechten Hand die Schiene des Ohrmessers am
unteren Ende, den feststehenden Arm des Instruments nach aufwärts gerichtet,
bringt dieselbe so an die Wange des Mannes, daß ihre nicht gravierte Längsseite
ungefähr 1/2 cm vor und parallel an die Vereinigungslinie von Ohr und Wange zu
liegen kommt, und der durch eine rechtwinklig angesetzte Platte verstärkte Teil
des feststehenden Armes und des Schiebers auf dem Kopfe aufliegen und gegen
den Hinterkopf gerichtet sind.

Bei dieser Kopfstellung des Mannes wird die - übrigens nur noch 1-2 mm vom
oberen Ohrrand entfernte - Ansatzplatte des feststehenden Armes keinen Schatten
auf das Ohr werfen können.

Zweites Tempo: Der Messungsbeamte legt jetzt seine linke Hand auf den Kopf des
Mannes, drückt den Daumen auf die Niete, welche die Schiene mit dem feststehenden Arm verbindet, und hält nun das Instrument in einer solchen Stellung fest, daß
die Ansatzplatte des feststehenden Armes den oberen Ohrrand berührt, ohne ihn
einzuknicken, worauf jetzt der Daumen der rechten Hand langsam den Schieber in
die Höhe drückt bis dessen Ansatzplatte den unteren Rand des Ohrläppchens berührt.

Drittes und letztes Tempo: Nachdem er sich noch einmal durch den Augenschein
überzeugt hat, daß beide Ansatzplatten das Ohr in der vorgeschriebenen Weise be-
rühren, liest der Beamte das durch den Zeiger angegebene Mass ab und diktiert es,
bevor er den Ohrmesser aus seiner Lage bringt." (Bertillon 1895: 29f.)

Das Meßergebnis wird, so Bertillons weitere Anweisungen, in die dafür vorgese-
hene Spalte auf der Signalements-Karte eingetragen. Sind die neun Körpermaße
(u.a. der kleine Finger, die Kopfbreite und -länge, die Fußlänge etc.) genommen,
bedient der Messungsbeamte die Tableaus zur methodischen Beschreibung[114] der
Person und des portrait parlé (Farbe der Haare, der Haut, der Iris; Ausprägung von
Stirn, Nase, Ohr). Die Prozedur schließt mit der exakten Bestimmung der besonderen Kennzeichen: z.B. der „Leberfleck auf dem Rücken, 18 cm unter dem
7.Halswinkel und 10 cm rechts der Wirbelsäule" (Bertillon 1895: LVII).

Die Signalements-Karte wird in zweifacher Ausfertigung erstellt. Die eine verwahrt die messende Stelle (Gericht, Gefängnis, Präfektur) im alphabetischen Register. Die andere wird an die nationale Zentralstelle überstellt, die sie in die Zentralkartei einsortiert. Ein sorgfältiger Abgleich gibt Aufschluß, ob eine
´Identitätsanmaßung´ vorliegt (mit der z.B. ein Wiederholungstäter unerkannt bleiben will, um eine höhere Strafe zu vereiteln).

---

[114] „Dank der Beschreibung kann man die auf diese Weise aufgestellten kennzeichnenden Merkmale in eine chiffrierte Sprache übertragen - eine Notwendigkeit, die sich aus der Armut des täglichen Wortschatzes ergibt, der präzise Wörter fast nur für die auffälligen Formen kennt." (Ceccaldi
1971: 38)

Die Zentralkartei ist wie ein Baumdiagramm geordnet: Mit jedem Prüfkriterium wird die Grundgesamtheit in je drei neue, gleichgewichtige Zweige unterteilt. Nach neun Teilungen hat sich die Summe der möglichen Karten auf eine überschaubare Gruppe reduziert. Hier entscheidet endlich die Länge des Ohres über den Platz in der Kartei und über die Identität des bemessenen Subjekts.

Bertillons' Lehre des Signalements ist ein Unternehmen zur Disziplinierung der Verwalteten wie der Beamten: Die ´Kriminellen´ werden einer methodischen, (natur)wissenschaftlichen Beobachtung ausgesetzt. Sie werden passend positioniert, vermessen und auf Dauer ´mit ihrem Körper´ registriert. Die Beamten sind gehalten, nach detaillierten Vorgaben eine Abfolge technischer Handgriffe zu verrichten. Sie sollen die Identität des Gegenüber nicht einfach vermuten, sondern - vermittels der strikten Befolgung der Vorgaben - belegen.

Bertillon degradiert ´seine Beamten´ zu Instrumenten der Technologie. Er bedient sich ihrer Blicke, Bewegungen und Sprache. Er fordert unbedingte Strenge, absolute Sorgfalt und mechanisches Funktionieren. Das Projekt richtet sich entsprechend gegen jede Art der Ablenkung, Unachtsamkeit, Bestechlichkeit oder Vertrauensseligkeit des Personals.[115]

Der Sozialhistoriker Gérard Noiriel betont Bertillons hervorragenden Beitrag zur „identifikatorischen Revolution". Die Lehre entspringt dem Geist einer Epoche, „der grundsätzlichen Änderung der Art und Weise, sich mit dem menschlichen Körper zu beschäftigen. Die Zeichen emanzipierten sich von ihrem physischen Substrat" (1994: 146). Die Revolution datiert Noiriel eben dort, wo die traditionelle Identifizierung der Gesamterscheinung ´von Angesicht zu Angesicht´, durch das Einprägen der Gestalt bei regelmäßiger Vorladung oder Gegenüberstellung (vgl. Goffman 1967: 91), durch Beschattung, Porträt sitzen[116], Bespitzeln etc. abgelöst wird. Es folgt die Konjunktur der räumlichen und zeitlichen Ausgreifung der Identifizierung durch Techniken standardisierter Kennzeichnung, ihrer akribischen und normierten Registrierung sowie ihrer Rekonstruktion und Entzifferung. Anhand einer Konstellation weniger anthropometrischer Kriterien kann eine individuelle Eigenheit gewonnen und als Zeichenreihe dokumentiert werden. Die Identifikationstechniken entziffern Zeichen, die in ihrer Verbindung einzig *diesem* Subjekt zu eigen sind: über die objektivierende Messung, Kopie, Deskription

[115] Dem stehen im Amtsalltag offenbar große wie kleine Disziplinlosigkeiten entgegen. So zitiert Noiriel aus einem Bericht der Verwaltungsaufsicht um 1870: „In manchen Präfekturen werden die Ausweisformulare von den Angestellten oder deren Frauen zu hause aufbewahrt. Diese Verhaltensweise ist regelwidrig und muß augenblicklich und überall abgestellt werden." (Noiriel 1994: 194)

[116] Dickens beschreibt, wie die Gefangenen in London ´Porträt sitzen´ mußten. Die Wächter hatten die so Gegenübergesetzten genauestens zu betrachten und sich das ´Bild´ einzuprägen, um sie später, z.B. nach einer Wiederholungstat, wiederzuerkennen (vgl. 1960: Vol.III, Kap. 2.).

findet das Regime den Schlüssel zur Markierung des Einzelnen unter den Vielen. „Sie gibt tatsächlich die Möglichkeit", so schwärmt die jüngere Kriminalistik, „eine sich in Freiheit befindliche Person zu suchen und zu erkennen, ohne sie jemals gesehen zu haben" (Ceccaldi 1971: 39). Die Merkmale werden von Spezialisten gelesen, „deren Beruf in einem eigens für diesen Zweck ausgestatteten Labor ausgeübt wird" (Noiriel 1994: 147). Die Identität erhält demnach einen Platz außerhalb der Begegnungen. Sie wird aus den unmittelbaren räumlichen und zeitlichen Bindungen, aus der verwirrenden und täuschenden Gemengelage der Kopräsenz gelöst und zum Gegenstand einer ´unpersönlichen´ staatlichen Überwachung.

Das Individuum wird vom anonymen Staatsapparat neu plaziert und fixiert. Ausschlaggebend ist nicht mehr der Platz in der ständischen Ordnung oder die verwandtschaftliche Verwurzelung in der lokalen Gemeinschaft. Die traditionale Identifikation wird entwertet. Diesen sozialstrukturellen Umbruch beschreibt Noiriel im Lichte der überkommenen Identifikationstechniken:

> „In einer Epoche, in der sich die sozialen Beziehungen mehr und mehr von den lokalen Bindungen lösten, blieben die Verfahren der Persönlichkeitsfestellung dennoch der direkten Überwachung verpflichtet, die einer Zeit angehörte, in der man vorwiegend von Angesicht zu Angesicht miteinander zu tun hatte." (1994: 145)

Es ist das aus den lokalen, gemeinschaftlichen Beziehungen gelöste, freizügige Individuum, das es nun als Einzigartigkeit neben Anderen zu fixieren und zu erkennen gilt. Nur als fixiertes und isoliertes Subjekt kann es Träger von Rechten wie Pflichten werden. Nötig wird eine verläßliche Technik der Zuschreibung von Handlungen, von individueller Verantwortlichkeit.

Die anthropometrische Methode erfährt eine Reihe von Ausweitungen, Transformationen und Rationalisierungen, die sie der heutigen Praxis nahe bringen. Eine zentrale Bewegung ist ihre *Universalisierung*: nicht mehr nur Kriminelle, Gefangene, Vorbestrafte, Anarchisten etc. werden erfaßt, sondern bald schon die ´neuen Feinde´ gesellschaftlicher Ordnung. Die Staatsgewalt nimmt sich nun der Flüchtlinge, Staatenlosen und nomadischen Grenzgänger an (vgl. Noiriel 1994: 66ff.) - all jener, die außerhalb der „vorgestellten Gemeinschaft" (Anderson 1988: 16) plaziert werden. Mit der Paß- und Meldepflicht, die zunächst die Ausländer[117], später die gesamte Bevölkerung erfaßt, wird die symbolische Identifikation im ordnungsbehördlichen Vollzug normalisiert.

---

[117] „In einem Bericht vom März 1893 schrieb die Leitung der Sicherheitsbehörden: ´Die Zeiten sind vorbei, als sich Ausländer mit erdachten Nationalitäten oder erlogenen Identitäten schmücken konnten, ohne daß ihre Behauptungen auf Widerspruch stießen. Bevor die allgemeine Kontrolle der Ausländer möglich wurde, war es sozusagen unmöglich, Verstöße gegen Ausweisungsbeschlüsse festzustellen.´" (Noiriel 1994:154)

Die Techniken der Entnahme von Kennzeichen erfahren eine *Effektivierung*: der Fingerabdruck, die Photographie, die Schriftprobe stellen neue Folien zur Kennzeichnung bereit, die in Akten und Dateien gespeichert und gesichtet werden können.[118] Die Kapazitäten der Speicherung durch Register, Karteien und computergestützten Datenbänke werden gesteigert.

Die Verfeinerung der Drucktechniken erlaubt die ´unnachahmliche´ *Offizialisierung* der Identitätsdokumente sowie ihre Freigabe als mobile Inhaberpapiere. Auf ihnen werden solche Merkmale festgehalten, die in situ einen Abgleich mit ihrem Inhaber erlauben. Wasserzeichen, Farbkombinationen, geometrische Muster, Spezialpapier sowie die dazugehörigen Speziallampen (Weißlicht) für die Echtheitskontrolle sichern die Papiere gegen Fälschung *und* begründen ihre Autorität.

5.1. Die Ausstellung von Ausweispapieren im Asylverfahren

Der Asylbewerber wird mit einer Reihe von Eingangsanforderungen behelligt, die vor der Anhörung zu erfüllen sind. Im Zentrum der Anforderungen steht die Ausweisausstellung mit den dazugehörigen Vorprüfungen und Sicherungen. Die Verbindung von Fall und Person fußt auf dieser Eintrittsbehandlung: auf einer verbindlichen Personalienaufnahme; auf der Kennzeichnung des Bewerbers und auf einer Bestandsprüfung des erhobenen Datensatzes (Kennzeichen plus Personalien).

5.1.1. Die Aufnahme der Personalien

Um den Fall benennen und einen Ausweis ausstellen zu können, bedarf es einer verläßlichen Personalienaufnahme des Verfahrensgängers. Die Personalien müssen so aufgeführt werden, daß sich anhand dieser eine Kontinuität bzw. eine amtliche Biographie der Person erschließt. Die zweckmäßige Personalienaufnahme recherchiert nicht eine originale Benennung des Individuums bzw. ´wie jemand wirklich heißt´; sie begnügt sich damit, eine einmal vergebene Benennung beizubehalten bzw. zu wiederholen. Im Idealfall ist die Personalienaufnahme eine bloße Abschrift von bereits vorliegenden Ausweispapieren.

---

[118] Zu den neuen Identifizierungstechniken schreibt die Neue Züricher Zeitung am 3.3.1993: „Geradezu antiquiert nimmt sich Gesinnungskontrolle angesichts neuerer computergestützter Identifizierungssysteme aus: elektronische Fingerabdruck-Kontrolle, Computeranalysen von Merkmalen des menschlichen Gesichts sowie die Abdrücke von Handballen und Fußsohlen, elektronischer Abgleich des Adern-Musters auf der Netzhaut des Auges, der genetische Fingerabdruck und - als Gesamtprodukt der Computerkriminalistik sozusagen - die computergestützte Anfertigung von Phantombildern."

Im folgenden Fall liegen ausnahmsweise Papiere vor, die nicht schon - wie der Heimausweis - der Behandlung im Aufnahmekontext entspringen. Die Art und Weise, wie die Sachbearbeitung die verschiedenen Papiere und ihre Benennungen handhabt, führt die Logik der Personalienaufnahme vor Augen:

Die Heimausweis-Daten, eingetragen durch die Erstaufnahmeeinrichtung (AE) werden auf Nachfragen des Dolmetschers vom Bewerber bestätigt und daraufhin von der Sachbearbeiterin (S) mit den Angaben zur Antragstellung, zu den in Deutschland lebenden Familienangehörigen und der bevorzugten Anhörungssprache in den Meldecomputer eingegeben. Der Computer druckt die Gestattung und den Formularsatz (zur Belehrung). Zum Schluß stellt die Sachbearbeiterin die Frage nach den Reisedokumenten.

S Er möchte mir bitte seine Papiere geben, die er in der Tasche hat!

B [holt nach der Übersetzung Papiere aus der Tasche und reicht sie D]

D [die Papiere blätternd] Er hat einen Journalistenausweis und einen Personalausweis.

S [mürrisch] Das is immer daßelbe: wenn ich es so sage, rücken sie das raus. Wenn ich frage, ´Haben Sie Dokumente?´, kommt nix.

Mit den Heimatpapieren stellt sich die Bearbeitungslage neu dar. Die vom Heimausweis übernommenen Schreibweisen und die Schreibweisen in den Heimatpapieren stimmen nicht überein. Die Sachbearbeiterin bittet den Abteilungsleiter (L) dazu.

L Tja, jetzt hast du drei Möglichkeiten seinen Namen zu schreiben. Guck mal hier ganz ohne h, dann mit h nach dem K und bei uns mit h vor dem d (entspricht der Schreibweise im Heimausweis, T.S.).

S [probiert die Namenszüge im Ausländerzentralregister[119] durch - und findet einen Eintrag unter Kalid, der Schreibweise des Journalistenausweises] Die Frage ist, einigen wir uns auf *diesen* KALID?

L Komisch. Warum schreibt unsere Aufnahmeeinrichtung überhaupt Elgün *Tofuk* Kalihd? Wo haben die denn das her?

D Wahrscheinlich ist Tofuk der Name des Vaters und Kalihd sein Großvater.

S Und, wie heißt er jetzt wirklich?

D [nachdem er den B erneut befragt hat] Elgün Khalid mit h nach dem K, so wie hier [zeigt den Personalausweis].

L Aber wenn wir jetzt schon mal eine AZR-Eingabe haben, dann müssen wir uns auch daran halten, sonst findet sich ja keiner mehr zurecht hier [wird ungehalten]. Er hat doch schon eine Akte. Und ändern können wir im AZR eh nix. Das muß erst wieder über Köln.

---

[119] Das Ausländerzentralregister (AZR) ist eine Zentraldatei beim Bundesverwaltungsamt in Köln. Dort werden alle Verwaltungsakte im Zusammenhang mit der Einreise und dem Aufenthalt von Ausländern und ihrer Familienangehörigen (aktenführende Behörde, Erteilung oder Versagung eines Visas und einer Aufenthaltserlaubnis, Ausreise, Verschwinden, Gesetzesbrüche etc.) geführt. Die mit einem Fall betrauten Behörden können sich AZR-Auszüge ausdrucken lassen, aus denen die Eckdaten der Fallbiographie hervorgehen. Einen besonderen Freizeitspaß machten sich die Sachbearbeiter daraus, die Daten von ausländischen Fußballstars aufzurufen. Sie spekulierten anhand von Ummeldungen über deren Vereinswechselabsichten.

Die drei machen sich daran, die Belehrungsunterlagen und das Gestattungspapier neu anzufertigen (aus „Kalihd" wird „Kalid"), um sie so der AZR-Datei anzupassen. Die alten Ausdrucke werden entwertet. Nur der Heimausweis und die Fingerabdruckkarte werden handschriftlich verbessert und mit dem „amtlich geändert"-Stempel versehen.

Die Personalienaufnahme macht Probleme, wo verschiedene Vorlagen in Konkurrenz zueinander treten. Im Beispiel wählt der Sachgebietsleiter die Vorlagen aus, die - statt Spuren zu verwischen - eine Kontinuität der Fallherstellung versprechen. Die Auswahl der Vorlage ist dabei abhängig von lokalen Gepflogenheiten (vgl. Knorr-Cetina 1984: 72). Die Aufnahmeeinrichtung beispielsweise bevorzugt mit ihrer Heimausweis-Version die ´ethnisch-korrekte´ Schreibweise. Im Amtsbetrieb wird grundsätzlich, so ein Heimatpapier vorliegt, diesem aufgrund seiner ´innewohnenden´ Autorität Vorrang eingeräumt. Letztendlich gibt hier die bisherige Schreibweise der (elektronischen) Aktenführung den Ausschlag. Die verschiedenen Auswahlstrategien führen leicht zur Anhäufung von Alias-Namen, von Fällen insgesamt sowie zu Betrugsvorwürfen.

In einer vom Bundesinnenministerium in Auftrag gegebenen Machbarkeitsstudie „zum Einsatz einer Smart-Card im Asylverfahren" wird deren Einführung mit Hinweis auf derlei Komplikationen empfohlen: „Die geringe elektronische Verwaltung gilt schon bei Basisdaten als stark fehleranfällig, etwa durch unterschiedliche Schreibweisen von Namen wg. der Übertragung aus anderen Alphabeten. Im Ausländerzentralregister tauchen Fehlerquoten von 30% auf." (FR 28.7.98) Wenn dem so ist, müßten die Zuwanderungssalden erheblich nach unten korrigiert werden.

5.1.2. Die ursprüngliche Kennzeichnung

Der Ausweis belegt eine persönliche Identität, indem er den behördlichen Akt der Kennzeichnung des Körpers (Ablichtung, Beschreibung etc.) und dessen ´korrekte´ Datierung (Name, Geburtsort, Geburtstag) dokumentiert. Die Verwaltungsvorschriften schreiben bei der Ausweisausstellung folgendes Vorgehen zur Identitätsfeststellung durch die Paßbehörde vor:

In der Verwaltungsvorschrift zum Paßgesetz wird das persönliche Erscheinen eines Paßbewerbers verlangt. „Bestehen Zweifel über die Person, hat die Paßbehörde geeignete Nachweise zu fordern. In Betracht kommen insbesondere mitgeführte Ausweispapiere, Personenstandsurkunden, Staatsangehörigkeitsurkunden, frühere Paßanträge, Ernennungsurkunden, kirchliche Bescheinigungen (Taufscheine) sowie die Anhörung von Erkennungszeugen" (6.5.2.). Kann die Identität „nicht zweifelsfrei festgestellt werden, so sind mit Einverständnis des Paßbewerbers erkennungsdienstliche Maßnahmen zu veranlassen" (6.5.5.).

Die gängigen Voraussetzungen zur Paßausstellung machen die Außerordentlichkeit der Identitätsfeststellung von Asylbewerbern deutlich. Bei Bewerbern bestehen grundsätzlich *Zweifel*: zum einen, weil sie in der Regel ´vor Ort´ nicht (persönlich) bekannt sind; zum anderen, weil es für sie Sinn macht, eine offizielle Identität abzuschütteln, wenn mit dieser nur Nachteile verbunden sind. Auch mit den generell *geforderten Nachweisen* können Bewerber in der Regel nicht dienen. Sie sind gut beraten, sich der originalen Heimatpapiere zu entledigen und unter falschem Namen auszureisen. Tun sie dies nicht, würden sie in der Anhörung unglaubwürdig wirken: ein Verfolgerstaat, so die naheliegende Normalitätsunterstellung der Entscheider, wird nicht einfach die (reguläre) Ausreise eines Beschuldigten und Gesuchten zulassen.

Asylantragsteller werden eingangs des Verfahrens mit erkennungsdienstlichen Maßnahmen behelligt. „Zuständig für erkennungsdienstliche Maßnahmen sind das Bundesamt und, sofern der Ausländer dort um Asyl nachsucht, auch die in den §§ 18 und 19 bezeichneten Behörden sowie die Aufnahmeeinrichtung, bei der sich der Ausländer meldet." (§16 II AsylVerfG) Demnach können auch die Grenzbehörden (§18) sowie Ausländerbehörde und Polizei (§19) „Lichtbilder und Abdrücke aller zehn Finger" (§16 I) abnehmen.

Nach den „Allgemeinen Verwaltungsvorschriften zur Durchführung des Paßgesetzes" vom 2.1.1988 (6.5.5. PaßVerwV) und zur Durchführung des (alten) Ausländergesetzes vom 10.5.1977 (zu §3 Nr.18 AuslVerwV) „kommen als erkennungsdienstliche Maßnahmen insbesondere in Betracht die Abnahme von Finger- und Handflächenabdrücken, die Aufnahme von Lichtbildern, die Feststellung äußerlicher körperlicher Merkmale sowie Messungen und ähnliche Maßnahmen". Qua Ausländergesetz wird der Ausländer „verpflichtet, seinen Paß [...] und seine Aufenthaltsgenehmigung oder Duldung auf Verlangen den mit der Ausführung des Gesetzes betrauten Behörden vorzulegen, auszuhändigen [...], soweit die zur Durchführung oder Sicherung von Maßnahmen nach diesem Gesetz erforderlich ist" (§40).

Im Asylverfahren stellt die Abgabe der Fingerabdrücke eine „Mitwirkungspflicht" dar. Ohne diese Kennzeichnung wird dem Bewerber kein „rechtliches Gehör" per Anhörung geschenkt. Die erkennungsdienstliche Erfassung der Antragsteller wird im „kleinen Interview", ein bis zwei Tage vor der Anhörung vorgenommen. Die Fingerabdrücke werden dem Bundeskriminalamt (BKA) zusammen mit den Personalienangaben überstellt und dort per „automatisiertem Fingerabdruck-Identifizierungs-System (AFIS)" analysiert.

Um die Computer-Lesbarkeit der Fingerabdrücke zu gewährleisten, „müssen **klar und kontrastreich** erkennbar sein: der **Musterkern** (Bereich des „inneren Terminus"), die **Deltas**, alle **Papillarlinien** (auch in den Randbereichen). Das kann erreicht werden, wenn die Finger gründlich gereinigt (ggf. mit Alkohol u.a.) gleichmäßig dünn eingefärbt und ohne starken Druck und Verrutschen von Nagelkante zu Nagelkante abgerollt werden. Die Beugefurche zum zweiten Fingerglied sollte parallel zur unteren Abgrenzung des Fingerabdruckfeldes verlaufen!" (BKA-Merkblatt zur Aufnahme von Fingerabdrücken) Ca. 30% der Abdrücke kann der

BKA-Computer nicht lesen, wobei die Fehlerquote der Nachlässigkeit der Sachbearbeiter zugeschrieben wird. Nur in Einzelfällen weigern sich Antragsteller oder
manipulieren ihre Fingerkuppen mit Rasierklingen oder Herdplatten.
Die Verwertbarkeit der erkennungsdienstlichen Behandlung ist praktisch abhängig von der Kooperationsbereitschaft des Antragstellers. Der Antragsteller
muß sich vom Beamten führen lassen. Betrachten wir dazu die Prozedur der
Fingerabdruck-Abnahme:

> Der Beamte reinigt zunächst die Fingerkuppen des Antragstellers, nimmt dann
> nacheinander jeden einzelnen Finger, rollt die Kuppe über das Stempelkissen, führt
> ihn zum Abdruckformular in das angegebene Feld und entrollt den ´Stempel´ unter
> sanftem Druck auf dem Papier. Während der Prozedur soll der zu Identifizierende
> den jeweiligen Finger locker (führen) lassen und nicht etwa über das Papier ziehen
> oder auch nur drücken. Die Kooperationsbereitschaft des Bewerbers erweist sich in
> einem kurzen Augenblick, der allerdings über die Lesbarkeit des abgegebenen
> Fingerabdrucks entscheidet.

Die Asylbewerber werden auf dem Inhaberpapier für den Amtsbetrieb *und* in
der Fingerabdruckdatei beim Bundeskriminalamt ´verewigt´. Erst jetzt kann
der Ausweis, der in der Folge die Identifizierung im Amtsbetrieb gewährleisten soll, als Inhaberpapier den Bewerber durch alle Instanzen begleiten. Ohne
die vorherige Kennzeichnung könnte der Bewerber sich des (störenden) An-
hängsels entledigen. Grundsätzlich haben alle Ausweispapiere - auch die der
Deutschen - ein archiviertes Gegenstück.[120]

5.1.3. Der Abgleich der Zeichensätze

An die Ausstellung des Ausweispapiers schließt sich die erste Identitätsprüfung an. Das Bundeskriminalamt gleicht die Kennzeichnung mit den bereits
gespeicherten Datensätzen ab.[121] Die Entlarvung mittels Zentralkartei setzt
grundsätzlich die wiederholte, lesbare Kennzeichnung des Individuums voraus
- und das Wiederfinden der Zeichenkombination in der Unmenge bereits ge-
speicherter Signalements. Die moderne Identifizierungstechnik beruht struktu-
rell auf einer Anhäufung von Merkmalsreihen. Im Kampf gegen ´Betrüger und

---

[120] Für jeden Reisepaß und Personalausweis werden sog. Register angelegt, die folgende Eintragungen enthalten: Lichtbild, Unterschrift des Ausweisinhabers und Bearbeitungsvermerke über die
beigebrachten Nachweise: die Personalien sowie weitere Körpermerkmale (Gesichtsform, Größe,
Farbe der Augen, unveränderliche Kennzeichen) und die gegenwärtige Anschrift, außerdem die
Seriennummer und das Gültigkeitsdatum des Personalausweises und die ausstellende Behörde (vgl.
§ 2a Gesetz über Personalausweise vom 21.4.86; vgl. die Allgemeine Verwaltungsvorschrift zur
Ausführung des Paßgesetzes).

[121] Die Auswertung dauert im Untersuchungszeitraum ca. drei Wochen: sie soll per online-Dienst
beschleunigt werden, was den Vorteil hätte, daß Gestattungen nicht schon vor, sondern erst nach der
Identitätsprüfung ausgestellt würden.

Illegale´ werden die Dateien vernetzt, die Anlässe der Kennzeichnung vermehrt und der zu überprüfende Personenkreis vergrößert.

Nach ca. drei Wochen erhält der Sachbearbeiter eine knappe Meldung des BKA, die er an den zuständigen Entscheider weiterleitet. Die Auswertung informiert darüber, ob, wann, wo, unter welchen Personalien und aus welchem Anlaß die Bewerber-Kennzeichen bereits registriert wurden: z.B. nach einem illegalen Grenzübertritt, nach einer Ausweiskontrolle oder in einem vorgängigen Asylverfahren.

Auf der Grundlage solcher Hintergrundinformationen setzt der Entscheider eine neue Anhörung an, in der er den Verdächtigen ´zur Rede stellt´. Eine wesentliche Problematik der Computerauswertung besteht in der Vagheit ihrer Resultate. Die Verantwortung für abweichende - aber ähnliche - Personalien unter den identischen Kennzeichen läßt sich nicht zweifelsfrei zuschreiben. Hierzu eine Mitschrift plus Protokoll-Rekonstruktion einer zweiten Anhörung:

Der Bewerber wird nochmals vorgeladen. Die ED-Abteilung hat ein FAX vom BKA bekommen. Dort ist aufgeführt, daß an der schweizerischen Grenze die Fingerabdrücke des Antragstellers bereits registriert wurden. Mit dieser Hintergrundinformation bestreitet der Entscheider die zweite Anhörung:

E Sie haben das Letztemal erzählt, Sie seien über den Flughafen Frankfurt eingereist. Ist das richtig?

D (~) Ja

E Wir haben doch gerade ausgemacht, daß Sie mir die Wahrheit sagen sollen.

D (~) Ich habe doch gesagt, daß ich am 12.3. eingereist bin.

E Und, stimmt das?

D (~) Ja, das stimmt.

E Heißen Sie wirklich Jusuf Armani?

D (~) Ja, ich heiße tatsächlich so.

E Ich dachte, das wäre noch einmal eine Chance für Sie. Sie sollen die Wahrheit sagen. ( ) Hier Jusuf und dort Jusif. Wie erklären sie sich das?

D (~) Die haben das so geschrieben. Ich habe nur meinen Namen gesagt.

E Wieso ist da auch ein anderes Geburtsdatum?

D (~) Ich heiße, wie ich das gesagt habe.

E Auf erneute Frage

D (~) In der irakischen Staatsangehörigkeitsurkunde steht 1.7., aber auf der Bescheinigung der Kirche 10.7.. Deshalb habe ich 10.7. angegeben.

E Auf der Kirchenbescheinigung steht kein Geburtsdatum.

D (~) Doch steht. Tauf- und Geburtsdatum.

E (tatsächlich findet er die Angaben) Davon abgesehen ändert das gar nichts. Sie hätten ja jederzeit den Fehler auf der Bescheinigung sagen können und nicht gleich ihr Geburtsdatum anpassen.

D (~) Sie meinen bei der ersten Anhörung?

E Natürlich.

D (~) Man fragte das nicht. ( ) Wenn ich gefälschten Namen angeben wollte, hätte ich die Bescheinigung nicht gegeben.

E Sie haben damit nicht gerechnet, daß wir da drankommen, daß wir das aus der Schweiz hierhin bekommen.

D (~) Wenn ich gewollt hätte, hätte ich alle Namen gefälscht und nicht nur den Vornamen.

Am Fingerbild des Bewerbers hängen zwei Alias-Namen, die allerdings nur in Details voneinander abweichen. Es ist schwerlich zu entscheiden, ob eine derartige Differenz auf einen Schreibfehler, ein Mißverständnis, auf unterschiedliche (national-spezifische) Schreibweisen oder tatsächlich auf eine Betrügerei zurückgeht. Diese Vieldeutigkeit kann ein Bewerber wiederum nutzen: Mittels ´zum Verwechseln´ ähnlicher Personalien kann der Bewerber zugleich versuchen, seinen nachteiligen Fall abzuschütteln und die Verantwortung hierfür zu vertuschen.

5.2. Die Ausweisvorlage

Die offizielle Dokumentation einer Identität soll weder „unschuldigen Irrtum noch Zweideutigkeit erlauben, indem sie das, was bloß ein fragwürdiger Gebrauch sozial informierender Symbole sein würde, umwandeln in eindeutige Fälschung oder illegalen Besitz" (Goffman 1967: 78). Die Identität ´existiert´ auf dem Papier, d.h. ohne entsprechende Dokumente kann sie gegenüber dem Amt nicht erfolgreich zur Geltung gebracht werden. Dokumentation und Ausweispflicht sollen so „dem Weg, den ein Individuum für seine Selbstdarstellung wählt, deutliche Grenzen setzen" (ebd.: 79).

Im Asylverfahren genügt der Antragsteller seiner Ausweispflicht mit der „Aufenthaltsgestattung".[122] Beim Behördengang wird nicht auf die ursprüngliche Kennzeichnung zurückgegriffen, sondern eine Ausweisschau vorgenommen. Das offizielle Ausweispapier ist wie folgt ausgestattet:

Im Papier sind auf der Vorderseite die Personalien (Geschlecht, Name, Geburtsname, -datum und -ort, Staatsangehörigkeit) des Inhabers benannt sowie Aktenzeichen und Datum des Asylantrags. Auf der zweiten Seite werden als Identitätsbelege ein Portraitfoto und die Unterschrift des Inhabers angebracht. Auf den Seiten drei und vier finden sich Aussagen zum Status des Inhabers: die Gültigkeitsdauer (befristet auf je vier Wochen, bis zur rechtskräftigen Ausweisung oder Anerkennung), das Gebiet, das der Inhaber nicht ohne Erlaubnis der Ausländerbehörde

---

[122] Dazu heißt es im § 39 (1) AuslG: „Ein Ausländer, der einen Paß weder besitzt noch in zumutbarer Weise erlangen kann, genügt der Ausweispflicht im Bundesgebiet mit der Bescheinigung über die Aufenthaltsgenehmigung oder Duldung, wenn sie mit den Angaben zur Person und einem Lichtbild versehen ist (Ausweisersatz)." Zu den „allgemeinen Mitwirkungspflichten" des Ausländers gehört es, „an der Beschaffung eines Identitätspapiers mitzuwirken" (§ 15 AsylVerfG) - und so den Vollzug der (eigenen) Abschiebung zu ermöglichen.

verlassen darf, sowie die Unterkunft, die dem Asylbewerber verpflichtend vorgeschrieben ist.

Die Merkmale der Gestattung entsprechen der üblichen Ausstattung von Iden-
titätspapieren insgesamt. Das allgemeine Konzept des Identitätspapiers bildet
den Hintergrund für die Praxis der Ausweisvorlage, wie ich sie nachfolgend
ethnographisch analysiere: zunächst indem ich den Betrieb eines Kontroll-
punktes beschreibe, an dem die Vorlage ´als Routine´ durchgesetzt wird; hernach, indem ich anhand einer Episode der Identifizierung den administrativen
Blick in eine Reihe von praktischen Voraussetzungen, kognitiven Gewohn-
heiten und kulturellen Beschränkungen zerlege.

5.2.1. Die Identifizierungsvorrichtung

Der Ausweis formuliert und sichert „Identitätsaufhänger" (Goffman 1967) für
die folgende Fallherstellung. Mittels Identitätsaufhänger wird das Individuum
als einmalig von allen anderen unterschieden. Um den isolierten Kern persönlicher Identität kann nun „eine einzige kontinuierliche Liste sozialer Fakten
festgemacht werden [...], herumgewickelt wie Zuckerwatte, was dann die
klebrige Substanz ergibt, an der noch andere biographische Fakten festgemacht werden können. [...] Ist jedenfalls erst einmal ein Identitätsaufhänger
bereitgestellt, so kann Material, wenn und wann immer es erreichbar ist, daran
aufgehängt werden" (Goffman 1967: 74f.). Die „Liste sozialer Fakten" ergibt
den Fall, wie er in Akten und Dateien angelegt ist. Das ´Herumwickeln der
Zuckerwatte´ entspricht der weiteren personenbezogenen Informatisierung.
Der gesamte Informationskomplex ist „namensgebunden, wie im Falle des
Polizei-Dossiers; manchmal ist er körpergebunden, etwa wenn wir das Ver-
haltensmuster von jemanden kennenlernen, dessen Gesicht wir kennen, dessen
Namen aber nicht" (ebd.: 75).

Inwiefern dient der Ausweis als Identifizierungsvorrichtung? Welche Mittel
und Anhaltspunkte hält er bereit, um Fall und Person verläßlich zu verbinden?
Der Ausweis enthält Eigenschaften einer ´Signalements-Karte´, die es erlauben, eine Identität zwar nicht mit Zirkel und Lineal zu ´vermessen´, aber doch,
sie per Augenschein zu prüfen. Körperliche Zeichen des Gegenüber können
mit im Ausweis dokumentierten Zeichen verglichen werden. Der Beweis für
einen ordnungsgemäß geführten Titel, ergibt sich zudem aus der Echtheit des
Papiers. Das Identitätspapier sieht eine Reihe von Evidenzen für eine gelungene Ausweisvorlage vor. Als `gute Gründe´ sind vorgesehen:

- das *Lichtbild* vom Gesicht des Inhabers. Es ist gemäß der Verwaltungsvorschrift zum Paßgesetz „mit einem vom Bundeskriminalamt empfohlenen
  Spezialklebstoff einzukleben sowie zu ösen und zu rastern" (6.8.4. Ver-

waltungsvorschrift zum Paßgesetz/PaßVerwV). Dieses fixierte Bild kann mit dem aktuellen Aussehen des Gegenüber verglichen werden. Abgelichtet und damit konserviert wird eine als prägnant geltende Ansicht des Individuums, die von diesem alltäglich zur Schau gestellt wird. (Diese Unterstellung greift z.B. nicht bei Verschleierung[123] oder einer Maskierung.) Die konservierte Momentaufnahme hat Mängel, weil sich das Aussehen mit der Alterung, der Tagesform oder der aktuellen Selbstgestaltung verändert. (Fahndungsphotos werden deshalb mit Brillen- oder Bartfolien variiert.) Als grober Nachvollzug der Alterung werden deutsche Paßpapiere für Jüngere (bis 26 Jahre) auf 5 Jahre und für Ältere (ab 26 Jahre) auf 10 Jahre befristet. Das Lichtbild ist nur `beschränkt haltbar´.

- die *Unterschrift*. Die niedergelegte Urschrift kann mit der aktuellen Schrift auf einem Formular oder einer Schriftprobe verglichen werden. Diese Methode setzt ebenfalls eine sichtbare Konstanz- hier der Handschrift - voraus sowie die Schreibfähigkeit des Klienten. In der Verwaltungsvorschrift heißt es dazu: „Die Unterschrift erfüllt die Funktion eines Identitätsmerkmals. Sie soll so geleistet werden, wie der Paßbewerber dies im tagtäglichen Leben zu tun pflegt. [...] Bei schreibunkundigen oder schreibunfähigen Paßbewerbern hat die Paßbehörde in das Unterschriftsfeld des Grundblanketts einen waagerechten Strich zu setzen." (6.2.4. PaßVerwV)

- *Angaben zum Körper*. Die im Paß angegebenen Merkmale des rechtmäßigen Paßinhabers (Augenfarbe, Alter, Geschlecht, Größe, besondere Merkmale) können mit den aktuellen Merkmalen des Gegenüber verglichen werden. Es finden als „besondere Kennzeichen" (Paßtext) solche Zeichen Verwendung, die in Augenschein genommen werden können und als nicht manipulierbar gelten: eine Narbe im Gesicht, eine amputierte Fingerkuppe, ein Augenfehler etc.. Die Brauchbarkeit zur Identifikation ist abhängig von der Offensichtlichkeit des Kennzeichens.

Erst wenn aufgrund dieser Indizien auf eine mißbräuchliche Paßvorlage geschlossen wird, erfolgt eine daktyloskopische Behandlung der fraglichen Person, um auf diese Weise die Passung mit der ursprünglichen, registrierten Kennzeichnung zu überprüfen. Die entnommenen zehn Fingerabdrücke werden wiederum dem Bundeskriminalamt zum Datenabgleich vorgelegt.

---

[123] Mohamed Magani berichtet, wie die „unsichtbaren Frauen" eines algerischen Dorfes hinter Schleiern Gesicht und Körper verbargen, um so zur Wahl zu schreiten und derart „den Feind täuschten, der sie mit dem Tode und schlimmster körperlicher Mißhandlung bedrohte, falls es ihnen einfallen sollte, sich an den Wahlen zu beteiligen" (FAZ vom 19.3.1996). Mit dieser Finte wendeten sie ein Gebot des Fundamentalismus gegen ihn selbst.

Im Paßkonzept ist eine Staffelung von Evidenzkriterien angelegt. Kommen Zweifel an den ´weichen Evidenzkriterien´ des Passes auf, wird auf die ´harten Evidenzkriterien´ der Kennzeichnung zurückgegriffen. Zivile und kriminalistische Identifizierungen sind eng verwoben. Doch wie wird die Unterscheidung von harten und weichen Evidenzkriterien im Ausweiskonzept begründet? Für die Kriminalistik hat eine Personenbeschreibung z.B. durch Zeugen „die geringste Beweiskraft, weil sie von subjektiven Erfahrungswerten der die Beschreibung abgebenden und/oder entgegennehmenden Person abhängt" (Wieczorek 1977: 104). Beweiskraft erhält dagegen die Fingerschau, als Hauptbestandteil der erkennungsdienstlichen Behandlung, weil nur hier folgende Kriterien als erfüllt gelten:

- *Einmaligkeit*, weil „das Papillarleistenbild einer bestimmten Person nicht mit dem [...] einer anderen Person identisch ist" (ebd.);

- *Unveränderlichkeit*, weil „sich das Papillarleistenbild eines Menschen von der Geburt bis zum Tod [...] nicht verändert" (ebd.);

- *Klassifizierbarkeit* „innerhalb personenbezogener Recherchier- und Auskunftssysteme - was die rasche Beweismöglichkeit anlangt - unübertroffen wertvoll und computerfreundlich" (ebd.).

Daran gemessen, hat das Lichtbild im Ausweis „keinen besonders hohen Beweiswert, sondern nur einen relativen Identifizierungswert, weil sich das Aussehen eines Menschen entweder auf natürliche Weise oder durch Manipulation ändern kann" (ebd.). Die kriminalistische Methodologie differenziert strikt und prinzipiell: zwischen Abbild-Abbild-Relationen (z.B. Fingerabdrücke), die deckungsgleich und deshalb beweiskräftig sein können und Abbild-Bild-Relationen (z.B. das Lichtbild oder der gemalte Steckbrief), die immer nur (Un-)Ähnlichkeiten aufweisen. Doch auch der kriminalistische Beweis, so ließe sich mit Wittgenstein (vgl. 1994) gegen die scharfe Abgrenzung argumentieren, ist nicht lückenlos: Er beruht nicht nur auf einer- durchaus fragwürdigen[124] - inneren Übereinstimmung, sondern ebenso auf sozial eingespielten Praktiken, diese überzeugend vorzuführen. Ob Fingerabgleich oder Ausweisvorlage, beide Konzepte setzen Normen, wie sich etwas als wahr zeigen läßt und wo Zweifel anzubringen sind.

Nicht nur in der Art der Anbringung und Sichtung der Identitätsaufhänger unterscheiden sich zivile und kriminalistische Methodologie. Auch die Beziehung von Dokument und dokumentierter Person ist verschieden. Nehmen wir

---

[124] Fingerbilder lassen sich nicht gänzlich zur Deckung bringen. Auch sie müssen ´genähert´ werden (vgl. dazu Stelzer 1978: 230 ff.).

die Kriminalistik: hier ist die Fingerabdruckdatei nur für die Kriminalpolizei verfügbar, als verdecktes Fahndungsinstrument, welches zentral gespeichert und zur Kontrolle abgerufen wird. Der Ausweis befindet sich dagegen vorschriftsmäßig im Besitz der Person, die ihn als Beleg ihrer Identität mitzuführen hat.

Indem die Signalementskarte den Gekennzeichneten begleitet, stellt sich das Problem der Fälschung. Der Ausweis muß, soll ihm Vertrauen geschenkt werden, selbst einer Prüfung unterzogen werden. Zu prüfen ist, ob er `echt´ ist, ob Merkmale durch „Waschen, Radieren, Abschaben" (Ceccaldi 1971: 102) oder „Überdecken, Hinzufügen und Übertragen" (ebd.: 104) verändert wurden oder der Ausweis in Gänze gefälscht wurde. Erst mit den besonderen Sicherungen am Dokument können die Belege die polizeilichen Archive verlassen und die mobilen Rechtssubjekte begleiten. Die so fabrizierte *Originalität des Papiers* erlaubt, so die Verwaltungsvorschrift, die „widerlegbare Vermutung"- nicht den Beweis -, daß das, was er zeigt, sich tatsächlich auch so verhält.

5.2.2. Die Unterhaltung eines Kontrollpunktes

Wie wird der Ausweis im Amtsbetrieb zum Einsatz gebracht? Es werden Kontrollpunkte errichtet und unterhalten, die die Ausweisvorlage - als eine unbedingte Anforderung - zur Regel erheben. Die folgende Szene habe ich aus mehreren Beobachtungsprotokollen komponiert. Es treten verschiedene Behördengänger auf, während die Amtsperson und ich hinterm Schreibtisch `sitzen bleiben´. Ich bin beisitzender Beobachter des tagtäglichen Betriebs, der mal als Zeuge von seiten des Personals, als zuständige Amtsperson von seiten unkundiger Klienten oder auch - von beiden Seiten - als störender Fremdkörper („Und was machen Sie denn hier?" oder „Können Sie nicht bei der Kollegin sitzen?") angesprochen wird. In der Regel erscheine ich- weil ich bereits im Büro, hinterm Schreibtisch und neben der Sachbearbeiterin sitze- als Mitglied der Behörde.

Vor dem Büro
Wartende stehen rum. Die zwei Stühle an der Wand neben der ersten Bürotür bleiben leer. Eine Frau benutzt die Fensterbank als Schreibunterlage. Die Fenster sind vergittert. Die Gardinen machen es ein wenig freundlicher. Neben jeder Tür eine Hinweistafel mit dem Titel des Sachgebiets und dem Namen der Amtsperson.

Einlaß geben
Draußen: „Allgemeines Ausländerrecht", erst anklopfen, dann warten, ob sich im Raum wer regt. Es ist im Milchglas der Tür schwerlich zu erkennen, was drinnen vor sich geht: `Ist jemand drin? Muß ich noch warten?´ Zaghaftes Klopfen. Eine Frauenstimme aus dem Büro bittet „Herein!"
Drinnen: Die Amtsperson blickt (wie ich) erwartungsvoll zur Tür. `Endlich Kundschaft grinst sie mich an. Ich sitze daneben, mein Notizbuch auf den Knien.

Frau Hartwig und ich verfolgen gemeinsam in der Mattscheibe die Bewegungen einer Silhouette. `Warum kommt diese Person nicht rein?´ Nochmal das Signal, jetzt lauter: „HEREIN!"

Positionen

Hinter dem wuchtigen Schreibtisch thront die Amtsperson. Aufrecht, die Hände vor sich auf dem Tisch, die Sinne gerichtet, empfängt sie den Eintretenden. Der Schreibtisch ist freigeräumt. Akten und Papiere hat sie in großen Schubladen verschwinden lassen. Die wenigen Ordner und Bücher sind zu einer Reihe vorgestellt. Vor dem Schreibtisch zwei Holzstühle. Sie grüßt knapp und verweist auf die Plätze: „Bitte setzen Sie sich!"

Ort und Inventar

Alles ist bereit: die leergeräumte Arbeitsplatte, die aufmerksame Amtsperson hinterm Schreibtisch und der hingesetzte Behördengänger davor, seine Akte in der Hängeregistratur und die Formulare in der Ablage. Der schlichte Raum wird zur Kulisse: die vergilbte Tapete, die zwei Leuchtstoffröhren, die hohen Fenster mit Blick auf die Eisenbahnböschung, das Telefon, der Urlaubskalender, der Stahlschrank für die Karteikarten, der Meldecomputer in der Ecke, die Aktenwand. Der Schreibtisch rückt jetzt ins Zentrum der 20 qm Büro.

Die Eröffnung

Die Sachbearbeiterin dirigiert: „Ich brauche einmal Ihren Paß, bitte. ( ) Ja, ja Ihren Paß!" Ersteinmal kommt die Paßvorlage. Auch wenn der Sitzende mit einem Anliegen losstürmt („Ich will doch nur fragen, ob ..."), sie fordert den Ausweis.

In der Regel wird dieser Bitte ohne Umschweife nachgekommen. Viele Klienten halten den Ausweis schon bereit und reichen ihn ungefragt. Auch ich bin überrascht, als jemand sich nicht sofort (wie erwartet) ausweist.

„Da ist sie eisern", grinst ihre Kollegin von nebenan. Eisern überhört sie die Fragen „des Bürgers", so als könne sie nur mit seinem Ausweispapier die Fragen verstehen. Vorher-Fragen schenkt sie kein Gehör.

Die Amtsperson insistiert: „BITTE den Paß!" Sie streckt ihre Schreibhand über den Tisch und fixiert diesen Menschen, der sich doch tatsächlich ziert: „Warum muß ich IHNEN meinen Paß geben?" Ihre Überzeugung überspringt derlei Widerstände: „Wer in eine Behörde kommt, hat seinen Paß vorzulegen ( ) Das ist in jeder Behörde so!" Widerwillig und verärgert reicht der `Ich-helfe-doch- nur- meinem- Kollegen´ oder der `Ich-hab-ja-nur-eine-Frage´ schließlich das Papier.

Hat diese Person denn was zu verbergen? So unnütz und überzogen mir dieses Ritual erschien, z.B. wenn jemand nur um eine `kleine´ Auskunft bittet - wie bei dem Ehepaar, das das Gewerbeamt sucht und der Mann sich zunächst ausweisen muß -, so gering schätzte ich anfangs den Preis der Ausweisvorlage für den Betroffenen.

Der prüfende Blick

Von nervösem Tischgeklopfe, bösen Blicken oder verbalen Attacken läßt sich die Amtsperson nicht antreiben. Sie blättert den Ausweis - nun wohl erst recht - von vorne nach hinten und zurück. Ihr prüfender Blick studiert ihn mit Sorgfalt.

In ihrem Gesicht suche ich vergeblich Zeichen einer Wertung. Das Gesicht des Klienten verrät Verunsicherung: `Kann es nun endlich losgehen? Was will die von mir?´ Solange sie den Ausweis liest, hängt die Situation in der Schwebe. Einstieg wie Richtung der weiteren Bearbeitung bestimmt sie anhand der Prüfung; der Behördengänger ist nur Anhängsel dieses gewichtigen Papiers.

Dabei ist die Kontrolle des Dokuments nicht einfach glimpfliche Routine: Einmal kassiert die tüchtige Amtsperson ein ungültiges Papier, einmal unterstellt sie - zurecht, wie sich herausstellt - die Verwendung eines fremden Ausweises, öfter entdeckt sie einen (nahenden) Fristverzug.

Die Identitätsfeststellung

Als Amtsperson verkündet sie, den Ausweis noch beiläufig blätternd, dem beunruhigten Ausweisträger das Ergebnis ihrer Schau: „Ihr Aufenthalt ist ja abgelaufen!" oder „Das ist ja ein altes DDR-Papier. Den muß ich einbehalten." oder „Das ist doch nicht Ihr Paß ... Das sind Sie doch nicht, oder?"

Nicht selten überrascht sie uns - den hingehaltenen Behördengänger und den befremdeten Zuschauer - nach dem Ausweisstudium mit einem (entwaffnenden) „Na und? Was wollen Sie jetzt?" Sie reicht den Ausweis zurück über den Schreibtisch und erteilt das Wort.

Die Ausländerbehörde überträgt schon in der Kontrolle des Zugangs interne Relevanzen der Fallbearbeitung auf die eingehenden Passanten. Beim Zutritt wird vermittelt, in welchen Hinsichten das eingehende Individuum hier behandelt wird. Anhand der Eintrittsszenerie lassen sich drei Vermittlungen amtlicher Relevanzen unterscheiden:

- die *räumlich vermittelte Kontrolle des Zutritts* (die geschlossene Tür des zuständigen Büros, die Meldung und Anfrage per Anklopfen, die Eintrittserlaubnis durch die amtliche Stimme),

- die *technisch vermittelte Zulassungsprüfung* (die Ausweisvorlage als ausschlaggebende Prüffolie und anerkannter Identitätsbeleg) und

- die *schematische Kontaktaufnahme* (die vorgegebenen Wortbeiträge bzw. die Zurücksetzung `abschweifender oder vorauseilender´ Äußerungen).

Diesen Selektionen entsprechen Kooperationen, die vom Behördengänger erwartet und (regelmäßig) geleistet werden: Als Passant soll er mit seinem Kommen das Zusammentreffen mit der Behörde ermöglichen (termingerecht den Weg ins richtige Büro finden); als verantwortlicher Ausweisträger soll er sein Dokument mitführen und vorlegen (seine Personalien belegen); als Klient soll er den vorgegebenen Relevanzen folgen (sich zur rechten Zeit zum Thema äußern). Die Amtsperson wacht über die Einhaltung der Verhaltensnormen und ist - um sich `als Amtsperson´ kenntlich zu machen - zugleich an eigene Verhaltensnormen gebunden. Klienten dürfen erwarten, daß die Amtsperson in den offiziellen Sprechzeiten anwesend ist, daß sie ihre Klienten im Büro, hinterm Schreibtisch sitzend empfängt und sich auf die Fallbearbeitung konzentriert (nicht etwa Zeitung liest oder frühstückt).

Die Ausweisvorlage ist beim Zugangsmanagement offenbar von zentralem Interesse. Der Ausweis wird wie selbstverständlich und zuweilen mit Vehemenz verlangt. Die Amtsperson erfragt den Paß, noch bevor sie den Behördengänger zum Grund seines Kommens hört. Wird die Vorlage verweigert, setzt die Amtsperson ein Krisenszenario in Gang: Sie unterstreicht den normalen Charakter der Paßschau („Wer in eine Behörde geht, hat sich auszuweisen!"); überzeugt dies nicht, wiederholt sie die Aufforderung zur Ausweisvorlage mit wachsendem Nachdruck („Ihren Paß, BITTE!"); schließlich wird die Vorlage des Passes befohlen („Sie haben hier Ihren Paß vorzulegen!").

Der Zulassungsprüfung stehen einzelne Klienten skeptisch bis ablehnend gegenüber: sie leugnen ihr Klient-Sein (z.B. „Ich bin doch nur mitgekommen!"), sie kritisieren die Verhältnismäßigkeit (z.B. „Ich wollte doch nur ...!" oder „Mich kennt hier jeder!") oder beklagen ´reine Böswilligkeit´. Eine Geschichte, die mir die Sachbearbeiterinnen erzählen, zeigt, wie gegen Widerstand vorgegangen wird.

Die Geschichte vom ´abgeknöpften DDR-Ausweis´

Aufgeregt fängt die Sachbearbeiterin an: „Die kamen rein und suchten eigentlich wohl das Gewerbeamt. Also, die haben nach dem Weg gefragt." Die Kollegin (von den Einbürgerungen) bleibt in der Zwischentür stehen und steigt mit ein: „Also dieser Vietnamese, der hatte so einen alten DDR-Ausweis, die sind seit Juni aus dem Verkehr gezogen, mußten hier abgegeben werden."

„Der wollte doch erst gar nix vorzeigen, hat protestiert. Und da schrie er, ich würde meine Arbeit verlieren, dafür würde er sorgen. Geschimpft hat der und gedroht. Seine Frau hat da nur gelächelt, der war das peinlich!"

„Tja, die Arbeit haste immernoch", schmunzelt die Kollegin. „Wir waren nachher zu viert und der hat einfach nicht aufgehört rumzuschreien, so richtig laut", erzählt die betroffene Frau Hartwig weiter: „Und selbst unsere Amtsleiterin hat der beschimpft."

„Der wußte ja garnicht, daß die das is, hat immer die Chefin verlangt, dabei stand die ja da", amüsiert sich die Kollegin - und wartet auf den Fortgang. „Ich hab dann", fährt die ´Heldin´ fort, „die lange Schere vor mir auf den Schreibtisch gelegt, weil ich hatte da schon Angst, wenn der so vor einem steht!"

Das Behördengarn („Da hätten sie dabei sein müssen!") wird weiter von den Ermunterungen ihrer Kollegin („Ja, das war was!") begleitet. Die Beschimpfte und Bedrohte, so schließt die Story, habe sich nicht einschüchtern lassen, nicht nachgegeben, sei standhaft geblieben: „Den Ausweis habe ich einbehalten!"

Die Amtsperson waltet einer gate-keeping-Funktion. Sie wacht über den ordentlichen Eintritt. An ihr kommt der Klient nicht vorbei, will er Kontakt zur Ausländerbehörde aufnehmen. Als Vorposten weiß sie sich ´zur Not´ verstärkt durch die Kollegin im Nebenzimmer - und durch weiteres Personal aus dem Rückraum des Amtes. Komplementär zur erhobenen Ausweispflicht behauptet die Sachbearbeiterin ihre unbedingte Aufsichtspflicht gegenüber dem Passanten.

Was passiert in der besprochenen Eingangsszenerie? Die Amtsperson verfolgt, indem sie die Vorlage des Passes verlangt, eine bestimmte Methode, sich ein Bild vom Fall *dieses* Klienten zu machen. Nicht das mündlich Vorgebrachte des Eintretenden interessiert zunächst, sondern das über*diese* Person offiziell Niedergeschriebene. Der Ausweis soll ihr zeigen, um was für einen Fall *und* um wessen Fall es sich handelt. Sie studiert die Stempel und Angaben im Ausweis, wie ein Arzt die Karteikarte des Kranken zur Visite. Sie meidet, wie dieser, die mündliche Verhandlung, solange sie nicht auf eine versicherte Grundlage gestellt ist. Mit dieser Methode orientiert sie sich `über den Fall´: was ansteht und was möglich ist.

5.2.3. Die Identifizierung im Amtsbetrieb

Der Ausweis versichert als Identifizierungsvorrichtung, daß jemand Unbekanntes nach vollzogener Identitätsfeststellung tatsächlich erkannt ist. Untersuchen wir aber diese Feststellung selbst - und nicht ihre bereinigten Resultate - so zeigt sich, wie im Gebrauch des Passes notwendig Spekulation, Interpretation und allerlei Kunstgriffe am Werke sind:

Die zwei Gesichter

„Irgendwie ist er das nicht!" Häufiger als sonst wandert der Blick der Sachbearbeiterin zwischen diesem Mann und dem Ausweis hin und her. Er wolle, so läßt er von seinem sprachkundigen Begleiter erklären, „eine Aufenthaltsbefugnis wegen Erlaß".

Die Sachbearbeiterin ringt mit einem dumpfen Verdacht: „Paßphoto und Gesicht passen nicht zusammen!" Und zum Photo: „Dieses Gesicht kenn ich doch, aber der hier ist das nicht." All das murmelt sie halblaut und unschlüssig zur Kollegin. Die unterbricht ihre Aktensuche und wendet sich diskret dem Geschehen zu.

Die Sachbearbeiterin bemüht erstmal das übliche Programm. Sie erläutert die formalen Bedingungen für die Befugnis: Wohnung, Arbeit, kein Strafverfahren. Während sie den Übersetzer übersetzen läßt, wendet sie sich vom Klienten ab und hält ihrer Kollegin den Ausweis vor. Mal ist sie sich sicher: „Das is´a nich, nee also, das is ein anderer!"; mal eher zögerlich: „Ach, diese Vietnamesen sehen auch alle gleich aus!"

Auch mir hält sie das Photo hin: „Gucken Sie doch mal, so als Unbeteiligter! Is er das? Is er doch nicht, oder?" Die Begegnung zerbricht in zwei konspirative Lager mit eigenen Geheimsprachen. Die einen murmeln amtsdeutsch, die anderen beraten auf vietnamesisch. Ich zeige mich so unschlüssig wie die Kollegin - auf Anhieb, weil ich mir über die Folgen eines Urteils unklar bin; und dann, weil ich tatsächlich nichts erkenne.

Irgendwas muß jetzt passieren. „Wir müssen", wendet sich Frau Hartwig an die beiden Gäste, „den Paß zur Überprüfung einbehalten!" Sie sucht Zeit, um in dieser

Sache Klarheit zu gewinnen. Sie stellt dem `Vietnamesen´ eine Empfangsbestäti-
gung aus, die er bei Polizeikontrollen vorlegen soll. Sie läßt sich vom Klienten
„zur Vorbereitung des Antrages" die Adresse aufschreiben, und verabschiedet die
beiden.

„So, den hab ich erstmal!" Sie wedelt mit dem Paß. Sie spricht aufgeregt von `dem
da auf dem Foto´, den sie von irgendwo kennt: „Der war erst letzte Woche hier, so
ein Netter, Lustiger - ganz anders als der. ( ) Dieser war so ruhig, so ganz anders."
Sie beschreibt uns aufgeregt die Unterschiede, die jetzt offenbar vor ihrem geisti-
gen Auge immer deutlicher hervortreten. „Ich habe ihn extra noch was schreiben
lassen!" erklärt sie stolz. Sie hält die Schriftprobe über die Paßsignatur: „Die Unterschrift ist anders." „Für Laien schwer festzustellen", meint die Kollegin. Wieder
bin ich unschlüssig.

„Wie soll das jetzt überprüft werden?" will sie wissen. Ihre Kollegin ist sich nicht
sicher: „Das müßte man dem BKA vorlegen, die haben da Spezialisten. Aber das
kann lange dauern." Die Sachbearbeiterin räumt die Papiere unter den Deckel der
Akte und hält der Kollegin den Packen hin: „Guck mal, ob du da was rausbe-
kommst."

Identifizierung und Entlarvung erweisen sich hier als zweifelhaft und um-
ständlich. Von der Amtsperson ist Kompetenz und Engagement gefordert, die
über das Lesen von dokumentierten und vorgefundenen Merkmalen hinaus-
reicht. Ich arbeite anhand der Szene zunächst allgemeine Eigenschaften der
Identifizierung heraus.

Die Kontrolle ist sporadisch: Die Paßvorlage ist in der Regel eine mechani-
sche Verrichtung, die ohne größere Aufmerksamkeit vollzogen wird. Die im
Ausweis vorgesehenen Prüfkriterien werden überflogen und nicht etwa Punkt
für Punkt abgeglichen. Der prüfende Blick muß erst, wie im vorliegenden Fall,
alarmiert werden. Zunächst sind die Prüfungen auf den `Ausweis an sich´, auf
seine Adäquatheit gerichtet. Im Normalvollzug gilt die praxisleitende Vergewisserung, daß wer einen Ausweis vorzeigt, seine Identität beweist, bzw. wer
sich hier verweigert, seine `wahre Identität´ verschleiern will. Die Bereit-
schaft, nach Eintritt ins Büro einen Ausweis vorzulegen, ist selbst erstes Kriterium der Identitätsprüfung.

Der auslösende Verdacht ist diffus: Über die Intensität der Prüfung entscheidet ein Anfangszweifel, eine Ahnung, die sich zunächst kaum formulieren
läßt: „Irgendwie ist das ein anderer!" Den auslösenden Zweifel liefert ein
diffuses Personengedächtnis der Sachbearbeiterin. Sie erkennt die Differenz
´zweier Gesichter´ nicht im Abgleich des Dokumentierten mit dem Aktuellen,
als vielmehr mittels nur mühsam aufgerufener Eindrücke, die sie mit einer
weiteren Person verbindet, die der auf dem Paßphoto ähnelt. Die Erinnerung
gleicht einem (ganzheitlichen) Déjà-vu-Erlebnis. Sie liefert Auslöser und Folie
der aktuellen Prüfung.

Der Anfangsverdacht wird interaktiv getestet: Die Amtsperson deutet den Interaktionsverlauf im Lichte ihres Zweifels. Sie bemüht ihn als Prüfungskriterium. Sie hält dazu in der Bearbeitung inne, mustert Ausweis und Gesicht, tuschelt unumwunden mit der Kollegin über ihren Verdacht und vermehrt die Blickkontakte zum Kontrahenten. All dies ist dazu angetan, einen Schuldbewußten zu verunsichern und sein Selbstkonzept zu stören.[125] Diese Destabilisierung wird versucht, ohne allerdings beunruhigte Reaktionen des Gegenüber hervorrufen zu können. Der Mißerfolg zerstreut nicht ihren Verdacht, weil die Amtsperson nun eine besondere Verschlagenheit und Geschicklichkeit des Verdächtigen unterstellt.

Die Identifizierung ist abhängig vom Personengedächtnis des Vorpostens: Der prüfende Blick bewegt sich nicht zwischen den dokumentierten Kennzeichen und dem Gegenüber, sondern im Vergleich mit einem Dritten, der in der Erinnerung präsent ist. Erst diese Erinnerung liefert Charakteristika, die als Kriterien abgeprüft werden: das `Original´ hat gelacht, war fröhlich und höflich (dieser hier stumm und zurückhaltend) und sah auch (irgendwie) anders aus. Bei wechselndem Personal hätte die Prüfung wohl ohne Beanstandung stattgefunden. Die Amtsperson hätte anhand der prompten Vorlage, des ´echten´ Ausweispapiers oder allgemeiner Ähnlichkeiten zwischen dem Gegenüber und dem Paßbild die (behauptete) Identität bestätigt.

Voraussetzung für die Akkumulation von Erinnerungsbildern ist also die kontinuierliche Postierung einer Amtsperson bei einem überschaubaren Klientenkreis. Auf ihrem Posten kann sie „meine Leute" oder „meine Schäfchen" regelmäßig erleben und in ihrem Verhalten studieren.[126] Das Personengedächtnis liefert Anhaltspunkte für die Verteilung von Zweifel und Vertrauen in die ordnungsgemäße Ausweisung. Die Behörde bedient sich traditioneller Methoden der sozialen Identifizierung: der Unterscheidung zwischen bekannt und nicht-bekannt.

Die dokumentierten Kennzeichen und die aktuelle Prüffolie sind wesensfremd. Während die Kennzeichen im Ausweis vom ruhenden Körper entnommen werden, hat die Amtsperson es `hier und jetzt´ mit einem bewegten und kom-

---

[125] In der Verstrickungsstrategie geht der Verhörende „davon aus, daß Widersprüche in der Darstellung des Vernommenen hervorgebracht werden können, wenn es nur gelingt, den Vernommenen aus dem Gleichgewicht zu bringen und seine zurechtgelegte Geschichte durch geschickte Manöver aufzubrechen" (Holly 1981: 301).

[126] Die im Vergleich zu westdeutschen Ausländerbehörden eher beschauliche Fallzahl legt eine höhere Wirksamkeit und Bedeutung des Personengedächtnisses nahe. In großen Ausländerbehörden wird die Eingangskontrolle an zentralen Pforten geleistet (vgl. Schuleri-Hartje u.a. 1985). Ein solcher Vorposten hätte wegen der großen Zahl und Oberflächlichkeit der Kontakte kaum die Möglichkeit, ein dichtes Gedächtnis zu erarbeiten.

munizierenden Individuum zu tun. Diesem müssen erst noch identifizierende Merkmale aufgeschrieben werden - unter Mißachtung der Charakteristika, die sich in Begegnungen aufdrängen: Benehmen, Gesten, Redensarten etc.. Es treten im Einzelfall Besonderheiten in den Vordergrund, die nicht (als Identitätsbelege) zum Abgleich vorgesehen sind. Die Eindrücke eines Gegenüber müssen also erst in das Raster des Passes gepaßt werden.

Um die Notwendigkeit von kunstfertigen Anpassungen an und die Relevanz von Widrigkeiten und Widerständen in Situationen für den Akt der Identitätsprüfung zu zeigen, fahre ich mit der Geschichte der ´zwei Gesichter´ fort. Dabei zeige ich nicht nur Grenzen der Identifizierung von Angesicht zu Angesicht auf, sondern auch Grenzen der juristischen Verwertbarkeit der Prüfung: Inwieweit kann der administrative Blick entlarven?

Fortsetzung: Die zwei Gesichter

Daß die Sachbearbeiterin mit ihrem Zweifel richtig liegt, zeigen die nächsten Vorkommnisse: Zunächst sucht der rechtmäßige Ausweisinhaber das Amt auf, um den eingezogenen Ausweis abzuholen. Er wird ohne seinen Ausweis fortgeschickt und aufgefordert, gemeinsam mit ´diesem Anderen´ vorzusprechen. Kurze Zeit später erscheinen tatsächlich beide im Amt.

„Mach du das mal, is ja schließlich dein Gebiet!" bittet die Sachbearbeiterin noch schnell ihre Kollegin, die Frau Solms. Frau Hartwig schließt das Büro auf und winkt die beiden Wartenden hinein. Sie wundert sich, daß alles so glatt läuft: „Die sind doch tatsächlich gekommen!"

Die Verstärkung stellt sich hinter Frau Hartwig und redet auf die Vietnamesen ein. Frau Solms hält von oben eine knappe Anklagerede. Mit Vehemenz verwirft sie schüchterne Widerworte: „Sie brauchen sich jetzt nicht rauszureden!" und „Wir waren alle drei dabei!". (Sie schließt mich ´als Zeugen´ ein, was mir unangenehm ist.) Sie malt eine eindeutige Version der Vorkommnisse: Betrug, Mißbrauch, Komplizenschaft. Sie werde „diesen Fall zur Strafanzeige bringen" und „das wird Auswirkungen auf ihren Duldungsantrag haben".

Die ´Komplizen´ wirken eingeschüchtert. Der rechtmäßige Ausweisinhaber beschränkt sich auf gelegentliches Leugnen, „daß alles nur ein Mißverständnis ist". Sein Freund wollte ihm nur helfen, versichert er: „Ich bin krank gewesen und da ist mein Freund gegangen, um den Antrag zu stellen." Der Andere wendet sich ab und zu in der ´Geheimsprache´ an den Kumpan.

Während Frau Solms den ´Betrug´ vorhält, kümmert sich die Sachbearbeiterin um den eingereichten Antrag. Sie nimmt die geforderten Paßbilder entgegen und überfliegt die Eintragungen im Formular. Den ´Ertappten´ bittet sie, den eigenen Namen samt Adresse auf einen Zettel zu schreiben. Sie nimmt den Zettel und telefoniert nebenan mit dem zuständigen Ausländeramt. „Die will ich mal fragen, ob es den wirklich gibt", tuschelt sie zur Kollegin.

Tatsächlich ist der Name dort registriert. Die Akte enthält, so der kleine Triumph, bereits einen Vorgang falscher Vorlage. „Da haben Sie ja Erfahrung drin", höhnt sie: „Das ist jetzt schon DAS ZWEITE MAL bei Ihnen!"[133] Sie schiebt den Paß zurück über den Schreibtisch. Die Angeklagten tauschen kurze Äußerungen. „Er sagt nein", übersetzt der `Richtige´. Die beiden werden entlassen.

Erst in der publikumsfreien Zeit vor Feierabend finden die Amtskräfte Zeit, mögliche Konsequenzen aus der `falschen Paßvorlage´ zu diskutieren. Frau Hartwig will ein Ordnungsgeld verhängen. Frau Solms sieht da „keine Möglichkeit", weil gegen den `Richtigen´ nur nichtige Ordnungswidrigkeiten vorlägen. Diese würden eh nicht weiter verfolgt. Gegen den `Falschen´ soll aber eine Strafanzeige wg. Dokumentenfälschung ergehen.

Gleich nach dieser Abstimmung macht sich Frau Hartwig daran, die Ereignisse auf einem Gesprächsnotiz-Block festzuhalten, damit „das später noch nachvollzogen werden kann". Es sei schwer, gesteht sie, alles so niederzuschreiben, daß auch noch Dritte es verstehen könnten. „Das kenn ich!", scherze ich. Leider gewährt sie mir keinen Einblick in ihr Beobachtungsprotokoll.

Ich habe im Text die Bezeichnungen für die beiden Klienten jeweils mit Anführungszeichen versehen, um zu signalisieren, daß es sich um behördliche Zuschreibungen handelt. Die Fährte - die betrügerische Falschvorlage - wird, ist einmal die `Witterung aufgenommen´, unnachgiebig verfolgt. Alternative Versionen, wie ein Mißverständnis oder Irrtum, kommen im Eifer des Gefechts nicht in Betracht. Mit dem Fortgang der Geschichte läßt sich nun auch die Analyse weiterverfolgen.

*Das Prüfergebnis kann den `Ertappten´ nicht überführen.* Die Entdeckung eines nicht-identischen Passes ist nicht gleichbedeutend mit einer Entlarvung. Der Vorlegende ist für die Amtspersonen zwar schuldig, doch bleiben auch andere Versionen plausibel: Es ist möglich, daß der `Falsche´ für seinen Bekannten die Antragsformulare holen wollte und dazu dessen Ausweis vorlegte; es ist möglich, daß er gar die Antragstellung vollziehen sollte, um dem Freund den Ämtergang zu ersparen; es ist auch möglich, daß er tatsächlich `unter falscher Flagge´ einen Status erschwindeln wollte. Was das Amtspersonal als Betrug unterstellt, ist für Dritte auch anders interpretierbar. Warum ist dies praktisch relevant?

Wenn es zur Anzeige kommt, hat das Amt erst die Staatsanwaltschaft, dann das Gericht zu überzeugen: z.B. mit einem Geständnis vor Zeugen, einer gefälschten Unterschrift unter den Antrag oder einer Anzeige des Ausweisinhabers über den Verlust seines Papiers. Diese Argumentation vermag das Behördenpersonal nur zu leisten, wenn es konkurrierende, wohlwollende Situationsdefinitionen erwägt.

Es sei, so berichtet mir die Leiterin ein Jahr später, noch zu keinem Gerichtstermin gekommen. Und dies, so stöhnt sie, sei kein Einzelfall. Sie führt dies auf die Überlastung der Staatsanwaltschaft zurück: „Die haben ja auch Wichtigeres zu tun." In einigen Fällen `falscher Paßvorlage´ würde außerdem von einer Verurteilung abgesehen - und das in Fällen, die ihrer Meinung nach „wirklich eindeutig sind". Sie ist ratlos: „Gegen die Vietnamesen haben wir keine Chance!"

Die amtliche Version fußt auf Normalitätsunterstellungen. Die Amtsperson geht selbstverständlich davon aus, daß `wie immer´ und `hier üblich´ die Person, die den Ausweis vorlegt, damit auch die eigene Identität belegen will. Sie kann also aus gutem Grund vermuten, daß auch hier ein solcher Nachweis versucht wurde. Diese Unterstellung schließt kulturfremde Varianten aus: vielleicht ist es `dort´ üblich, den Ausweis dem Verwandten oder Vertrauten mitzugeben, ihn überbringen oder vorlegen zu lassen, ihn geringer zu schätzen etc.. Solche Klienten, die die hiesigen Regeln der Ausweisvorlage nicht kennen, können sich in ihnen verfangen. Sie stellen dann eine Identität her, die sie weder behaupten wollten noch belegen könnten.

*Ein Problem besteht im Unvermögen, Gesichter `anderer Rassen´ zu identifizieren.* „Die Vietnamesen tauschen oft untereinander ihre Pässe!" weiß die Sachbearbeiterin aus Erfahrung: „Die können das ja auch gut machen, weil die alle gleich aussehen. Kann ja keiner auseinanderhalten!" Die Amtsperson erkennt Vietnamesen als Mitglied einer `fremden Rasse´ - und nur verschwommen als Individuen.

> Ich konnte diese Gesichter noch weniger auseinanderhalten als die Amtskräfte. Oft blieb nur eine Ahnung, der Person schon mal begegnet zu sein: in der Stadt, auf dem Markt, beim Ausländerbeauftragten oder hier in der Ausländerbehörde? Diese black outs hatten zur Folge, daß ich z.B. bei Vietnamesen in meinen Rapports nur zufällig - z.B. wenn jemand öfter am Tag das Amt aufsuchte - Fortsetzungsgeschichten verfassen konnte. Sicher kam oft Derselbe - für mich - als Neuer ins Amt. ´Vertraute Gesichter´ waren dagegen anschlußfähig und begründeten ganze Serien.

Das Besondere reduziert sich hier auf eine grobe Andersartigkeit, auf das (für uns) Untypische des Äußerlichen: `ihre´ Hautfarbe, Augenform, Haarfarbe etc.. Der identifizierende Blick versagt am allzu Offensichtlichen[27] - und flüchtet in die Klassifizierung. Das Bild vom Anderen bleibt grob, lückenhaft und diffus; so als wäre es (in düsteren Farben) getüncht, nicht (Punkt für Punkt) gezeichnet.

In der Klassifizierung hat eine Rasse ´alles in allem´ nur ein Gesicht (und einen Charakter). Entsprechend wird ein Schwarzer oder ein Vietnamese auch bei wiederholten Treffen nicht als identische Person erkannt, sondern lediglich als Vertreter einer Rasse. Ein übliches Gesicht begrüßt die Amtsperson dagegen schon beim zweiten Besuch persönlich. Der administrative (und ethnogra-

---

[27] Strategische Täuschungsmanöver des Äußeren setzen an dieser Blendung an. So mimt der Ganove ein Gebrechen (z.B. ein steifes Knie, einen Sprachfehler), um die Aufmerksamkeit potentieller Zeugen abzulenken. Weil das Besondere offensichtlich ist, läßt es die Identität der mimenden Person im Dunkeln. Die Person bleibt unerkannt, wenn eine vorgespielte Sonderlichkeit (das Hinken, das Stottern) das Publikum nachhaltig beeindruckt.

phische) Blick zur Identifizierung ist kulturell eingeübt und deshalb beschränkt.

Die unterstellte Fähigkeit, eine Person an ihrer Hülle wiederzuerkennen, ist in bezug auf bestimmte Merkmalsgruppen gestört. So wie man in der Regel nur eine Schrift entziffern kann, wenn man behauptet `ich kann lesen!´ - und andere Schriften (z.B. chinesisch) nur noch einer Sprache oder einer Sprachfamilie zuordnet. Im Beispiel wird diese Sehstörung offensiv als ethnologisches Wissen gewendet, als begründetes Mißtrauen und Hintergrundwissen über `Vietnamesen, die untereinander Pässe tauschen´. Bei Gestalten, die nicht zu erkennen sind, ist das Vertrauen in die ordentliche Ausweisvorlage zerrüttet. Sie werden im doppelten Sinn zu `charakterlosen Fremden´: unbekannt und skrupellos. Diese Verkettung beschreibt den lebenspraktischen Rassismus, der aus gehöriger Distanz an vielsagende, (uns) beeindruckende Körpermerkmale erstaunlich intime Kenntnisse und Befürchtungen anhängt. In dieser Weise verschafft die Sichtweise des Rassismus ihren Nutzern en passant eine weitreichende Orientierung.

5.2.4. Die Nutzungsweisen des Ausweises beim Behördengang

Der Klient spielt als Ausweisinhaber, anders als der im Kriminallabor abgedruckte, vermessene und gespeicherte Verdächtige, einen aktiven Part bei der Identifizierung. Als Ausweisträger übernimmt er Verantwortung für seine persönliche Identität. Diese Kooperation wird ihm abverlangt, will er die im Verfahren erstreitbaren Rechte wahrnehmen. Der Ausweisinhaber kann erwarten, daß ihm angesichts der Belege - und nur mit diesen - geglaubt wird, wenn er Name und Status vorbringt.

Auf der Bühne des Verwaltungsverfahrens erscheinen die Klienten also nicht bloß als gerasterte Objekte einer produktiven Macht; sie übernehmen Selbst-Verwaltungen. Die folgende Szene zeigt, wie eine Selbst-Verwaltung aufgrund der Ausweisschau angeraten wird und dabei die Identifizierung in den Hintergrund tritt.

Der stattliche Alte segelt ins Amtszimmer. Noch bevor er Platz nimmt, ergreift er die Hand der Sachbearbeiterin und haucht einen galanten Handkuß. („Wieder hat er mich übertölpelt", mosert Frau Hartwig später und beteuert mir, daß sie diese aufdringliche Art gar nicht schätzt.) Der Herr ist gebürtiger Pole und arbeitet als Schauspieler schon seit etlichen Jahren am städtischen Theater. Er will eine Einbürgerung beantragen und fragt, was zu tun ist. Frau Hartwig erbittet - obgleich er ihr nur zu gut bekannt ist - zunächst seinen Paß. Bei der Durchsicht stößt die Sachbearbeiterin („Das gibt´s doch nicht!") auf den Stempel mit der befristeten Aufenthaltserlaubnis. „Schau mal, siebzehn Jahre hier und immernoch jährliche Befristung", wendet sie sich an ihre Kollegin, die gerade in der Kartei wühlt. Die kann es nicht glauben: „Zeig mal!"

„Da müssen Sie erstmal die Unbefristete beantragen", rät Frau Solms, das Papier zurückreichend. Das längere Einbürgerungsverfahren könne parallel laufen. Frau Hartwig schiebt dem Herrn die Antragsformulare hinüber. Das Formular für die unbefristete Aufenthaltserlaubnis wird sofort angegangen - als gelte es, das Versäumte nachzuholen. Frau Hartwig liest das Formular `auf dem Kopf´ und erklärt, was am besten einzutragen ist: „Ausbildung außerhalb des Heimatstaates?" „Nein, hab ich nicht!" „Dann kreuzen Sie hier an." Sie zeigt das richtige Kästchen. Schritt für Schritt und ohne Hast wird das Formular durchgearbeitet.

„Was brauche ich jetzt noch?" fragt er dankbar. „Warten Sie, ich schreib Ihnen das auf. Sie müssen noch eine Begründung schreiben, warum Sie eingebürgert werden wollen. ... Und bringen Sie den anderen Antrag ausgefüllt mit. Aber bitte noch nicht unterschreiben." Während sie erzählt, notiert sie eine Reihe von nötigen Bescheinigungen auf ein Blatt. „Was Sie nicht schaffen, machen wir gemeinsam."

Hier ist der Ausweis vor allem Statuspapier: Er gibt Auskunft, wie es um den Fall steht und was zu tun ist. Am eingestempelten Aufenthalt wird über das weitere Vorgehen beraten. Der ordentliche Klient ist aufgerufen, seinen Paß vorzuführen, hierbei Termine einzuhalten, biographische Detailkenntnisse zu sammeln, Auskünfte von Dritten einzuholen, Interviews zu geben etc.. Der Selbst-Verwalter legt dazu private Ordner an, verwahrt amtliche Schreiben, studiert Gesetze. Der Klient ist gehalten, wie der Athlet als Trainer des eigenen Körpers, den Fall - und das heißt zuerst das Ausweispapier- zu hegen und zu pflegen. Er hat Siege wie Niederlagen auf die eigene Kappe zu nehmen.

Der Paß steht im Zentrum der Selbst-Verwaltung, weil er Leistungen wie Versäumnisse seines Inhabers dokumentiert. Das gesamte Verfahren hängt am Ausweis: wenn er fehlt, muß er beschafft werden; wenn er abläuft, muß über die Verlängerung entschieden werden; soll der ungenehmigte Aufenthalt beendet werden, so geht dies nicht ohne Ausweis.[128] Spätestens hier erscheint es dem Inhaber zuweilen ratsam, neue Papiere zu beschaffen und die alten ´irgendwie´ loszuwerden.

Weil der Ausweis Identitätsbelege, Personalien und Statusangaben vereinigt, kann er am Passagepunkt der Ausländerbehörde vielfältig benutzt werden. Es folgt eine Liste der verschiedenen Nutzungsweisen in einer logischen Folge. Die Liste reicht von obligatorischen Vorbereitungen bis zu weiterführenden Orientierungen:

---

[128] Unter § 25 der Durchführungsverordnung des Ausländergesetzes vom 18.12.1990 (BGBl. I 2983) sind eine ganze Reihe „ausweisrechtlicher Pflichten" formuliert. Hierzu zählen: die fristgerechte Paßverlängerung oder Neubeantragung; die unverzügliche Beantragung eines Ersatzpapiers bei Paßverlust; die Meldung des wiedergefundenen Passes bei der Ausländerbehörde; die Rückgabe abgelaufener Ausweisersatzpapiere; die Veranlassung der Aktualisierung von Eintragungen bei der zuständigen Paßbehörde.

- Der Ausweis dient als *Eintrittskarte* in die Bearbeitung. Indem er vorgelegt wird, zeigt der Passant, daß er sich dem Amt als Fall zur Verfügung stellt. Er inszeniert sich als williger Klient, der hier die übliche Behandlung in Anspruch nimmt bzw. sich dieser aussetzt. Die Einwilligung des Klienten ist bereits ein Prüfkriterium.

- Der Ausweis ist ein *Anhaltspunkt* in der Einführung, der eine strenge Prüfung signalisiert und so Raum schafft, Zweifel und Einwände anzubringen. Ohne Ausweisvorlage könnte die Grenzstelle gar nicht zeigen, daß und warum sie Vertrauen schenkt oder entzieht.

- Die Ausweisvorlage ist eine *Pflichtübung,* die der Selbst-Verwalter wie selbstverständlich („Natürlich habe ich meinen Ausweis dabei!") erledigt. Sie disqualifiziert den Behördengänger, wo es ´bereits hier Probleme gibt´.

- Der Ausweis dient der *ontologischen Vergewisserung* einer Identität. Er bezeugt dem Amt die biographische Existenz des Unbekannten. Für den Inhaber leistet der Ausweis nötige Überzeugungsarbeit. Der Paß gibt eine formale Antwort auf die (verwirrende) Frage, ´ob es diese Person wirklich gibt´.[129]

- Der Ausweis kann als *Alarmierer* dienen, der das Amtspersonal warnt und in erhöhte Aufmerksamkeit versetzt. Das routinemäßige Vertrauen in die ordentliche Identifizierung weicht einer mißtrauischen Sensibilität und Neugier.

- Der Ausweis gilt als *Signalementskarte,* weil er konkrete Identitätsmerkmale aufführt, die einen Abgleich mit bzw. ein Wiedererkennen des Ausweisinhabers ermöglichen.

- Der Ausweis erteilt dem, der sich erfolgreich mit ihm ausgewiesen hat, *Prokura* für den Fall zu sprechen und zu schreiben.

- Der Ausweis ist das *Etikett* des Klienten im Sinne einer Fallklassifikation (entsprechend interner Zuständigkeitsverteilung) und einer typisierten oder stigmatisierten Menschengruppe (entsprechend angehängter Eigenheiten, z.B. der Asylbewerber).

- Der Verfahrensstand kann dem Ausweis, gleich einem *Ergebnisprotokoll* zur bisherigen Fallgeschichte entnommen werden. (Als ausführliches Ver-

---

[129] Dies illustriert B. Traven in seiner „Geschichte eines amerikanischen Seemanns". Der Seemann diskutiert mit ´seinem Konsul´: „Vielleicht bestreiten Sie gar, daß ich überhaupt geboren bin? Richtig. Das bestreite ich. Die Tatsache, daß Sie hier vor mir stehen ist kein Beweis für mich, daß Sie geboren sind. Ich habe es zu glauben." (1954: 46f.)

laufsprotokoll fungiert die Akte.) Dieses Protokoll wird ohne weitere Erkundigungen als Ist-Stand zur Kenntnis genommen.

• Der Ausweis läßt sich wie eine *Prüfplakette* lesen, an der die Amtsperson feststellt, ob der Fall ordnungsgemäß geführt ist: ob Fristen versäumt oder räumliche Beschränkungen verletzt werden. Hier klärt die Amtsperson, ob Fallmängel zu beheben sind, bevor sie neue Anträge des Klienten aufnimmt.

• Der Ausweis fungiert als mitgeführte *Karteikarte* eines Falles. Es finden sich neben den Kennzeichen (in der Präambel), auch der Aufenthaltsstatus mit den Beschränkungen (im Anhang). Die Ausweisvorlage dient dazu, wesentliche Sachstände schnell und verläßlich zu überblicken und so Anfragen des Klienten in situ vor-zu-entscheiden.

• Der Ausweis dient als *Laufzettel* durch die Instanzen. Klient wie Amt können davon ausgehen, daß der Fall nicht verlorengeht. Ein Fall soll immer an der gleichen Person und bei der zuständigen Stelle exerziert werden. Der Ausweis wirkt wie ein Band, daß zwischen ihm und seiner Akte geknüpft ist.

• Der gültige Ausweis ist *Schutzbrief* des Klienten, indem es dem Identifizierten das Recht verbrieft, sich im staatlichen Territorium aufhalten zu dürfen. Umgekehrt ist er Freibrief für ausländerbehördliche Regulationen und Eingriffe.

• Der Ausweis kann vom Amt als *Trophäe* einbehalten werden. Mit diesem Faustpfand wird dem Amt ein besonderer Zugriff auf den Ausweisinhaber ermöglicht. Ohne Ausweis kann der Klient `draußen´ nicht seiner Ausweispflicht genügen oder legal ausreisen. Heimatpapiere werden in der Behörde zur Durchsetzung einer (nahenden) Ausreisepflicht einbehalten.

Diese sicher noch unvollständige Reihe beginnt mit Feststellungen des Klient-Seins und der Identität, welche `im Zweifel´ alle weiteren Nutzungen ausschließen. Der Ausweis kann als Karteikarte, Ergebnisprotokoll, Etikett, Statuspapier usw. erst dann gelesen werden, wenn die vorstehende Person als rechtmäßige Inhaberin des Passes gilt. In diesem Sinne besitzt die Identitätsfeststellung Priorität.

Mit vollzogener Identifizierung kann der Ausländer als beschriebener Körper und der Fall als verkörperter Text behandelt werden, bei dem der Aufenthalt nach dem Gesetz beurteilt wird. Es folgt die Reihung unscheinbarer Passagepunkte: mit weiteren Vor- und Zwischenprüfungen, mit feingliedrigen Normen und beiläufigen Selektionen. Erst im schriftlichen Bescheid verschwindet diese Subjustiz zwischen den Zeilen der veröffentlichten Gesetzesanwendung.

Dann gilt es erneut, eine Identität von Fall und Person festzustellen, um dem Urteil einen Körper zu liefern, an dem es vollzogen werden kann.

5.3. Resümee

Wie werden nun Fälle und Personen im Amtsbetrieb verknüpft und die Verwaltungsentscheidungen über den Aufenthalt treffend adressiert? Certeau bietet auf diese Fragen in seiner Analyse der modernen Regierungsform eine pointierte Antwort. In einer an Foucault angelehnten Metaphorik skizziert er die Verbindung von Fall (samt Gesetz) und Person (samt Körper) als „Einschreibung des Gesetzes auf den Körper" (1988: Kap.10):

> „Es gibt kein Recht, das sich nicht auf Körpern einschreibt. Es hat Gewalt über den Körper. Sogar die Idee eines Individuums, das innerhalb einer Gruppe isoliert werden kann, ist aus einer Notwendigkeit entstanden: nämlich für das Strafrecht die Notwendigkeit von Körpern, die durch eine Strafe gekennzeichnet werden können. [...] Von der Geburt bis zur Trauer bemächtigt das Recht sich der Körper, um sie zu Text zu machen." (ebd.: 253 f.)

Diese Unterdrückung der Körper besorgen „Schreibwerkzeuge" (Handschellen, Zellen, Schlagstöcke), „die dazu bestimmt sind", so Certeau, „dem Untertanen die Stärke des Gesetzes einzugravieren, ihn zu tätowieren, um ihn zu einem Beweis für die Regel zu machen" (ebd.: 256). Jeder Untertan wird nach einer tabula rasa vom Gesetzestext besetzt. In der Metapher Certeaus ist das Gesetz absolut: es obsiegt auf Dauer über die wirren Verhältnisse, es funktioniert unabhängig von den Kooperationen der Teilnehmer, es begräbt die Gegenwehr der Untertanen, ihre Finten und Ausflüchte unter einem rigorosen Akt der Gewalt.

Ist der Paß nun ein solches „Schreibwerkzeug", das die Gesetze auf die Körper „graviert"? Mit Blick auf den Gebrauch des Passes verbietet es sich, auch wenn dies (wegen seiner Eindeutigkeit) verlockend erscheint, die tatsächliche Wirkung mit der visionären Technologie gleichzusetzen. Weder werden die beschriebenen Behördengänger zu irgendeinem Zeitpunkt verkörperte Texte, noch lassen sich Gesetze derart verkörpern. Es bleiben Menschen und Bücher, Fleisch und Papier - getrennte Stoffe, die immer wieder vermittelt werden müssen.

Um die Funktion der Identitätspapiere richtig abschätzen zu können, sollten Fälle und Körper nicht vorschnell ineinander aufgelöst werden. Weil Fälle und Körper nicht Eins sind, wirkt der Ausweis als ´schlagendes Argument´ der Identität. Er muß, um die Fall-Person-Verbindung vorführen zu können, im Bedarfsfall gekonnt gehandhabt werden. Seine Nutzung funktioniert dabei nicht ohne allerlei Vor-Urteile, Setzungen und Vermutungen: um das ´was vor sich geht´ angemessen zu erfassen, um Zweifel und Vertrauen ´angemessen´

zu verteilen, um bloße Äußerlichkeiten bedeutsam zu machen. Die Spekulation situiert und justiert die Identifizierungsvorrichtung.

Das Identität-Machen in Situationen ist problematisch. Hierzu muß man nicht gleich die Teilnahme gewiefter Verschleierungsexperten oder unverschämter Anarchisten unterstellen. Für Ungereimtheiten sorgen schon vietnamesische Gesichter und amtsdeutsche Augenpaare, platte Photographien und zappelige Kandidaten. Die oben diskutierten Sehstörungen verweisen auf die Widerständigkeit der Körper, sich `auf dem Papier´ abbilden zu lassen und die (kulturelle) Beschränktheit der administrativen Blicke, diese Versionen zu lesen.

Der Paß ist ein situativ gebundenes Erkennungsinstrument und als solches weder unpraktikabel noch omnipotent. Abschließend läßt sich beiderlei konstatieren: Ein Scheitern des Ideals standardisierter, unzweifelhafter Identifizierung und die Leistung, inmitten alltäglicher Wirren tatsächlich immer wieder Menschen und Fälle gültig zu verbinden. Erst wenn die Analyse beide Bewegungen einschließt - gleich einer Kritik und Würdigung des Instrumentes -, kann die (ethno)methodische Fabrikation von Personen und Fällen im staatlichen Betrieb nachvollzogen werden.

Schlußbetrachtung

Aus rechtssystematischen wie verfahrenspraktischen Gründen, gilt der Asylzugang als souveränitätsfeindlich. Ein Souveränitätsverlust droht dem stabilitätsorientierten Territorial- und Wohlfahrtsstaat mit dem völker- und grundrechtlichen Schutzanspruch von „politisch Verfolgten". Diese Drohung zeichnet sich ebenso auf der verfahrenspraktischen Ebene ab. Hier gilt die individuelle Asylwürdigkeit als schwer zu kontrollieren, weil der Fall auf der Grundlage der Bewerberaussagen fabriziert wird. Der Bewerber soll die Verfolgungsgefahr glaubhaft machen, er muß sie nicht beweisen. Anhand dieser Selbstdarstellung soll sich erweisen, ob jemand asylwürdig ist oder nicht. In der Schlußbetrachtung möchte ich aufzeigen, wie der konstitutionell wie verfahrenspraktisch drohende Souveränitätsverlust im Zuge der Fallherstellung bzw. ´Wahrheitsfindung´ methodisch kleingearbeitet und aufgefangen wird.

Zur Kontrolle des Asylzugangs bedarf es einer rechtswirksamen Asylanhörung, die auf Dauer gestellte Fakten hervorbringt. Zugleich muß eine erfolgsgarantierende Antragsbegründung ´in jedem Fall´ unterbunden werden. Antragsteller dürfen keine unhintergehbaren (Selbst-)Darstellungen abliefern können. Dieser doppelte Anspruch an die Fallherstellung wird, wie ich zeigen will, mit der Vermittlung von Ausdruckskontrolle und Kontrollverlust eingelöst. Es wird die Möglichkeit eröffnet, potentiell jeden Asylantrag ´mit guten Gründen´ abzulehnen.

Um dieses Fazit zu plausibilisieren genügt es nicht, die verschiedenen Dimensionen der Fallherstellung - das Dolmetschen, Eröffnen, Verschriftlichen, Prüfen und Identifizieren - aneinanderzufügen. Es bedarf eines analytischen Querschnitts, der die verschiedenen Praktiken in ihrer Wirkungsweise integriert. Ich stelle dazu eine mikrosoziologische Machtanalytik vor, die die (situative) Entfaltung von Macht empirisch nachvollzieht.

Ein Beitrag zu einer mikrosoziologischen Machtanalytik

Sinn und Zweck einer mikrosoziologischen Machtanalytik ist es, die ungleiche Teilhabe der Teilnehmer aus dem Ablauf der Fallherstellung herzuleiten. Pariert wird damit der gängige Vorwurf der Gleichmacherei, der allgemein gegen die ´oberflächliche´ (kognitivistische und empiristische) Mikrosoziologie erhoben wird.

Giddens kritisiert an der Ethnomethodologie, daß „die kognitive Steuerung der Kommunikation [...] als Ergebnis gegenseitiger ´Arbeit´ von seiten der Handelnden aufgefaßt (wird, T.S.), aber so als sei es jeweils eine Zusammenarbeit unter Gleichen, die alle gleichartig zur Produktion von Interaktionen beitragen und deren einziges Interesse es ist, einen Anschein ´ontologischer Gewißheit´ aufrechtzuerhalten, durch den Sinn konstituiert wird. Darin findet sich ein starker, übriggebliebener Einfluß des Parsonsschen Ordnungsproblems, das aber seines Willensgehaltes beraubt und auf einen freischwebenden Dialog reduziert ist" (1988: 137; vgl. auch 1976).

Die hier vorgelegte Praxisanalyse zeigt, daß sich Macht- und Ungleichheitsphänomene mikrosoziologisch erschließen, d.h. anhand des methodischen Vollzugs in sozialen Situationen. In Anlehnung an Giddens Kritik erscheint die Fallherstellung zwar als gemeinsame Arbeit; die Anteile am und die Kontrolle über das Resultat verteilen sich aber ungleich auf die Teilnehmer. Die Co-Produzenten verfügen über mehr oder weniger Darstellungsmacht.

Zur besseren Klärung einer mikrosoziologischen Machtanalytik konfrontiere ich sie mit der strukturalen Machtkonzeption. Diese schließt, vereinfacht formuliert, anhand der Verteilung von ´haltbaren´, übersituativen Ressourcen auf Machtverhältnisse und auf Strategien der Akteure als Konkurrenten.

Der strukturale Ansatz läßt sich anhand von Bourdieus Konzept der „symbolischen Macht" (1987) veranschaulichen. Es bietet sich auf den ersten Blick für die Analyse des Asylverfahrens an, weil es die Verwobenheit der Macht- und Wissensprozesse und die Idealisierungen der Repräsentationen thematisiert[130] Auch amtliche Dokumente täuschen, zur Herstellung von Faktizität, über die Lücken, Vagheiten und Verwicklungen des Dokumentationsprozesses hinweg. Sie liefern eine geschlossene, bereinigte und verwertungsorientierte Version der Ereignisse. Das Anhörungsprotokoll wirkt als eine objektive Wiedergabe subjektiver Statements des Bewerbers, die nur dieser zu verantworten hat. Es dient als nachvollziehbare Entscheidungsgrundlage. Der so realisierte Fall ist entscheidbar und damit der „Logik des Symbolismus" (Bourdieu) unterworfen:

> „Das Eigentümliche der Logik des Symbolismus liegt darin, daß sie winzig kleine Unterschiede zu absoluten Unterschieden zwischen alles oder nichts aufbauscht: zum Beispiel wird durch den Effekt der juristischen Ausgrenzung oder des numerus clausus (besonders sichtbar bei der Studienzulassung) zwischen zwei nicht Unterscheidbaren (legitimer Erbe und unehelicher Sohn, älterer und jüngerer Bruder usw.) eine absolute und dauerhafte Unterscheidung an die Stelle einer kontinuierlichen Skala gesetzt, die unter anderen Verhältnissen andere Brüche aufweist." (Bourdieu 1987: 251)

---

[130] Bourdieu unterstreicht diese Verwobenheit, wenn er schreibt: „Die eigentliche Wirksamkeit dieser (symbolischen, T.S.) Macht vollzieht sich nicht auf der Ebene physischer Stärke, sondern auf der des Sinns und der Erkenntnis." (1989: 42)

Mit Blick auf die legitimierende Verhüllung der Fallherstellung und ihrer absoluten Wirkung läßt sich konstatieren, daß eine symbolische Macht am Werk ist. Die eigentliche, lediglich verschleierte und idealisierte Praxis, so veranschaulicht Bourdieu verschiedentlich sein Machtkonzept, ist ein mit ´schmutzigen´ Tricks ausgetragenes Spiel. In diesem treffen Spieler mit unterschiedlichen Erfolgsaussichten aufeinander. Die einen verfügen über mehr, die anderen über weniger brauchbare Trümpfe. Den Kontext für die Ausübung von Macht und ihre Analyse stellen bei Bourdieu allgegenwärtige, vor allem im sprachlichen Austausch eingelassene Konkurrenzkämpfe (vgl. Bourdieu 1990). Die Kontrahenten verfolgen intuitiv den „praktischen Sinn" des Spiels. Sie gehen auf im Streben nach dem begehrten Gewinn oder Vorteil:

„Das für ein ´Spiel´ kennzeichnende spezifische Interesse wird identisch mit der ´Besetzung´ (affektives Engagement und materielle Investition) des ´Spiels´, mit der illusio als stillschweigender Anerkennung der ´Spieleinsätze´. Jedes Feld erheischt und schafft eine besondere Form von Interesse (diese fundamentale ´Besetzung´, die der Geltung des ´Spiels´ und der ´Spieleinsätze´, ist allen Beteiligten gemeinsam, was bedeutet, daß sie im Falle von Dissens durch Konsens - nicht Vertrag - verbunden sind). Dieses mit der Teilnahme am ´Spiel´ implizierte besondere Interesse spezifiziert sich jetzt noch je nach Stellung innerhalb des ´Spiels´." (Bourdieu 1989: 399)

Die Kampffelder grenzt Bourdieu anhand der Trümpfe bzw. Kapitalien ab, die zugleich Zweck und Mittel darstellen. Die Grundeinheit der strukturalen Machtanalyse stellen nicht, wie für die mikrosoziologische Untersuchung, soziale Situationen, sondern Konstellationen. Die Konstellationen sind die durch Strategien und Kapitalien gebildeten Macht-Relationen zwischen konkurrierenden Parteien. Sie beschreiben die Topographie eines Kampf-Feldes.

Bourdieus schematisches Praxisverständnis ist aus verschiedenen Gründen für eine Analyse der Fallherstellung wenig hilfreich:

• Bourdieu totalisiert die „Kampf"-Metapher in der Tradition Nietzsches (vgl. die Kritik bei Honneth 1989). Macht ist demnach der Rohstoff eines ´ewigen´ Konkurrenzkampfes. Die Asylanhörung funktioniert aber nicht wie ein Armdrücken, ein Wettlauf oder ein Pokerspiel. Die Teilnehmer konkurrieren nicht um Posten oder um (mehr) Macht. Die Anhörung wird vielmehr getragen von einer Reihe ineinander verwobener, praktischer Abhängigkeiten. Der Entscheider braucht den Bewerber, um einen als objektiven Ausdruck subjektiver Äußerungen erscheinenden Fall herzustellen. Der Bewerber braucht den Entscheider, um seinen Asylantrag überzeugend zu begründen. Bewerber und Entscheider brauchen den Dolmetscher, weil sie auf eine Verständigung angewiesen sind. Der Dolmetscher braucht die beiden anderen, um seine Beiträge als verläßliche, ´objektive´ Übersetzungen bestätigen zu lassen. Die Teilnehmer kooperieren mit Blick auf die eigene Aufgabenstellung.

Grundsätzlich läßt eine mikrosoziologische Machtanalyse offen, inwieweit und wie ein Geschehen vermachtet ist, also auf der Ermächtigung oder Entmachtung einzelner Teilnehmer beruht.

• Das zentrale Problem in strukturalen Analysen ist nicht, daß sie von Kapitalien ausgehen, die sich in einem Feld gewinnbringend einsetzen lassen. Für eine mikrosoziologische Wendung muß garnicht bestritten werden, daß solche Kapitalien in ökonomischen, akademischen oder politischen Zusammenhängen eine Rolle spielen. Problematisch erscheint allerdings die Ausklammerung einer Analyse der Produktion und des konkreten Einsatzes solcher Kapitalien. Die Ausklammerung der ´Wertschöpfung´ geht konzeptionell auf die Mißachtung der sozialen Situation zurück sowie auf das Ziel, die Gesellschaftsrelevanz und Konvergenz von sozialen, ökonomischen und symbolischen Kapitalien zu belegen. Die strukturalen Analysen beschränken sich auf die Taxierung der Kapitalausstattungen (bzw. Machtstellungen) und davon abgeleitet, der wahrscheinlichen Strategien der Kontrahenten. Erst mit der Situierung der Machtanalyse könnten die Kreierung von (beliebigen) Machtmitteln in den Blick geraten sowie die praktischen Voraussetzungen und Einschränkungen, diese zum Einsatz und zur Wirkung zu bringen.

• Für eine Rekonstruktion der Vermachtung mangelt es Bourdieu an empirischer Radikalität und mikrosoziologischer Sensibilität. Dies veranschaulichen seine Bemerkungen zur Sprechakttheorie. Bourdieu sieht einen Bruch in den Sprechaktanalysen nach Austin, wo sie mittels formaler Analysen Sprechhandlungen identifizieren und katalogisieren, nicht aber die gesellschaftlichen Bedingungen benennen, die den Sprechhandelnden in den *Stand* setzen, auf diese Art wirken zu können. Als Beispiel zitiert Bourdieu eine ´vergessene´ Anmerkung Austins (1963): „*Nehmen Sie etwa an, ich sehe ein Schiff vor dem Stapellauf, gehe hin, schmettere die Flasche dagegen, die am Rumpf hängt, verkünde: 'Ich taufe dieses Schiff auf den Namen Josef Stalin' und schlage, um das Maß vollzumachen, die Keile weg; das Dumme ist bloß: Ich war nicht für die Taufe bestimmt.*" (1990: 73) Bourdieu kritisiert daraufhin die immanente Sprechanalyse. Indem diese den Status des Sprechers ausblendet, blieben ihr die Mechanismen der Macht verborgen (ebd.: 53 ff.). Bourdieu hält dem Situationismus Strukturvorgaben entgegen. Der Vollzug erscheint als Ausdruck externer Kräfte. Verglichen damit verzögert die mikrosoziologische Machtanalyse den Ausstieg aus dem Geschehen. Bezogen auf Austins Beispiel bedeutet dies: es ist zu klären, *wie* eigentlich der Befugte dem Publikum zeigt, daß er das Amt innehat und *wie* das Publikum dies würdigt. Derlei Akte zu untersuchen, mag weltfremd wirken, weil die Einsetzung ins Amt situativ ´wie selbstverständlich´ vollzogen wird. Erst wo Probleme und Krisen auftreten, zeigt sich die „Unwahrscheinlichkeit" (Luhmann) des Selbstverständlichen bzw. die praktische Leistung, eine Amtsgewalt aktuell zu errichten, durchzusetzen und aufrechtzuerhalten.

Die interaktive und organisierte Ausdruckskontrolle

Interaktions- und Konversationsanalysen zeigen, wie eng Situationsteilnehmer als „team" (Goffman) kooperieren. Die Teilnehmer schenken sich wechselseitig Aufmerksamkeit, etablieren ein Thema, unterhalten eine fein-abgestimmte Gesprächsmaschinerie und verständigen sich laufend über den Sinn ihrer Beiträge. Sie sind darauf orientiert, die „gerahmte Ordnung der Interaktion aufzurichten, aufrechtzuerhalten, gegebenenfalls wiederaufzubauen, zu reparieren usw." (Willems 1997: 68). Von dieser Warte aus betrachtet, erscheint die Gesprächsrunde aus Dolmetscher, Antragsteller und Entscheider (sowie Ethnograph) als eine Zusammenkunft zur gemeinsamen Herstellung einer ordentlichen Asylanhörung. Es mag die imponierende Kooperation sein sowie deren grundlegende Bedeutung für alles Weitere (auch für die Austragung von Konkurrenzkämpfen), die mikrosoziologische Untersuchungen fesselt und ihm den Vorwurf einträgt, sie betrieben Gleichmacherei.

Um das Maß der Koordination und ihre Form näher herauszuarbeiten, können wir die Anhörungsrunde mit einem Theaterensemble vergleichen. Die „Ausdruckskontrolle" (Goffman 1969: 48ff.) eines solchen Ensembles beruht im wesentlichen auf drei Komponenten (vgl. dazu auch Willems 1997: 68):

- auf einer „dramaturgischen Loyalität" (Goffman 1969: 193), womit ein moralisches Verpflichtungsgefühl und eine Treue gegenüber den ´Mitspielern´ bezeichnet ist. Die Ensemblemitglieder „dürfen die Geheimnisse des Ensembles außerhalb der Darstellungen nicht verraten" (ebd.).

- auf einer „dramaturgischen Disziplin" (ebd.: 196), womit eine eindrucksorientierte Selbstkontrolle des eigenen Ausdrucks bezeichnet ist. „Ein im dramaturgischen Sinne disziplinierter Darsteller beherrscht seinen Text, und ihm passieren keine ungewollten Gesten oder Fauxpas." (ebd.)

- sowie auf einer „dramaturgischen Sorgfalt" (ebd.: 198), womit die Voraussicht und Planung der Darstellung bezeichnet ist. „Man erwartet im Interesse des Ensembles von den Darstellern, daß sie das Schauspiel sorgfältig und klug inszenieren, sich auf eventuelle Zwischenfälle vorbereiten und die ihnen dann noch verbleibenden Gelegenheiten ausnützen." (ebd.)

Das Problem, die gemeinsamen Aktivitäten so aufeinander abzustimmen, daß tatsächlich der gewünschte Eindruck bei einem Publikum eintritt, wird bezogen auf Ensemble-Darstellungen mittels Rollenskripten, Absprachen, Regieanweisungen und gewissenhaften Proben erzielt. Eine derartig minutiöse Abstimmung ist freilich ein Grenzfall der Kooperation. Wenn Situationsteilnehmer - wie in der Asylanhörung - nur einmalig zusammenfinden, kann die Ausdruckskontrolle nicht wie in einem Theaterensemble herbeigeführt werden.

Im Falle der Anhörung findet gleichwohl eine Ensembledarstellung samt Ausdruckskontrolle statt. Die Beteiligten haben ein Interesse daran, eine ordentliche, d.h. rechtswirksame Anhörung hervorzubringen. Dem Entscheider ist daran gelegen, weil er seine Dienstpflicht erfüllen und sich (erneut) als tauglicher Entscheider erweisen will. Würden seine Anhörungen regelmäßig im Chaos enden, zu Debattierclubs verkommen oder wirre Protokolle hervorbringen, erhöbe die Verfahrensöffentlichkeit ernste Zweifel an seiner Befähigung. Dem Bewerber ist an der Ordentlichkeit der Anhörung gelegen, weil nur diese eine *gültige* Asylanerkennung verspricht. Ein vorzeitiger Abbruch, ein Durcheinander von Beiträgen und andere formale Nachlässigkeiten entzögen einer Entscheidung die Grundlage. Auch dem Dolmetscher liegt daran, einen Beitrag zu einer ´normalen Anhörung´ zu liefern, weil dies die Basis zur Anerkennung seines Arbeitsvermögens darstellt. Die Feststellung, daß eine Anhörung normal und ohne Probleme verlief, ist immer auch ein Lob der durch ihn erbrachten Leistung.

Die Ausdruckskontrolle wird im Rahmen der Anhörung offensichtlich nicht durch eine gemeinsam einstudierte Dramaturgie gewährleistet. Die Teilnehmer haben weder eine Rollenverteilung geprobt, noch folgen sie vorgefaßten Rollenskripten. Das Problem der Ausdruckskontrolle wird auf eine alternative Weise angegangen: durch Delegation und Führerschaft. Um ´hier und jetzt´ eine ordentliche Anhörung hervorzubringen, wird dem Entscheider von allen Beteiligten eine Dirigentenrolle zuerkannt (vgl. Goffman 1969: 90ff.). Er wird zum mitspielenden Regisseur. Als Zeremonienmeister wird er ermächtigt das Wort zu ergreifen, Pausen einzulegen, Teilnehmer zur Ordnung zu rufen, sich in Unterlagen zu vertiefen, Fragen zu stellen, sich mit dem Dolmetscher zu beraten und das gesprochene Wort in eine endgültige Fassung zu bringen. Mit der Führerschaft werden ihm Rechte zuerkannt, die wahrzunehmen bei anderen Teilnehmern als Anmaßung empfunden würde.

Der Entscheider ist anerkannter Regisseur, wobei diese Anerkennung nur zum Teil dramaturgisch begründet ist. Der Kreis der Anwesenden wählt nicht den ´besten Regisseur´. Die Wahl fällt auf den, der als Entscheider gilt. Die Delegation der Ausdruckskontrolle folgt der Überzeugung, daß allein der amtlich Befugte die Ordentlichkeit der Anhörung gegenüber der Verfahrensöffentlichkeit garantiert. Seine Führerschaft wird als (Form-)Erfordernis hingenommen, als eine notwendige Bedingung des Gelingens. Bevor der Entscheider die Regie wahrnimmt, muß er allerdings - wie ein Richter, Priester oder Standes-

beamte - ´seine Funktion´ kenntlich machen und von den Anwesenden eingesetzt werden.

Die Befugnis des Entscheiders ist für den Bewerber offenkundig. Er trifft den Entscheider in dessen Büro, hinter dessen Schreibtisch. Er findet die Rollen der anderen Anhörungsteilnehmer wechselseitig bestätigt: der Entscheider anerkennt den
Dolmetscher und umgekehrt; beide anerkennen den Ethnographen als beisitzenden
Praktikanten und umgekehrt. Hinzu kommt die ausdrückliche Vorstellung des Entscheiders sowie dessen Ausstattung mit Equipment, das er zudem gekonnt handhabt. Daran, daß es sich tatsächlich um den Entscheider handelt, gibt es keinen
vernünftigen Zweifel.

Der Entscheider erhält, ist er einmal eingesetzt, die Verantwortung für das
Gelingen der folgenden Zeremonie. Er unterliegt damit einem ganz eigenen
Leistungsdruck:

„In den meisten Fällen reagiert der Regisseur auf diese Verantwortlichkeit, indem
er Ansprüche an die Vorführung stellt, die von den anderen nicht erhoben werden.
Dies kann die Entfremdung vertiefen, die zwischen ihm und den übrigen Mitgliedern des Ensembles bereits besteht. Der Regisseur kann infolgedessen langsam in
eine Grenzrolle zwischen den Darstellern und Zuschauern, halb innerhalb und halb
außerhalb beider Lager gedrängt werden - ein Vermittler ohne den Schutz, den
Vermittler sonst genießen." (Goffman 1969: 92)

Der Regisseur ist, verglichen mit den weiteren Ensemblemitgliedern, auf-
merksamer, sensibler und anspruchsvoller. Um den hohen Ansprüchen genügen zu können, fordert die Position des Regisseurs bzw. des Verfahrenswalters
zusätzliche Kompetenzen: zum einen im Sinne von Eingriffsrechten zur Wahrung der zeremoniellen Ordnung; zum anderen im Sinne von Fachwissen, um
den gebotenen Darstellungserfordernissen zu genügen.[131]

Daß ohne derlei Kompetenzen ein Führungsanspruch zur bloßen Belastung wird,
wurde dem Ethnographen vor Augen geführt. Mein Kontaktentscheider schlug mir
vor, nachdem ich einen Monat tagtäglich Anhörungen besucht hatte, in seinem
Beisein eine Anhörung durchzuführen. Ich lehnte aus moralischen wie praktischen
Erwägungen ab. Ein solches Krisenexperiment erschien mir ungehörig und zy-
nisch, angesichts der schicksalhaften Angelegenheit. Im übrigen wußte ich praktisch nicht, wie, was und wann zu fragen und zu protokollieren ist.

Zur Wahrnehmung der Regie werden dem Entscheider eine Reihe von Darstellungsmitteln zugestanden und übertragen. Seine Ermächtigung erfolgt in
der Versammlung und durch Hilfestellungen der Organisation.

---

[131] Nach Luhmann ist „für alle zur Anwendung staatlicher Entscheidungsgewalt bestimmten Verfahren eine klare, unverwechselbare Trennung von Entscheidenden und Entscheidungsempfänger
wesentlich: Die einen treffen die Entscheidung, die anderen müssen sie als Prämissen ihres Verhal-
tens beachten. Beide Hauptrollen, denen Nebenrollen [...] zugeordnet sein können, haben entsprechend ihrer unterschiedlichen Stellung im Verfahren unterschiedliche Darstellungsleistungen zu
erbringen und daher eine unterschiedliche Verantwortung für den störungsfreien Verlauf" (1969:
107).

•   Die Wirkungen der situativen Einsetzung sind einschneidend und erhöhen die Darstellungsmacht des Entscheiders: ihm wird die Gesprächsleitung,
das Fragerecht, das Protokollrecht, eine Assistenz etc. zugestanden. Er kann in
Akten und Vorlagen blättern, wenn er nicht mehr weiter weiß, ohne daß dadurch seine Rolle Schaden nähme. Von Seiten der Anwesenden wird derlei
Verzögerung eher als ´Sorgfalt´ zugestanden und als Beleg dafür interpretiert,
wie komplex die Regie gestrickt ist. Eine ähnliche Wirkung entfalten auch die
´orakelhaften´ Sprüche zur Eröffnung und zur Beschließung der Veranstaltung. Der Bewerber kann nicht ihre juristische Bedeutung nachvollziehen,
wohl aber darauf schließen, daß der Entscheider die Verfahrensregeln - schon
richtig - bedient. Der Entscheider kann damit rechnen, daß seine Leitung von
den Anwesenden unwidersprochen akzeptiert wird. Eine Fachkritik an seiner
Verhandlungsführung, der z.B. ein Richter durch die Teilnahme von Staats-
anwalt und Rechtsanwalt ausgesetzt ist, hat der Entscheider aktuell nicht zu
befürchten. Sie droht ihm erst anhand seines Anhörungsprotokolls.

•   Die Organisation verleiht dem Amtsträger eine Reihe von Darstellungshilfen. Zunächst kann er, indem er ein Büro, einen Aktenapparat und Zuar-
beiter nutzt, seine Amtsautorität gegenüber Außenstehenden darbieten und
bekräftigen. Als mittelbare Darstellungshilfe dient die Mobilisierung von
Prüfwissen. Dem Entscheider werden personenbezogene Daten, maßgebliche
Rechtsprechungen und Länderinformationen bereitgestellt. Auch die behördliche Arbeitsteilung vermittelt eine Darstellungsmacht: Entscheider können sich
spezialisieren und Vorgehensweisen einüben. Sie perfektionieren ihr Reper-
toire. Die Arrangements befördern Anhörungsexperten, die ihre Rolle „ausfüllen, sie ganz und gar nutzen und alle Fähigkeiten zum Ausdruck bringen,
ohne selbst noch in den Ausgangsfragen verstrickt zu sein" (Goffman 1973a:
263 f.).

Die interaktive und organisierte Vermittlung von Kontrollver-
lust

Im folgenden geht es um die Frage, über welche Möglichkeiten zur gelungenen, vorteilhaften (Selbst-)Darstellung der Antragsteller unter Prüfungsbedin-
gungen verfügt. Ich vertrete die These, daß die Asylbewerber im Zuge der
Fallherstellung Kontrollverlust erleiden; was nicht schon ihre Ablehnung besiegelt, wohl aber ermöglicht.

Das Konzept des Kontrollverlustes ist vielfältig mit dem dramaturgischen
Ansatz verknüpft. Goffman geht es in seinen Studien (auch) um die Frage, wie
weit Darsteller einen ´ungebrochenen´ Ausdruck aufrechterhalten können oder
ob der Imagepflege systematische Grenzen gesetzt sind. Als Ausdrücke, die

sich der Manipulation des Darstellers entziehen - und ihrerseits zu kaschieren sind -, nennt Goffman biologische Reflexe des Körpers (vgl. 1970). Ein Darsteller kann, selbst wenn er sich intensiv bemühte, Schweißausbrüche, einen erhöhten Puls, vermehrten Speichelfluß oder eine plötzlich auftretende Gesichtsröte oder -blässe nicht unterbinden. Die Nutzung derartiger Indikatoren durch ein Publikum setzt eine (penetrante) Nahbeobachtung voraus. Ein anderer Mechanismus des Kontrollverlustes ist die (zermürbende) Dauerbeobachtung, die die Selbstkontrolle des Beobachteten überfordert. Insassen totaler Institutionen suchen in Nischen und Verstecken der Beobachtung auszuweichen und ein „Unterleben" zu führen (vgl. Goffman 1973b). Auch das Stigma vermittelt einen Kontrollverlust. Es zeichnet sich durch Auffälligkeit aus sowie durch weitreichende und diskriminierende Schlüsse, die es bei Beobachtern nahelegt. Der auf dem Körper befestigte Anhaltspunkt läßt sich schwerlich abschütteln. Bestenfalls kann ihn sein Träger in begrenztem Umfang vor den ´wissenden Blicken´ verbergen oder überspielen (vgl. 1967).

Den Kontrollverlust des Bewerbers befördern eine Reihe von Umständen, Mechanismen und Strategien. Um das Phänomen des Kontrollverlustes schärfer zu zeichnen, führe ich allgemein vergleichbare Darstellungserfordernisse an - sowie die dazu passenden reflektierten und kontrollierten Herangehensweisen. Die Ausgangslage des Asylbewerbers ist zunächst vergleichbar mit der des Arbeitssuchenden im Vorstellungsgespräch:

„Offenbar wird der Darsteller da große Sorgfalt aufwenden, wo sein Verhalten wichtige Konsequenzen für ihn hat. [...] Oft muß der Befragende, lediglich gestützt auf Informationen, die er aus der Informationsvorstellung des Arbeitssuchenden gewinnen kann, Entscheidungen treffen, die für den Befragten von großer Bedeutung sind. Der Befragte hat oft und mit Recht das Gefühl, jede seiner Handlungen werde als hochgradig symbolisch gewertet, und er wird deshalb viel Überlegung und Vorbereitung auf seine Vorstellung verwenden. Wir erwarten, daß der Befragte sehr auf seine Erscheinung und sein Verhalten achtet, nicht nur, um einen günstigen Eindruck zu erwecken, sondern auch, um sicherzugehen und jedem versehentlich hervorgerufenen ungünstigen Eindruck entgegenzuwirken." (Goffman 1969: 205)

Eine gewisse Ausdruckskontrolle erreicht der Arbeitssuchende wie folgt: Um einem ungünstigen Eindruck entgegenzuwirken und einen positiven Eindruck zu hinterlassen, trifft er Vorkehrungen. Er putzt sich heraus, lernt seinen Text und legt sich Ausweichmanöver zurecht. Er paßt außerdem seinen Ausdruck an das aktuelle Prüfgeschehen an, indem er ´jede´ Reaktion des Gegenüber registriert. Er korrigiert sich entsprechend: er verkürzt ´langweilende´ Phasen seiner Vorstellung und vertieft die ´interessierenden´. Die Anderen dienen als eine Art Spiegel, in der die Selbstdarstellung reflektiert und perfektioniert wird.

Diese Szenerie ist bezogen auf die Aufgabenstellung in der Asylanhörung auszubauen. Ein Asylbewerber hat sich ja nicht nur vor Anwesenden, sondern auch vor abwesenden Dritten zu präsentieren. In dieser weiteren Dimension gleicht die Anhörung öffentlichen Live-Auftritten, wie sie Politiker oder Showstars absolvieren. Sie setzen sich ´hier und jetzt´ und ´vor der Kamera´ in Szene. Eine Beschreibung bei Goffman zeigt an, wie Medienprofis derlei Öffentlichkeit meistern:

> „Diejenigen, die beim Rundfunk, besonders die, welche im Fernsehen arbeiten, sehen deutlich, wie der momentane Eindruck, den sie machen, auf die Einstellung eines großen Publikums wirkt, und in diesem Teil der Kommunikationsindustrie wird große Sorgfalt auf den richtigen Eindruck verwendet, und groß ist die Angst, daß jener Eindruck unzutreffend sein könnte. Das Ausmaß dieser Besorgnis wird deutlich, wenn wir sehen, welch unwürdige Begleitumstände selbst hochstehende Darsteller bereitwillig auf sich nehmen, um gut abzuschneiden: Kongreßabgeordnete lassen sich schminken und sich vorschreiben, was sie tragen sollen [...]." (1969: 205)

Die Sorgfalt, die ein Darsteller auf seinen Ausdruck verwendet, hängt offenbar entscheidend davon ab, inwieweit er Einblicke in die Rezeption seines Publikums erhält. Was in direkter Interaktion anhand von Reaktionen abzulesen ist, bedarf bezogen auf die Medienkommunikation einer besonderen ´Marktforschung´. Wer dagegen nicht weiß, ob und unter welchen Hinsichten er beobachtet wird, kann seine Darstellung nur ´auf gut Glück´ gestalten. Darsteller erleiden demnach Kontrollverlust, wo sie die Wirkung ihrer Darstellungen bzw. den Eindruck, den sie hinterlassen, nicht überblicken können.

Vor diesem allgemeinen Hintergrund läßt sich die Entmachtung des Bewerbers im Zuge der Fallherstellung nachvollziehen. Die Fallherstellung weist eine ganze Reihe ´entwaffnender´ Mechanismen auf, die für den Bewerber einen Kontrollverlust mit sich bringen. Diese tangieren:

- *die Vorbereitungszeit.* Die Zeit zwischen Erstmeldung und Anhörung ist auf wenige Tage verkürzt. Mit der Beschleunigung soll der Austausch von Prüfungswissen unter den Heimbewohnern und das Zurechtlegen ausgeklügelter Antragsbegründungen erschwert werden. Bewerber versuchen sich gleichwohl vorzubereiten und nehmen dazu das Risiko der Illegalität in Kauf. Auf diese Art können sie noch vor der Erstmeldung Hintergrundinformationen sammeln, taugliche Asylbegründungen entwickeln und Generalproben mit Ehemaligen abhalten.

- *das Rahmungswissen.* Der Bewerber bleibt darüber im Unklaren, welche Wirkungen mit einzelnen Ritualen, Formelsprüchen oder Feststellungen verbunden sind; weshalb er ihre Ausführung dem Entscheider überantwortet. Hierzu zählen die Eingangsfeststellungen zum Dolmetscher, zur Gesundheit, zur Rechtsbelehrung oder im weiteren Verlauf, die Kommentare des Entscheiders im Protokoll sowie die 'Fangfragen', die auf rechtlich anerkannte Ablehnungsgründe zielen. Es handelt sich um verfahrensgerichtete Rahmungen der Bewerberaussagen, die sich der Kontrolle des Bewerbers entziehen.

- *die Verfügung über Requisiten und Darstellungshilfen.* Hilfsmittel, wie sie die Regiearbeit auszeichnen, stehen dem Bewerber nicht zur Verfügung. Der Entscheider sanktioniert die Nutzung von Spickzetteln, die Beratung mit dem Dolmetscher oder schöpferische Pausen. Er vermerkt derlei als Anzeichen von Unglaubwürdigkeit im Protokoll. Der 'glaubwürdige' Bewerber wird auf einen unmittelbaren, natürlichen und authentischen Ausdruck festgelegt. Der Bewerber ist auf seine Fähigkeit verwiesen, spontan zu reagieren und zu improvisieren. Derlei Präsentationen sind unausgegoren, fehleranfällig und riskant.

- *die Teilhabe an der aktuellen Sinnproduktion.* Die komplizierte Gesprächsmaschinerie der Anhörung über eine Sprachbarriere hinweg, unterbindet übliche, konversationelle Kontroll- und Verständigungsmittel. Weil der Bewerber die Übersetzung und die Aufnahme seiner Äußerung kaum kontrollieren kann, schwindet auch die Möglichkeit, das Verständnis des Gegenüber 'rechtzeitig' zu konfirmieren oder zu korrigieren. Der Bewerber muß hoffen, daß der Dolmetscher seine Position vertritt. Ansonsten spricht er 'ins Leere'.

- *die Beobachtbarkeit der Rezeption.* Entscheider pflegen ihre Eindrücke und Vor-Entscheidungen hinter einer Art 'poker-face' zu verbergen. Sie enthalten dem Bewerber solange Anhaltspunkte und Korrekturmöglichkeiten vor, bis die Version als Prokollaussage festgeschrieben ist. Erst jetzt wird die Bewertung gelüftet, um anhand von Reperaturversuchen des Prüflings seine Bloßstellung zu betreiben. Tatsächlich bleibt auch für den Ethnographen oft schleierhaft, welche Schlüsse der Entscheider aus der Prüfleistung zieht.

- *die Weiterverarbeitung von Beiträgen.* Die Worte des Bewerbers werden in die Amtssprache, in die Schriftsprache und schließlich in eine endgültige Protokollsprache übertragen. An dieser Transformation seine flüchtigen Äußerungen ist der Bewerber selbst nicht unmittelbar beteiligt. Er hat sich dem Dolmetscher und dem Entscheider anzuvertrauen, die eine Auswahl seiner Beiträge per Übersetzung, Ausformulierung und Endredaktion zu gültigen, dauerhaften Aussagen befördern. Entscheider protokollieren Aussagen so, daß mögliche Fehlleistungen dem Bewerber zuzuschreiben sind.

- *die Transparenz der Prüfkriterien:* Die Bewertungsmaßstäbe für Prüfaufgaben sind dem Bewerber fremd. Veranschaulichen läßt sich dies anhand der Quizfragen. Das hiesige (folkloristische, touristische, offizielle) Prüfwissen über ein Land, eine Ethnie oder eine Religion ist nicht identisch mit dem dortigen (praktischen) Mitgliedschaftswissen. Um gleichwohl richtige Antworten geben zu können, hat der Prüfling zu vergegenwärtigen, was Außenstehende über seinen Herkunftskontext ´zu wissen glauben´. Die Tests beruhen grundsätzlich darauf, den Maßstab der Antwort auszublenden, um so unbedachte Reaktionen auszulösen.

Die Darstellung des Bewerbers gleicht über weite Strecken einem Blindflug: es mangelt an Orientierung und Reibungsflächen. Bewerber suchen das Heil in der Defensive. Sie vermeiden Festlegungen zur Verhinderung von Negationen. Heraus kommen nichtssagende, vermeintlich schadlose Statements, die gleichwohl den Asylantrag disqualifizieren. Der Bewerber versucht Fehler zu vermeiden - und müßte diese doch riskieren, um eine wirkungsvolle Begründung zu liefern.

Die Gewährung von Asyl

Auf den ersten Blick erscheint die ungleiche Machtverteilung zwischen Entscheider und Bewerber durchaus normal. Sie kennzeichnet Gerichts- und Verwaltungsverfahren allgemein. Die Verteilung der Darstellungsmacht sichert aber nicht nur das Funktionieren des Verfahrens (hierzu genügt die Ausdruckskontrolle des Verfahrenswalters); sie unterbindet auch (hierzu bedarf es des Kontrollverlustes des Entscheidungsempfängers) eine erfolgsgarantierte Selbstdarstellung des Asylbewerbers *in jedem Fall*.

Dies wird deutlicher, wenn wir die Asylgewährung mit dem anderen Grundrecht vergleichen, das über ein Verwaltungsverfahren vermittelt wird: dem Recht auf Wehrdienstverweigerung. Hierzu ein Auszug aus der reichhaltigen Beratungsliteratur für Kriegsdienstverweigerer:

„Der Antragsteller ist ohne persönliche Anhörung als Kriegsdienstverweigerer anzuerkennen, wenn ´die dargelegten Beweggründe das Recht auf Kriegsdienstverweigerung zu begründen geeignet sind´ (KDVG §5); sie persönlich und ausführlich genug dargelegt sind (KDVG §2). Nach dem Willen des Gesetzgebers soll der Kriegsdienstverweigerer gezwungen werden, über die Beweggründe seiner Entscheidung im Lichte des richtig verstandenen Grundrechts auf Kriegsdienstverweigerung volle Klarheit zu gewinnen und wenigstens in dieser Form dem Staat gegenüber Rechenschaft zu geben (Bundesdrucksache 9/2124). Die Begründung muß deutlich machen, wie die eigene Gewissensentscheidung zur Kriegsdienstverweigerung zustandegekommen ist (Erziehung, Beschäftigung mit den Themen Frieden und Krieg, Gespräche im Unterricht oder mit Freunden, Literatur usw.). Außerdem sollten die persönlichen Wertvorstellungen (moralisch, ethisch, religiös) beschrieben werden, die für die eigene Person verbindlich sind. Es soll deutlich werden, welche Punkte im Leben wichtig waren, an denen sich das Gewissen gegen einen Waffendienst entwickelt hat." (Griesbeck 1990: 131)

Das Verfahren zur Kriegsdienstverweigerung bildet einen auffälligen Kontrast zum Asylverfahren in der Methodik der Fallherstellung. Es ist hier der

„Kriegsdienstverweigerer", der - anders als der Asylbewerber - seinen Antrag fix und fertig ausformuliert und so zur Entscheidung bringt. Es bleibt dem Antragsteller als Fallhersteller unbenommen, vorbereitend Beratungsbücher zu studieren und sich eine passende Argumentationslinie zurechtzulegen. Er kann seine Gründe mit neuesten Richtlinien in Einklang bringen; er kann in Ruhe seine Erinnerungen und Ideen ordnen und eindrucksvoll zur Sprache bringen; er kann seinen Antrag durch Vertraute gegenlesen und prüfen lassen. Auf diese Weise garantiert der Verweigerer, daß ein ´wasserdichter Antrag´ zur Entscheidung gegeben wird. Zu erwarten ist unter diesen Umständen eine fast hundertprozentige Anerkennungsquote; die durch die Sorgfalt der Antragsteller und die Gutgläubigkeit der Anerkennungskommission tatsächlich auch erreicht wird.[132]

Die Fallherstellung im Asylverfahren unterbindet eine solche ideale Selbstdarstellung. Statt Antragsteller ´durchzuwinken´, macht die Fallherstellung Anträge angreifbar. Vorgefaßte, verallgemeinerungsfähige und erfolgsgarantierende Selbstdarstellungen werden unterbunden. Gewahrt wird so die Möglichkeit, in jedem Fall eine begründete Ablehnung plus Ausreisepflicht auszusprechen. Das meint der Begriff der *Asylgewährung*: es gelingt nur einer überschaubaren Zahl, den universellen Schutzanspruch rechtswirksam zu begründen. Die Gewährung von Asyl richtet sich gegen die große Masse. Sie ist eine (seltene) Auszeichnung und Hochschätzung. Sie trennt die Anerkennungsquote von dem, was sich ´dort draußen´ abspielt. Sie entkoppelt innen und außen, Verfahren und Gegenstand und wirkt auf diese Weise regulierend und nationalstaatsverträglich.

Diese Leistung der Fallherstellung ist um so höher zu veranschlagen, wenn wir die Ausgangslage des Asylverfahrens berücksichtigen: die Unmöglichkeit amtlicher Anknüpfung, der „sachtypische Beweisnotstand", die Sprachbarriere, das eingeschränkte Urteilsvermögen angesichts der behandelten Fremdheiten etc.. Der Asylzugang droht aufgrund seiner rechtlichen und praktischen Eigenheiten beständig ´außer Kontrolle´ zu geraten. Mit der Art und Weise der Fallherstellung bzw. der Verteilung von Darstellungsmacht wird diese zurückgewonnen. Die Ermächtigung des Entscheiders und die Entmachtung des Bewerbers machen das Verfahren resistent gegen ´allzuviele´ Asylanerkennungen.

---

[132] Zum Hintergrund dieser generösen Verfahrensweise: die Zivildienstzeit übersteigt die Wehrdienstzeit nach wie vor, trotz verfassungsrechtlicher Bedenken, um drei Monate. Die Zivildienstleistenden nehmen damit offenkundig ein Opfer in Kauf und beglaubigen so ihre ´Gewissensentscheidung´ schon vor der Begründung. Im Falle der Asylbewerber verhält es sich im öffentlichen Urteil umgekehrt: eine Asylaufnahme in der EU verspricht - neben der Sicherung von „Leib und Leben" - weitere (ökonomische) Vorteile.

Die Verfahrenspraxis kann die genannten Widersprüche zwischen Partikularinteresse und Universalrecht in Schach halten. Sie bringt jedoch auch Folgeprobleme mit sich, die allerdings im Regierungsapparat nur noch undeutlich kommuniziert und kaum programmiert werden können. Es handelt sich um Folgeprobleme im Zuge schwindender Verfahrensbindung (1) und angesichts rigoroser Fall-Negationen (2):

(1) Das Asylverfahren bewegt sich im Balanceakt zwischen der Vermittlung von Kontrollverlust auf der einen Seite und der Zusicherung eines fairen Verfahrens auf der anderen Seite. Je entschiedener das Anerkennungsverfahren spürbar als Gnadenakt betrieben wird, desto mehr schwindet seine Anziehungs- und Integrationskraft - zugunsten illegaler Migrationsformen (vgl. Koser 1996 u. 1997). Auf die Kosten einer Delegitimierung des Asylverfahrens verwies 1994 die EU-Kommission in ihrer Mitteilung an den Rat und an das Europäische Parlament:

Die Kommission sieht „die Gefahr, daß Ausländer, die einen Asylantrag erwägen, sich für die Illegalität entscheiden, wenn die Asylverfahren nicht mehr allen zugänglich sind: Im übrigen dürften die Kosten der Behandlung von Asylanträgen nicht höher liegen als die einer sonstigen effizienten Maßnahme zur Bekämpfung der illegalen Zuwanderung. Dabei hat das Asylverfahren aber den Vorteil, daß in der Mehrheit der Fälle und insbesondere bei den offensichtlich unbegründeten Asylanträgen, der Aufenthaltsort des Asylbewerbers bekannt oder rasch festzustellen ist. Bei irregulärem Aufenthalt ist der entsprechende Aufwand - naturgemäß - wesentlich höher" (26).

Als Ordnungsfaktor wirkt das Asylverfahren, weil es den Antragsteller mit allen Eigenschaften eines (Quasi-)Mitglieds ausstattet: er erhält eine Unterkunft, eine Meldeadresse, eine (vorläufige) persönliche Identität samt Ausweispapier, ein minimales Auskommen sowie eine Einweisung in die ´hier´ geltenden Rechte und Pflichten. Diese Mindestausstattung macht den Bewerber zum verfahrenstauglichen Subjekt. Auf dieser Regierbarkeit ruht die praktische Durchsetzung der Genehmigungs- und Ausreisepflichten im Einzelfall. Dagegen bereitet die Verfolgung von Verfahrensuntauglichen größere Probleme: sie verläuft ungezielt, verzeichnet größtenteils zufällige Erfolge und richtet sich als Generalverdacht gegen phänotypische Ausländer. Die Verfolgung der Illegalität ist integrationsfeindlich, weil sie - aufgrund einer mangelnden Spezifizierung - nicht an personalen, sondern an rassischen Merkmalen anknüpft.[133]

---

[133] Die Verdachtskontrollen des Bundesgrenzschutzes auf Bahnhöfen und in Zügen treffen vor allem sog. „Schwarzköpfe". Hierüber beschweren sich regelmäßig entsprechende deutsche Bundestagsabgeordnete, Manager oder Studierende, die - anders als ihre ´deutschen´ Mitbürger - regelmäßig Ausweiskontrollen über sich ergehen lassen müssen. Der erste Anschein und Verdacht ist hier kontrafaktisch.

(2) Vollzugsprobleme erwachsen nicht nur dort, wo das Asylverfahren an Anziehungskraft einbüßt. Dem ausländerbehördlichen Vollzug wird die Grundlage entzogen, wo ein Entscheider die Bewerberaussagen umfassend widerlegt. Die rigorose Negation schafft ´negative Fälle´; Nobodies ohne Personalien, ohne Staatszugehörigkeit, ohne Biographie und ohne die Bereitschaft, all dies zum eigenen Schaden einem Beamten zu eröffnen. Mit den Bescheiden des Asylbundesamtes wird dieses Folgeproblem ´ungelöst´ an die Vollzugsbehörden weitergereicht:

> Dem EE [Einzelentscheider, T.S.] ist es mitunter möglich, im Rahmen der Anhörung die angegebene Staatsangehörigkeit mit hoher Sicherheit auszuschließen, leider ist dadurch aber das tatsächliche Herkunftsland des Antragstellers noch nicht ermittelt. Meist beharren die Antragsteller auf ihren offensichtlich falschen Angaben, so daß die konkrete Angabe eines Zielstaates in der Abschiebungsandrohung (§50 II AuslG) nicht möglich ist. (EE-Brief 7/95: 4)

Um eine Ausreisepflicht durchzusetzen, muß die zuständige Ausländerbehörde recherchieren, woher der entlarvte und abgelehnte Antragsteller eigentlich stammt. Diese Recherche verläuft unter erschwerten Bedingungen. Der Ausländer ist ohne die Hoffnung auf Anerkennung schwerlich zur Mitwirkung oder gar zur Selbstbezichtigung zu bewegen. Ein Blick auf die hier gängigen Recherchemethoden läßt die Ratlosigkeit der Vollzugsbehörden erahnen: Ausreisepflichtige werden überrumpelt (aus dem Beratungsgespräch wird eine Festnahme); es wird mit Sozialhilfeentzug gedroht; es wird eine Erzwingungshaft angesetzt (Abschiebehaft bis zu 18 Monaten); Ausreisepflichtige werden ´auf Verdacht´ Botschaften vorgeführt.(vgl. Stop 1996) Nach wie vor ist diesen Zwangsmaßnahmen nur in Ausnahmefällen Erfolg beschieden. Symptomatisch ist der Auszug aus einem „Antrag auf Durchführung eines Personenfeststellungsverfahrens für eine Person mit ungeklärter Staatsangehörigkeit" einer Ausländerbehörde an das Bundeskriminalamt aus dem Jahre 1996:

> Es ist nicht möglich, den Ausländer abzuschieben, da seine Identität nicht geklärt ist. Es wird vermutet, daß Benji Rana ein algerischer oder marokkanischer Staatsangehöriger ist. Eigenen Angaben nach hat der Ausländer von Oktober 1987 bis Mai 1992 in der Schweiz gelebt. Die zuständige Grenzschutzstelle wurde im April 1994 gebeten, bei den schweizerischen Behörden anzufragen, ob dort Originalpapiere vorliegen. Bis heute habe ich leider noch keine Nachricht darüber erhalten.

Das Asylverfahren kann - wird es ´sehr erfolgreich betrieben´ - dem anschließenden Entscheidungsvollzug die Grundlage entziehen. Als Ironie des Verfahrens verbleiben in solchen Fällen Unverwaltbare, ausgestattet mit provisorischen Aufenthaltspapieren und geduldet am Rande der Gesellschaft.

Literatur

ai 1995: Zwei Jahre neues Asylrecht. Amnesty International, Sektion der Bundesrepublik Deutschland, Bonn

Albrecht, Günter 1972: Soziologie der geographischen Mobilität. Zugleich ein Beitrag zur Soziologie des sozialen Wandels, Stuttgart 1972

Amann, Klaus/Hirschauer, Stefan 1997: Die Befremdung der eigenen Kultur. Ein Programm. S.1-28 in: ders. (Hg.), Die Befremdung der eigenen Kultur. Zur ethnographischen Herausforderung soziologischer Empirie, Frankfurt a.M.: Suhrkamp

Anderson, Benedict 1988: Die Erfindung der Nation: zur Karriere eines erfolgreichen Konzepts, Frankfurt/Main und New York: Campus.

Atkinson, J.Maxwell/Drew, Paul 1979: Order in Court. The Organisation of the Verbal Interaction in Judicial Settings, London: The Macmillan Press LTD.

Auer, Peter 1984: Bilingual conversation. Amsterdam/Philadelphia

Austin, John L. 1963: How to do things with words, Oxford: Clarendon Press

Bade, Klaus J. 1992: Ausländer, Aussiedler, Asyl in der Bundesrepublik Deutschland, Bonn

BAFl 1995: Eine Behörde stellt sich vor, Nürnberg

BAFl 1997: Das Bundesamt für die Anerkennung ausländischer Flüchtlinge und das Asylverfahren, Nürnberg

Balibar, Etienne/Wallerstein, Immanuel 1991: Race, Nation, Class: Ambiguous Identities, London

Banscherus, Jürgen 1977: Polizeiliche Vernehmung: Formen, Verhalten und Protokollierung.. BKA-Forschungsreihe Bd.7, Wiesbaden

Barnes, Barry 1978: The Nature of Power, Urbana/Chicago

Barsky, Robert F. 1994: Constructing a Productive Other: Discourse Theory and the Convention Refugee Hearing. Amsterdam und Philadelphia: John Benjamins Publishing Co.

Bauman, Zygmunt 1992: Moderne und Ambivalenz: das Ende der Eindeutigkeit. Hamburg

Beach, Walter A. 1985: Temporal density in courtroom interaction: constraints on the recovery of past events in legal discourse. S. 1-18 in: Communication Monographs 52

Beck, Ulrich 1986: Risikogesellschaft. Auf dem Weg in eine andere Moderne, Frankfurt a.M.: Suhrkamp

Bender, Rolf/Nack, Armin 1995: Tatsachenfeststellung vor Gericht. Bd.II Vernehmungslehre, München: C.H.Beck

Bennett, W. 1978: Storytelling in criminal trials - a model of social judgement. S. 1-22 in: Quarterly Journal of Speech 64, 1

Berger, John/Mohr, Jean 1984: Eine andere Art zu erzählen. München, Wien: Carl Hauser

Bergmann, Jörg R. 1987: Klatsch. Zur Sozialform der diskreten Indiskretion. Berlin: de Gruyter

Bertillon, Alphons 1895: Das anthropometrische Signalement. Bern/Leipzig: Siebert

BMI/Bundesminister des Innern 1991: Das neue Ausländergesetz (Druckschrift vom 1.7.91). Bonn.

Bogen, David/Lynch, Michael 1989: Taking Account of the Hostile Native: Plausible Deniability and the Production of Conventional History in the Iran-Contra Hearings, S.197-224 in: Social Problems, Vol. 36, No.3, June

Bommes, Michael 1994: Migration, Ethnizität im nationalen Sozialstaat, S. 364-377 in: Zeitschrift für Soziologie, 23. Jg., 1994

Bommes, Michael 1996: Migration, Nationalstaat und Wohlfahrtsstaat - Kommunale Probleme in föderalen Systemen, In: K.J. Bade (Hg.), Migration - Ethnizität - Konflikt: Systemfragen und Fallstudien, Schriften des Instituts für Migrationsforschung und Interkulturelle Studien, Bd.1, Osnabrück: Universitätsverlag Osnabrück

Bommes, Michael 1998: Migration im nationalen Wohlfahrtsstaat. Ein systemtheoretischer Entwurf. Habilitationsschrift, Düsseldorf

Bommes, Michael/Halfmann, Jost 1994: Migration und Inklusion. Spannungen zwischen Nationalstaat und Wohlfahrtsstaat, S. 406-424 in: Kölner Zeitschrift für Soziologie und Sozialpsychologie, 46. Jg., 1994

Bosswick, Wolfgang 1997: Asylum policy in Germany, S. 53-78 in: Philip Muus (ed.), Exclusion and inclusion of refugees in contemporary Europe, Comparative Studies in Migration and Ethnic Relations 3, Utrecht: ERCOMER (European Research Centre on Migration and Ethnic Relations)

Bourdieu, Pierre 1987: Sozialer Sinn. Kritik der theoretischen Vernunft. Frankfurt a.M.

Bourdieu, Pierre 1989: „Antworten auf einige Einwände", S. 395-410 in: K. Eder (Hg.), Klassenlage, Lebensstil und kulturelle Praxis. Theoretische und empirische Beiträge zur Auseinandersetzung mit Pierre Bourdieus Klassentheorie, Frankfurt a.M.

Bourdieu, Pierre 1990: Was heißt sprechen? Die Ökonomie des sprachlichen Tauschs. Wien: Braumüller

Brannigan, Augustine/Lynch, Michael 1987: On Bearing False Witness. Credibility as an Interactional Accomplishment. S.115-146 in: Journal of Contemporary Ethnography, Vol.16 No.2, July

Callon, Michel 1986: Eléments pour une sociologie de la traduction. La domestication des coquilles Saint-Jacques et des marins pêcheurs en baie de Saint-Brieuc, S. 169-208 in: L´année sociologique 36

Callon, Michel/ Law, John 1989: „On the Construction of Sociotechnical Networks: Content and Context revisited". In: Knowledge and Society: Studies in the Sociology of Science Past and Present, Band 7, Greenwich/London: JAI Press.

Cambrosio, Alberto/Limoges, Camille/Pronovost, Denyse 1990: Representing Biotechnology: An Ethnography of Quebec Science Policy. S. 195-227 in: Social Studies of Science, Vol.20

Carnap, Rudolf 1977: Wahrheit und Bewährung. S. 89-95 in: Gunnar Skribekk (Hg.), Wahrheitstheorien. Eine Auswahl aus den Diskussionen über Wahrheit im 20. Jahrhundert. Frankfurt a.M.: Suhrkamp

Ceccaldi, Pierre Francois 1971: Hinter den Kulissen der Kriminalistik. München: Humboldt.

Certeau, Michel de 1988: Die Kunst des Handelns. Berlin: Merve.

Cicourel, Aaron 1968: The Social Organization of Juvenile Justice. New York/London/Sydney: John Wiley & Sons Inc..

Cicourel, Aaron 1992: The interpenetration of communicative contexts: examples from medical encounters. S. 291-310 in: A. Duranti/Ch. Goodwin (eds.), Rethinking context - language as an interactive phenomenon. Cambridge: University Press

Cicourel, Aaron 1993: Aspects of Structural and Processual Theories of Knowledge. S. 89-115 in: C. Calhun/E. Li Puma/M. Postone (ed.), Bourdieu: Critical Perspectives, Cambridge: Polity Press

Clifford, James 1993: Über ethnographische Autorität. In: E. Berg/M. Fuchs (Hg.), Kultur, soziale Praxis, Text, Frankfurt a.M.: Suhrkamp

Cohen, Michael M.D./March, James G./Olsen, Johan P. 1976: People, Problems, Solutions and the Ambiguity of Relevance. S. 24-37 in: J.G. March/J.P. Olsen (ed.), Ambiguity and Choice in Organizations, Bergen/Oslo

Daft, Richard L./Weick, Karl E. 1984: Toward a Model of Organization as Interpretation Systems. S.284-295 in: Academy of Management Review 9

Danet, B. 1971: The Language of Persuasion in Bureaucracy: ´Modern´ and ´Traditional´ Appeals to the Israel Customs Authorities. S. 847-859 in: American Sociological Review 36

Davy, Ulrike 1996: Verfolgung und kulturelle Differenz. S. 151-158 in: ZAR-Abhandlungen 4/1996

Detel, Wolfgang 1998: Macht, Moral, Wissen: Foucault und die klassische Antike. Frankfurt a.M.: Suhrkamp

Derrida, Jacques 1991: Gesetzeskraft. Frankfurt a.M.: Suhrkamp

Dickens, Charles 1960: The Pickwick Papers. Washington

Diskurswerkstatt Bochum 1994: Mit Rassisten in einem Boot? Die Asyldebatte in Politik und Medien von Beginn der 80er Jahre bis zur Grundgesetzänderung. Bonn

Donk, Ute 1992: Als ob es Wirklichkeit wäre - Die formale Sicherung polizeilicher Beschuldigtenprotokolle. S. 85-108 in: J. Reichertz/N. Schröer (Hg.), Polizei vor Ort. Studien zur empirischen Polizeiforschung, Stuttgart

Donk, Ute 1994: Der Dolmetscher in kriminalpolizeilichen Vernehmungen. Eine ethnographische Strukturrekonstruktion. S. 130-151 in: N. Schröer (Hg.), Interpretative Sozialforschung: Auf dem Weg zu einer hermeneutischen Wissenssoziologie, Opladen: Westdeutscher Verlag

Donk, Ute 1996: „Aber das sind Sachen, die gehen absolut an mir vorbei!" Strukturelle Probleme in Vernehmungen nicht deutschsprachiger Beschuldigter. S. 163-182 in: J. Reichertz/N. Schröer (Hg.), Qualitäten polizeilichen Handelns: Studien zu einer verstehenden Polizeiforschung, Opladen: Westdeutscher Verlag

Drew, Paul 1984: Disputes in courtroom cross-examination: ´contrasting versions´ in a rape trial. Manuscript, University of York (Mimeo)

Drew, Paul 1992, Contested evidence in courtroom cross-examination: the case of a trial for rape. S. 470-521 in: P. Drew/J. Heritage (eds.), Talk at work. Interaction in institutional settings, Cambridge: University Press

Drew, Paul/Heritage, John 1992: Talk at work. Interaction in institutional settings. Cambridge: University Press

Eigler, Gunther 1994: Methoden der Textproduktionsforschung. S. 992-1004 in: H. Günther/O. Ludwig (Hg.), Schrift und Schriftlichkeit: ein interdisziplinäres Handbuch, Berlin; New York: De Gruyter (Handbücher zur Sprach- und Kommunikationswissenschaft Bd.10)

Eisenstadt, Samuel N. 1955: The Absorption of Immigrants. London

Ekman, Paul 1989: Weshalb Lügen kurze Beine haben. Berlin

Elias, Norbert 1990: Zur Theorie der Etablierten-Außenseiter-Beziehungen. S. 7-56 in: N. Elias/J.L. Scotson: Etablierte und Außenseiter, Frankfurt a.M.: Suhrkamp

Elwert, Georg 1985: Die Verschriftlichung von Kulturen. In: Working Paper No.55 des Forschungsschwerpunktes Entwicklungssoziologie der Universität Bielefeld

Esser, Hartmut 1985: Soziale Differenzierung als ungeplante Handlung absichtsvollen Handelns: Der Fall der ethnischen Segmentation, in: Zeitschrift für Soziologie, Jg. 14, Heft 6

Feldhoff, Jürgen/Scheffer, Thomas 1993: AussiedlerInnen, Asylsuchende und ausländische Wohnbevölkerung. In: J. Roth/J. Wollmann (Hg.), Kommunalpolitik - Politisches Handeln in den Gemeinden, Bonn

Feuerhelm, Wolfgang 1987: Polizei und `Zigeuner´ - Strategien, Handlungsmuster und Alltagstheorien im polizeilichen Umgang mit Sinti und Roma. Stuttgart: Eke

Fitzgerald, Keith 1996: The Face of the Nation: Immigration, the State and the National Identity. Stanford CA: Stanford University Press

Foucault, Michel 1983: Sexualität und Wahrheit (1.Bd.), Der Wille zum Wissen. Frankfurt a.M.: Suhrkamp

Foucault, Michel 1987: Das Subjekt und die Macht. S. 245-263 in: H.L. Dreyfus/M. Foucault: Jenseits von Strukturalismus und Hermeneutik, Frankfurt a.M.: Suhrkamp

Foucault, Michel 1992: Überwachen und Strafen. Die Geburt des Gefängnisses. Frankfurt a.M.

Freeman, Gary P. 1986: Migration and the Political Economy of the Welfare State. S. 51-62 in: Annals of the American Academy of Political and Social Science, 485, May

Frijda, Nico H. 1969: Emigranten, Nietmigranten. s´Gravenhage

Frowein, Jochen A./Zimmermann, Andreas 1993: Der völkerrechtliche Rahmen für die Reform des deutschen Asylrechts. (Gutachten im Auftrag des Bundesministeriums der Justiz, erstattet vom Max-Planck-Institut für ausländisches öffentliches Recht und Völkerrecht, Heidelberg), Köln (Bundesanzeiger 42a/1993)

Garfinkel, Harold 1956: Conditions of successful degradation ceremonies, S. 420-424 in: American Journal of Sociology 61

Garfinkel, Harold 1963: A conception of, and experiments with, `trust´ as a condition of stable concerted actions. In: O.J. Harvey (ed.), Motivation and Social Interaction, New York

Garfinkel, Harold 1967: Studies in Ethnomethodology. Englewood Cliffs, NJ: Prentice Hall

Geerds, Friedrich 1976: Vernehmungstechnik. Lübeck

Geertz, Clifford 1990: Die künstlichen Wilden. Der Anthropologe als Schriftsteller. München: Hanser

Giddens, Anthony 1976: New Rules of Sociological Method. London

Giddens, Anthony 1985: The Nation-State and Violence. Volume Two of A Contemporary Critique of Historical Materialism, Oxford

Giddens, Anthony 1986: The Constitution of Society. Oxford: Polity Press

Giddens, Anthony 1988: Die Konstitution der Gesellschaft. Grundzüge einer Theorie der Strukturierung. Frankfurt a.M./New York: Campus

Goffman, Erving 1964: The Neglected Situation, S. 133-136 in: The American Anthropologist 66

Goffman, Erving 1967: Stigma. Über Techniken der Bewältigung beschädigter Identität. Frankfurt a.M.: Suhrkamp.

Goffman, Erving 1969: Wir alle spielen Theater. Die Selbstdarstellung im Alltag. München

Goffman, Erving 1970: Strategic Interaction. Oxford: Basil Blackwell

Goffman, Erving 1971: Interaktionsrituale - über Verhalten in direkter Kommunikation, Frankfurt a.M.: Suhrkamp

Goffman, Erving 1973a: Rollendistanz. S. 260-279 in: H. Steinert (Hg.), Symbolische Interaktion. Arbeiten zu einer reflexiven Soziologie. Stuttgart: Ernst Klett Verlag

Goffman, Erving 1973b: Asyle. Über die soziale Situation psychiatrischer Patienten und anderer Insassen. Frankfurt a.M.: Suhrkamp

Goffman, Erving 1976: Erwiderungen und Reaktionen. S.120-176 in: K. Hammerich/ M. Klein (Hg.), Materialien zur Soziologie des Alltags, Opladen: Westdeutscher Verlag

Goffman, Erving 1977: Rahmen-Analyse. Ein Versuch über die Organisation von Alltagserfahrungen. Frankfurt a.M.: Suhrkamp

Goffman, Erving 1981a: Footing. S. 124-160 in: ders., Forms of Talk, Philadelphia, University of Pennsylvania Press

Goffman, Erving 1981b: The Lecture. S. 160-196 in: ders., Forms of Talk, Philadelphia, University of Pennsylvania Press

Goffman, Erving 1981c: Radio Talk. S. 197-231 in: ders., Forms of Talk, Philadelphia, University of Pennsylvania Press

Gouldner, Alvin 1954: Patterns of Industrial Bureaucracy, Glencoe Illinois

Greatbatch, David 1988: A turn-taking system for British news interviews. S. 401-430 in: Language in Society 17

Grésillon, Almuth 1995a: Über die allmähliche Verfertigung von Texten beim Schreiben. In: W. Raible (Hg.), Kulturelle Perspektiven auf Schrift und Schreibprozesse - Elf Aufsätze zum Thema Mündlichkeit und Schriftlichkeit, Tübingen: Gunter Narr Verlag

Grésillon Almuth 1995b: Was ist Textgenetik? S. 288-320 in: J. Baurmann/R. Weingarten (Hg.), Schreiben. Prozesse, Prozeduren und Produkte, Opladen: Westdeutscher Verlag

Griesbeck, Josef 1990: Kriegsdienst - nein danke! Eine Gewissensentscheidung. München: Kösel Verlag

Griesbeck, Michael 1997: Asyl für politisch Verfolgte und die Eindämmung von Asylrechtsmißbrauch. S. 3-10 in: Aus Politik und Zeitgeschichte B 46/97

Groß, Thomas 1997: Die Verteilung der Verantwortung für die Tatsachenermittlung im Asylrecht. S.1315-1321 in: DVBl. 15.November 1997

Grunow, Dieter/Harbach, Heinz/Hegener, Friedhart/Kaufmann, Franz-Xaver 1976: Ausländische Arbeitnehmer und öffentliche Verwaltung. S. 1-199 in: Konrad Adenauer Stiftung (Hg.), Verwaltung, Recht, Partizipation. Studien zur Kommunalpolitik, Schriftenreihe des Instituts für Kommunalwissenschaft, Bd. 15

Gumpertz, John J. 1982: Discourse strategies. Cambridge

Gumpertz, John J. 1992, Interviewing in intercultural situations. S. 302-331 in: P. Drew/J. Heritage (eds.), Talk at work. Interaction in institutional settings, Cambridge: University Press

Habermas, Jürgen 1984, Überlegungen zur Kommunikationspathalogie. S. 226-270 in: ders., Vorstudien und Ergänzungen zur Theorie des kommunikativen Handelns, Frankfurt a.M.: Suhrkamp

Habermas, Jürgen 1996: Faktizität und Geltung. Frankfurt a.M.: Suhrkamp

Hahn, Cornelia 1997: Schrift und Gesetz. Zur sozialen Bedeutung der Aufzeichnung von Rechtsnormen. S. 31-53 in: Zeitschrift für Rechtssoziologie 18, Heft 1

Hailbronner, Kai 1997: Was kann ein Einwanderungsgesetz bewirken? S. 39-46 in: Aus Politik und Zeitgeschichte B 46/97

Halfmann, Jost/Bommes, Michael 1998: Staatsbürgerschaft, Inklusionsvermittlung und Migration. Zum Souveränitätsverlust des Wohlfahrtsstaates. S. 81-101 in: M. Bommes/J. Halfmann (Hg.), Migration im nationalen Wohlfahrtsstaat. Theoretische und vergleichende Untersuchungen, Osnabrück

Hausendorf, Heiko 1992, Das Gespräch als selbstreferentielles System - Ein Beitrag zum empirischen Konstruktivismus der ethnomethodologischen Konversationsanalyse. S. 226-270 in: Zeitschrift für Soziologie, Jahrgang 21, Heft 2, April 1992

Heritage, John/Greatbatch, David 1991, On the Institutional Character of Institutional Talk: The Case of News Interviews. S. 93-137 in: D. Boden/D.H. Zimmerman (eds.), Talk and Social Structure: Studies in Ethnomethodology and Conversation Analysis, Cambridge: Polity Press

Hinnenkamp, Volker 1982: „Foreigner-Talk" oder „Tarzanisch". Eine vergleichende Studie über die simplifizierte Sprechweise gegenüber Ausländern am Beispiel des Deutschen und des Türkischen, Hamburg: Buske

Hirschauer, Stefan 1993: Die soziale Konstruktion der Transsexualität: über die Medizin und den Geschlechtswechsel. Frankfurt a.M.: Suhrkamp

Hobbes, Thomas 1988 [1651]: Leviathan. Oder Stoff, Form und Gewalt eines bürgerlichen und kirchlichen Staates. (Hg. I. Fetcher; Ü: W. Euchner) Frankfurt a.M.

Hoffmann-Nowottny, Hans-Jürgen 1988: Paradigmen und Paradigmenwechsel in der sozialwissenschaftlichen Wanderungsforschung. Versuch einer Skizze einer neuen Migrationstheorie, in: G. Jaritz/A. Müller (Hg.), Migration in der Feudalgesellschaft, Frankfurt a.M./New York

Holly, Werner 1981: Der doppelte Boden in Verhören. Sprachliche Strategien von Verhörenden. S. 275-319 in: W. Frier (Hg.), Pragmatik, Theorie und Praxis, Amsterdam: Rodopi

Holz-Mänttäri, Justa 1985: Interkulturelle Kommunikation und Translation. Wer? Was? Wann? Warum? Wie?. In: J. Rehbein (Hrsg.), Interkulturelle Kommunikation, Tübingen: Narr

Holz-Mänttäri, Justa 1986: Translatorisches Handeln - theoretisch fundierte Berufsprofile. S. 464-475 in: M. Snell-Hornby (Hrsg.), Übersetzungswissenschaft. Eine Neuorientierung, Tübingen: UTB

Honkapohja, Seppo 1993: Adaptive Learning and Bounded Rationality: An Introduction to Basic Concepts. S. 587-594 in: European Economic Review 37

Honneth, Axel 1989: Kritik der Macht. Reflexionsstufen einer kritischen Gesellschaftstheorie. Frankfurt a.M.: Suhrkamp

Howells, Gary 1998: „For I was tired of England Sir": English pauper emigrants strategies, 1834-60, In: Social History, Bd. 23, Heft 2

Jüllke, Peter 1994: Asylrecht und Asylverfahrensrecht. Wiesbaden

Kalthoff, Herbert 1997: Wohlerzogenheit. Eine Ethnographie deutscher Internatsschulen. Campus

Katz, E./Eisenstadt, Samuel N. 1960: Some sociological Observations on the Response of Israeli Organizations to New Immigrants, S. 113-133 in: Administrative Science Quarterly 6

Knapp, K./Knapp-Potthoff, A. 1985: Sprachmittlertätigkeit in der kulturellen Kommunikation. S. 450-464 in: J. Rehbein (Hrsg.), Interkulturelle Kommunikation, Tübingen: Gunter Narr Verlag

Knauth, Bettina/Wolff, Stephan 1990: Realität für alle praktischen Zwecke: Die Sicherstellung von Tatsächlichkeit in psychiatrischen Gerichtsgutachten, S.211-233 in: Zeitschrift für Rechtssoziologie 11, Heft 2

Knauth, Bettina/Wolff, Stephan 1991: Zur Fruchtbarkeit der Konversationsanalyse für die Untersuchung schriftlicher Texte - dargestellt am Fall der Präferenzorganisation in psychiatrischen „Obergutachten", S. 36-49 in: Zeitschrift für Soziologie, Jg.20 Heft 1, Februar 1991

Knöbl, Wolfgang 1993: Nationalstaat und Gesellschaftstheorie. Anthony Giddens´, John A. Halls und Michael Manns Beiträge zu einer notwendigen Diskussion, S. 221-235 in Zeitschrift für Soziologie, Jg. 22, Heft 3, Juni 1993

Knorr-Cetina, Karin 1981: The micro-sociological challenge of macro-sociology: towards a reconstruction of social theory and methodology. S. 1-47 in: K. Knorr-Cetina/ A. Cicourel (eds.), Advances in social theory and methodology: toward an integration of micro- and macrosociologies, Boston: Routledge and Kegan Paul

Knorr-Cetina, Karin 1984: Die Fabrikation von Erkenntnis. Zur Anthropologie der Naturwissenschaft. Frankfurt a.M.: Suhrkamp

Knorr-Cetina, Karin 1988: Das naturwissenschaftliche Labor als Ort der „Verdichtung" von Gesellschaft. S.85-101 in: Zeitschrift für Soziologie, Jg.17

Knorr-Cetina, Karin 1992: Die Unterkomplexität der Differenzierungstheorie. Empirische Anfragen an die Systemtheorie. S. 406-419 in: Zeitschrift für Soziologie, Jg. 16

Koller, Werner 1992: Einführung in die Übersetzungswissenschaft. Heidelberg/Wiesbaden: UTB

Kommission der Europäischen Union 1994: Zuwanderungs- und Asylpolitik - Mitteilung der Kommission an den Rat und an das Europäische Parlament. Brüssel

Koser, Khalid 1996: ´Recent Asylum Migration in Europe: Patterns and Processes of Change´, S. 151- 158 in: New Community, Vol. 22, No.1

Koser, Kahlid 1997: Negotiating entry into ´fortress Europe´: the migration strategies of ´spontaneous´ asylum seekers, S. 157-171 in: Philip Muus (Hg.), Exclusion and inclusion of refugees in contemporary Europe, Comparative Studies in Migration and Ethnic Relations, Utrecht

Kube, Edwin 1979: Protokollierungsprobleme bei Vernehmungen durch Polizeibeamte, S.175 ff. in: Archiv für Kriminologie (Bd.163)

Kubsch, G. 1965: Handbuch der Bürokunde. Köln

Laier, Tanja 1994: Drehtür Frankfurt Rhein-Main. Die Befragungs- und Entscheidungspraxis des Bundesamtes für die Anerkennung ausländischer Flüchtlinge bei Flüchtlingen aus Nigeria im sogenannten Flughafenverfahren. Untersuchung im Auftrag der Arbeitsgemeinschaft PRO ASYL

Lambert, Hélène 1995: Seeking Asylum: Comparative Law and Practice in Selected European Countries, Dodrecht, Boston, London: Martinus Nijhoff Publishers

Lau, Thomas/Wolff, Stephan 1981: Bündnis wider Willen - Sozialarbeiter und ihre Akten. S.199-214 in: Neue Praxis, Heft 3

Leuthardt, Beat 1994: Festung Europa, Asyl, Drogen, ´Organisierte Kriminalität´: Die ´innere Sicherheit´ der 80er und 90er Jahre und ihre Feindbilder, Zürich

Levitt B./March, J.G. 1988: Organizational Learning. S. 319-340 in: Annual Review of Sociology 14

Ludwig, Otto 1995: Integriertes und nicht-integriertes Schreiben. Zur Theorie des Schreibens: eine Skizze. S. 273-288 in: J. Baurmann/R. Weingarten (Hg.), Schreiben. Prozesse, Prozeduren und Produkte, Opladen: Westdeutscher Verlag

Luhmann, Niklas 1964: Funktionen und Folgen formaler Organisation. Berlin: Duncker&Humblot

Luhmann, Niklas 1969: Legitimation durch Verfahren. Neuwied und Berlin: Luchterhand

Luhmann, Niklas 1981: Politische Theorie im Wohlfahrtsstaat. München, Wien

Luhmann, Niklas 1989a: Vorwort zur Neuauflage, S. 1-8 in: Legitimation durch Verfahren, Frankfurt a.M.: Suhrkamp

Luhmann, Niklas 1989b: Individuum, Individualität, Individualismus, S. 149-258 in: ders., Gesellschaftsstruktur und Semantik. Studien zur Wissenssoziologie der modernen Gesellschaft, Bd. 3, Frankfurt a.M.: Suhrkamp

Luhmann, Niklas 1995: Metamorphosen des Staates, S. 101-137 in: ders., Gesellschafts-struktur und Semantik. Studien zur Wissenssoziologie der modernen Gesellschaft, Bd.4, Frankfurt a.M.

Luhmann, Niklas 1997: Schrift. S. 249-291 in: ders., Die Gesellschaft der Gesellschaft, Frankfurt a.m.: Suhrkamp

Maanen, John Van/Pentland Brian T. 1994: Cops and Auditors. The Rhetoric of Records. S. 53-90 in: S.B. Sitkin/R.J. Bies (ed.), The Legalistic Organization, London: Sage

Maaßen, Hans-Georg/DeWyl, Marion 1996: Folgerungen aus den Asylurteilen des Bundes-verfassungsgerichts vom 14.Mai 1996 zur Drittstaatenregelung, S. 158 ff. in: ZAR 4

Maaßen, Hans-Georg/DeWyl, Marion 1997: Folgerungen aus den Asylurteilen des Bundes-verfassungsgerichts vom 14.Mai 1996 zur Herkunftsstaaten- und zur Flughafenre-gelung, S. 9ff. in: ZAR 1

Mansel, Jürgen 1988: Die Disziplinierung der Gastarbeiternachkommen durch Organe der Strafrechtspflege, in: Zeitschrift für Soziologie, Jg. 17., Heft 5

Matsuhashi, Ann 1987: Writing in real time: modelling production processes. Norwood NJ: ABLEX Publ.Corp.

Mayntz, Renate/Szyperski, Norbert 1984: Dokumentation und Organisation: eine verglei-chende Studie zu Primär- und Sekundär-Dokumentationen in Wirtschaft, Wissen-schaft und öffentlicher Verwaltung, Bergisch-Gladbach: Verlag Josef Eul

Mees, Ute 1995: Das Asylverfahren. Praktische Hinweise für ehrenamtliche Tätige. S.04.009.001-04.022.001 in: A. Dankwart/von Loeper (Hg.), Handbuch der Asylar-beit, Karlsruhe: von Loeper Literaturverlag

Merton, Robert K./Kendall, Patricia L. 1984: Das fokussierte Interview, S.171-204 in: C. Hopf/E. Weingarten (Hg.), Qualitative Sozialforschung, Stuttgart [Quelle: American Journal of Sociology, Bd.51, 1945/46: 541-557]

Moerman, Michael 1972: A little Knowledge. In: S.A.Tyler (ed.), Cognitive Anthropology. New York: Holt, Rinehart & Winston, 449-469

Moerman, Michael 1988: Talking Culture: Ethnography and Conversation Analysis. Phila-delphia: University of Pennsylvania Press.

Moerman, Michael/Sacks, Harvey 1988: On Understanding in the Analysis of Natural Conversation. S. 180-186 in: M. Moerman (ed.), Talking Culture: Ethnography and Conversation Analysis, Philadelphia: University of Pennsylvania Press

Monnier, Michel-Acatl 1995: The Hidden Part of Asylum Seekers´ Interviews in Geneva, Switzerland: Some Observations about the Socio-political Construction of Inter-views between Gatekeepers and the Powerless, S. 305-325 in: Journal of Refugee Studies Vol.8, No.3

Noiriel, Gerárd 1994: Die Tyrannei des Nationalen, Sozialgeschichte des Asylrechts in Europa. Lüneberg

Oevermann, Ulrich 1979: Die Methodologie einer „objektiven Hermeneutik" und ihre allgemeine forschungslogische Bedeutung in den Sozialwissenschaften. 352-434 in: Hans-Georg Soeffner (Hg.), Interpretative Verfahren in den Sozial- und Textwis-senschaften, Stuttgart: Metzler

Ohlemacher, Thomas 1994: Xenophobia in the Reunified Germany. Public Opinion and Violence Against Foreigners in the Reunified Germany, S. 222-236 in: Zeitschrift für Soziologie, Vol.23, No.3

Peters, Bernhard 1991: Rationalität, Recht und Gesellschaft. Frankfurt a.M.: Suhrkamp.

Peters, Katharina 1997: Warten auf Godot. Eine Skizze ostdeutscher Bürokratie im Transformationsprozeß. S.198-218 in: Klaus Amann/Stefan Hirschauer (Hg.), Die Befremdung der eigenen Kultur: zur ethnographischen Herausforderung soziologischer Empirie, Frankfurt a.M.: Suhrkamp

Pöckhacker, F., 1994: Simultandolmetschen als komplexes Handeln. Language in performance, Band 10, Tübingen: Gunter Narr Verlag

Potts, Lydia 1988: Weltmarkt für Arbeitskraft: von der Kolonisation Amerikas bis zu den Migrationen der Gegenwart. Hamburg

ProAsyl 1995: Vor der Tür des Gesetzes. Der Streit um die Zurückschiebung sudanesischer Flüchtlinge. Dokumentation eines Einzelfalls. Frankfurt/M.

Raible, Werner 1995: Kulturelle Perspektiven auf Schrift und Schreibprozesse - Elf Aufsätze zum Thema Mündlichkeit und Schriftlichkeit. Tübingen: Gunter Narr

Rehbein, Jochen 1985a: Ein ungleiches Paar, Verfahren des Sprachmittelns in der medizinischen Beratung. S. 420-450 in: ders. (Hg.), Interkulturelle Kommunikation, Tübingen: Gunter Narr Verlag

Rehbein, Jochen 1985b: Einführung. S. 7-42 in: ders. (Hg.), Interkulturelle Kommunikation, Tübingen: Gunter Narr Verlag

Reiss, Katharina/Verrmeer, Hans J. 1984: Grundlegung einer allgemeinen Translationstheorie, Tübingen: Gunter Narr Verlag

Renner, Günter 1994: ´Asylrecht - Verheißung ohne Wert?, S. 11-25 in K. Barwig u.a. (Hg.), Asyl nach der Änderung des Grundgesetzes, Baden-Baden: Nomos Verlagsgesellschaft

Sacks, Harvey/Schegloff, Emanuel A./Jefferson, Gail 1974: A Simplest Systematics for the Organization of Turn-Taking for Conversation. S. 696-735 in: Language 50 (4)

Sacks, Harvey/Schegloff, Emanuel A./Jefferson, Gail 1978: A Simplest Systematics for the Organization of Turn-Taking for Conversation. S.7-55 in: J. Schenken (ed.), Studies in the Organization of Conversational Interaction, New York

Schegloff, Emanuel A. 1972: Notes on a conversational practice: formulating place. In: D. Sudnow (ed.), Studies in Social Interaction, New York: Free Press, 75-119

Schegloff, Emanuel A. 1992: In another context. S. 193-227 in: A. Duranti/C. Goodwin (ed.), Rethinking context - language as an interactive phenomenon. Cambridge: University Press

Scheffer, Thomas 1995: Aufenthaltsgenehmigung - Studien zur Praxis der Ausländerverwaltung. Bielefelder Arbeiten zur Verwaltungssoziologie, Bd. 1

Scheffer, Thomas 1997a: Der administrative Blick. Über den Gebrauch des Passes in der Ausländerbehörde, S. 95-113 in: K. Amann/S. Hirschauer (Hg.), Die Befremdung der eigenen Kultur. Zur ethnographischen Herausforderung soziologischer Empirie, Frankfurt a.M.: Suhrkamp

Scheffer, Thomas 1997b: Dolmetschen als Darstellungsproblem. Eine ethnographische Studie zur Rolle der Dolmetscher in Asylanhörungen. S.159-180 in: Zeitschrift für Soziologie, Jg.26, Heft 3

Scheffer, Thomas 1998a: Jenseits der Konversation. Zur Konzeptualisierung von Asylanhörungen anhand der ethnographischen Analyse ihrer Eröffnung. S. 291-326 in: Schweizerische Zeitschrift für Soziologie, Vol. 24, No.2

Scheffer, Thomas 1998b: Übergänge von Wort und Schrift: Zur Genese und Gestaltung von Anhörungsprotokollen im Asylverfahren. In: Zeitschrift für Rechtssoziologie 20, Heft 2

Schelter, Kurt/Maaßen, Hans-Georg 1996: Das deutsche Asylrecht nach der Entscheidung von Karlsruhe, S. 408 ff. in: Zeitschrift für Rechtspolitik, Jg. 96

Schneider, Lothar 1991: Nonverbale Zeugnisse gegen sich selbst. Thüringen

Schneider, Wolfgang L. 1996: Die Komplementarität von Sprechakttheorie und systemtheoretischer Kommunikationstheorie. Ein hermeneutischer Beitrag zur Methodologie von Theorievergleichen. S. 263-277 in: Zeitschrift für Soziologie, Jg.25 Heft 4 August 1996

Schröer, Norbert 1996:, Die informelle Aussageverweigerung. Ein Beitrag zur Rekonstruktion des Verteidigungsverhaltens von nichtdeutschen Beschuldigten, S. 132-163 in: J. Reichertz/N. Schröer (Hg.), Studien zu einer verstehenden Polizeiforschung, Opladen: Westdeutscher Verlag

Schröer, Norbert 1992: Der Kampf um Dominanz. Hermeneutische Fallanalyse einer polizeilichen Beschuldigtenvernehmung. Berlin/New York: deGruyter

Schubert, Oskar 1983: Die Protokollierung, S. 101-124 in: ders., Die Vernehmung im Ermittlungsverfahren: ein praktischer Ratgeber für Polizeibeamte und Hilfsbeamte der Staatsanwaltschaft, Karlsfeld bei München: Jüngling (Ratgeber für die polizeiliche Praxis)

Schütze, Fritz 1978: Strategische Interaktion im Verwaltungsgericht - eine soziolinguistische Analyse zum Kommunikationsverlauf im Verfahren zur Anerkennung als Wehrdienstverweigerer, S. 19-101 in: Interaktion vor Gericht. Schriften der Vereinigung für Rechtssoziologie Bd.2, Baden-Baden: Nomos Verlagsgesellschaft

Schuleri-Hartje, Ulla-Kristina, Paul von Kodolitsch und Jochen Schulz zur Wiesch (Hg.) 1985: Ausländer und Verwaltung - Untersuchungen zum Fortbildungsbedarf in Behörden, Stuttgart: Robert-Bosch-Stiftung

Shapin, Steven 1994: A Social History of Truth: Civility and Science in Seventeenth-Century England. Chicago/London. The University of Chicago Press

Shuy, Roger W. 1987: Conversational Power in FBI Covert Tape Recordings. S. 43-57 in: L. Kedar (Ed.), Power through Discourse, Norwood N.J.: Ablex Publishing Corporation, 43-57

Simmel, Georg 1908: Soziologie. Untersuchungen über Formen der Vergesellschaftung. Leipzig

Soysal, Yasemin 1994: Limits of Citizenship. Migrants and Postnational Membership in Europe. Chicago, Illinois

Spradley, James P. 1980: Participant Observation. New York

Stichweh, Rudolf 1998: Migration, nationale Wohlfahrtsstaaten und die Entstehung der Weltgesellschaft. S. 49-61 in: M. Bommes/J. Halfmann (Hg.): Migrationen in nationalen Wohlfahrtsstaaten. Theoretische und vergleichende Untersuchungen, Osnabrück 1998

Stelzer, Ehrenfried 1978: Allgemeine kriminalistische Theorie und Methodologie. Sozialistische Kriminalistik Bd.1. Berlin: VEB Dt. Verlag der Wissenschaften.

Stolze, Rudolf 1994: Übersetzungstheorien: eine Einführung. Tübingen: Gunter Narr Verlag

Stop, Chris de 1996: Hol die Wäsche rein. Die Geschichte einer ganz gewöhnlichen Abschiebung. Frankfurt a.M.: Fischer

Streeck, Jürgen 1983: Konversationsanalyse - ein Reparaturversuch, S. 72-104 in: Zeitschrift für Sprachwissenschaft 2, Heft 1

Thomas, W.J./Znaniecki F. 1918-20: The Polish Peasant in Europe and America, Chicago

Töpfer, Anne-Katrin 1990: Das Verfahren zur Feststellung des politischen Verfolgtseins vor dem Bundesamt für die Anerkennung ausländischer Flüchtlinge. Freie Wissenschaftliche Arbeit zur Erlangung des akademischen Grades ´Diplom-Sozialwirtin´ an der Wirtschafts- und Sozialwissenschaftlichen Fakultät der Friedrich-Alexander-Universität Erlangen-Nürnberg

Traven, B. 1954: Das Totenschiff. Die Geschichte eines amerikanischen Seemanns. Hamburg. Rowohlt

Treibel, Annette 1988: Engagement und Distanzierung in der westdeutschen Ausländerforschung: eine Untersuchung ihrer soziologischen Beiträge. Stuttgart

Turner, Roy 1972: Einige formale Eigenschaften des therapeutischen Gesprächs. In: M. Auwarter/E. Kirsch/M. Schröter (Hg.), Kommunikation, Interaktion, Identität, Frankfurt a.M., Suhrkamp, 140-190

Undeutsch, Udo 1967: Die Beurteilung der Glaubhaftigkeit von Zeugenaussagen. In: ders. (Hg.), Handbuch der Psychologie, Bd. 11: Forensische Psychologie. Göttingen

Virilio, Paul 1980: Geschwindigkeit und Politik. Ein Essay zur Dromologie. Berlin

Vogel, D./Körbl, S./Mayer, A. 1993: Flüchtlinge und Asylpolitik in Deutschland. Fürth: Arbeitskreis ethnische Minderheiten Fürth

Wartenberg, Thomas 1990: The Forms of Power. Philadelphia

Walzer, Michael 1983: Spheres of Justice. New York: Basic Books

Weber, Max 1972a: Die legale Herrschaft mit bürokratischem Verwaltungsstab. S. 125-130 in: ders., Wirtschaft und Gesellschaft, Tübingen: J.C.B.Mohr

Weber, Max 1972b: Staatssoziologie: Soziologie der rationalen Staatsanstalt und der modernen politischen Parteien und Parlamente. hg. von Johannes Winckelmann, Gütersloh

Weber, Max 1972: Wirtschaft und Gesellschaft. Tübingen

Wieczorek, Eberhard 1977: Kriminalistik - Kurzlehrbuch zur Verbrechensbekämpfung. Stuttgart: Boorberg

Wiesenthal, Helmut 1995: Konventionelles und unkonventionelles Organisationslernen, S.137-155 in: Zeitschrift für Soziologie, Jg.24, Heft 2, April 1995

Willems, Herbert 1997: Rahmen und Habitus. Zum theoretischen und methodischen Ansatz Erving Goffmans: Vergleiche, Anschlüsse und Anwendungen. Frankfurt a.M.: Suhrkamp

Willke, Helmut 1992: Ironie des Staates. Grundlinien einer Staatstheorie polyzentrischer Gesellschaften. Frankfurt a.M.

Willke, Helmut 1998: Organisierte Wissensarbeit, S. 161-178 in: Zeitschrift für Soziologie, Jg. 27, Heft 3

Wittgenstein, Ludwig 1971: Philosophische Untersuchungen. Frankfurt/Main: Suhrkamp.

Wittgenstein, Ludwig 1994: Über Gewißheit, S. 113-259 in: Werkausgabe, Bd. 8, Frankfurt a.M.: Suhrkamp

Wolff, Stefan 1983: Die Produktion von Fürsorglichkeit. Bielefeld: AJZ-Verlag

Wolff, Stefan 1994: Glaubwürdigkeit von Zeugen und ihren Aussagen als Handlungs- und Darstellungsproblem, S. 21-36 in: H. Hof (Hg.), Recht und Verhalten, Baden-Baden

Wolff, Stefan 1995: Text und Schuld. Die Rhetorik psychiatrischer Gerichtsgutachten. Berlin

Wolff, Stefan/Müller, Hermann 1995a: Interaktive Aspekte der Glaubwürdigkeitskonstruktion im Strafverfahren, S.209-226 in: Kriminologisches Journal, 27.Jg. 1995, Heft 3

Wolff, Stefan/Müller, Hermann 1995b: „Sie sind hier bei Gericht" - Zeugenbelehrungen in Strafprozessen, S. 192-220 in: Zeitschrift für Rechtssoziologie 16, Heft 2

Wolff, Stefan/Müller, Hermann 1995c: Ironie als Instrument der „Wahrheitsfindung", S.451-464 in: Zeitschrift für Soziologie, Jg.24, Heft 6

Wunderlich, Dieter 1976: Studien zur Sprechakttheorie. Frankfurt: Suhrkamp.

Zijderveld, A.C. 1972: Die abstrakte Gesellschaft. Zur Soziologie von Anpassung und Protest. Frankfurt a.M.

Zimmerman, Don H. 1969: Record-Keeping and the Intake Process in a Public Agency, S. 319-355 in: S. Wheeler (Ed.), Files and Dossiers in American Life, New York: Russell Sage Foundation

Zolberg, Aristide R. 1981: International Migrations in Political Perspective,. In: M.M. Kritz u.a. (Hg.), Global Trends in Migration - Theory and Research on international Population Movements, New York

Europäisierung nationaler Migrationspolitik
Eine Studie zur Veränderung von Regieren in Europa
von Verónica Tomei

2001. 228 S. kt.
DM 44,–/öS 321,–/sFr 41,–
ISBN 3-8282-0156-3
(Forum Migration, Bd. 6)

Am Beginn des 21.Jahrhunderts bildet die Frage, wie der Nationalstaat mit den Herausforderungen umgeht, die sich aus der Zunahme transnationaler wirtschaftlicher, politischer, sozialer und kultureller Interdependenzbeziehungen ergeben, eines der Leitthemen. Zu diesen Herausforderungen gehören auch die internationalen Wanderungsbewegungen. Die Staaten der Europäischen Union sind zu einer der größten Einwanderungsregionen der Welt geworden, wobei die Bundesrepublik Deutschland als das bedeutendste Aufnahmeland hervorsticht.

Die vorliegende Arbeit untersucht die Strategien, die diese Staaten im Umgang mit internationalen Wanderungsbewegungen entwickeln. Es wird der Frage nachgegangen, wie sich die Bedingungen nationaler Politik durch eine multilaterale Kooperation im Politikfeld Migration verändern. Zielsetzung der Arbeit ist dabei, einen Beitrag zur Erforschung der Veränderung von Regieren in Europa zu leisten.

Soziologie der Migration
Erklärungsmodelle · Fakten · Politische Konsequenzen · Perspektiven
von Prof. Dr. Petrus Han, Paderborn

2000. XI/374 S., 13 Tabellen, 7 Übers., kt.
DM 39,80/öS 291,–/sFr 37,–
UTB 2118 · ISBN 3-8252-2118-0

Seit Jahrzehnten nehmen die Migrationsbewegungen weltweit stetig zu und erfassen die gesamten Weltregionen. Sie entwickeln sich zu einem globalen Phänomen. Die einstige Einteilung zwischen den sog. Aus- und Einwanderungsländern relativiert sich. Viele Länder sind gleichzeitig Aus- und Einwanderungsländer. Deutschland mit seiner größten Zuwanderungsrate in Europa ist in besonderem Maße von dieser Entwicklung betroffen.

Das Buch hat zum Ziel, Studierenden, sozialen Fachkräften in den Migrationsdiensten und interessierten Lesern einen Überblick über migrationssoziologische Zusammenhänge zu vermitteln. Damit liegt eine soziologische Studie vor, die erstmalig die Komplexität des Migrationsgeschehens in ihrem mikro- und makrostrukturellen Gesamtzusammenhang aufzeigt und gleichzeitig die sich daraus ergebenden Implikationen für die Politik unter einer prognostischen Abschätzung weiterer Entwicklungsperspektiven thematisiert.

Lucius & Lucius

Ethnische Minderheiten, Volk und Nation

Soziologie inter-ethnischer Beziehungen

von Prof. Dr. F. Heckmann, Hamburg

1992. XII/279 S., kt.

DM 32,–/öS 234,–/sFr 29,50

ISBN 3-8282-4532-3

Beziehungen zwischen ethnischen Gruppen rücken in das Zentrum öffentlichen und wissenschaftlichen Interesses. Die Integration ausländischer Zuwanderer, ein neuer Nationalismus in Osteuropa, ethnische Konflikte, die den bisherigen Systemkonflikt abgelöst haben, sind zentrale Aspekte des Themas.
Systematische Überblicke vom soziologischen Wissensstand und Weiterführungen kennzeichnen die vorliegende Arbeit, die auch als Lehrbuch gut geeignet ist.

Migration Policies: a Comparative Perspective

Herausgegeben von Prof. Dr. F. Heckmann und Dipl. Sozialwirt W. Bosswick, Bamberg

Forword by Richard von Weizsäcker.

1995. 373 S., 2 Tab., 4 Übersichten, kt.

DM 49,80/öS 364,–/sFr 46,–

ISBN 3-8282-4531-5

Migration policies have become a major issue of internal and international politics. This volume examines the migration policies of major European countries (France, Germany, Great Britain and Italy), and informs about such policies in classical immigration countries like the United States and Australia. In addition, topics such as East-West migration, economic development and migration push, and migration policies of European institutions are discussed. The authors from eight countries are leading experts in their respective fields.

Lucius & Lucius

Biographische Sozialisation

Herausgegeben von Erika M. Hoerning

Mit Beiträgen von Peter Alheit, Molly Andrews, Johann Behrens, Bennett M. Berger, Pierre Bourdieu, Bettina Dausien, Wolfram Fischer-Rosenthal, Helena Flam, Dieter Geulen, Matthias Grundmann, Walter R. Heinz, Erika M. Hoerning, Feiwel Kupferberg, Hartman Leitner, Ursula Rabe-Kleberg, Uwe Schimank, Jürgen Straub, George E. Vaillant

2000. X/346 S. kt. DM 59,–/öS 431,–/sFr 53,50
(Der Mensch als soziales und personales Wesen, Bd. 17)
ISBN 3-8282-0134-2

Biographie entsteht aus der subjektiven Verarbeitung von gesellschaftlichen Gelegenheiten und Anforderungen in verschiedenen (altersstrukturierten) Lebensphasen, ein Prozess, bei dem einerseits auf Lebenserfahrungen zurückgegriffen werden kann und in dem andererseits fortwährend Lebenserfahrungen gemacht, modifiziert und generiert werden. In diesem Prozess wird die Biographie zur Sozialisationsinstanz. Die subjektive Ausformung der Biographie oder auch der Lebensgeschichte und die soziale Struktur des Lebensverlaufs sind in der Realität ein nicht zu trennender Verlauf, konzeptionell jedoch sind es unterschiedliche Gegenstandsbereiche mit sehr unterschiedlichen Sozialisationsverläufen. Aus soziologischer, psychologischer und psychoanalytischer Sicht wird die Frage der biographischen Sozialisation in diesem Buch diskutiert.

Moderne amerikanische Soziologie

Von Dieter Bögenhold (Hrsg.)

Mit Beiträgen von Neil J. Smelser, Immanuel Wallerstein, Randall Collins, Jeffrey C. Alexander, Maureen T. Hallinan, Mark Granovetter, George Ritzer, Howard E. Aldrich, Roger Waldinger und Rogers Hollingsworth

2000. X/312 S. kt. DM 39,80/öS 291,–/sFr 37,–
UTB 2116 · ISBN 3-8252-2116-1

Wie steht es am Beginn des 21. Jahrhunderts um die amerikanische Soziologie, was können deutsche Leser von ihr lernen, worin liegt ihr Anderssein, worin bestehen ihre Vorteile? Dieses Lesebuch stellt Texte führender nordamerikanischer Soziologen vor, die anhand verschiedener Themenstellungen die gegenwärtige Stärke der amerikanischen Soziologie exemplarisch darstellen. Eine ausführliche Einleitung stellt die Beiträge in den Kontext der Soziologie in der europäischen Tradition. Das Buch richtet sich an Studenten und Lehrende im Fach Soziologie.

Lucius & Lucius

Menschenbilder in der modernen Gesellschaft
Konzeptionen des Menschen in Wissenschaft, Bildung, Kunst, Wirtschaft und Politik

Herausgegeben von Prof. Dr. R. Oerter, München

1999. IV, 202 S., 19 Abb., kt.

DM 38,–/öS 277,–/sFr 35,–

(ISBN 3-8282-4566-8)

(Der Mensch als soziales und personales Wesen, Bd. 15)

Menschenbilder sind Konstrukte, die entworfen werden, um eine Gesamtorientierung des Urteilens und Handelns zu ermöglichen. Versteht man sie als unverrückbar, ewig gültig und absolut, ist eine Verständigung zwischen unterschiedlichen gesellschaftlichen Gruppen und individuellen Positionen nicht möglich. Die Darstellung der in den unterschiedlichen Bereichen verbreiteten Menschenbilder zeigt exemplarisch auf, welche Unterschiede bestehen und welche Konsequenzen für Urteilen und Handeln daraus resultieren.

Familien in verschiedenen Kulturen

Herausgegeben von Prof. Dr. B. Nauck, Chemnitz,
PD Dr. U. Schönpflug, Frankfurt/Oder,
mit Beiträgen zahlreicher Fachautoren

1997. 356 S., 41 Abb., 86 Tab., kt.

DM 68,–/öS 496,–/sFr 62,–

(ISBN 3-8282-4559-5)

(Der Mensch als soziales und personales Wesen, Bd. 13)

Die Beiträge des Bandes informieren über Partnerwahlstrategien, innerfamiliäre Rollenverteilung, generatives Verhalten, Eltern-Kind-Beziehungen und familiale Sozialisationsprozesse in vier Kontinenten. Das Verhältnis der Generationen in den Familien und ihre Bedeutung für die Transmission kultureller Traditionen stellen den Leitfaden für die einbezogenen Untersuchungen dar. Der Band repräsentiert ein breites Spektrum aktueller interkulturell vergleichender empirischer Familienforschung aus Soziologie, Psychologie, Ethnologie, Ökonomie, Erziehungswissenschaft und Demographie.

www.ingramcontent.com/pod-product-compliance
Lightning Source LLC
Chambersburg PA
CBHW060816100426

42813CB00004B/1102